创业精神与创新路径

蔡　派　编著

中国农业出版社
北　京

自　序

创业永放光芒　创新永无止境

写一本关于创业创新的书的想法，源于 2012 年初的一次下乡机缘。

那一年，春节刚过，我到贵州参加农业部“百乡万户”蹲点调研，为期一个月。走村入户的过程中，我听到一名当地大学生，从华南农业大学毕业后，毅然放弃广州大城市生活，回到农村家乡自主创业，用所学的知识和技术，带领当地老百姓种蘑菇，历经千辛万苦之后，走上共同致富的脱贫故事。

我找到这名返乡创业青年当面交流，问他为什么不要“铁饭碗”而想拿“土铲子”呢？他说：“我是从山里走出来的孩子，读书考上大学改变了命运，但我的父老乡亲们，还有许多人在山里种地，收入微薄，日子艰难，我不能忘记来时的路，想用所学的新知识，为乡亲们力所能及地做点事。”我为他的真诚而感动，为他的实干而喝彩！由此想到，过去人往城里跑、往机关里钻，现在时代不同了，人的就业选择、价值观念发生变化，行行出状元，处处皆可成才。同时，我也意识到，有他这种想法的创业青年，可能还会有许多。上善若水，春江水暖鸭先知，一个创业创新时代即将来到。于是，我随感写了一篇小文《创业时代》，收录于本人拙著

《两个世界》里面。调研结束回到北京，我有幸参与《国务院关于进一步做好新形势下就业创业工作的意见》《国务院关于大力推进大众创业万众创新若干政策措施的意见》等文件的起草工作，深感一项国家举措的实施，首先要深入调查研究，加强顶层设计，强化政策引领，开展试点示范，才能有序推进，取得实效。

通过参与推动创业创新工作的实践，我进一步认识到，广大青年是创业创新的主力军，农业农村是创业创新的薄弱点。为此，我们调研组积极建言献策，努力推动农业部办公厅、共青团中央办公厅、人力资源和社会保障部办公厅联合发出通知，共同开展农村青年创业富民行动，力争通过几年不懈努力，形成一批农村青年创业支持政策、推广一批创业致富模式、培育一批创业致富带头人、实施一个电商培育工程、开展一个大学生返乡创业行动、完善一批创业服务平台的格局，带动农民增收致富。自此，创业创新星火在“三农”领域燎原起来。

我们更加欣喜地看到，各部门、各地方响应国家创业创新号召，积极行动起来。2014 年开始，共青团中央等部门举办“创青春”中国青年创新创业大赛，至今已成功举办了八届，共吸引了 48 万多支创业团队、210 多万名企业青年参与，成为服务青年创新创业的重要品牌活动。国家发展改革委、科技部、教育部、工信部、农业农村部等部委及地方政府依据职能职责，出台相关支持政策，开展相应活动，形成了浓厚的创业创新氛围。此外，共青团中央还开展了中国青年创业奖的评选活动，指导成立了中国青年创业联盟，等等。我受邀担任过“创青春”中国青年创新创业大赛评委、中国青年创业奖评委、中国青年创业导师、中国青年创业联盟导师团副秘书长，通过调研指导、座谈交流、政策辅导、搭建平台等多种方式，我在助力青年创业创新的同时，更是向他们学习，从对无数成功与失败的案例研究之中，不断加深自己对创业创新的理性思考和实践认识。

自　序

经过近十年的观察，我深切体会到：创新不易、创业尤艰。一个人，生命有限，时间精力宝贵，资源的稀缺性导致我们做了这件事，就不能做那件事，有的事可以重来，有的事却只有一次机会。因此，如何提高创业的成功率和创新的成活率，这不仅是创业创新者关心的首要问题，而且也是一个重大的社会课题。实践证明，提高创业成功率和创新成活率，必须做到方向与方法的统一，规律与条件的统一，客观与主观的统一，历史与逻辑的统一，可能与可行的统一；必须既要出政策、搭平台、激活力，又要坚持实事求是，从实际出发，关注群体需求，关怀个体需要；必须将科学与人文结合起来，加强对创新创业的理论指引和实践指导，见物也见人，才能行稳致远。

创业永放光芒，精神就是力量。创业是人生的一次长跑。在漫长的征途中，人是要有一点精神的。这点精神，如同太阳的光芒，温暖且有力，当我们创业成功时，它警醒我们不要骄傲，让我们永怀谦卑；当我们遭遇挫折时，它给予我们信心希望，让我们永不放弃。这些年来，我参加过一些创新创业活动，参与指导过创业平台建设，接触过无数的创业者，看着他们创始成长，伴随他们发展壮大，也感受过他们的困惑与坎坷，真是一路创业一路歌。从他们的身上，我切身体会到，创业精神是企业家精神的本质与灵魂，我把它概括成为追逐梦想等 10 个方面。榜样是精神的载体，每个人都了不起。我从近万名的创业者中选择了 60 位同志，通过当面和书面的方式，做了深入的调研，了解他们的创业历程，走进他们的内心世界，分享他们的创业情怀，憧憬他们的美好未来。这些创业者，有的是我相识多年的朋友，有的是各方推荐的典型，有的是知名企业家，有的是青年创客，每个人都是一本书。我素来把人当书读，相信他们的创业故事与创业精神，一定会使广大创业者产生共鸣、有所启迪。

创新永无止境，关键是找对路径。路径对了，走快走慢都走在正确的道路上；路径错了，下再大决心、花再大力气也是枉费功夫。为使创新可成功、可学习、可复制，近年来，我对企业创新理论作了初步探讨，并结合协助北京市推进国家第二批大众创业万众创新示范基地建设、实施“创业摇篮计划”、总部企业人才培养的工作实践及实证调查，总结梳理了企业创新的24条路径，涵盖企业产品（服务）创新等8个方面。选择好路径，我们可以少走弯路，从创造性模仿到创新性超越，实现跟跑到领跑的飞跃。不同的企业，有不同的发展路径。俗话讲，条条大路通罗马，坚持从实际出发，符合哪条选哪条，相信总有一条路径适合你。书中筛选的56个企业案例之中，有的是大企业、知名企业、头部企业，有的是中小微企业、成长型企业、初创企业，以此来说明企业创新不分大小、不分先后，只要讲科学、大胆闯、勇敢试，一切皆有可能，更重要的是大中小融通协同创新是创新创业发展之要义，我们要倡导大手拉小手，先富帮后富，实现共同富裕。

一个人、一个家庭、一个企业的从无到有，从小到大，从弱到强，从强到久，靠的是学习实践，靠的是改革创新，靠的是不懈奋斗，实质上就是一部部创业史，苦难铸就辉煌，辉煌不忘使命。为什么创新？为什么创业？忙碌中，我们要经常问问内心，坚持澄怀观道、慎终追远。在新周期、新风口、新大势的时代变局之中，切实做到家国情怀，坚持“国之大者”，开阔眼界格局，肩负社会担当，我们要勿忘昨天的苦难辉煌，无愧今天的使命担当，不负明天的伟大梦想，以史为鉴、开创未来，埋头苦干、勇毅前行，为实现第二个百年奋斗目标、实现中华民族伟大复兴的中国梦而不懈奋斗。这样，我们的创业创新之路，一定越走越宽，事业越做越大！

这本书，我写了将近十年。怀着对创业精神的敬仰之情，怀着对企业创新的探索求知，我思之又思，改之又改，力求增强理论性、实用性和指导性，以使广大创业者看得懂、学得到、用得上，助力更多的人创业成功，助推更多的企业创新发展。衷心感谢书里书外企业界朋友的坦诚交流，衷心感谢相关部门、机构、企业的调研帮助，衷心感谢身边领导、良师、益友的指导教诲。你们的一路支持，与创业同舟共济，慈善利他，永放光芒；你们的一路关心，与创新同向同行，勇猛精进，永无止境。

希望《创业精神与创新路径》小书，能为广大青年提供创业学习指南，对企业推进创新有所借鉴帮助。本书也可以作为高校大学生创业创新教育辅导教材，各类创业创新基地、孵化器、创业园区、众创空间、实训中心等服务平台的辅导读物，以及行业商会协会、创业创新机构、重大赛事活动的参考书。

在本书付梓之际，我们即将迎来新的一年。新年寓于新的希望、新的奋斗，一切过往皆成路石，明天必将春暖花开。衷心祝愿广大读者朋友们，身体健康，家庭幸福，事业兴旺。加油吧，新征程的伙伴们！创业创新一起来，一起向未来！

蔡　派

2022 年 12 月 1 日

北京国门学堂

目　　录

下篇　创新路径

上篇
创业精神

绪 论 创业精神

2017年9月，中共中央、国务院《关于营造企业家健康成长环境弘扬优秀企业家精神更好发挥企业家作用的意见》指出，企业家是经济活动的重要主体。改革开放以来，一大批优秀企业家在市场竞争中迅速成长，一大批具有核心竞争力的企业不断涌现，为积累社会财富、创造就业岗位、促进经济社会发展、增强综合国力作出了重要贡献。营造企业家健康成长环境，弘扬优秀企业家精神，更好发挥企业家作用，对深化供给侧结构性改革、激发市场活力、实现经济社会持续健康发展具有重要意义。2020年7月，国家领导人在企业家座谈会上的讲话提出，企业家要带领企业战胜当前的困难，走向更辉煌的未来，就要在爱国、创新、诚信、社会责任和国际视野等方面不断提升自己，努力成为新时代构建新发展格局、建设现代化经济体系、推动高质量发展的生力军。“市场活力来自于人，特别是来自于企业家，来自于企业家精神”。新时代新征程，作为市场经济中最活跃的要素，企业家更要勇于担当，推动经济高质量发展，不断发扬和深化以爱国敬业、遵纪守法、创业创新、服务社会为核心的企业家精神。

一、企业家的经济学分析

企业家决策主要靠软知识，管理者决策主要靠硬知识。经济学和大部分管理学里讨论的决策都是基于硬知识的决策：给定目标和可选手段，如何选择特定的手段满足给定的目标。这种对知识的分类体系来源于20世纪30年代有关社会主义计划经济的大争论中哈耶克对知识本质的阐述。他认为硬知识是指能用诸如语言、文字、数字、图表、公式等方式表达和传播的知识，此种知识人人都能得到，也可以集中使用，比如牛顿力学、爱因斯坦的相对论等；软知识是指没有办法用语言、文字、数字、图表、公式等方式表达和传递的知识，比如诀窍等。与此相似，迈克尔·波兰尼将知识分为显性知识和隐性知识，硬知识就是显性知识，软知识就是隐性知识。软知识的基本特点是没办法进行有效传递，但它对决策非常重要，特别是对创造性的决策。隐性知识是所有知识的支配原则，甚至最形式化与科学化的知识也是无一例外地遵循某种自觉或创造行为，体现的完全是隐性知识。经济学家保罗·罗默认为，解释经济的差距不但要研究工厂和交通设施，还必须以一样的热忱去研究"精神的差距"以及与创造思想相关的知识生态和思想市场。

企业家的决策不是选择手段满足给定目标，而是寻找可选择的目标和手段本身。企业家精神的高低很大程度上取决于这些选择能力的高低。换句话，管理者是使用工具，企业家是创造工具。管理者是实现目标，企业家是创造目标。企业家的经济学实质是，面对经济中存在的不确定性，承担风险、承担责任，在"不确定的物质世界中"砥砺奋进。"企业家精神"是以价值为驱动的文化战略，是新经济时代企业战略结构中不可或缺的经济要素。

当今理解经济增长，一般会使用两种理论，一是新古典增长模型，也就是从资本投入和全要素生产率的角度来理解经济增长；二是凯恩斯主义的宏观经济学，从需求的角度解释经济增长。经济学家张维迎认为上述理论存在偏误，因为经济学市场主要功能是资源配置的假定是错误的，而市场的主要功能应该是推动技术进步。从经济实践来看，不论是近年来我国涌现出的很多引人注目的经济现象，如返乡创业、自主创新、产业链升级、区域竞争力提升及经济发展模式转型等，还是国外成功的企业发展经验，都表明经济主体在企业家带领下才能够产生带动经济发展的效果。因此企业家精神在主流经济学中没有相应位置显然欠妥。

张维迎认为企业家在主流经济学中存在缺位现象，主要体现在以下 3 个方面。第一，所有传统文化，无论东方的还是西方的，宗教的还是世俗的，都鄙视企业家。第二，主流经济学里没有"企业家"这个概念，主流经济学假设市场总是处于均衡状态，未来是确定的，这就从根本上排除了存在企业家的可能。第三，计划经济是从否定企业家开始的，计划经济假定计划当局掌握供给与需求的所有信息，价值是由劳动创造的，利润来自剥削，所以企业家都是剥削者。同时，应该认识到企业家的规模扩张并不必然带来经济增长，原因在于中国过去 40 年的经济发展主要是靠套利（纠正市场不均衡和发现别人的错误中获利的行动）企业家来推动的，因为经营概念、技术都是借鉴别人的。套利型企业（如房地产、金融以及制造业）的大量存在导致经济学中对企业家研究不足、认识不够。

二、企业家的作用与价值

理查德・坎蒂隆和富兰克・奈特两位经济学家，将企业家精神与风险或不确定性联系在一起。没有甘冒风险和承担风险的魄力，就不可能成为企业家。企业创新风险是二进制的，要么成功，要么失败，只能对冲不能交易，企业家没有第三条道路。在美国 3M 公司有一个很有价值的口号：“为了发现王子，你必须和无数个青蛙接吻。”“接吻青蛙”常常意味着冒险与失败，但是“如果你不想犯错误，那么什么也别干”。同样，对 1939 年在美国硅谷成立的惠普，1946 年在日本东京成立的索尼，1976 年在中国台湾成立的 Acer，1984 年分别在中国北京、青岛成立的联想和海尔等众多企业而言，这些成功的企业家无一例外都是在条件极不成熟和外部环境极不明晰的情况下，勇敢应对不确定性，做出了行为选择。

当前，中国面临的不确定性很大，在国际政治、文化、军事等各方面应对的不确定性挑战较多，对企业提出了更高的战略要求。在不确定性面前，大部分人可能没有办法预测未来应该做什么，没有办法形成一个基本的共识，这个时候就需要企业家站出来。张维迎认为，企业家精神不是依靠预测和计算来做出决策的，而是依赖于判断的、分散的决策。不同企业家按照自己的判断做出决策，并通过市场来进行论证和试错。或许只有少数人会成功，但也正是这些少数人的成功，带来了更好的产品和技术，推动了人类的进步。张维迎把管理决策和企业家决策分开，并在 2020 世界人工智能大会上表示，“一家企业中有95%的决策都是管理决策，小于5%的决策是企业家决策，也就是直觉判断，决策时只有当一系列约束条件组成的因果关系链同时成立才能成功”。管理决策可以委托专业的管理人员，但是企业家决策只能由企业家本人最后判断。企业家关注的是大部分人没有看到的或者是分歧非常大的事情，也就是对市场不确定性做出预判，这就是企业家的重要作用。

企业家不是给定约束条件下寻求最优解，而是改变约束条件本身。张维迎以“巧妇难为无米之炊”举例，对企业家来讲这一点实际上是不成立的。企业家如果判断有人来吃饭，卖饭能赚钱，米就不是问题。即使找不到现成的米，还可以找到生产稻谷的农民，即便没有现成的农民，也可以说服别人改行去种稻。在这么多不确定的约束条件下完成决策，企业家精神就尤为重要。因为它往往能够号召很多追随者，并且使企业家坚定地相信自己会成功。

所以，企业家决策是创造性思维，一般的管理者决策是定势思维。由于企业家面临的约束条件不是一个，而是一系列条件组成的因果关系链。因此，企业家要让一系列互为因果关系的假设变为现实，这也是企业家区别于大多数人的地方。企业家需要通过赚钱生存下去，而真正伟大的企业家，他的目标不仅是赚钱这么简单，还有超越利润的目标。比如埃隆·马斯克这样的人，我们没有办法用金钱和目标来解释他的行为，他有一个更高的目标，且这个目标对人类的进步非常重要。也正是这些少数派的伟大企业家，他们的成功将推动整个社会的进步。

影响经济发展的因素有很多，资本积累、技术进步、人力资本提高等。总体来说，经济发展一方面可以来源于生产要素投入的增加，另一方面也可以来源于全要素生产率的提高，例如采用新的投入要素组合或者引进新的更有效率的生产技术。由于生产要素总是有限并且要素的边际收益递减，单纯依靠增加投入要素无法实现可持续的经济发展。换言之，可持续的经济发展只能来自全要素生产率的提高。事实上，经济发展的本质正是全要素生产率的提高，不同国家或地区经济发展水平的差异很大程度上也是由其不同的全要素生产率所决定。宏观经济增长是由无数微观经济主体所推动的，企业家更是在其中充当了关键的角色。可以发现，企业家精神在不同时期和不同地区之间存在着较大差异，正是由于不同地区的企业家精神存在差异，导致不同地区的全要素生产率也各不相同。

具体而言，企业家通过两种不同的方式影响全要素生产率进而带动经济发展。第一种是通过优化资源配置、提高资源使用效率的方式来提高全要素生产率。企业家的主要职能是转移和重组资源，当企业家发现了潜在的利润机会后，出于逐利的需要，就会把资源从使用效率低的地方转移到使用效率高的地方。企业家这种资源转移与重新配置的过程，也是经济逐渐从不均衡趋向均衡的过程。在这一过程中，由于企业家事先并不知道怎样的配置组合才是最优，因此这种资源转移与重组的过程往往是一个企业家根据个人经验与判断而作出的试探性过程。如果企业家的判断正确，那么资源将会被配置到更有效率的地方。如果企业家的判断错误，那么企业家将会终止这个资源转移与重组的过程，并尝试其他更为有效的资源配置方式。从宏观的角度来看，企业家这种不断试错的资源配置行为，最终将使得生产要素被配置到更有效率的地方，从而提高全要素生产率。企业家精神推动全要素生产率提高的第二种方式是通过创新活动。根据创新大师熊彼特的观点，企业家精神的本质就是创新，创新是企业家的最重要职能，开发新产品、采用新技术、实行新的组织形式、开辟新市场都属于企业家创新。这种具有“创造性破坏”的企业家创新打破了原有的市场均衡，推动着短期生产可能性边界不断向外移动，最终实现了长期经济增长。

三、弘扬企业家精神的时代意义

2018 年 11 月，在民营企业座谈会上，习近平总书记对企业家提出了殷切期望，“民营企业家要珍视自身的社会形象，热爱祖国、热爱人民、热爱中国共产党，践行社会主义核心价值观，弘扬企业家精神，做爱国敬业、守法经营、创业创新、回报社会的典范。”市场主体离不开企业，企业离不开企业家，企业家离不开企业家精神。世界著名的管理咨询公司埃森哲，曾在 26 个国家和地区与几十万名企业家交谈。其中 79%的企业领导认为，企业家精神对于企业的成功非常重要。埃森哲的研究报告也指出，在全球高级主管心目中，企业家精神是组织健康长寿的基因和要穴。正是企业家精神造就了第二次世界大战后日本经济的奇迹，引发了 20 余年美国新经济的兴起。

全球创业观察（GEM）项目将创业分为机会型创业和生存型创业，机会型创业指的是创业个体通过识别和利用市场机会而主动进行的创业活动，生存型创业指的是因为没有其他更好的工作机会而被迫进行的创业活动。该项目的数据显示，中国“生存型创业”值显著高于“机会型创业”值。中国创业活力在不同发展程度的地区之间存在明显差异，而中国机会型创业与发达国家存在较大差距，企业家精神发展滞后将进一步限制中国经济增长的顺利转型。较高的生存型创业占比意味着中国很大一部分创业企业并未从事开发新产品与开拓新市场机会的熊彼特型创业，仍处于低质量创业的阶段。

同时，也应该看到中国企业的成长速度和雄心壮志——《财富》世界 500 强榜单中，20 年前，进入榜单的中国企业只有 10 余家，此后这一数字逐年攀升；2 年前，中国企业以 129 家的数量首次登顶榜单；2021 年，入围的中国企业增加至 143 家，继续领跑。这是一道漂亮的上扬曲线。自 1995 年这份榜单首次发布以来，还没有任何一个别的国家或地区的企业如中国一样，以如此快的速度扩大其在榜单上的席位。新征程上，机遇与挑战并存，在企业家精神激励下，亿万市场主体必将凝聚起高质量发展的强大共识和磅礴力量，共创新时代的新辉煌。

党的二十大报告提出，要“完善中国特色现代企业制度，弘扬企业家精神，加快建设世界一流企业”。党中央非常重视企业家群体在国家社会发展中的作用，习近平总书记在许多重要场合，都对企业家及其精神面貌给予充分肯定。企业家精神不仅是企业精英所具备的精神特质，还是中华民族伟大精神的重要组成部分，体现了中国式现代化的内在要求和时代特色。一是爱国情怀，企业家与全国各界人民群众一道，在新中国成立和建设过程中给予了大量物资、资金和资源支持，在此过程中形成了爱国这一光荣传统和价值追求。二是勇于创新，企业生存的第一要务就是创新，每一个企业家如果丢掉了创新精神，那么必然在市场竞争中失败淘汰，这是商海沉浮中毋庸置疑规律。三是诚信守法，在社会主义市场经济中，企业家的信用是企业昂首向前的根基，“得黄金百，不如得季布一诺”，企业家精神就是“季布一诺”的代表。四是承担社会责任，毋庸讳言，企业是生存在社会中的，脱离社会存在的企业无法称之为企业，因此，作为社会大家庭中的一分子，只有切实承担和履行社会责任的企业家，才能行稳致远。五是拓展国际视野，党的二十大报告指出要“推进高水平对外开放”，就是要求企业家要关注全球市场和资源要素，形成国内国际两个市场、两种资源联动效应，在国际舞台上展现中国企业的实力和贡献。

当前，疫情带来经济下行压力和风险仍然存在，未来世界经济局势将面临更为强烈的竞争和挑战。在此背景下，倡导、传承和发扬企业家精神是应有之义。企业家精神可以激励企业奋发图强、艰苦奋斗、争创一流，实现企业可持续发展、带动区域特色发展、推动中国高质量发展。“百舸争流，奋楫者先”，企业家精神就是要奋勇争先、引领创新，推动管理创新、理念创新和工具创新，以生产组织创新、技术创新、市场创新等手段和方法，不断解放和发展生产力，为将中国打造成为创新强国而不懈奋斗，由此实现新时代中国在更高水平的对外开放中又好又快地发展。

四、创业精神是企业家精神的灵魂

习近平总书记指出，“企业家创新活动是推动企业创新发展的关键”“大疫当前，百业艰难，但危中有机，唯创新者胜。”企业家要做创新发展的探索者、组织者、引领者，勇于推动生产组织创新、技术创新、市场创新，重视技术研发和人力资本投入，有效调动员工创造力，努力把企业打造成为强大的创新主体，在困境中实现凤凰涅槃、浴火重生。

创业精神是指在创业者的主观世界中，那些具有开创性的思想、观念、个性、意志、作风和品质等。激情、积极性、适应性、领导力和雄心壮志是创业精神的五大要素。创业精神具有高度的综合性、三维整体性、超越历史的先进性、鲜明的时代特征等基本特征。创业精神是对机会的追求，追求环境的趋势和变化，尤其是尚未被人们注意的趋势和变化，包含了革新、转换和引入新方法，即新产品、新服务或者是生产经营的新方式。创业精神追求增长，不满足于停留在小规模或现有的规模上，创业者在不断寻找新趋势和机会、不断地创新、不断地推出新产品和新的经营方式。

熊彼特关于企业家是从事“创造性破坏”的创新者观点，凸显了企业家精神的实质和特征。1912 年出版的《经济发展理论》最早系统性地提出了“创新理论”，该理论将竞争视为“创造性破坏的过程”，在这一过程中，企业通过对“生产要素的重新组合，建立一种新的生产函数”实现创新，包括产品创新、技术创新、市场创新、资源配置创新和组织与制度创新。传统经济学认为市场的主要功能是配置稀缺资源，假定资源、技术和偏好给定，然后根据目标去选择手段。实际上，市场真正最重要的功能不是配置资源，而是改变资源，用新技术、新产品、新组织形式来改变资源的可用程度，甚至获得全新的资源，这些改变就是创业行为，社会的进步很大程度上是企业家创新带来的。一个企业最大的隐患，就是创业精神的消亡。一个企业，要么增值，要么衰亡，创新必须成为企业家的本能才能让企业在市场竞争中存活下来。但创业不是“天才的闪烁”，而是企业家艰苦工作的结果。创业是企业家活动的典型特征，从产品创新到技术创新、市场创新、组织形式创新等。创业精神的实质是“做不同的事，而不是将已经做过的事做得更好一些”。所以，具有创业精神的企业家更像一名充满激情的艺术家。

创业精神是新时代企业家精神的精髓内核，是推动企业发展壮大、不断超越的动力引擎。在当今复杂的国际形势下，不断以创业精神鼓舞自我创新，是培育世界一流企业的必由之路。创业精神凝聚着企业管理者的智慧与心血，是企业取得突破性发展、赶超竞争者的关键要素，而企业家是新时代发展创新型经济、实现制造业强国的中坚力量。改革开放以来，中国企业从落后到跟跑、并跑乃至超越，在一系列重大工程、重大创新项目上屡获突破，无不体现出企业的创新成果，更体现出企业家的创业精神和能力。新时代的企业家们要有敢于打破常规、能够超出常人的智慧和能力，特别是在技术创新方面，要通过企业自主研发加速推动各领域核心技术突破，努力解决“卡脖子”问题，将核心技术牢牢掌握在自己手中，拥有并增强企业核心竞争力，在市场上占据主导地位。

管理学专家彼得·德鲁克将熊彼特关于企业家是从事“创造性破坏”的创新者观点更推进了一步，称创业者是主动寻求变化、对变化作出反应并将变化视为机会的人。今天的大多数经济学家都认为，创业精神是在各类社会中刺激经济增长和创造就业机会的一个必要因素。在发展中国家，成功的小企业是创造就业机会、增加收入和减少贫困的主要动力。

企业要获得持续的发展必须具有强大的创新能力。陈春花根据对企业与企业家本身的定义及价值理解，以及中国企业家群体的实践探索，并结合德鲁克对于企业家与创新精神的界定，提出企业家精神的创新内核包括 6 个方面。第一，创新一定是实践的创新。创新必须回到真正的市场和结果检验当中，必须是一个实践的创新，而不仅仅谈理念创新、谈观念创新、谈思想创新，真正的创新必须产出结果。第二，创新必须是一个基本的工作形态。如果创新成为一个基本的工作形态，那么工作品质、工作产出，就会符合对于创新的理解，就会有新的成效出现。第三，创新是行动与结果的关系。真正的改变是在行动和结果当中体现的，不是看你说什么，而是看你做什么。探讨创新，就看是否转化为行动与结果。第四，专注与投入才会成为创新者。要成为一个创新者，最重要的是专注与投入。创新一定就是奋斗、投入、专注。没有这样的奋斗、投入和专注，就无法对创新的真切变化有所理解。第五，使命感与责任感。创新是使命感与责任感一起驱动的。所以仅仅有责任感还不够，应该有更大的使命驱动的力量，才可以拥有创新能力。第六，学习与诚信合作。企业家也是一组学习者的代名词，正是企业家的学习能力，帮助企业家在各自领域里创造全新的价值。企业家更需要诚信合作，只有这样才能组合更多的资源，与更多的相关者建立发展的可能性。

企业家精神的灵魂是创业精神。当重大历史机遇出现的时候，只有那些勇于接受挑战，具备创业精神、超前跨出一步的人，方可担当大任并抓住机遇。创业精神使企业家以其热情和担当，不断拓宽视野、格局和胸怀。正是勇于实践与敢于创新创业的行动，造就了一大批优秀的中国企业，也使得中国经济发展规模位列全球第二位，为中国未来的可持续发展奠定了坚实的基础。

五、以榜样精神为力量，激发社会创新创业创造的活力

使命呼唤担当，榜样引领时代。习近平总书记指出，要坚持用全面、辩证、长远的眼光分析当前经济形势，努力在危机中育新机、于变局中开新局。企业家精神是中国经济高质量发展的核心要素。

新时代呼唤企业家精神。2020 年新冠肺炎疫情暴发以来，无数企业家勇于承担企业社会责任，与国家保持一致，为疫情地区捐款援助，始终站在抗击疫情第一线。疫情期间，涌现出了一大批务实肯干、心怀家国的企业家。当代企业家致力于创新发展、奉献于脱贫攻坚，这种优秀的企业家精神已经成为中国经济高质量发展的新动力，是新时代的榜样精神。

中国式现代化需要具有报国精神的企业家。中国共产党人的初心和使命是为中华民族谋复兴、为中国人民谋幸福，党领导下的中国式现代化，既有各国现代化的共同特征，更有基于本国国情的中国特色。在政治上和行动上，爱党、爱国、爱人民、爱社会主义是对企业家的必然要求，也是中国式现代化的内在逻辑。当代企业家精神要践行国家富强、民族复兴的社会责任，自觉将企业家的成功及企业的发展，融入实现国家高质量发展之中，努力实现产业报国、实业强国。

中国式现代化需要具有开拓精神的企业家。开拓型企业，不仅是在一区一域内做大做强，而且是能够在国际上与全球企业一争高下。如今，世界形势不确定性大，企业家要具备能够分析研判未来国际政治经济走势、技术发展方向和行业发展趋势的能力，提升适应力、敏锐力和决策力，才能使企业在市场竞争中化危为机、奋勇前进。这就要求企业家要善于学习、勇于开拓，立足于中国式现代化的现实需求，学习掌握新知识、新技术、新技能，遵循社会经济发展规律，坚定社会主义市场主体的战略信念，找准企业发展方向，积极有效地配置市场资源，争取在全球竞争格局中占有一席之地。

中国式现代化需要具有创新精神的企业家。企业家精神的核心就是创新。熊彼特把创新定义为“建立一种新的生产函数”，即“生产要素的重新组合”。企业家要做创新发展的探索者，勇于探索，敢于探索，持续探索，实现创新跨越发展。作为企业的领导者和企业资源的组织者，企业家需要在充分分析内外部环境的基础上，组织力量、推动实施创新活动。同时，引领企业打造激励创新的企业文化，为企业发展注入创新基因，谋划好企业未来的创新路径，为企业的创新发展引领方向。

中国式现代化需要具有实干精神的企业家。唯有担当，方成其业。当下，我们面临百年不遇之变局，随着全球经济增长减缓和国内外经济下行压力增大，迫切需要一大批实干精神的企业家。一方面，他们能够秉承实事求是、脚踏实地、认真勤勉和吃苦耐劳的品格作风，扎扎实实地做好每一件事，确保企业行稳致远。另一方面，他们积极发扬工匠精神，把产品和服务做精做细，保障产品质量和企业信誉，不断提升企业核心竞争能力，努力使企业成为中国经济发展不可或缺的力量。

中国式现代化需要具有奉献精神的企业家。“达则兼济天下”，企业家是带领一个组织走得更远的领航者，肩负着人类责任、全球责任、国家责任、企业责任和团队责任。企业家本质上属于国家和社会。因此，企业家必须要具备奉献精神，奉献给客户，奉献给员工，奉献给行业，最终奉献给社会。企业家只有肩负更多的付出、担当和奉献，才能带领企业走得更远更高，成为百年老店、长青基业。

当今世界正经历百年未有之大变局，我国发展面临的国内外环境发生深刻复杂变化，我国“十四五”时期以及更长时期的发展对加快科技创新提出了更为迫切的要求。必须充分认识到，加快科技创新是推动高质量发展的需要，是实现人民高品质生活的需要，是构建新发展格局的需要，是顺利开启全面建设社会主义现代化国家新征程的需要。现在，我国经济社会发展和民生改善比过去任何时候都更加需要科学技术解决方案，都更加需要增强创新这个第一动力。同时，在激烈的国际竞争面前，在单边主义、保护主义上升的大背景下，必须走出适合国情的创新路子，特别是要把原始创新能力提升摆在更加突出的位置，努力实现更多“从 0 到 1”的突破。形势逼人，挑战逼人，使命逼人。我国广大优秀企业家把握大势、抢占先机，直面问题、迎难而上，瞄准世界科技前沿，引领科技发展方向，肩负起了历史赋予的科技创新重任，成为了新时代科技创新的排头兵。

企业家是经济活动的重要主体，营造企业家健康成长环境，弘扬优秀企业家精神，更好发挥企业家作用，对深化供给侧结构性改革、激发市场活力、实现经济社会持续健康发展具有重要意义。一是弘扬企业家艰苦奋斗的精神。引导全社会保持自强不息、艰苦创业优良传统，可以帮助社会树立崇高理想、强化守法意识，促进正确处理社会责任、企业利益和个人利益的关系。二是弘扬企业家遵纪守法的优良品德，引导全社会自觉依法合规经营，重信守诺，安全生产，为打造遵纪守法的社会提供表率。三是弘扬企业家创新发展的精神，可以增强全社会的创新创业认识，形成全社会创新创业创造的良好氛围。四是弘扬企业家的工匠精神，能够引导推动全社会围绕创新理念、技术装备、研发设计、产品标准、节能减排、经营管理等关键环节对标赶超，争创一流。

企业家精神激荡，时代成就了企业梦想。新时代呼唤新的企业家精神，广大企业家坚定发展信心，心无旁骛地创业创新创造，定能为实现中华民族伟大复兴的中国梦作出新的更大贡献。

第一章　追逐梦想

改革开放以来，企业家精神是中国经济高速增长的重要动力，在不同时期都发挥了突出的作用。在改革开放初期，一大批优秀的乡镇企业家迸发出了极大的勇气和魄力，在市场经济地位还未确立、商业生态还不成熟的时期经商办企业，给经济注入了全新的活力。这一时期企业家精神的核心内容是“追逐梦想”，敢为天下先，充分利用了改革开放初期计划经济体制下的市场不均衡所带来的商机，快速地推动了企业的发展和市场的成熟。企业家只有始终不断地有造梦、追梦、圆梦，再造梦的精神，不断有开放性的思维，才能具备勇于斗争的责任担当。企业一路走来，发展壮大，就是不断斗争，追逐梦想的过程。

激发企业家不断“追逐梦想”，需要在以下方面着力。一是鼓励企业家保持艰苦奋斗的精神风貌。激励企业家自强不息、勤俭节约，反对享乐主义，力戒奢靡之风，保持健康向上的生活情趣。企业发展遇到困难，要坚定信心、迎接挑战、奋发图强。企业经营成功，要居安思危、不忘初心、谦虚谨慎。树立不进则退、慢进亦退的竞争意识。二是支持企业家创新发展。激发企业家创新活力和创造潜能，依法保护企业家拓展创新空间，持续推进产品创新、技术创新、商业模式创新、管理创新、制度创新。使企业家将创新创业作为终身追求，增强创新自信。提升企业家科学素养，发挥企业家在推动科技成果转化中的重要作用。吸收更多企业家参与科技创新政策、规划、计划、标准制定和立项评估等工作，向企业开放专利信息资源和科研基地。引导金融机构为企业家创新创业提供资金支持，探索建立创业保险、担保和风险分担制度。三是引导企业家弘扬工匠精神。建立健全质量激励制度，强化企业家“以质取胜”的战略意识，鼓励企业家专注专长领域，加强企业质量管理，立志于

"百年老店"持久经营与传承，把产品和服务做精做细，以工匠精神保证质量、效用和信誉。深入开展质量提升行动。着力培养技术精湛、技艺高超的高技术人才，推广具有核心竞争力的企业品牌，扶持具有优秀品牌的骨干企业做强做优，树立具有一流质量标准和品牌价值的样板企业。激发和保护老字号企业企业家改革创新发展意识，发挥老字号的榜样作用。四是引导企业家积极投身国家重大战略。完善企业家参与国家重大战略实施机制，鼓励企业家积极投身"一带一路"建设、京津冀协同发展、长江经济带发展等国家重大战略实施，参与"引进来"和"走出去"战略，参与军民融合发展，参与中西部和东北地区投资兴业，为经济发展拓展新空间。五是加大对企业家的精准帮扶力度。发挥统战部门、国资监管机构和工商联、行业协会商会等作用，建立健全帮扶企业家的工作联动机制，定期组织企业家座谈和走访，帮助解决企业实际困难。对经营困难的企业，工商联、行业协会商会等有关部门要主动及时了解困难所在、发展所需，在维护市场公平竞争的前提下积极予以帮助。支持再次创业，完善再创业政策，根据企业家以往经营企业的纳税信用级别，在办理相关涉税事项时给予更多便捷支持。加强对创业成功和失败案例研究，为企业家创新创业提供借鉴。

颜泽文：全力打造川茶千亿产业梦

颜泽文，四川省茶业集团股份有限公司（以下简称川茶集团）党委书记、董事长，四川省川茶品牌促进会会长，是全国劳动模范、中国茶叶行业年度经济人物、四川省十大杰出民营企业家。

派派说：能介绍一下企业基本情况吗？

颜泽文：川茶集团目前已发展成为实施茶全产业链开发的股份制企业，产业化发展水平居行业之首，先后获得"农业产业化国家重点龙头企业""全国农业产业化优秀龙头企业""中国茶行业综合实力百强企业"等荣誉，并被四川省委、省政府确定为"打造川茶千亿产业"的排头兵企业进行重点扶持。2015 年川茶集团实现综合产值 16.5 亿元，出口创汇 760 万美元，占四川省茶叶出口额的 52%以上，通过产业化经营带动 10 余万户农户实现人均年增收2 000 余元。

派派说：您这一路创业历程是怎么走过来的?

颜泽文：我的家乡宜宾市是四川省最主要的产茶区，茶业是宜宾市农村经济发展和农民致富增收的支柱产业。但因为种种原因，宜宾市的茶业综合效益一直不高，提升空间巨大。我自己也是农民出身，出于对茶产业前景的看好，我毅然选择茶行业。我 1988 年步入茶行业，1991 年组建宜宾市江北茶厂，1995 年组建宜宾市茶叶总公司，2000 年组建四川省叙府茶业有限公司，2013 年在四川省叙府茶业有限公司基础上改制升级为川茶集团，成为四川省茶行业的领军企业。

派派说：企业在产品、人才、品牌市场、资本方面都有什么重要举措?

颜泽文：产品方面，依托企业在全国茶行业率先打造的“一站两院两中心”科技创新共享平台（院士专家工作站、四川省茶产业技术研究院、川茶产业商学院、国家认定企业技术中心、四川省茶业工程技术研究中心），研发形成了以“天府龙芽”“叙府龙芽”等茶产品为拳头，以“优黑优红”产品为创新，以超微茶粉、茶食品为特色的多元化产品体系，增强了企业的核心竞争力。

人才方面，形成了以陈宗懋院士为首的外聘专家团队，引进了 50 余名研究型、管理型人才形成了企业内部人才团队，俄罗斯原第一副总理索斯科维茨更是于 2015 年受邀成为公司终身荣誉顾问。

品牌方面，通过创新的大品牌发展模式，成功打造了全国茶行业目前唯一涵盖中国六大茶类的全茶类品牌——天府龙芽。2015，“天府龙芽”被正式确立为川茶大区域品牌，先后荣获“百年世博名茶金骆驼奖”“中国最具国际竞争力名茶品牌”等多项重量级奖项，并于 2016 年在第五届中国（四川）国际茶叶博览会暨天府龙芽茶文化节上向全球发布。

市场开拓方面，在国内建设了 200 多个品牌专卖店，在中国香港、马来西亚等 10 多个国家和地区建立了营销机构；借助淘宝、京东等电商平台大力发展线上专卖店；积极组建集团专业电商运营团队，加快建设川茶集团“上茶网”自建电商平台。

资本方面，2002 年成功收购总规模 1.05 万亩的原宜宾县国营黄山茶场，并将之打造成为国内连片规模最大的并且连续 10 年通过国际国内双认证的有机茶基地；2016 年，企业申报的四川省重大项目“川茶产业融合发展”被正式批准实施，成功争取到国家发展改革委专项资本金 9 000 万元。

派派说：企业目前的商业模式是什么？

颜泽文：企业目前的商业模式是全茶产业链融合共享发展。主要是通过利益共享机制的完善，带动广大茶企、茶农、茶商及重点产茶区县融合发展、共享发展，加快构筑起跨区域、多产业、全要素融合发展的新型茶叶经济业态，通过建设茶叶标准化生产大基地，打造“天府龙芽”川茶大品牌，拓展国际国内大市场，成为有行业引导力的茶叶大集团、有竞争力的国际大茶商，助推四川乃至全国茶产业转型升级、提质增效。

派派说：创业过程中有遇到什么挑战吗？

颜泽文：在经济新常态下，企业主要面临着两个方面的挑战。一是由传统企业向现代化茶企转型的挑战。针对这个问题，公司全面引入现代企业管理制度，加快构建新型管理体系和组织体系，进一步激发了企业快速发展、跨越发展的内生动力。同时，企业以资产管理为纽带，实行事业部管理制，通过资产结构调整、明确经营责任主体、健全激励机制，进一步激发了公司管理人员和全体员工的创新思维和创业热情。二是“一带一路”倡议下国际市场开拓的挑战。国内红茶风味不能很好适应欧洲消费者的特点，企业茶叶出口受到制约。针对这个问题，企业创新将乌龙茶、红茶和黑茶等超过两种茶类的加工技术进行技术集成和再创新，在全国茶行业首先研发出了一茶双香型产品“优黑优红”（优于传统黑茶、优于传统红茶），更好地满足了国际市场需求，增强了企业国际竞争力。

派派说：目前在做的项目是什么？

颜泽文：当前企业正在牵头开展两个项目。一是作为主要发起人和品牌原创人，组建四川天府龙芽股份有限公司，对“天府龙芽”川茶大区域品牌进行专业化、规范化、市场化、资本化的经营管理，力争把“天府龙芽”打造成世界第一文化名茶。二是实施“川茶产业融合发展”项目，该项目已被列入2016年四川省重点建设项目，这是四川省有史以来首次将农业项目作为省重点项目进行扶持，项目总投资达到12.68亿元。这两个项目是川茶产业发展过程中史无前例的重大项目，项目的成功实施必将形成企业乃至整个川茶产业崛起腾飞的强大引擎。

派派说：未来有什么发展愿景吗？

颜泽文：企业将通过实施“天府龙芽”川茶大区域品牌打造项目和川茶产业融合发展项目，力争到2017年，实现年销售收入30亿元，直接带动原料基地30万亩以上，带动茶农10万户以上（其中贫困户1万户以上），实现人均年增收2 500元以上。到2020年，实现年销售收入50亿元，进入证券市场上市融资。

派派说：您觉得成为一个优秀企业家要具备什么样的能力？

颜泽文：我认为，一个优秀的企业家要敢于创新、勇于担当。

创新是对一个优秀企业家的能力要求，只有不断创新，才能做到与时俱进，才能更好适应新常态下转型发展的需求。担当是一个优秀企业家人格魅力的体现，担当就意味着责任，对企业的责任、对员工的责任、对整个社会的责任，有了这样一份责任感，才能成为一个有益于社会、有益于产业的企业家。

派派说：对国家推进大众创业、万众创新的政策有什么看法吗？

颜泽文：国家推进大众创业、万众创新，符合中国国情，增强了国民的发展信心，涌现出一大批有梦想的创业人士，我万分赞同。建议国家加强对创业的引导，通过政策引导，让广大创业者到国家急需的重要行业、关键领域去发光发热；建议国家加大对大众创新政策的激励力度，营造出全社会敢于创新、有效创新的良好氛围；加快创新科技成果转化力度，真正将创新落实到效益上、落实到助推企业转型升级发展上。

派派说：有什么想对青年创业者说的吗？

颜泽文：我认为，青年创业者既要有敢于勇立潮头、开创事业的胆识和魄力，也要有沉着、稳重、理性的审视判断力。对于创业项目，应该选择自己最熟悉、最擅长、有条件、有信心、有决心的领域，或者是发展潜力大、国家重视程度高的朝阳产业、新兴产业。不怕挑战、不怕失败，努力付出，一定会获得成功。

派派说：您觉得创业和人生意义之间有什么内在联系吗?

颜泽文：人生的意义在于成就自我，让自己的一生对整个社会更有价值、更有意义。创业的过程就是在创造价值奉献社会的同时，成就自我的过程。因此，我觉得创业和人生具有辩证统一的关系。只有把创业与人生信仰、人生道路的选择相结合，并且以强烈的人生信念作为支撑，才能成为创业的强者、人生的赢家。

高亚飞：决心回乡办养殖场

高亚飞，曾任安徽工业大学辅导员、计算机学院团总支副书记，安徽浩翔农牧有限公司董事长、总经理、党支部书记，利辛县新农民养猪专业合作社理事长、安徽省大学生创业校外辅导员和宣讲员，被评为安徽省军区扶贫创建先进个人、第七届全国农村青年致富带头人、中国青年五四奖章获得者、安徽省青年五四奖章获得者、首届感动安徽十大新闻人物、安徽省农民创业带头人、安徽省农民十大创业之星、安徽省大学生创业先进典型，当选为第十二届全国人大代表、安徽省第十一届人大代表、安徽省第九届党代会代表，安徽省青联常委、团省委委员，获国家专利 10 项，省级科技成果 2 项。

派派说：请您介绍一下企业大致情况。

高亚飞：企业现有 3 个养殖场，1 个饲料厂，已发展成为省级农业产业化龙头企业、首批国家级标准化示范场、国家生猪良种补贴项目供精种公猪单位、全国猪联合育种协作组成员单位、省级科技型民营企业、安徽省皖北良种猪繁育工程技术研究中心依托单位、安徽猪业协会常务理事单位，通过国家无公害生猪产地和产品认证。

派派说：您创业前的个人成长经历是怎么样的？

高亚飞：1980年7月，我出生在国家级贫困县——安徽省利辛县巩店镇车寨村高庄的一个普通农民家庭。父亲是一名民办教师，母亲是纯朴、诚实、好强的文盲农民。为了实现“光宗耀祖”的理想，父母让成绩优异的姐姐在中学就辍学在家，全力以赴地培养我。功夫不负有心人，1998年我顺利考入安徽工业大学，成为我们村的第一个大学生。大学期间，因勤奋好学，我得到了迅速成长，先后担任班长、学生会主席、辅导员助理，多次被评为优秀学生干部并获得奖学金。2000年12月，光荣地加入了中国共产党。由于成绩优异，表现突出，2002年大学毕业时被评为全省优秀高校毕业生并留校任教，先后担任了辅导员、计算机学院团总支副书记职务。

派派说：是什么原因促使您放弃优越安逸的工作生活投身到创业中的？

高亚飞：踏入工作岗位后，我一直以高度的责任心和拼搏的精神对待工作，为此很快得到了校领导和同事的高度认可。但是在内心深处一直有一种不安，尤其是每到春节回家过年时，这种不安就愈加强烈。当初因为贫穷，姐姐为我辍学了，现在家人和乡亲们依然以落后的生产方式，过着贫穷简单的生活。我心里一直在想，城市生活是美好的，尤其是在大学任教的生活更令人向往。但是一个人生活再好又有什么意义，于是决心要帮助乡亲们摆脱贫困，过上幸福生活。

怀着让乡亲们过上幸福日子的理想，于是我决定再次充电，于2006年1月在中国科学技术大学攻读MBA。在这里结识了许多观念新颖、敢想敢做的老师和朋友，他们给了我勇气和信心，也促使我更加坚定了信念。在这一年我人生发生了重大转折。我决定放弃高校老师这个崇高而又神圣的职业，回家养猪。亲人、朋友、领导和同事一听到这个消息，都极力反对，表示不理解和不可思议，学校的领导和同事们还诚恳挽留。这对我来说是一个非常艰难的抉择，但为了理想、为了一个共产党员的坚定信念，我毅然选择了回到农村创业。

派派说：在您创业过程中遇到过什么困难，您是怎么解决的呢?

高亚飞：2006 年 4 月，我回到阔别已久的家乡，创办了种猪场。整整半年时间，省吃俭用，夜以继日向书本学习、向同行学习、向老师专家请教，到全国各地拜师学艺，反复考察制定翔实可行的方案，明确企业的目标和准确的定位，采取科学的抗风险措施。

创业阶段，因家人和亲友们的不理解，举步维艰。面对乡亲们的嘲笑和讽刺，面对缺资金、无人帮忙等巨大的压力和阻力，硬是咬着牙挺了过来。没有资金，就一点一点地凑；没人帮忙，就自己动手干。为了赶工程进度，自己通宵加班电焊导致面部严重灼伤，整整一个月都在剧痛之中，皮都蜕了两层。但是仍然坚持着干下去。可能是我坚定的态度和吃苦耐劳的举动，打动了家里人和乡亲们，他们不再反对、怀疑和嘲讽。许多人开始出面为我担保落实贷款，帮助解决企业发展的资金问题。

派派说：您是采取怎样的模式将企业发展经营壮大的?

高亚飞：在企业生存和发展过程中，时刻铭记自己作为共产党员的责任，时刻铭记回乡创业回报社会的目标。2007 年 9 月，企业牵头成立了亳州市第一家养猪专业合作社——利辛县新农民养猪专业合作社，实行“三供、四面、五保证、六统一”的服务，从技术、品种、管理、销售等环节为农民养猪致富提供坚实的保障。为帮助养殖户树立科学养殖的新观念，通过合作社反复培训，自己也多次上门拜访、指导，动员养殖户参加合作社。通过不懈的努力，看到最初加入合作社的社员都得到了实惠，更多乡亲们主动申请加入，目前合作社已带动规模养殖户 300 多户，近 4 000 户小养殖户受益增收。在经营上，创立独具特色的“公司＋合作社＋基地＋农户＋科技＋市场”的种、养、加、产、管、研为一体的循环经济和农业产业化发展模式，开创了新的农村经济发展模式。

派派说：在企业创业经营之余您对社会助农扶贫活动怎么看?

高亚飞：我是个热心肠的人。虽然刚刚走出生活的“沼泽地”，却首先想到的是那些急需救助的社会弱势群体和急需要办的社会公益事业。近年来，公司先后捐款100多万元，支持农村修路，参与捐资助学，援助敬老院，积极参与工商联光彩事业、共青团的希望工程和阳光助学行动，以实际行动切实履行社会责任，树立了企业的良好形象。

派派说：创业之路在脚下，一路艰辛一路歌。高亚飞靠勤学实干兴业，靠求实创新发展，造就了今天的事业。超越自我，挑战未来，使他成为一名年轻有为的创业带头人。

陈建勋：我的青怡梦

陈建勋，广州市青怡农业科技股份有限公司董事长、团中央中国农村致富带头人协会常务理事、广东省青年现代农业发展促进会副会长、广东“创青春”大学生创业大赛评委、中国青年互联网创业大赛评委、广州市南洋理工学院客座教授，被评为2011粤商精英年度人物。

派派说：说说您创业的原因和历程。

陈建勋：我出生在广东增城福和镇的一个乡下，是一个地道的农家子弟，20世纪80年代初，来到大城市读大学，当看到自己从家里带来的土特产那么受欢迎时，第一次意识到，乡下的农产品是“好东西”！把农家的好东西卖给城里人成了最初的梦想。

2001年，投资成立经宇文化发展有限公司，这是一家信息科技公司，经宇公司与114号码百事通合作之后，萌生了“把农产品交易搬到电子商务平台上”的想法，这一创新的模式就是后来号码百事通最重要的增值服务——“114购”电话下单购买，试水的项目就是通过114号码百事通平台卖大闸蟹。

2009年前后，互联网电子商务模式的日趋成熟，改变了人们的购物习惯和产品流通模式，把农产品直接卖给终端消费者，不再是难以实现的梦想。

2010 年，承载农业梦的广州市青怡农业科技股份有限公司（简称青怡）诞生了，线上购买，线下配送，把农产品卖到网上这一创新思路，惊爆了行业。

派派说：在企业发展壮大过程中，在产品、市场、人才、资本、品牌等方面，您是怎么进行把控的?

陈建勋：产品方面，为了保证从源头到餐桌的全流程可被追溯，青怡跟广东省农科院合作，开发推广了互联网遥控传感监控技术，通过二维码，客户可以清晰地了解产品从种植到餐桌的所有信息。

市场方面，青怡的市场定位是中高端客户，安全和品质是目标客户对农产品最基本的诉求，青怡根据市场情况，结合产品特性，精准定位，提供专业服务。

人才方面，作为农业企业品牌，青怡的人才建设着重在技术和物流供应链等方面，除高薪聘请专业技术人才外，青怡还与广东省农科院、华南农业大学等达成战略协议，双方在技术运用和人才交流方面进行了深入的合作。

资本方面，在青怡发展到一定规模后，资本市场开始给予关注，银行也给予了资金方面的支持，并提供了有效的金融工具，为后来青怡的挂牌上市提供了专业支持。2016 年正式进入资本市场，新三板上市流通。

品牌方面，青怡一向重视品牌的建设，无论是线上官方商城的建设，还是线下实体店的布局，青怡都聚焦品牌内涵，向消费者传达安全、健康、品质生活的理念。经过 6 年的坚持，青怡聚集了 10 万客户家庭的信任，树立了华南最大的有机及地标农产品运营商的品牌。

派派说：企业目前是什么样的营销模式?

陈建勋：紧跟时代，青怡的立体化营销模式。

2014—2015 年，移动互联网迅猛发展，“线上＋线下”的 O2O 模式烧遍了多个行业，农产品是否适用 O2O 模式？新形势下，新农业又应该如何发展？新的挑战和机遇又摆在了面前。

经过 2015 年一年的艰苦探索尝试，青怡不断布局，农产品立体化运营模式逐渐成形。

线上，青怡不断完善网上商城和移动商城建设，随着功能完善和系统优化，线上客户接触点的迅速增加，客户购物体验不断提升，让客户随时随地随心购。

线下，青怡迅速拓展大型商超渠道，与华润万家、天虹百货等大型商超达成战略合作，独创商场“店中店”有机专柜模式，从 2015 年 8 月开始，短短几个月已进驻了 10 多家商超店，覆盖区域包括广东广州、深圳、珠海，云南昆明等地。

除此之外，青怡加盟店系统也迅速发展，经销商体系逐渐建立；社区店借助与几大地产企业的合作，如保利地产、时代地产、碧桂园地产等，也逐渐打开了局面。

派派说：目前在做的项目和模式是什么？

陈建勋：2013 年开始，青怡与南报集团、中国人保达成农业扶贫项目合作，南报集团原本每年为河源市东源县杨梅村提供 200 万元的扶贫资金，但这种“输血”的扶贫方式效果有限，多年以来，杨梅村的经济状况仍然未好转。我带领青怡的同事们，结合南报集团的需求，经过对杨梅村的仔细考察，创新了一种“以购代扶”的扶贫模式，即是农民成立合作社跟青怡合作，由青怡指导进行科学的种植养殖，产品供应给青怡负责销售，解决了农产品难以销售的大难题。青怡向农民提供订单种植和订单养殖、担保贷款、全程技术指导、生产过程管理等支持，帮助农民建立现代农业发展的思路和机制，“授人以渔”。同时，青怡负责农产品运输、包装、销售、配送等专业服务，保证产品品质和服务质量，扶贫单位可以通过青怡享受到专业便捷的配送到家的服务。

派派说：合作社成员的收入来源有哪些呢？

陈建勋：合作社成员的收入来自三个方面：

（1）青怡和农民成立合作社，农民把土地租给合作社取得租金收入；

（2）农民从合作社经营所得的利润中取得分红收入；

（3）农民在合作社上班劳作，取得工资收入。

这样一来，农民既是“包租公”，又是“股东”，还是“员工”。

派派说：您理想中企业未来要发展成什么样?

陈建勋：公司上市是青怡未来的平台之路，将来将成为新农人的梦想载体。

2016年4月11日，广州市青怡农业科技股份有限公司新三板挂牌上市敲钟仪式，在全国中小企业股份转让系统中心隆重举行，青怡正式登陆新三板，成为了中国有机及地标农产品流通第一股。

青怡不只是一家追求利润的企业，它是一个梦想的载体，这个梦就是农业梦，凡是有农业梦的人，都可以在这里实现。

有很多优秀的农人、新农人们，辛苦创业，坚持品质，青怡帮他们把产品卖到客户手中；有很多优秀的电商、微商弄潮儿，青怡为他们提供有品质保证的产品，为他们提供共享的网络平台；有很多正在创业的年轻人，他们加盟青怡，青怡为他们供应产品，提供服务，甚至提供资金扶持；有志社区服务的大学生，青怡辅导他们开店，或者在青怡的店里实习，学习了解这个社会，通过实践积累自己的知识和能力……

青怡是一个农业梦想的平台，一开始就是，未来更加是!

派派说：您认为一名成功企业家或者说优秀企业家所应具备的素质是什么?

陈建勋：作为一个上市企业的创业者，身上有着成功企业家的共有特征，在谈起除个人能力外的经营者素质的时候，我认为企业家特别是创业者，应该具备以下几个素质：

（1）要专业，了解所在行业；

（2）要学会资源、人才的整合；

（3）培养自己对市场触觉的灵敏度；

（4）要坚持，不改初衷。

派派说：您是怎么理解国家推进大众创业、万众创新政策的?

陈建勋：国家正在大力推进大众创业、万众创新的政策，这是非常好的政策，相信通过这个，我们国家的经济发展和人才培养都会得到非常大的进步，同时，这也为很多准备创业的人，提供了非常好的机会。

希望国家能够为创业者提供更多实际的支持，如，为创业新手提供切实有效的培训和引导，帮助他们少走弯路；对在资金方面有困难的创业者，提供资金支持、税费减免和低息贷款等政策倾斜。

派派说：有什么想对青年创业者说的吗？

陈建勋：创业之路是曲折困难的，从来不是简简单单就能成功的。寄语创业者，初衷不忘，前路不止，创业路上是艰苦的，但只要坚持，就一定有回报。

派派说：您如何理解创业的内涵？

陈建勋：对于创业的内涵，我认为创业不只是实现个人的价值，更重要的是创业对社会发展有益，只有创新创业，人类社会才会不断发展，我们的生活才会越来越好，所以，创业应该是一种人生态度，当然也是一种实现个人价值的重要方式。

赵红伟：让孩子们在爱阅读中放飞梦想

赵红伟，爱阅读（北京）文化传媒有限公司总经理。

因为不喜欢每天机械化的流水线工作，毅然决然放下了所谓的铁饭碗，走上自主创业的道路，为文化教育事业张灯结彩。

派派说：请您简单介绍一下企业的基本情况。

赵红伟：爱阅读（北京）文化传媒有限公司（简称爱阅读公司），是由书馆区、办公区、传统文化体验区组成。公司位于顺义区高丽营镇西马湖畔，占地面积约 1 000 平方米，藏书逾 3 万册。公司自 2016 年成立以来，获得来自社会各界的肯定和多家单位的认可，并取得以下荣誉：顺义区中小学生社会大课堂资源单位、顺义区社区教育活动基地、顺义区图书馆爱阅读分馆、顺义区公益童书馆分馆、顺义区京剧文化传承协会、贵州省丹寨县石桥黔山古法造纸教育基地等。公司以继承弘扬老北京文化和国粹经典为宗旨，并积极推动全民阅读活动的展开。

书馆区分为亲子儿童阅读区，青少佳作阅读区和成人休闲阅读区。“1平方米空间”为主题的儿童阅读区域，位于一层西侧，以绘本等读物为主，为孩子们提供一个属于自己的私密空间。一层东侧为青少佳作阅读区，包含国内外名著、优质青少读物等，适合大龄儿童思维扩散，丰富知识。

二层分为休闲阅读区，铁皮玩具收藏馆和剧场区。休闲阅读区藏书量大，种类齐全，读者可以在书海中享受与书邂逅的浪漫。作为国内首家的铁皮玩具收藏馆，爱阅读将为大家展示千余件铁皮玩具收藏品，让来访者回到那些珍贵的童年时光。剧场区可承接各类中小型活动，也会定期向来访读者提供文化表演。书馆还为来访者提供点餐服务，西餐和多种饮品可供选择，使读者在获取精神食粮的同时，还能享受可口美味。书馆常年举办亲子故事会，添加有趣的手工活动，从兴趣引入，让孩子和家长们爱上阅读。也会不定期举办家长教育，家长的深度决定了孩子未来发展的高度。

派派说：请说说您的创业历程。

赵红伟：1992年6月至1996年6月，我就职于顺义区粮食局，因为不喜欢每天机械化的流水线工作，毅然决然放下了所谓的铁饭碗，在1997—2001年开始自主创业，尝试过很多职业，终于遇到了自己喜欢并愿意为之付出一生的教育事业，2001年3月创办了顺义区第一家民办学校——精灵花雨舞蹈艺术培训学校，这一干就是14年，培养了无数的艺术人才，然而就在艺术教育行业风生水起的时候，又悄无声息地转身了，不过这次“转身”并没有离开教育，没有离开孩子。通过半年的筹备后，2016年1月27日，顺义区第一家文化休闲书馆——爱阅读文化休闲书馆成立。从成立至今，书馆服务了将近3 000个家庭以及顺义区中小学生近20 000人。服务内容涉及传统文化的传承、国学礼仪的学习、生活技能的培训、父母子女教育的培训、生活视野的开拓等。

派派说：企业的商业模式是怎么样的？

赵红伟：文化的追求和向往很有必要，阅读模式需适应新时代潮流，进行创新和包容。生活不应只是匆忙地穿梭在高楼林立的街道，应该还有对文化的向往和追求，并非附庸风雅的陶醉其中，而是虚心学习，体会文化，偶遇自己有趣的灵魂。爱阅读文化休闲书馆以接纳的态度对待社会各界的人。你可以在这里随意地翻阅一本书，或是坐在沙发上看着窗外，也可以在这里画画，以平常心对待每一个人。我们以包容的心态面对自己、面对读者，尊重彼此之间的不同，同在阅读上找自己。阅读，可以让人理性思考，排除杂念，但是阅读快餐书或者吸收碎片化的知识并不能达到效果，甚至会适得其反。在这里吃不到快餐，也吸收不到碎片知识，而是实在的成系统的书籍。我们精心选择各类图书，推广大众精品阅读。在这个时代，阅读的形式不仅仅是读书，欣赏一幅画，做一次分享交流，用心体验一次活动，这些都是新时代的阅读模式。

派派说：您希望传递给用户一个怎样的主题思想？

赵红伟： 引导群众学习博大精深的中国传统文化，增强民族自信心。

书馆的核心在文化实力。中国传统文化博大精深，我们应当继承学习传统文化的精华，并发展其新时代的意义。传统并不意味着过时，那些我们缺乏时间来思考的文明，就被时间的巨轮碾压成历史。所以，了解过去显得尤为重要。未来其实就在那里，那里都有答案。造纸术、活字印刷术对推进人类的文明进程有十分重要的影响，先贤思想的精华通过其传承下来，技术的进步也让文化更有效率地传播。爱阅读开展以上两项活动，旨在唤醒大家对传统文化的关注，增强对中华民族的文化自信，虽然任重道远，但我们会尽微薄之力，做出一点点贡献。

戴扬：一粒种子一个梦想

戴扬，海南广陵高科实业有限公司董事长、海南省政协委员、陵水政协常委、陵水工商联副主席，是全国农村青年致富带头人、海南省青年五四奖章获得者、中国百强经济人。

2004 年，他创办育种企业，年产种子 200 万公斤，占全国南繁总面积的50%，解决5 000多名农村劳动力就业。2014年产值5 489万元。他不仅带领村民脱贫致富，也热衷于公益事业，曾为四川汶川、雅安，青海玉树等地震灾区捐款。

派派说：能介绍一下企业的基本情况吗?

戴扬：公司主要从事南繁育种工作，是集国家南繁服务、种子生产、销售等育繁推一体化的综合企业，先后被评为全国AAA级诚信企业、中国种子协会A级信用企业、海南省农业产业化重点龙头企业、海南省农民专业合作社示范社。熟悉我的人，都知道我兴趣广泛，爱好书法，喜欢唱歌，台球水平公司内无人能比。我在南繁领域里却是一位有名的“拼命三郎”。对于南繁产业来说，行业内的人经常说：南繁南繁，真是又“难”又“烦”。而我之所以能在南繁领域里做出让人刮目相看的成绩，与我经常说的一句话有关——“我们这个企业，是实实在在干事的企业”。正是这种实实在在的创业精神，公司才从当初成立的一个小公司，成长为现在正向集团化目标发展的大企业，被农业农村部指定为“国家重点南繁单位”。

派派说：您是如何进入这个行业的?

戴扬：我出生在一个普通家庭，兄弟三人，我是家中老大。父亲是一位勤劳朴实的农民，因为是种田的能手，早早就成为了生产队长。20世纪70年代初，各省都纷纷组织专家来海南省从事育苗生产，父亲作为水稻种植专家，带着全家，也随着南繁大军来到了海南省。

就这样，我从小就接触南繁育种，帮助父亲取秧苗，插秧苗，慢慢对南繁育种有了兴趣，喜欢上了这个行业。随着年龄的增长，自己在二十几岁时，真正理解了什么是南繁育种，也知道了南繁育种对国家粮食安全的重要性。从那时起，我就决定，跟随父亲从事南繁产业。

派派说：企业是如何发展起来的?

戴扬：我看到南繁育种的巨大发展空间，为了抓住这难得的发展机遇，把南繁事业做大做强，2004年，成立了海南广陵高科实业有限公司，并担任总经理，与几名员工一起，开始了艰难的南繁创业之路。

在创业初期，凭着勤劳、拼搏、勇敢、执着的精神，带领育种队在陵水扎根、建基地，白天与工人一起干活，晚上一起接受技术培训。在10年的时间里，分别在3个地方建立起南繁基地。

如今，公司已有南繁基地10 000余亩*，并配套种子加工厂房、种子检验室、晒场、农产品交易市场、农产品冷藏库和植物医院等基建项目。从2002年至今解决5 000多名农村富余劳动力的就业问题，提高了当地农民收入。

为了更好地带动当地农民增产增收，2007年公司和当地农民合作成立陵水安马洋果蔬种植农民专业合作社，在南繁地区等生产基地修建水利设施，硬化田间道路，并为当地农民提供技术支持，积极推动了合作社的发展，为当地农业生产提供方便。合作社年产值达1 000万元，年利润100万元，提高了当地农民收入，推动了区域经济发展，促进了陵水农业发展和全国种业生产。

派派说：您觉得企业经营最重要的是什么?

戴扬：质量是企业的生命。一家即将上市的农业公司是公司的重要客户，长期在公司进行水稻育种。由于2013年12月天气比往年气温低，插苗时间推迟了，这样收获期就会推迟。而该公司2014年需要按时种植，为了不耽误种植时间，该公司负责生产的领导就来到公司，找到我，要求插苗时间不要往后推迟，只要能按时插秧，可以向公司多交费用。但我说："我们可以按你的要求插秧，但天气冷，秧苗会受影响，种子质量不能保证。我们如果收了你的钱，我们损失的将是信誉，而信誉是无价的。我们重视质量，也是为了向客户负责。信誉是金钱买不回来的。"

派派说：您是怎么提高企业经营质量的?

戴扬：为了提高服务南繁的质量，树立"质量第一，信誉至上"的企业形象，我从多方筹集资金，不断加强基础设施建设。购买化验设备，建起了高标准的化验室和植物检验检疫室。为了提高

---

* 亩为非法定计量单位。1亩=1/15公顷。

育苗质量，2013 年，建起了现代化的育苗工厂，具备了向在海南省所有南繁单位提供育苗保障的能力。完成了公司办公楼改扩建，改善了员工办公条件。为了向专家提供更好的服务保障，建造了南繁专家楼和长水洋办公楼。同时，修建完成了农产品交易市场、农产品冷库、地磅房改扩建、种子精选加工车间等项目建设。

派派说：企业在发展过程中有哪些提升措施？

戴扬：我认为，要把南繁产业做大做强，就必须提高科技含量，走产学研相结合的路子，依靠科技的力量打造南繁公共服务平台。公司先后与海南省农业科学院、海南大学、华中农业大学签署了产学研合作协议。

通过产学研合作，提升了公司的生产能力和服务水平。公司参与了海南省重大科技专项“主要作物南繁育制种关键技术研究与产业示范”课题专项攻关，并与海南省农业科学院合作，联合攻关“中国水稻种质资源收集保护创新利用平台建设”项目。与海南省农业科学院热带生物技术联合攻关，研究出三套生物安全检测试剂盒子与集成运用一套转基因检测试纸条。承担了海南省农业厅“两系不育系标准化生产体系与技术推广”项目。目前，公司正积极与海南省农业科学院合作，打造“海南省南繁科技创新产业园”项目，项目实施后，将进一步确立公司在中国南繁领域里的基础性地位和服务功能。

派派说：企业社会责任履行得如何？

戴扬：责任是一种胸怀。在公司成立的那一天起，我就把履行社会责任作为奋斗目标。员工是企业的财富，如何提高员工的生活水平就成了每天都放不下的心事。在公司的员工家庭遇到什么困难时，我总是第一个出面帮忙。随着公司一步步成长，为员工做实事的能力也在不断增强。目前，公司每年创造 400 多个工作岗位，为员工提供了稳定的工作保障。

公司在关心员工生活的同时，也尽心尽力回报社会。努力解决农村富余劳动力的就业问题，从 2002 年至今，公司先后吸纳安排 5 000 多名村民就业，增加了当地农民的收入。通过公司成立的果蔬种植农民专业合作社，采取“公司＋农户＋基地”的模式，每年与500多户农户签订种植合同，带动了当地农民增产增收，为农村经济的发展作出了贡献。同时，积极参与公益活动，向台风灾区、地震灾区、学校、养老院等献爱心，几年来，先后捐款捐物共计10多万元。

派派说：企业近年经营情况怎么样?

戴扬：十年磨一剑。经过10年的发展，公司就像一朵南繁花，盛开在这个美丽的地方。通过艰苦努力，南繁事业不断壮大，种植面积年年增加，市场份额稳步提升。目前全国南繁两系亲本种子总面积约8 000亩，其中公司就占有4 000余亩，目前公司年代繁、制种生产种子达200万公斤，年销售种子150万公斤。南繁两系亲本面积占全国南繁总面积约50%。公司主要繁殖广占63s、9802s、培矮64s、株1s、Y58s等十几个品种，形成了一套规范的管理体系和质量保证体系，如今，公司繁殖的品种和繁殖数量均跻身全国前列，繁殖亲本种子的质量均高于国家标准。自主研发并具有知识产权的优质杂交水稻种子“广陵优2585”“粤优8306”，深受农民朋友的青睐和喜爱。

2013年，习近平总书记在海南省视察时强调，南繁育制种基地是国家宝贵的农业科研平台，一定要建成集科研、生产、销售、科技交流、成果转化为一体的服务全国的重要基地。如今，南繁产业已经上升为国家战略的高度，这为南繁产业的发展注入了强劲的发展动力。公司作为全国目前唯一一家承担南繁服务功能的企业，也必将为国家粮食安全作出更大的贡献。

戴继涛：引领电力行业梦想新航向

戴继涛，无党派人士，河南太能电气股份有限公司董事长、全国青联委员、中国青年企业家协会理事、河南省青年企业家协会常务理事、郑州市政协委员、是郑州市新长征突击手、郑州市优秀青联委员、优秀政协委员、五一劳动奖章获得者。

派派说：您觉得创业成功的关键是什么?

戴继涛：谈到创业成功的关键，我总结的经验是学习。我始终认为，创业离不开学习，创业也不能脱离了学习。在我看来，用6个字来概括我的创业历程最准确：学习、坚持、努力。成功的创业经历生动诠释出学习、坚持、努力对成功的创业者而言至关重要。学习不仅是在创业之前的准备，也是在创业之中的不断提高。在创业之初，一定要找准自己的定位。找准定位之后，朝着目标学习以至于让自己变得强大起来。坚持，创业其实就是对创业者的磨炼，古语云："天将降大任于斯人也，必先苦其心志，劳其筋骨，饿其体肤，空乏其身，行拂乱其所为，所以动心忍性，增益其所不能。"正是应了这句话，创业贵在坚持。经过学习，坚持，在创业这条路上，创业者要努力向前，奔着下一个目标努力。

派派说：您的学习经历对创业有何促进作用？

戴继涛：说起学习，可以说我是父母的骄傲。凭着在学习上的踏实努力、刻苦勤奋，我顺利迈入大学门槛，飞出了生养我的开封，从此，大学校园里多了一个朴实的面孔、多了一颗求知的心。进入大学不意味着会拥有一切，只有坚持不懈、不断提高，人生才会别样精彩。为全面提升自己，大学期间，我在学习专业课之余，积极参加各项实践活动，并组织同学做起校内兼职，在服务同学的同时，也早早体会到创业之路的辛酸苦辣。我的这份学习热情，一直延续至今，即使在创业初期，仍然坚持完成清华大学经济管理学院EMBA课程，奠定创业并带领企业踏上资本市场的基础。

派派说：是什么原因使您萌生了自主创业的想法？

戴继涛：大学毕业后我没有选择去一线城市发展，而是毅然留在郑州，我明白，家乡把我培养成才，我要为家乡建设尽心。为更好地利用专业知识，改变家乡的电力安全，我选择在河南省电力设计院工作。在此期间，我参与设计了郑州一洛阳工程、南阳热电电厂、大唐安阳电厂、郑州市凤凰变电站项目，这些项目为河南省电力事业发展作出突出贡献，得到领导的高度肯定。

在常人看来，在电力设计院是真正的"金饭碗"，加上工作成绩出色，多次得到领导的肯定，而且院领导一直将我作为业务骨干栽培。就在大家以为一切按部就班时，我却选择离职。这个决定我也是经过深思熟虑的，放弃已经得心应手、前途光明的工作，或许会后悔，但是一眼能看到将来的生活也害怕，不放弃就不会有突破。于是，我选择了进入世界五百强企业，做起电气销售业务。进入新公司后，我虚心学习销售技巧，积极寻找客户的潜在需求，屡屡带领团队创造业绩神话。这段经历，积累下来很多经验，为以后创业奠定了坚实基础。在我看来，现在的成功绝大部分归功于那个时期的学习。

想到用电日益普及，但电力安全隐患却常被忽视，我必须把最好的产品推荐给更多的人，这样用电环境就会更加安全、高效、洁净。为了更好地实现个人价值，改变地区用电环境参差不齐的现状，我果断放弃优厚的待遇，毅然开始艰辛的自主创业之路。

派派说：您创业过程中遇到过哪些困难?

戴继涛：2011 年 2 月，组建河南太能电气有限公司（以下简称太能电气），太能电气携手世界五百强企业，是智能电力产品的专业分销商，主营中低压输配电成套设备和元器件产品等智能电力产品，提供智能电力监控、电能管理、数据采集分析、智能化系统集成、电气安全等系统性解决方案。

产品质量是企业的生命，效益则是企业生存的价值和基础。虽然在创业之初，太能电气便严格把控产品质量，力求为客户提供最安全的电气产品，但是由于所在行业的特殊性，业务开展受制于项目的时间周期限制，加上外部竞争环境复杂，对于一个初创企业而言，只有先生存下来，才能有机会谋求发展。我深刻明白，万事开头难，如何开好头？对于新的市场环境，必须全盘把握，多方面寻找合作机会。

派派说：最后怎么度过困难时期的?

戴继涛：功夫不负有心人，凭着前期扎实的工作铺垫，2011 年底太能电气成功签订第一单，为企业生存打下基础。随后，企业的业务迅速发展，业务范围覆盖电力、水利、石油化工、市政医疗、基础设施建设等各个领域。企业的销售团队也在不断发展壮大，为更好地发挥团队作战优势，加强团队作战能力，我亲自教授销售技巧，带领销售人员落实订单，销售团队由原来的 2 个人发展为 20 余人，顺利签订的订单有委内瑞拉科卡夫雷拉电站、河口村水库项目、河南省人民医院高级病房楼、郑州市郑东新区儿童医院项目、中航光电变电所改造、中国石油大厦项目、建业艾美酒店项目等多个大型项目。通过后续为客户提供完善的售后服务，大大提升产品在市场上的占有率，在省内外各大型电厂、水利、医疗等行业树立良好的口碑和声誉。

派派说：公司经营日益向好的过程中您更注重哪方面的发展？

戴继涛：依靠团结务实的精神领导集体，锐意进取、勇于创新，顺应市场发展需求，不断完善企业制度和企业经营管理机制。凭借过人的魄力和胆识，独特的经营管理手段，创新思维，带领团队克服困难努力奋斗。始终坚持遵循“真诚合作，客户至上”的原则，以诚待客。成立不足四年，公司的销售额迅猛发展。这些成绩的取得与对公司的准确定位、对市场的正确把握、对人才的正确分配分不开。我始终相信，公司做大做强，首先依赖于产品质量，好的产品才能赢得更大的市场占有率。其次，人才是公司发展的重中之重。为此，重视人才储备和专门人才的培养，人品比能力更重要，这是用人理念。对于员工，注重能力培养和潜力挖掘，在公司的培养下，员工整体素质高、能力强，综合型人才优势日益突出。

随着公司团队稳步发展，公司部门机构日渐成熟，制度建设日益完善，自主品牌产品亦将逐步推入市场。为规范企业运作，提升企业的知名度和影响力，2014 年初，太能电气制定年度战略目标：启动新三板上市挂牌。目标确定后，开始着手选择合作券商与其他中介机构，在企业自身良好稳定的发展态势下，在安信证券、中银律师事务所、大华会计师事务所的全力配合下，2014 年 12 月 9 日太能电气收到全国中小企业股份转让系统下发的股票代码函：831536，这是对我创业之路极大地认可和鼓励。我深信，太能电气未来一定是在资本市场着陆，一定是在资本市场起航，也一定会是资本市场的行业领导者。

派派说：目前的业务发展前景如何？

戴继涛：现阶段，太能电气业务涵盖从发电到用电、从智慧城市到智慧家庭、从“互联网＋”到新能源，逐步形成传统电力、电子商务、绿色能源三大核心板块，进而提升企业的整体市场竞争力。在传统电力行业上提升创新转化率，先后获得20余项专利及软件著作权等知识产权，并被评为省级高新技术企业、科技型中小企业。随着互联网的广泛运用，加之电力传统行业项目运作各个环节的渠道保护和价格垄断及由此衍生出的不公平交易，太能电气自主开发“电力电—工业电气询价交易平台”，并已全面上线。“电力电”作为电力行业交易平台，旨在打造从询价－报价－竞价－采购一配送一售后的一站式服务体验，成为电力行业的在线服务专家，2015年5月上线至今，询价量已接近1亿人次，为用户提供了优质服务，太能电气也因为电力电子的成功上线运作被认定为电子商务企业，实现核心业务板块由传统的线下经营到线上交易的突破。目前，随着电力改革的逐步深入，太能电气抓住机遇，着手开展售电业务和光伏扶贫项目，并在南阳建立光伏电站示范基地，力争在绿色、环保的新能源行业取得更多突破。

派派说：企业未来愿景是什么？

戴继涛：站在新的起点，太能电气不断调整产业结构，提高产品技术创新能力，力争将企业打造为电力与自动化管理的行业领导者，满足客户对解决方案及服务在安全性、可靠性和节能方面的更高要求，只要坚持产品创新，严格把控产品质量，太能电气产品将会体现出更大价值和更强的竞争优势；只要不断创新业务发展模式，太能电气将会把握历史发展机遇，在工业4.0时代及“互联网＋”浪潮下，引领电力行业新航向！运筹帷幄，志行千里，我深信，太能电气凭借资本市场的起点，必将实现转板，创造新的辉煌！

第二章　敢为人先

企业家敢为人先的创新活动是推动企业创新发展的关键。美国的爱迪生、福特，德国的西门子，日本的松下幸之助等著名企业家都既是管理大师，又是创新大师。改革开放以来，我国经济发展取得举世瞩目的成就，同广大企业家大力弘扬创新精神是分不开的。创新就要敢于承担风险。敢为天下先是战胜风险挑战、实现高质量发展特别需要弘扬的品质。当前，百业艰难，但危中有机，唯创新者胜。企业家要做创新发展的探索者、组织者、引领者，勇于推动生产组织创新、技术创新、市场创新，重视技术研发和人力资本投入，有效调动员工创造力，努力把企业打造成为强大的创新主体，在困境中实现凤凰涅槃、浴火重生。随着对外开放的不断扩大，外国资本技术和先进的管理经验进入中国市场，中国承接了全球产业的转移，唯有敢为人先，不断创新，学习国际先进的技术、理念和管理，才能快速地使中国经济融入全球产业链中。

使企业家能够不断“敢为人先”，需要在以下方面着力。一是依法保护企业家创新权益。探索在现有法律法规框架下以知识产权的市场价值为参照确定损害赔偿额度，完善诉讼证据规则、证据披露以及证据妨碍排除规则。探索建立非诉行政强制执行绿色通道。研究制定商业模式、文化创意等创新成果的知识产权保护办法。二是树立对企业家的正向激励导向。营造鼓励创新、宽容失败的文化和社会氛围，对企业家合法经营中出现的失误失败给予更多理解、宽容、帮助。对国有企业家以增强国有经济活力和竞争力等为目标，在企业发展中大胆探索、锐意改革所出现的失误，只要不属于有令不行、有禁不止、不当谋利、主观故意、独断专行等情形者，要予以容错，为担当者担当、为负责者负责、为干事者撑腰。三是支持企业家追求卓越。弘扬敢闯敢试、敢为天下先、敢于承担风险的精神，支持企业家敏锐捕捉市场机遇，不断开拓进取、拼搏奋进，争创一流企业、一流管理、一流产品、一流服务和一流企业文化，提供人无我有、人有我优、人优我特、人特我新的具有竞争力的产品和服务，在市场竞争中勇立潮头、脱颖而出，培育发展壮大更多具有国际影响力的领军企业。四是鼓励企业家干事担当。激发企业家致富思源的情怀，引导企业家认识改革开放为企业和个人施展才华提供的广阔空间、良好机遇、美好前景，先富带动后富，创造更多经济效益和社会效益。引导企业家认识把握引领经济发展新常态，积极投身供给侧结构性改革，在振兴和发展实体经济等方面做更大贡献。激发民营企业家服务党、服务国家、服务人民的担当精神；国有企业家要更好肩负起经营管理国有资产、实现保值增值的重要责任，做强做优做大国有企业，不断提高企业核心竞争力。五是引导企业家主动履行社会责任。增强企业家履行社会责任的荣誉感和使命感，引导和支持企业家奉献爱心，参与光彩事业、公益慈善事业、“万企帮万村”精准扶贫行动、应急救灾等，支持国防建设，在构建和谐劳动关系、促进就业、关爱员工、依法纳税、节约资源、保护生态等方面发挥更加重要的作用。国有企业家要自觉做履行政治责任、经济责任、社会责任的模范。

戚智勇：土博士敢将论文写在“墙”上

戚智勇，男，36 岁，日本冈山大学环境学博士，湖南垒土农业科技有限责任公司总经理、湖南长丰集团投资开发有限公司总经理、中南大学城市生态环境研究所所长。曾担任过大学学生会主席、省学生联合会副主席、全国学生联合会委员、大学政治辅导员、团委办公室主任。

派派说：请介绍一下企业基本情况。

戚智勇：湖南垒土农业科技发展有限责任公司于 2014 年 12 月

成立，注册资金为 200 万元。公司位于长沙市经济技术开发区东 11 路，主要以农业科学研究和试验发展、环保新材料科学研究、技术开发与推广为主，致力于高新农业技术与新产品开发和发展现代精品农业。

公司瞄准“立体绿化”市场，研发出一种先端新材料——固化活性纤维培养土技术（商标名为“垒土”），该材料作为新型节能环保建筑辅材的一种，具有可固化成型、使用寿命长达 26 年以上（不易风化、流失，经过耐久性试验，可承受 100 米高度的风压）、重量轻（满水状态下仅为普通土壤重量的 60%，对老墙面承重要求不高）、保湿透气性强、废弃后可回收再利用等特点，能很好地解决目前国内立体绿化和旱地种植两大领域的技术瓶颈：第一，解决目前城市立体绿化中高层墙面附着难、种植土重力大、不定型的问题。第二，解决旱土种植技术的规模化机械插苗难题。

派派说：企业都取得了什么荣誉?

戚智勇：公司荣获由共青团中央、农业部、中国邮政储蓄银行、广东省人民政府联合主办的“邮储银行杯”2014 年中国青年涉农产业创业创新大赛初创组二等奖。垒土产业化项目获长沙国家级经济技术开发区经开区高层次创新创业项目。公司董事长成为长沙县委国家级农业创新示范区创客代表。

派派说：您的创业经历是怎样的?

戚智勇：2001 年，我从华中农大毕业后留校担任政治辅导员，曾指导学生积极参与国家挑战杯创新创业大赛。从那时起就有了“有合适项目就要自己创业”的想法。为了提高自己的专业技术能力，辞去学校安稳的工作，去日本留学，获得了日本冈山大学环境学专业硕士、博士学位，并掌握了“可固化活性纤维培养土”的核心技术。

身为“80 后”的我，兼具冲动与理智的个性。学成归国后，在立即创业与观望等待中，选择了后者。因此，我第一选择还是就业，学习企业管理经验。直到 2014 年参加邮储银行杯创业大赛让我觉得机会来了。当时，这种神奇的土壤被誉为“魔法土”，而我则被称为“土博士”，吸引了 8 家风险投资机构的浓厚兴趣。然而，由于注册不够及时，缺少知识产权保护，这两个商标名称都在比赛期间被人抢先注册，最终没能成为我的专利名称。

派派说：那技术还掌握在手上吗？

戚智勇：虽然名字被人拿走，但技术仍在手中。我在短暂的气馁之后，调整心态，拒绝了风投的“橄榄枝”，决定自己干实业，并给自己的“土”特产取了一个更为务实的名字：垒土。意即九尺之台，起于垒土；千里之行，始于足下。

目前，全国各地都大力发展城市立体绿化，但大多以种植爬山虎为主，但它的根会分泌酸性物质腐蚀石灰岩，它的根会沿着墙的缝隙钻入其中，使缝隙过大，严重可至墙体碎裂倒塌。

垒土正好可以有效地解决类似的问题，它可以设计成任意的形状，作为外墙建筑、农业育苗和生态修复等材料使用。目前已经研究出 30 多种不同配方的产品，有的使用寿命可达 26 年以上，之后也可以再回收，粉碎后再回炉利用。

派派说：公司在产品、市场、人才、资本、品牌等方面是如何做的？

戚智勇：企业要发展，需要在产品、市场、人才、资本、品牌等方面同步进行，缺一不可。

首先，产品的优势是核心优势，从垒土研究成功开始就没有一直停在专利上睡觉，而是力求不断完善和超越现有的产品。其次，在产品投放市场之前已经做了充分的市场调研，市场定位十分明确，有的放矢提高推广效率，产品一经投放市场获得好评如潮。再次，公司现有员工 18 人，其中管理人员 8 人，生产工人 10 人。现有管理人员中，具有硕士（含双学士）以上学历的人员占比为 75％，其中博士 2 人，硕士 4 人（含双学位），持有工程、财务、经济专业技术中级职称的人员 5 人，高级职称 2 人。公司管理团队经营管理经验丰富，专业互补性强。最后，在资本和品牌方面，公司向当地政府申请各类项目扶持资金、奖励和低息贷款，以及在各类媒体平台进行大范围推广。

派派说：目前采用的商业模式是什么？

戚智勇：在创业实践中，公司采取了以下商业模式：

第一，通过具有代表性的建筑案例、行业内高难度特色案例或者公益案例等扩大公司知名度，通过和知名园林绿化企业合作保障公司的基本销量。

第二，充分利用各类媒体在平面媒体和移动互联网平台做重点新闻热点营销。

派派说：创业期间遇到过什么困难，最后怎么解决的？

戚智勇：创业初期，公司面临厂房、设备、生产场地、产品推广和品牌知名度等各方面的困难。

在当地政府的大力支持下临时租用了一部分厂房，同时给予了一定的启动资金用于设备采购，目前已经得到投资者的第一笔投资。长沙县政府也邀请了各类媒体对垒土品牌进行大力宣传，短时间内提高了品牌认知度。

目前公司存在的主要问题是生产规模的问题，由于场地和资金的限制，规模化生产还不能实现，所以单位成本难以下降。公司还在向政府申请解决生产场地、厂房等问题。

派派说：公司现在做什么项目，前景怎么样？

戚智勇：公司已经完成北大未名湘雅健康中心绿化墙工程，在建的项目为长丰集团新能源围墙项目，预计在不久的未来还有多个项目即将施工。

公司的产品让 10 米高度以上的墙面绿化成为可能，同时可以大面积地推广实施屋顶绿化。在名贵苗木移栽的根系伤害问题上更是取得本质性的突破。此项产品大面积推广后，将会极大地推动城市立体（屋顶）绿化、现代化农业规模化和阳台农业的发展。因此，公司产品主要面向旱土机械化种植和城市立体绿化的辅材市场，故而市场前景不可估量。

派派说：企业未来发展愿景是什么？

戚智勇：团队从开始就怀揣产业报国的梦想，希望将自己在国外参与研发的先进科技成果应用于中国的经济发展，用快速执行、务实求精、追求卓越、永续经营的理念，让祖国更绿、让农村更富、让我们的生活更美好。今后希望扩大生产规模，降低成本后在农业市场和生态修复市场普及和推广，为中国的农业机械化和生态治理作贡献。

派派说：您觉得一个优秀的企业家应该具备什么素质？

戚智勇：一个企业的发展涉及企业的经营战略、技术开发、企业文化、营销管理、人事管理等诸多因素。一个企业是否能够长期、持续的发展往往取决于处于企业最高领导位置上的人，即企业家是不是最优秀的人才将起到举足轻重的作用。

企业家，是一个经济学的概念，它不是指一种职务，而是指企业经营者的一种素质。因为，企业家可以是企业的经营者，比如厂长、经理，但绝不是所有的厂长、经理都可以成为企业家。一个优秀的企业家，是需要有高素质、高能力的，总结起来，优秀企业家的标准应该有以下几个方面：

（1）要有创新精神。对新事物、新环境、新观念、新技术有敏锐的洞察力。不抱残守缺、墨守成规。

（2）要有责任感和使命感。对消费者、对企业以及整个社会具有高度的责任心。

（3）要敢于挑战，勇担风险。有大智大勇，敢于迎接任何挑战，决不放过任何机会。

派派说：对国家推进大众创业、万众创新政策有什么看法和建议？

戚智勇：大众创业、万众创新是促进经济社会发展、惠及百姓民生的重要工作，科学技术是第一生产力，创新能解放发展生产力，是优化国家经济发展结构、推进城市转型振兴的难得机遇和有效载体，同时，发展多种所有制经济特别是鼓励个体私营经济发展能使市场充满生机与活力。

但是，我觉得还有一些地方可以做得更好：一是扶持力度需进一步加强，强调精准性。现行的创业创新相关的支持很多，也有很多的孵化空间，但总体感觉力量分散，没有把有限的支持用在具体的中小微企业创业创新帮扶上。二是政出多门现象仍然存在。涉及创业创新工作的职能部门、群团组织、事业单位比较多，有的职能相互交叉，不利于整合各方力量、协调配置资源。三是资金效率有待提高。创业创新扶持资金的使用受多方面因素制约，使用效率偏低。四是服务模式有待完善。创业创新服务模式比较单一，不够完善。

派派说：能给青年创业者讲几句吗?

戚智勇：我们有一个好技术，并不意味着能出好的产品，有了好的产品，也不意味着拥有好的市场，有了好的市场，也不能说一定有好的利润，今年有了利润，也不一定代表明年就有利润。创业，远比我们想象得复杂和难。唯有踏踏实实，一步一个脚印才能走得稳，走得远。

派派说：您对创业的内在含义怎么理解?

戚智勇：创业需要激情，更需要冷静的头脑。要为了一份事业去创业，而不是为了一个工作创业，特别是不能为了就业而创业。建议先做一定积累，有了 20%～30%的把握再行动。社会也要更多地包容失败，关注小微创业企业孵化。总之，创业要有垒土的精神，做实业的心态。

王世超：超人“稻”的海水稻之路

王世超，广东省青年联合会委员、广东创业导师、广东乡土专家、湛江海稻红健康管理有限公司总经理、海南农乐南繁科技有限公司总经理、国家耐盐碱水稻技术创新中心华南中心产业负责人、中国海水稻产业发展联盟副秘书长、湛江青年农业发展促进会秘书长、广东海洋大学袁隆平院士海水稻创新团队产业负责人。

派派说：可以说说您的创业初衷吗?

王世超：我 1991 年出生在河南太康县的一个小乡村，贫困农村生活长大的经历促使我下决心长大后要为改变农村落后的面貌做努力。2011 年我考入广东海洋大学航海学院，在校期间勤奋好学、热爱活动，积极投身大众创业、万众创新浪潮，有着丰富的创业实践经验，这为以后的连续创业打下了坚实基础。

派派说：您是如何走上创业之路的?

王世超：大二那年，我试过做电商，送外卖，做家教，当过大学生“包工头”，基本上大学里边能做的这些小生意，我都尝试过。现在看来，那些最初为了挣钱的小生意无意中给我积累了经验，锻炼了能力，更是让我赚到了人生中的“第一桶金”。

在学校的建议和支持下，我在大三时牵头成立了广东海洋大学创业协会，创业协会是我大学期间很重要的一个转折点。就感觉自己从“打游击变成了正规军”。有了创业协会之后，我们的创业方向和想法就更加正规，更加有组织有纪律。

我是毕业后开始的真正意义上的创业，但由于专业知识和技术的短缺，很多有门槛的方向让我可望而不可即，创业效益大打折扣。最初的拼劲和一腔热爱，也在时间的流逝下逐步消磨殆尽，这让我开始反思：是时候做一些有技术含量、有发展潜力的事情了。

派派说：创业过程中的发展契机是什么?

王世超：2017 年，广东海洋大学培育出可以广泛推广种植的海水稻，但由于渠道限制，知道的人很少，很难销售出去。于是，学校的领导老师找到了正在做电商创业的我，希望我可以把海水稻产业做起来。2018 年，我创立了湛江海稻红健康管理有限公司，现在已经成为广东省最大的海水稻产业化企业，也是国家耐盐碱水稻技术创新中心华南中心的核心成员企业。公司现已获得上市公司大参林集团的战略投资。目前凝练形成海水稻种质资源与生物信息学、遗传育种、生理生态调控、生态高值种养、盐碱地改造与推广、食品开发等研究方向，协助参与培育植物新品种权近 10 件，形成了包括海优 2 号、万胜优天弘 4 号等在内的一系列重要科研成果。先后在湛江遂溪、东海岛、雷州、廉江、徐闻、海南三亚、江门新会和广西防城港等地建立多个基地，开展海水稻种质资源保护、耐盐碱水稻精准鉴定、耐盐碱水稻农业投入品研发展示和种植示范。通过不断改良配套种植技术，将海水稻亩产从 200 多斤提升至 900 多斤，并实现产业化发展，使农民亩均增收 1 500～2 000 元。建立“海红香稻”科技示范基地 5 000 多亩，技术辐射面达 20 万亩以上，带动沿海地区农民脱贫致富，推动水稻产业转型升级。

派派说：企业采用的是什么产业模式?

王世超：我们是构建的“高校＋公司＋农户＋订单农业＋大学生‘双创’（创新创业）＋互联网”的生态高值产业模式，践行“做给农民看，领着农民干，带着农民赚”的宗旨。一方面，我们免费为农民提供种植海水稻所需的种子、肥料等生产物资，免费提供种植技术，我们对农民收获后的稻米按照比市场价高 10%～20%的价格签订收购协议，保证和他们合作的农民每年都有稳定的收入。同时在每年水稻的育种和制种时，公司也会聘用很多农民到田地里插秧、除草、收割等，让农民在种植中学习先进的种植经验，也保证农民的就业和收入。另一方面，公司也会直接和一些合作社合作，以技术指导来帮助农民学习更多水稻种植技术，带动更多老百姓增产增收。

派派说：企业在发展提升过程中有什么新举措吗?

王世超：在团队的积极努力下，2019 年 5 月公司成功承办了首届中国海水稻发展论坛，积极组织各海水稻科研团队和科研成果的共享和交流，并成功聘任了杂交水稻之父袁隆平院士作为广东海洋大学海水稻团队的首席专家，同时和国家杂交水稻中心签署了战略合作协议。在产品方面，充分利用海水稻种植时间短、土壤污染少、膳食纤维含量高、富含微量元素等特点，组织研发海水稻相关的健康营养的衍生产品，满足更多消费者的需求。除品类繁多的海红香米系列外，公司还研究开发了海水稻红米粽子、红米年糕、海水稻米饼、米酒、高膳食纤维代餐粉以及供高血糖患者食用的特殊膳食类米粉等新产品，并采取“线上＋线下＋会员”的新零售模式，线上对接多个大型电商平台、多家卫视购物频道、多个垂直农产品电商平台，线下与上市公司合作，在全国近 4 000 家门店上架产品，受到了广大消费者的一致喜爱。2020 年，联合海南农乐南繁科技有限公司，开启海水稻育种制种工作。现在海水稻项目依托国家耐盐碱水稻技术创新中心和广东海洋大学袁隆平院士海水稻创新团队的技术和人才优势，以三亚南繁育种基地和广东海水稻原生境保护基地为发展载体，运用已有的30多年的研究和产业推广基础，在全国16个省份建有海水稻基地。现有海水稻推广种植面积超10万亩，带动1 000多户农民种植海水稻，间接带动产业链上3 000多人的创业就业，目前公司年产值超亿元。

派派说：企业海水稻项目和您个人获得了哪些支持和荣誉？

王世超：海水稻的项目得到了时任广东省省长马兴瑞、农业部部长韩长赋等领导的支持和肯定，并获得了中国大学生创新创业大赛国赛金奖、中国青年创新创业大赛国赛银奖、海南创新创业大赛金奖等荣誉。本人获得了广东省向上向善好青年、广东乡土专家、广东创业导师、海南创新创业导师、广东青年联合会委员、湛江优秀创客等荣誉。同时，中央电视台、人民日报、新华社、南方日报、广东卫视、湛江日报等媒体都对我们所做的海水稻产业予以了宣传和报道。

派派说：能说说您的创业感想吗？或者有什么想跟现在的创业者说的？

王世超：回顾创业经历，并非是一帆风顺的。从最初的创业想法萌芽，到真正去尝试，无论收获的是挫折还是短暂的胜利，都是最终迎接成功的铺路石。现在我担任了一些大学和城市的创业导师，希望用自身总结的经验和实际案例，鼓励和帮助更多有想法的创业青年。创业之路，迷茫过，付出过，但从来没放弃过。要不断在这条路上思考，调整自己的前进方向，勤字当头，要有毅力去逐步追求自己的梦想，刚出来的时候谁也不可能很厉害，但慢慢坚持和积累下来，你才能不断提升自己、完善自己。而且始终相信我们越努力，就越幸运。

派派说：对企业和个人以后发展有什么想法吗？

王世超：我从小就有个梦想：希望通过自己的努力，可以让整个社会变得更加美好。2020年9月，我重新回到广东海洋大学继续攻读农学的研究生。2022 年，展望未来，我们对海水稻产业化项目充满信心，再接再厉，将海水稻产业化项目做大做强，成为展示海洋农业发展的新名片。公司未来拟开发种植海水稻 100 万亩。修复改良滨海盐碱地 10 万亩。带动帮扶 20 000 户农民。营业额做到 1.5 亿元，实现 200 万元税收。持续带动农户增产增收，为国家盐碱地改良、粮食安全、乡村振兴做出贡献。

贺靖：创空间创出新天地

贺靖，云南众创空间投资有限公司总经理、云南赢在协诚大学生就业创业服务有限公司董事长，共青团中央十七大代表、全国青联委员、中青企协会员、云南省青年创业协会执行会长，是第四届云南青年创业省长奖获得者、中国—东盟青年企业家最佳创业奖获得者。

派派说：企业基本情况是怎样的?

贺靖：云南省青年创业协会的功能是为想要拥抱互联网的创业青年进行电子商务、创业方面的培训，举办沙龙、讲座和各种活动，介绍青年创业的政策、经验和投融资知识等。

2013 年 6 月，我投资 200 万元与母校西南林业大学共建大学生就业创业实训基地。一年后，“云南省大学生创想园”正式开园。2014 年 12 月，又与云南经济管理学院投资共建云南翰文大学生网商创业园，目前有近百家大学生创业企业入驻。

2015 年“双 11”，云南赢在协诚大学生就业创业服务有限公司在云南省科技厅、云南省教育厅、共青团云南省委的支持与指导下，在昆明创立了“云科梦之谷”众创空间，这是一个为助力青年实现创新创业梦想，以创业者为主导和创业导师指导相结合的“产、学、研”一体，培训、实训、孵化一条龙的综合性创客空间，旨在打造云南青年创新创业硅谷。

如今，大学生创业园区已扩展至 6 个，入驻创业企业近百家。陶艺、设计、微电影、洗衣、农业……创业项目五花八门，但大多有一个共同点——由大学生创办，具有创新特色，并且拥抱互联网。

派派说：能说一下您个人的成长经历吗？

贺靖：我的创业之路由5个U盘起家。2008年，在西南林业大学念大三时，我报名参加云南省第三届大学生创业计划大赛，凭借意在搭建云南省最大校园整合营销平台的"赢在协诚"项目摘得铜奖。我踌躇满志地拿着获奖的商业计划书去商场"扫楼"，希望能找到商家愿意赊给我一些商品在校园代售。然而，那时我既年轻又无经验，受尽白眼冷遇，有人甚至当面叫我"滚"，羞得我面红耳赤，甚至鼓不起迈向下一家的勇气。那时我回宿舍睡了一觉，第二天又钻进了数码城。那时已经拖欠学费多时，必须设法赚钱。最终，我遇到了一位好心人，同意我以身份证和学生证作为抵押，给我5个U盘、2对音箱和若干其他小数码产品"试试看"。这成为我创业之路的起点。

我1986年出生在四川省宜宾市的偏远农村，是家中独子，父母是普通农民。自从意识到读书才有出路后，我的整个中小学时代几乎都在埋头苦读中度过——小学常在村里小河边看书；初中本可以走读，但还是决定在镇里住校，方便向老师请教问题；后来被保送至宜宾市最好的重点高中，索性连寒暑假也不回家了，全心扑在学习上。

为了供我读书，父母离乡背井远赴浙江打工，每月寄给我200元生活费。高三时，伯母到学校看望我，用背篓背来一塑料袋散发着霉味的约500元零钱——那是卖零食的奶奶和卖鱼钩的爷爷攒了不知多久的积蓄，说是让我改善生活。我既怕同学看见笑话，更不忍心用，只能默默告诉自己"必须努力"。可是，压力太大导致过度紧张、呼吸困难，连住了几个月院，直至高考前一个月才返校复习，最终考取了西南林业大学。我那时连自己报考的家居设计专业究竟是干什么的也不清楚，只是很高兴，能上大学就行。

派派说：那时候家里供您上大学也不容易吧？

贺靖：是，我家把自住十几年的公房转让了出去，换来3 480

元供我念大学。那一纸转让契约，我珍藏至今。进入大学后，想方设法打工，做家教、卖牛奶、在商场卖手机，别人做兼职是为了体验，而我是为了生活。

我那时多少有些自卑。与那些城里来的能说会道的“高富帅”相比，自己则是上台就打哆嗦，脑袋一片空白的“矮穷矬”。于是就决定报考学院学生会锻炼自己，坐在台下看别人面试一整天，愣是没敢站上去。晚上，我把所有可能遇到的问题都准备了一遍，第二天才鼓足勇气走上台。被录取后，怀着“我不聪明，但会努力”的想法，尽心竭力地完成学长交办的每一件任务，每一场活动永远第一个到、最后一个走，甚至独自为一场辩论赛拉到了赞助。一年后，我被选为学习部部长，两年后当选学院学生会主席。

2008 年，创业热潮已在中国大学校园涌动。作为院学生会主席，我被鼓励参加云南省大学生创业计划大赛并获奖，后又在锲而不舍之下遇到了出于同情、愿意给我“5 个 U 盘”试卖的好心商家。这成为我命运的重要转折点。

当年，几乎没人在昆明的大学校园售卖数码产品，需求却很旺盛。我拿回的商品，一天之内就销售一空。从此，我就开始了校园“摆地摊”生活，并逐渐发展成为那位好心商家最大的经销商。我在校园里创办了模拟公司社团，并按“赢在协诚”校园整合营销平台计划，用不到一年时间，将“直营”地摊摆进了昆明 16 个高校校区，另有若干分销点，第一年总盈利超过 100 万元，被戏称为“云南高校第一地摊”。这一年，我个人收入超过 20 万元。

派派说：那时候是怎么平衡创业和学习的，有什么难处吗?

贺靖：由于忙于生意，大一大二都拿奖学金的我开始挂科。老师语重心长地找我谈话：“你家这种情况，不好好学习，怎么对得起父母?”我听后泪流不止，晚上认真写日记反思，第二天又继续练摊。没办法，当时赚钱是第一位的。我也想好好学习，但看到成绩好的学长毕业了去卖家具，一个月才赚两三千元。我特别想在昆明买套房子，但感觉那样要拼 50 年才能买得起，所以我想要创业。

虽然信心满满，但生意却越来越难做。因为我的成功很快引来同业竞争，越来越多人模仿我在校园摆摊，还有人在网络上发帖子对我的商品恶意中伤。尽管我以只卖真品、一年包换等服务吸引顾客，但价优保质包邮的电商平台的崛起很快给我带来致命打击，校园地摊销量骤减。临近毕业，合作团队也面临散伙，有人考了公务员，有人决定远赴北京寻找机会。

但我没有放弃。利用政府帮助大学生创业的优惠政策，获得10万元无息贷款，正式注册成立公司。同时，我成功应聘到中国银行云南省分行工作，一为积累社会经验，二为向公司“输血”。我白天在银行上班，晚上处理公司业务，忙到凌晨两三点是常事。

我花全部积蓄在母校开了一家数码商店。但这离“校园整合营销平台”梦想仍很遥远。拿着商业计划书四处寻求融资，跑断了腿，却处处碰壁，几个月里一分钱也没拿到。

派派说：后来是什么契机发展起来的?

贺靖：我每天都和小伙伴们在一起琢磨如何才能赚到钱。后来因同学对学校食堂餐桌既不舒适也不美观的抱怨，我发现了商机，最终发展出涵盖昆明16所高校食堂餐桌、操场围栏、球场篮板的广告网络，形成了“云南高校广告网”。眼见许多高校不允许快递进校园，我们买来电动车，专门解决校园快递“最后一公里”问题。越来越多媒体开始报道我的创业故事，我渐渐成了云南省知名的大学生创业典型，开始有投资方、广告主动找上门来。

同时，因业绩突出，我在银行入职两年后获升职加薪，年薪达十六七万元。2012年，在母亲扬言我若辞职“就与他拼命”的情况下，我还是毅然辞职，因为忙不过来，创业始终才是我的梦想。那时，经过和创业团队一起不断奋斗，公司已拥有近百名员工、7家直营店、16个销售点、22个合作高校，年营业额突破千万元。我还出资赞助大学生创业大赛，成为7家大学生创业公司的创业导师和股东。

派派说：跟其他企业合作得怎么样?

贺靖：我相继与云南本土知名咖啡原材料商和普洱茶商合作开

发出电子商务品牌“肆只猫咖啡”和“彩程茶叶”，两者均成为“天猫”热销品牌，2014 年线上线下营业额分别达数千万元。云南本地龙头企业急需转型，这恰是我们“85 后”擅长的。所以，我们一起合作，希望可以拉动云南高原特色农业产业的发展，打造出中国多个具有高原特色的农业上市公司。

派派说：未来发展愿景是什么？

贺靖：目前，或许是有史以来发展最平顺的时期。几年前的投资项目陆续回款，就像演员从“龙套”熬成了明星，开始可以挑选投资的“戏本”。现在是人家要给我股份我不要。人的精力有限，只能有选择地做最有价值的事。

更长远的未来，我梦想创办一所创业大学，帮助更多年轻人实现创业理想。希望有一天，我推着自行车走在校园里，别人指着我这个创办人讲，这个老头儿还不错。

派派说：公司采取什么样的商业模式？

贺靖：一是传统的线下活动商业模式，二是线上移动校园互动平台业务商业模式。

公司目前的销售模式为直接销售，客户以各大高校为主，并延伸至北京学生活动管理中心、共青团北京市委员会及其下属单位、通用（天津）铝合金产品有限公司等事业单位和知名企业。对于新客户，公司往往会通过提交历史业务案例、相关甲级资质等文件证明公司业务能力，根据客户的需求设计相应活动方案，与客户沟通确认后签订相关的服务合同。对于交易金额较大的业务，根据客户要求设计相应的招投标程序策划方案参与竞标。公司的活动策划和活动执行类似于生产企业的产品制造过程，公司设计部和工程部在分析客户需求的基础上，提供整体活动策划和执行方案，经过与客户沟通后，最终形成整体活动方案，依据活动主办方的具体流程，完成相关活动的执行，最后评估现场活动的效果。公司采购服务内容主要是活动方案所需要的舞台搭建、LED 显示屏、灯光服务等。公司依据活动最终方案确定采购进程并制定详细的采购方案，对外包供应商进行综合指标评估，对合格的供应商提供的账期、供货价格、供货的产品综合考量，最终选择合适的供应商。公司目前的盈利模式可简单概括为：利用自身的策划能力、活动执行经验、客户资源等要素，依据客户的需求，设计相应的活动策划和执行方案，在活动执行完毕后，收取合同约定的费用。目前公司销售收入主要是提供服务带来的销售收入。从 2007 年成立至今，公司业务范围不断扩大，依托强有力的线下高校资源支撑，公司业务由传统线下活动承办业务向线上移动校园互动平台转型。2015 年下半年，公司积极布局校园移动互联网业务，初期推出微信公众号平台并同步开发 App（校园盒子），提供活动发起、推广、报名、评选、投票、效果评价等一站式线上解决方案，丰富高校文化活动形式，扩大高校文化活动覆盖率和影响力，打造未来校际活动互动平台。

派派说：线上的盈利模式是什么?

贺靖：各种智能硬件、移动互联网产品，都需要找到比地推更为高效与低成本的校园推广渠道。作为高校渠道入口，可以按照效果收取相应的推广费用。

以线下传统业务作为支撑，通过各高校审批的学生活动和借助行政化手段零成本引进业务，利用线上秀场达人、主办区域、全国性赛事的稳定经营，以投票功能影响线下结果、众筹平台多方利益共享、自媒体秀场孕育高校达人的方式提升用户黏性，将线上广告、众筹管理、自媒体秀场道具的流量收入变现。

张宏鑫：破“门”而出

张宏鑫，男，香港科技大学博士、聚鑫智能科技（武汉）股份有限公司董事长兼首席执行官、高级工程师，第三届湖北省十大青年创业人物、武汉市十佳创业人物、首届武汉市青铜计划大学生创业先锋、首届中国智慧社区行业年度新锐人物、中国青年创业奖获得者。

派派说：能说说您的个人经历吗?

张宏鑫：1981 年 9 月，我出生在一个军人世家，2000 年以优异的成绩考入武警工程学院计算机专业，在部队担任高级工程师，曾在部队研发了多项军事专利，被部队授予2次二等功和山西省优秀青年卫士称号，被中国武警报、解放军报多次报道；用科技改变人们的生活一直都是我的梦想，为了让这个梦想服务更多的人，2008年我放弃了众人羡慕的军官身份和安置的公务员身份，走上了艰辛创业之路；历经无数次的挫折，我所创办的企业经过四年发展成功上市。

派派说：您的创业亮点都有哪些？

张宏鑫：武汉聚鑫智能科技有限公司（以下简称聚鑫）是中国智能安全行业的新秀。公司于2010年正式成立，是一家专业从事智能安全控制系统及物联网安防产品设计、研发销售为一体的高科技公司，目前已经取得了多项自主知识产权，公司主要业务范围：智慧城市、智慧医疗、智慧社区、智慧农业、智慧交通，是目前行业较为领先的高新技术，在业界颇有影响力。公司下设项目部、产品开发部、工程部、市场部及客户服务中心，具有较强的设计理念、研发和生产施工能力。我凭借四年的积淀，心怀感恩、肩负重托，以“自主经营、自我管理、资源共享、团队协作”为经营理念，以“挖掘人才、吸引人才、培养人才”为工作核心，服务大众、回馈社会，全力打造一个团结、高效、专业、进取的公司，创建中国智能安全行业最具社会价值的企业。

派派说：您觉得聚鑫在短时间内迅猛崛起的原因是什么？

张宏鑫：我探索企业发展的新模式，“三大转变”让其实现了由无到有、由小到大、由弱到强、由量到质的华丽转身，在百舸争流中勇拔头筹。

一是由初创期企业向高新企业转变。聚鑫以创新为动力，以科技为先导，成功开发了具有自主知识产权的智能云端生物体识别门禁系统，被湖北省科学技术厅立项为中小企业技术创新项目；2013年12月，公司通过科技部审核，正式被认定为“国家级高新技术企业”。

二是由单一的国内发明专利技术向国际化发明专利转变。近年来，聚鑫狠抓知识产权工作，截至 2008 年 1 月底，聚鑫已获国家授权专利 80 项，其中发明专利 20 项、实用新型专利 60 项；2019 年申报专利 30 项、已受理 20 项，其中发明专利 7 项、实用新型专利 11 项、国际发明专利 2 项；实践证明，聚鑫发展企业知识产权对促进区域产业升级以及对提升企业国际贸易竞争力起到纲举目张的效果。

三是由非上市公司向资本市场转变。2014 年 9 月 29 日聚鑫成功在武汉市股权托管交易中心挂牌上市，创造了武汉资本市场的两个第一，即“青桐计划”首家大学生成功登陆资本市场的企业，是首家大学生创业先锋成为高新企业并成功登陆资本市场的企业。公司挂牌后，股权代码为 100293，股权名称是“聚鑫智能”，开盘价 10 元。聚鑫上市后，借助资本市场严格的监管要求，引入了一流的思想和管理模式，形成了战略、预算、绩效、薪酬的闭环管理体系；公司还率先在同行业中通过了 ISO 全面质量管理体系认证和 TL9000 安防行业质量管理体系认证，获得湖北省公安厅颁发的安全技术防范工程设计施工壹级资质。目前公司已经建立了符合资本市场要求和企业自身发展需要的诚信、透明、高效的公司治理结构。

派派说：创业过程中遇到过什么困难吗？

张宏鑫：思想上的巨人很多，但要行动起来却是困难重重，要创业就意味着要独自面对许多的问题。我学的是计算机通讯专业，懂电脑、会研发，但是我却又只会研发，不会管理企业，这可怎么办，专业不对口，我迷茫了。没有资源、没有关系，我拿什么创业？就在这个时候，有一天我走在武汉大学的小路上，途经一棵大树时看到有人在发小宣传单，那个学生非常有礼貌的把传单递了过来，我接了一看，是武汉大学工商管理硕士的招生简章，当时我脑子里就闪过一个念头，为什么我就不能给自己充充电，把不对口变成对口呢？所以我迅速决定进入武汉大学学习 MBA 课程，为创业奠定基础。常言道：“磨刀不误砍柴工”，充实了自己才能站得更高走得更远。

派派说：您觉得创立公司需要些什么呢?

张宏鑫：我觉得首要的肯定是启动资金，我一个当兵的，又刚读完书没有什么积蓄，只好跟亲戚朋友借，不过借钱的滋味确实不好受。基本上，我遭遇了各种躲避、拒绝和难为情，但我并没有放弃。我记得当我借遍了所有的亲戚朋友、看完了所有人的脸色以后，钱还是不够，我就想到部队的一个战友，我给他打了电话，寒暄几句以后委婉地表达了借钱的主题，他犹豫了一下，说我明天给你答复。一听这话我就估计没戏了，可是，第二天他就给我打来一笔钱，而且是他准备结婚的钱，我还清楚地记得当时我那战友在电话里说："你也知道这是哥准备结婚的票子，就是因为你的事，把我和媳妇的婚事弄黄了，我这以后的日子你看着办吧，估计就得跟你过了。"

好不容易东拼西凑借来 100 万元，拿到手的时候心里沉甸甸的，那个时候，拿 100 万元来搏一搏是需要非常大的勇气的，100 万元对有些人来说可能就是一辆车、一套房，但是对我来说却是对创业的决心和希望。比尔·盖茨曾经在一段采访中提到，"我之所以能够成为世界首富，除了知识、人脉之外，最重要的是因为我有好眼光。"那么什么是好眼光呢？我认为就是选择一个好项目。我当初是怎样选择项目的呢？我在光谷成立了一家科技公司，我给它起名叫聚鑫智能，主要经营的业务就是：智能监控、人像识别智能社区、智能停车场管理系统的研发、设计与工程施工；公司下设项目部、产品开发部、工程部、市场部及客户服务中心。

我记得有一个创业者曾经说过，创业就是九死一生，很多很多的困难，要一个一个解决，解决完了以后，才可能依稀看见有条道路出来。选定了方向，付出了努力，之后就要坚持。虽然我像对待自己的孩子一样对待这个公司，但是开始创业压力很大，管理、销售、财务、生产、物流、人事，我一个人全包了，可惜我又没有三头六臂，忙了这头，顾不了那头，这是最痛苦的时候，也是最难坚持的时候。基本上我是白天在外面跑业务，晚上回来研究技术，最严重的就是凌晨 4 点钟睡觉，第二天我必须按时上班，恨不得一天有 48 个小时上班，时间对我来说是多么宝贵啊。

派派说：公司从什么时候开始有了收益?

张宏鑫：我曾记得是 2010 年湖北省卫生厅疾控中心“智能安防系统”招标，当时参与竞标的几十家公司当中，有很多业界大腕儿，但刚起步的我，最终凭借扎实的技术支撑和最具竞争力的价格，一举中标。当时我流下了激动的眼泪，我感受到社会是公平的，不枉费我三天三夜精心设计的方案。中标后又遇大雪，冒着刺骨的寒风我带领员工日夜奋战，年都顾不上过，秉承诚信认真的态度，严格按照招标要求使工程提前竣工，获得了卫生厅领导的高度评价。之后我们又中标了武汉市第九人民医院等多个项目，得到多家厅级以上单位和社会的好评。

派派说：“智能防盗门”项目研发的初衷是什么?

张宏鑫：公司经过一段时间的运营以后渐渐走入正轨，就在这个时候，我无意中看到中央电视台播出的一期公益广告，叫“为阿尔茨海默病‘正名’，让我们行动起来”。当时我看到的时候触动是非常大的。相信很多人都曾经在马路边、小区里、网络上看到过这样的寻人启事，家里的某位老人于某一天，身穿某颜色某款式的某衣服，从某个小区走失。我就想，我们的爸爸妈妈会老，我们也会老，也许哪一天只是出门忘记带钥匙，却因为这样再也回不了家。于是我就下定决心，克服各种困难完成了“智能防盗门”研发项目。这是一款无锁孔、能快速识别人脸特征的智慧门，当主人靠近门便会自动打开，还能与手机联网、安防监控、报警等功能，它不仅填补了国内外智能安全门领域的空白，获得多项国家发明专利，而且我相信消费者家里用了我们的产品，从此以后家里不仅仅是老人，男女老少出门都不怕忘记带钥匙，把脸当作卡来刷的日子即将来临。这样偶然的事情就变成了我的一个机会，也让我认识到，机会不会从天而降，它是留给准备充分而又善于创造的人。有梦想，敢拼搏，才能成功。然而机会就是把科学技术转化成生产力，这是我们常说的一句话。你拥有了技术，拥有了能力，但没法转化成产品卖出去，这是不行的。像比尔·盖茨把自己的研究成果转化成了产品，推销到全世界，成了全世界的首富。

派派说：目前公司发展怎么样?

张宏鑫：抱着创新改变生活，感恩回报社会的心态，我结合时代的市场需求，先后发明了80多项国家专利和软件著作权。截至目前，公司取得了国家注册商标、ISO 9001质量认证、省公安厅安防一级工程资质和外贸进出口资格资质。聚鑫专利申请数量以每年30%的速度递增，成为武汉市科技示范单位。2011年，聚鑫共吸引留学海归、本科以上的人才近30名。他们大部分都是海外留学归来的博士，我自己的学习能力必须超强，在很多方面必须接近甚至超越他们，他们才会服你。所以，我坚信：武汉聚鑫智能科技有限公司，一定能够实现从优秀到卓越，从顶峰到巅峰的跨越。

目前，我们公司基于云端物联网技术的产品，参与国家智能防盗门行业标准制定、修订共2项。聚鑫计划投资2亿元，率先建成中部最先进的“门联网”信息中心（即智能防盗门IDC中心）。未来聚鑫将继续致力研发智能化程度更高、操作更加方便、实用性更强的智能产品，让以前认为虚幻而遥远的生活方式，展现在你的日常生活中。

派派说：有什么想对创业者说的吗?

张宏鑫：前辈们常说，成功就是在不断失败和摸爬滚打中实现的。而我觉得人生是可以走“直线”，这条“直线”就是用最短的时间，花最少的精力，实现最大的人生价值。这条“直线”就是“抢抓机会”。武汉市政府正式出台了“青桐计划”，成立1亿元额度的创业天使基金，还拿出2 000万元的大学生创业资助专项资金，免费提供场地、办公设施等一系列优惠政策激发和引导更多的大学生创新创业。天时地利，创业者只要结合自己的实际情况，敢于承担风险，敢于去闯，胆大心细，认真寻找适合自己的道路，做自己喜欢做的事情，并且做自己擅长做的事情，相信他们也可以用自己的梦想改变生活。我的一个战友就是这样做到的，他出生在湖北省五峰县一个边远的山村，退伍后被人骗去做传销，弄得身无分文，有一天他给我打电话向我借钱，当我了解到，他把家里的房子和农村父母的养老金都搭进去了，对生活非常绝望以后，我决定帮助他，给他打钱让他到我公司工作。熟悉我们公司的技术和业务知识后，他在短短两年时间里，就成立了自己的公司，目前产值已经超过千万元。

派派说：结合您的经历您觉得企业家应该具备什么素养？

张宏鑫：我认为企业家应具备以下三方面素养。

一要有“好眼光”。那么什么是好眼光呢？我认为就是选择一个好项目。我当初是怎样选择项目的呢？我选择了智慧城市系统及物联网安防行业，一方面延续了我的专业，一方面也是因为对这个领域的发展前景充满信心。

二要有远大目标。有理想，不急功近利，首先要选择合适的创业领域。电商现在已经异常白热化了，是否还是正确的行业？盈利点、盈利模式都需要考虑。如果有自己的品牌，就需要及时和知识产权局对接，把自己的品牌保护起来。谈到推广，可以利用网络联盟、微博、微信聚集“粉丝”，进行差异化营销。

三要意志坚定。在创业的路上，充满各种各样的困难。事业发展的过程就是勇敢面对困难、勇于解决困难的过程。面对困难，创业者的意志必须坚定，不能轻言放弃。

派派说：企业的发展目标是什么？

张宏鑫：我制定了一个长远发展目标：构筑中国百强，打造百年聚鑫。战略导向是：做国际化、专业化的聚鑫智能科技有限公司。用精湛的技术，实现人类智能安全的生活环境，为武汉市的发展作出自己的一份贡献。

赵迎光：韩都衣舍的大胆飞跃

赵迎光，山东韩都衣舍电商集团有限公司董事长。

他1974年生于山东潍坊，初中开始就与计算机科技结下了不解之缘，被学校选拔为计算机特训班班长，每天都沉迷在代码之中，在山东大学就读期间，韩语系的他整日泡在物理系的计算机专用机房。求学的经历，让他对于计算机科技和互联网有了非常超前的认识，形成了互联网思维的雏形。

派派说：说说企业的基本情况。

赵迎光： 2014 年的韩都衣舍可谓是“美好的事情不断发生的一年”。不仅在 4 月成功签约韩国影视演员全智贤，成为第一家采用“星”战略的“淘品牌”，还在 7 月成功获得黄晓明、李冰冰、任泉涉足互联网创投圈“Star VC”的首次投资，并且随着男装品牌的日益发展壮大，韩都衣舍更是在 11 月签约韩国影视演员安宰贤作为男装代言人，让 2014 年的韩都衣舍真正成为了“星光盛宴”。最终，韩都衣舍以 2.79 亿元的销售额，在 2014 年“双 11”力压服装行业的“大佬”优衣库，成为天猫女装类目销量冠军，同时也创造了全年网上交易额 15.7 亿元的佳绩。

派派说：能说说您的个人经历吗？

赵迎光： 毕业后，我被山东进出口贸易公司（现与山东高速合并）外派韩国，1997—2008 年，一待就是十多年，这十多年韩国互联网发展也是最迅速的，我亲眼见证了互联网购物在韩国从萌芽状态到走向辉煌的过程，我坚定地认为，互联网购物将会彻底改变中国的传统购物模式。

回国后，我在工作之余运作易趣、淘宝等电商平台成功后，建议公司发展互联网网购项目，但是被认为体量太小而拒绝。经受打击的我没有选择逆来顺受，而是选择改变人生的轨迹，从别人认为是铁饭碗的国企辞职，投身进入商界的汪洋大海。

派派说：您的创业历程是怎样的？

赵迎光： 创业的我数算着手里仅有的 18 万元，坚定电子商务大发展的信念，踌躇满志。最初的试水，我先从日常小物件卖起，例如母婴用品、化妆品、汽车用品等。依靠认真的考察和积累的经验，我选择了互联网服装销售，加上对于韩国服饰的了解，韩国服饰的时尚感觉非常适合引入中国，因此我最先选择进行韩国服饰代购。初次尝试后，代购业务略有起色，但是代购的缺点也渐渐显露出来，首先韩国的代购因为地域的跨度，造成服饰在途时间过长，且货物退换难度大，再加上没有原创力，代购业务在各个方面受制于人。经历了艰难的抉择，我忍痛放弃了仍然炙手可热的代购业务，决定将“韩风窗口”策略变化为“韩流中国化的大型风洞”战略。我于2008年在济南建立山东韩都衣舍电子商务有限公司，正式注册“韩都衣舍”品牌，将传统的韩国代购，升级为韩国样衣采购，向着自主学习、自主改造、自主下单生产的互联网服饰企业的方向发展。

派派说：创业过程中有遇到什么困难吗?

赵迎光：2008年公司成立初期，我就面临着人才短缺的压力，济南作为山东省省会，是一个沉淀着传统文化的城市，低调沉稳的城市个性在新兴的韩都衣舍看来就是朴素的代名词，很难产生时尚人才，于是我转变思路，与其苦求不得，不如自我培养。我招聘了近百名高校毕业生，组成蚂蚁军团，认定团结就是力量，着重从零开始定向培养。为了更好地帮助人才孵化，我研习了日本企业管理之父稻盛和夫的“阿米巴模式”，让公司小组化，每个人都是老板，都有决定权、思考权以及承担责任的义务，并引入合理的考核机制使得小组员工的领导行为直接影响个人收入，即在最小的业务单元上实现“责、权、利”的高度统一。“阿米巴模式”的引入，使得韩都衣舍有了强力的发动机，每一个韩都人都在高速成长进步，人员能力的提升也让韩都衣舍的销售额有了质的飞跃，正如经济评论家郎咸平所说，韩都衣舍的销售额从2008年到2010年每年可以达到500%的增长。“阿米巴模式”也最终被我内化为韩都衣舍引以为豪的“以设计师小组制为核心的单品全程运营体系”，这一体系是互联网销售业态下的一种创新，是为了配合互联网网购产品前置的特点，使得设计师可以负责服装从设计到销售的各个环节，从而可以帮助设计师既会设计、又了解市场，更加地接地气，目前已经被清华大学选入MBA案例库，获得了社会各界的认可。

派派说：企业发展愿景或目标是什么?

赵迎光：“设计师小组制”的出现，让我看到了继续做大的可能，但是设计师小组制讲求的是服装销售“款式多、更新快、性价比高”，这要求服装的供应链环节也要做好“款多、量少、小步快跑”，如何做到供应链的升级，成为了我需要解决的头等大事。2011年，韩都衣舍获得了国际知名投资机构IDG近千万美元的注资，这笔资金让韩都衣舍如虎添翼，继而通过下单金额的扩大等方式，大刀阔斧地引领供应链的升级，形成了可以围绕“设计师小组制”运行的柔性供应链体系，及“服装款式多、单品制作量少、供应迅速、快速返单”的供应形势，从而助力韩都衣舍腾飞。

迅速发展壮大的韩都衣舍，让所有的韩都人看到了成功的曙光，但是我一直坚信“独乐乐不如众乐乐”。创业道路上的我深知道路的艰辛，基于公司战略考虑，同时也想为创业者提供一个良好的平台，于是，我在2012年首次提出互联网孵化平台战略，即将集团生产、摄影、营销等部门提升为公共部门，为当时韩都衣舍的上百个“设计师小组”提供全方位服务，通过自我孵化和收购的方式打造“时尚云平台”，立志成为“全球最具影响力的时尚品牌孵化平台”。

生于普通农村家庭的我，在感谢党和政府营造的良好稳定的商业发展环境的同时，也渴望尽自己的一分力量。在韩都衣舍的发展逐步步入正轨的同时，我在2013年5月启动了“无穷花开”公益项目，“无穷花开”项目组深入偏远山区，慰问山区老师和贫困学生家庭并发放慰问金，同时为偏远山区校园的孩子发放干净的校服和学习用品。目前“无穷花开”项目组的队伍越来越壮大，项目也有了稳定的发展，从每季度一次的活动渐渐发展成为每月一次到两次，累计帮扶贫困小学生近千人。

如今的我已经脱离了公司的实际业务工作，通过不断学习和与公司同事的深入交流，与外界同行的互相学习，不断优化公司战略，激励员工成长，被韩都员工戏称为“安西教练”。志存高远、脚踏实地一直是我对于每一个韩都人也是对新青年的衷心期许，相信在我领导下的韩都衣舍一定会让“美好的事情继续且更加精彩地发生”，打造中国的时尚美学，同时，韩都衣舍也将承载更多的社会责任，为和谐社会的发展贡献自己的力量。

赖兴华：胆识来自技术与市场

赖兴华，苏州达美特汽车测试技术有限公司董事长，1983 年 12 月 9 日出生于福建省建瓯市，2012 年 1 月获清华大学机械工程博士学位，2014 年从清华汽车工程系博士后科研流动站出站，之后到清华苏州汽车研究院（相城）全职工作，主要开展轻量化技术的研发和成果转化工作。研究方向包括汽车轻量化与碰撞安全，汽车数字假人与约束系统开发、材料应用技术与结构轻量化。相关成果发表在国内外学术期刊和会议上（30 余篇），获得发明专利授权 3 项，实用新型专利授权 15 项。2015 年 7 月创办苏州达美特汽车测试技术有限公司，致力于轻量化零部件及其检测装备的开发。

派派说：您创业的原因是什么?

赖兴华：国内在成果转化和技术转移环节相对薄弱，我希望把学校中积累的科研知识，结合市场需求进行技术创新，并通过企业孵化和运营进行商品转化，提升行业的轻量化发展水平，推动转型升级。

派派说：企业壮大过程中的发展核心是什么?

赖兴华：企业在初创期的主要重心在人才培育、技术研发和市场开拓。依托研究院平台积极开展人才引进和人才培训，集聚了轻量化领域具有硕士、博士学位的宝贵人力资源，通过在清华大学多年的研究工作积累，以及在苏州近两年的技术转移和本地化研发，已经掌握零部件轻量化与碰撞冲击检测与分析技术。

企业围绕汽车轻量化技术开展轻质材料、结构设计、工艺开发方面的工作，掌握轻质材料高速测试方法、结构轻量化设计技术和先进的制造工艺开发能力，以及围绕材料、结构和工艺三位一体的轻量化零部件开发核心技术。积极开拓市场，形成了宝贵的客户资源。后续需要加强品牌建设和资本运作，结合有较大市场前景的业务突破口，快速做大做强。

企业以掌握的轻量化零部件开发核心技术，为行业提供新材料、新结构、新工艺等零部件开发的技术支持，正在开展轻量化零部件及检测装备开发，目标是形成技术服务和产品销售两条腿模式，扩大市场份额和影响力。技术服务主要是开展基于核心技术，租赁市场设备，为客户提供零部件检测服务以及为行业高速设备提供咨询和改进技术支持，同步进行设备研发和将来销售。

派派说：创业过程中遇到的挑战有哪些?

赖兴华：初创企业在人才引进、技术培育等方面有一定挑战性，我们是和清华苏州研究院研发平台合作实现人才引进和技术转移的。初创企业存在一定的不确定性，企业知名度较低，资金捉襟见肘，因此在人才招聘时处于不利地位。初创企业缺少雄厚资金投入研发，主要营收可能用于项目运营，难以招聘到高端人才，遏制了企业研发和产品开发进度，产品开发滞后及资金紧张进一步制约了产品市场推广和企业发展。

派派说：目前主要的项目是什么？有什么发展优势?

赖兴华：目前正致力于轻量化零部件开发，包含检测、分析、二次开发等技术咨询服务以及零部件高速冲击测试系统开发和销售，属于高端研发服务，适合当前经济转型期的企业升级需要，前景较好。

现有零部件动态冲击检测设备，离专业化的检测还存在一定差距。既有的进口高速拉伸试验机主要用于工程材料的高速拉伸检测，对于零部件的高速检测能力较弱，测试方法有待完善，设备性能亟须升级；自主开发的落锤试验台具有结构简单、操作便利、成本低等优势，但占用空间大，设备精度不高，有效冲击速度不高。这些严重制约了轻量化零部件高速冲击检测技术能力培育及推广应用。团队在项目实施和技术应用推广过程中，充分利用和发挥平台设备优势，重点研发和集成动态测试方法相关的加载、测量、夹具和传感器及软件，改进了设备系统性能，拓展应用范围，已经成功应用于工程材料的高速冲击检测业务。针对汽车零部件高速冲击检测，急需开发并完善相关设备系统，并进行市场推广、工程培训和售后支持。

派派说：企业未来发展愿景是什么？如何实现？

赖兴华：我的愿景是，企业能够成为轻量化技术集成服务和产品提供商。技术服务方面主要通过人才引进、人才培训、项目实践、经验总结及持续创新来保证。相关产品研发需要加强研发投入和知识产权保护，同时需要借助行业力量整合资源，尤其是供应链资源，往下游工程应用拓展，通过融资，加快企业发展。项目初期主要通过租赁市场设备开展轻量化零部件开发支持，营收主要用于平衡项目支出及研发投入。项目中期完成设备系统夹具开发，完成主机图纸和软件开发。研发零部件高速测试设备系统集成关键技术，试制检测设备系统样机。在此基础上，向市场主流客户推广样机，得到市场认可后，开始试推广。项目力争在5年内建成汽车零部件高速检测基地及高端装备自主研发示范基地。

派派说：您对青年企业家创业有哪些建议？

赖兴华：我认为创业比较考验企业家全方位的能力，技术、市场、资本、财务等各方面都需要涉猎。需要有敏锐的市场洞察力，能预测到将来的技术演变和市场发展趋势，提前规划，做好布局。对于技术主导型企业家需要加强市场和资本意识，具备将知识转变为技术，将技术转变为商品的能力。最关键的是企业家需具备资源整合能力，能够有效整合供应链资源，一起快速推进项目成型和落地，并积极推向市场，高效解决客户需求。

派派说：您对大学生创业有哪些建议？

赖兴华：在当前创新创业大环境下，要积极响应国家号召，但不盲目跟风。我建议大学生毕业先工作一段时间，了解技术的成熟度和市场需求情况，有一定的积累后再创业，不能为了创业而创业。天道酬勤，知识改变命运！

派派说：您对创业内涵及人生意义的理解是什么？

赖兴华：在我看来，创业是一种生活方式，选择创业就是选择了一种生活方式。创业就是当你看到一些市场需求空白，或是其他人无法有效解决市场需求和客户的痛点，而只有你最适合去解决这个问题，不是为了赚钱，也不是为了满足虚荣心。

第三章　艰苦奋斗

中国特色社会主义进入新时代，弘扬企业家精神，其中一个重要内容是弘扬简朴务实、艰苦奋斗的精神。创新是灵魂，实干是根本，两者相合遂成企业的人格特质。企业家不能醉心于挣热钱圈大钱，不能堕入不道德的特殊利益集团；要投身实体经济，打造民族品牌，推动中国制造向中国创造转变、中国速度向中国质量转变。特别在新冠肺炎疫情暴发以来，我们更加深刻地感受到了中国强大的国力，中国经济依然向好，依然是一枝独秀，继续引领世界经济的发展。这是相当不容易的，细细思量，这个成绩的取得，离不开党中央高瞻远瞩的战略部署，离不开第一线的广大企业家队伍的艰苦奋斗。

中国经济腾飞的浪潮中，始终不缺乏企业家先进典型的带头示范，众多企业家简朴的生活作风彰显了白手起家的全国知名民营企业家们“为富不忘修身，简朴而不简单”的为商之道。他们勤俭持家、脚踏实地、谦虚谨慎、自律自强，为企业家群体树立了好榜样。他们始终没有忘记自己的初心，一直保持着艰苦朴素的品质。与之相反，也有一些企业经营者崇尚奢靡、贪图享乐。虽说只要金钱取之有道，开豪车、住豪宅对他们来说无可厚非，但部分企业家在这种奢靡之风中渐渐丧失了初心和底线，唯利是图、见利忘义，损害了企业家的社会形象。因此，新时期亟须弘扬企业家简朴务实、艰苦奋斗的精神。

激发企业家不断“艰苦奋斗”，需要在以下方面着力：一是崇尚简单生活，摒弃奢靡之风。追求精神修养，重拾简单朴素的生活方式，做到出行方式简单，餐饮娱乐简单，杜绝铺张浪费、盲目攀比。二是要不忘初心，永远奋斗。摒弃享乐主义，牢记创业使命。发挥企业家作为企业灵魂的核心作用，树立永远奋斗、勤谨务实的企业文化。三是要营造尊重和激励企业家干事创业的社会氛围，构建“亲”“清”的新型政商关系，树立对企业家的正向激励导向，营造积极向上的舆论氛围。要弘扬企业家爱国敬业、遵纪守法、艰苦奋斗的精神，引导企业家树立崇高的理想信念，强化企业家自觉遵纪守法意识，鼓励企业家保持艰苦奋斗的精神风貌。只有继续传承和发扬简朴务实、艰苦奋斗的企业家精神，才能培养出一代又一代符合时代发展要求和社会需要的优秀企业家，为中华民族伟大复兴作出贡献。

宋晓东：久久用功发展文化产业

宋晓东，北京晓东顺传媒广告有限公司总经理。

派派说：您对当前营商环境有什么看法?

宋晓东：当前营商环境总体非常好。但也要看到，劳动力资源失去优势，民营企业转型升级面临“寒冬期”，经济低增长将是常态化，需要做减法和长期打算。

2020年以来，受新冠肺炎疫情的影响，民营企业确实不太好过。企业经过改革开放40多年，尤其是后面10多年的高速发展，国内和国际形势也有了很大变化，而且现在很多企业也面临着进入转型升级的阶段。10多年以前，中国是全球最大的生产基地，现在生产基地逐渐往东南亚、周边国家转移，意味着我们的劳动力资源已经不占优势了。说句实在话，在“脱壳换壳”的阶段赶上“严冬”非常难，因此我们现在需要做减法，而且经济低增长将是常态化，不是做过冬的准备，而是要做长期的打算。

派派说：企业发展有什么困难?

宋晓东：融资难，现在很多企业厂房是租的，缺少周转资金，像零售、跟季节相关的产业，会在一些时间点上非常缺少资金，但银行给不了，这是融资难的问题。

派派说：您有什么政策建议?

宋晓东：2019年末至今，政府出台了很多惠及企业的优惠政策。为了让政策更好地落地实施，从政府制定政策层面，应该从可操作性和实惠性这两点来考虑，确确实实能够让企业看得见、摸得着，我觉得这样才能帮助企业家更好地度过“严冬”，帮助中国经济再次腾飞。

派派说：企业对文化产业发展有什么看法?

宋晓东：许多地方领导都重视文化产业发展，希望形成文化产业集聚区。我觉得应该设立一个文化集聚区吸引游客。我去参观过日本鸟屋书屋，那里让人感觉耳目一新，已经跳出传统书店的范畴，里面有CD的租赁处、咖啡屋、便食餐厅和亲子空间，游客来了以后，大人有大人的事做、小孩有小孩的事做。几岁以下的小孩可以托管，有人带着玩，大人喝着咖啡看着书，形成一个完整的生态。我们要明确一个主题，让所有的文化产品、衍生品围绕它来发展，形成一个区域。

派派说：您对企业用人有什么看法?

宋晓东：不同年龄段的员工职业心理不同，企业招人难，管理难，尽量少用员工。所以现在选择产业尽量选择少用人的产业，尽量不用人。现在机器人已经可以替代很多人的工作，云E科技目前在全国酒店里拥有4 000个机器人，就是往房间里面送东西的机器人，客人只要需要，机器人就会去送水、送酒。该公司的负责人说：“我跟酒店合作，把机器人租给他们，每个月收租金，现在4 000人给我打工，我是最大的劳务发包商，还不用月月上保险、发工资，机器人坏了我给你维修”。现在随着人口老龄化，招人也很难。原来我认为招人很简单，报一个名就可以，但去人力资源中心才知道，招人要排队，而且一次办不完，一办就是一年，到那儿一看招聘单位120家，来应聘就80个人。

顾卫明：爱拼成就“名仁”

顾卫明，男，江苏名仁农业发展有限公司法定代表人兼总经理、常州武进区工商联副会长、武进区酒水行业协会副会长、常州市钟楼区政协委员。

自 1998 年开始从事农产品的销售经营，经过近 20 年的苦心经营，在农产品，特别是在畜禽类产品的销售方面积累了丰富的产品和市场开发以及企业生产经营管理经验。

派派说：请您说说企业的基本情况。

顾卫明：江苏名仁农业发展有限公司创办于 2007 年。公司由占地面积达 15 万平方米的“名仁冷链物流园区”及经营名特优农产品为主的农产品销售连锁企业组成，目前拥有水果制品、蔬菜干制品、干制食用菌、大米、炒货等商品的生产许可证，具有较强的产品开发和包装设计能力，拥有年产以上各类商品 5 000 吨的生产能力；拥有与自主开发销售的商品的产地密切相关的“MLMINGREN”“名农”“戴溪”“青城仔”“名仁寨桥”“名仁横山桥”“名仁礼河”“名仁湟里”等近 10 个商标，形成了自主的知识产权。2014 年，公司被评定为“常州市农业产业化经营龙头企业”。

公司刚刚建成的名仁冷链物流园区库容量达 3 万吨，是常州地区规模最大的单体冷库；2016 年 3 月，公司的全资子公司常州名仁冷链物流有限公司的仓储服务通过了 ISO 9001 质量体系认证，成为常州冷链物流企业的首家认证企业。公司在常州市区以及周围乡镇建有 12 家专业的名特优农产品零售门店，是常武地区成立最早、销售能力最强、规模最大、知名度最高的农产品销售品牌企业之一。2015 年年底，公司销售收入超过 1 亿元。

派派说：您是因何走上创业道路的？

顾卫明：由于家境贫困，初中毕业我就进入企业打工谋生，在餐饮企业主要从事食材的采购、加工工作，工作中我渐渐发现农副产品行业商机无限，于是我决定自主创业，注册成立了以供应农产品为主的个体户。经过近十年的艰苦打拼，截至 2007 年初，作为个体工商户，已成为当时常州地区各大主要餐饮企业及常州部分超市禽类产品的主要供应商。面对普通消费者对名特优农产品的旺盛需求和各级党委、政府鼓励支持大众创业的良好环境，我于 2007 年 7 月，果断出资 50 万元，成立武进名特优农产品销售有限公司

（即江苏名仁农业发展有限公司之前身），开办第一家零售门店，主营本地名特优农产品，并大胆融资扩大经营规模，引进人才提升经营水平，创新理念拓展经营领域。

派派说：企业运营过程中您都做了什么举措？

顾卫明：一是准确定位企业经营方向，将本地名特优农产品的销售作为企业的主营业务，满足消费者、单位团购的需求，形成公司自身特色。公司连锁零售系统主要销售本地名特优农产品，主营业务清晰，经营产品均为当地有名的土特产，富有地方特色，因而很快在常州本地的名特优农产品的销售市场中占有了60％以上的市场份额，也在本地土特产行业中树立了标杆形象，得到消费者的普遍认可，并已经形成了“买土特产到名仁”的市场口碑，铸就了在行业中的强势地位。

二是自主开发特色产品，形成“你无我有，你有我优”的竞争优势，确保了公司产品的核心竞争力。在开办自营农产品连锁零售门店的同时，始终注重与政府相关部门、行业协会的密切合作，结合本地的地方名优农产品、特色名优农家菜等评选活动，对各个乡镇地区的地方特色产品的形成历史及原有文化进行宣传，对这些商品进行上市前的策划、包装，目前已经成功地开发运作了以横山桥板鸡、横山桥百叶、寨桥老鹅、戴溪青鱼、尊龙酱鸭、太湖白虾、湟里牛肉、太湖银鱼、焦店二花脸扣肉、百花草鸡汤等为代表的几十种特色农家菜，并成功将这些产品推向市场，形成了自己独特的产品资源，也正是这些产品资源，成为了公司销售产品体系中的中坚力量。

三是精确定位，细分消费层次，打通立体销售通道，构建多样商品销售市场。在公司的发展过程中，针对消费市场不断变化的实际情况，公司提出了“消费者精细化营销”的经营理念，根据名特优农产品的市场份额变化情况，以及消费者的不同消费需求，先后出资组建了面向中高端消费者市场的江苏名仁生态农产品销售有限公司，以及为普通消费者服务的，定位于“菜篮子”工程的常州市苏合名仁农产品销售专业合作联社，通过准确的市场定位来对公司的经营业务和发展方向进行划分，各自发挥自己的经营优势，来满足不同层次的消费者需求；组建了常州名仁冷链物流有限公司，从事常州地区的冷链物流业务，为广大的冷链物流企业提供专业化的服务，实现了企业良好的社会效益与经济效益。

四是加快转型升级步伐，规避经营环境变化给企业发展带来的波动，确保企业健康可持续发展。随着“互联网+”经济的飞速发展，消费结构与消费方式均发生了重大变化，公司及时调整经营方向，面对冷链物流发展的重大机遇，2013 年 11 月起，公司共投资 1.58 亿元，建成了名仁冷链物流园区，进军冷链服务行业。

派派说：您现在的商业模式是什么样的?

顾卫明：一是建立名特优农产品生产、加工、销售一条龙，保证质量，打造品牌，发挥名特优产品的优势，达到赢利目标。

二是充分发挥利用冷库等冷链能力，除保证自己经营的农产品收贮的同时，利用剩余的库容量，进行社会化服务，进军农副产品服务业。

三是形成生产、贮存、运输、销售的全产业链无缝对接，不断降低企业经营成本。

派派说：中间遇到过什么困难吗?

顾卫明：首先是发展中面临资金短缺，特别是流动资金短缺的问题。我的解决方式是在运作好公司自有资金，利用好银行资金的同时，充分了解并利用国家对农业的支持政策，在企业发展的过程中，获得国家及地方财政的有力扶持。

其次是发展过程中专业人才短缺问题。我的解决方式是聘请专业人士，构筑公司的“管理与发展智囊团”，为企业的发展出谋划策，并对企业的经营过程不断把脉，减少公司的投资、决策失误。

派派说：当前在做冷链物流的市场前景如何?

顾卫明：近年来，公司发现很多的初级农产品存在着买难卖难现象普遍、淡储旺供矛盾突出、保鲜储存能力不足等现象，同时，我们对江苏地区，特别是常州市的冷链物流现状进行了调研和论证后发现：目前在常州地区范围内尚无国家级、省级猪肉食品储备库，也没有国家级进口食品的海关监管仓库等重点仓储，更没有像苏州、上海等进出口港口监管仓库，主要原因之一，就是常州地区冷链物流的水平较低，没有大型的高标准冷库，也没有集冷库储存、全程冷链运输的一体化、规模化配送企业。“互联网＋”技术的发展，不论是O2O，还是B2C，以及其他多种目前正在大力发展的互联网销售模式，对冷链物流的需求日益增长，因此，冷链物流具有广阔且良好的市场发展前景，所以，公司决定投资建设并完善名仁冷链物流园区。

目前，冷链物流园区各项基础设施已经全部建成，并且已经逐步投入运行，公司已经收贮了大量的来自全国各地的名特优农副产品，充分满足了公司生产、经营活动的需要；公司目前是“伊利”冷饮在常州地区的总代理，负责“伊利”冷饮在常州地区的储存、批发等业务；另外一些全国知名品牌的省、市代理，我们也在积极洽谈中；相关的药品、国家储备食品等定点仓储的项目也正在紧张商洽中；公司目前也是“饿了吗”“顺风”“大娘水饺”“好想你”等全国知名品牌的冷链服务提供商；来自全国各地的数百个冷链物流需求厂家已经全面入驻，公司物流园区所属的大型冷库已经成为凌家塘农副产品批发市场商圈的重要组成部分，从目前的趋势来看，冷链物流园的发展前景比较乐观。

派派说：企业未来发展的目标愿景是什么？如何实现这一目标？

顾卫明：企业未来发展的目标愿景是成为常州地区，乃至华东地区产业链最为齐全、冷链性能最为先进、服务功能最为齐全的农产品“产存销”综合性企业。

为实现这一愿景，根据企业自身经营结构转型的需要，加上我们对冷链市场行情的分析，2013年11月起，公司在常州市武进区邹区镇龙潭村征地25亩，总共投资1.58亿元，建成了名仁冷链物流园区。园区由建筑面积为2.5万平方米，库容量达3万吨的冷冻冷藏库，建筑面积为1.6万平方米农产品生产与加工车间，以及建筑面积达3 000平方米的办公及信息化大楼组成。

在名仁冷链物流园区的建设过程中，我们坚持高标准、严要求，全部按照专业冷库的技术标准进行设计、施工、安装、验收，严格执行国家的消防、环保等法律法规对冷库这一特殊建筑与场所的要求，制冷设备采用国内顶尖生产厂家的专业设备，采用 DCS 智能化控制技术，建成了名仁冷链物流园区配套的冷库。冷库内部进行了多区域分割，可以收贮普通的初级农产品，仓库内部的一些重点区域，完全符合药品、进口食品、肉类粮食等要求比较高的储备商品的储存技术与环境要求，可以作为药品贮存、海关商检、国家商品等储备场所。

公司所属的农产品连锁销售门店在保持原有主业的同时，将围绕冷链物流所涉及的冷链产品，实行销售产品结构的升级换代，利用公司拥有的产品资源优势、贮存优势、生产优势等构成的综合成本优势，结合“互联网+”等新兴销售模式，将迅速形成自己强大的销售能力，使企业的销售规模再上台阶。

派派说：您认为一个优秀的企业家应该具有哪些素质？

顾卫明：（1）对事业的热爱与执着，坚持做自己擅长的事。

（2）有敏锐的市场分析与观察能力，及时发现商机，及时防范风险。

（3）有较强的法律意识和较强的资本运作能力。

（4）有较强的团队精神，懂得爱才、揽才、用才，有出色的管理能力。

（5）诚信守法，勇于担当，积极主动地承担社会责任。

派派说：您对国家推进大众创业、万众创新政策的看法？

顾卫明：坚决支持和响应国家推进大众创业、万众创新的发展政策导向。

希望国家和政府对我们在创新创业方面提供以下支持：

（1）在融资方面，不管是直接融资还是间接融资要与重点企业一视同仁，特别是在企业技术大投入的时候要“扶一把”。

（2）在人才方面，要关心关注“农字”企业，政府对我们引进的人才要给予适当政策优惠。

（3）在社会地位方面，政府要在评比表彰上给予荣誉，增加我们的成就感、荣誉感和责任感。

（4）在发展环境方面，要减少各种审批年检收费项目，减轻企业负担。

派派说：您最想对青年创业者说的话是什么？

顾卫明：应该始终坚持：

（1）做自己喜欢做的事，在自己熟悉的行业范围中寻找机会创业。

（2）从大企业、大资本不关注的小行当中发掘创业机会，在目前的高毛利行业、垄断行业中去寻找创业机会。

（3）要有埋头苦干和锲而不舍的拼搏精神，坚持就是胜利。始终保持居安思危的意识，永不满足，永不止步。

（4）不断加强自己、提高自己、丰富自己，心有多大，天地就有多大。

派派说：您对创业的理解是什么？

顾卫明：我是从谋生一步一步走上创业之路的，回望20多年来打拼的人生路，我是感慨万千。我以为创业就是用自己的智慧、力量、意志去凝聚整合社会资源，去创造财富，服务社会和大家一起分享成果的全部活动总和。抛开形式内容不说，创业的过程，是燃烧自己激情的过程，是实现自身价值的过程，是实现自身充分发展的过程。尽管这个过程充满艰辛和坎坷，充满着满盘皆输的风险，创业一定意义上就是冒险，但带给我的刺激、快乐和幸福也是难以言表的。

刘卓丕：一草一木皆辛苦

刘卓丕，广东中苗景观有限公司董事、总经理，中山联众科技有限公司董事长、全国农村青年致富带头人协会理事、中山市青年发展现代农业促进会理事、中山市古镇花卉苗木协会副会长。

派派说：请您介绍一下企业的基本情况。

刘卓丕：广东中苗景观有限公司（以下简称广东中苗）成立于2010年，是现代农业及科技企业，注册资金1 000多万元，主要从事风景园林项目设计及施工管理、现代农业项目投资及苗木资源云平台运营等业务，广东中苗已取得建设部及林业部认证的园林和林业规划、设计、施工资质，投资或管理油茶基地1 000多亩、苗圃基地300多亩。2016年上半年已实现业务收入6 000多万元。筹备近三年的苗木资源云平台计划将于2017年下半年试运行，预计第一阶段将覆盖广东、广西，第二阶段将覆盖全国主要苗木产区，并将免费提供给农民及种植户使用，计划可实现年流通额达10亿元左右。

派派说：您选择创业的原因是什么？

刘卓丕：创业是风险与机遇并存的丛林游戏，需要的是坚韧与耐力，是相对具有挑战性的生活方式，如果你喜欢按部就班、舒适优越的工作条件那你就不要去选择创业。创业以我理解是在激烈的外部环境下你必须不断适应甚至超越自我，并得以生存与发展。

毕业当年我被分配到当时炙手可热的电信企业，凭借自己热情、踏实、刻苦钻研的工作态度，三年就成为技术部门的管理人员，而后主动申请到属下一个自负盈亏的企业，并很快成为负责人。时至今日我都很感谢培养过我的企业，他给予了我很多学习、锻炼、出国的机会！我记忆最深刻的是20世纪90年代初跟加拿大北电的工程师安装万门以上程控交换机、数据传输设备时的情景，面对近20多米长的项目管理网络图，进度控制之精准、交叉作业之广泛不由得惊叹！

我们中国人特别能吃苦耐劳、聪明能干，但为什么工业革命以后很多好的产品、先进的管理我们没有呢？我们的一线工人农民的生产工具怎么就这么落后呢？当时我就萌发了创业的想法。创业的第一个行业是通信与电子系统集成，后来因为自己向往户外活动、阳光与生态，更重要的是我发现绿化苗木种植行业，农业生产、流通、管理等各个环节都与当时其他行业的技术水平相差甚远，与发达国家更不能相提并论，发展空间很大。2010 年我就成立了中山中苗苗木交易有限公司，同年申请了“中苗”商标，拟致力于“互联网+苗木”。以前我国务农相对于其他行业条件艰苦，是最需要帮助的群体，我打算以我对互联网及对传统销售渠道体系的理解，将苗木流通信息化，提升我国苗木经营的生产及管理水平，使农民等种植户直接与采购方对接。

理想很丰满，可是现实很骨感。项目投入初期入不敷出，而且在探索中不断地对项目进行调整、投入，到后来没有外部资金支持，企业为了活下去只能把项目搁置，先解决生存问题。初期的其他投资者见此状况先后退出，只剩我一个人。为保持公司延续经营下去，当时对公司经营作出了调整，开发了园林项目设计及施工以及苗圃种植等传统业务。知易行难，更何况是从第三产业跳到不熟悉的农业，第一次的项目尝试以失败暂时告一段落。

派派说：现在进行投资的项目是什么？前景怎么样？

刘卓丕：现在广东中苗在传统业务块有风景园林项目设计及施工管理和现代农业项目投资，以传统业务收入来哺育具有创新意义的苗木资源云平台项目。作为行业的后来者，传统业务板块经营战略是别人不愿意做的我们去做（设计，国内重有形轻无形），市场过剩或过度竞争的我们不做（择优外包，注重过程质量管理），做强做大自己的核心业务。云平台业务经营战略是野火烧不尽春风吹又生——草根经济，以提升使用者和参与者的赚钱效应为己任，我们不是要点，而是要面。苗木云平台业务是广东中苗成立之初的愿景，经过第一次的失败，公司在更广泛地收集、调查与分析市场的基础上提出了第二次的尝试，技术合作团队是海归的物理学博士团队，根据苗木产品与地理位置高度相关和特有的非标准化等特点，以苗木云平台、个人化 App 为工具实现全国苗木资源互联网化、资源的网格化。项目的成功铺开将完善并信息化苗木产业中的生产、交易、运输等各个环节，形成新型的花木产销体系，引导我国花木产业做大做强。随着我国生态建设的深入和人们生活水平的提高，绿化苗木产业已远超 1 000 亿元水平，预计苗木云平台业务前景广阔。

派派说：公司运营中存在什么问题吗?

刘卓丕：目前公司的经营还存在一些问题，还未能称得上进入良性循环周期。前期公司对创新项目的投入资金主要来源于经营自有资金，故推进速度很慢。对企业而言，投入中长期回报项目风险极高，而民营企业的生存空间及环境相对不佳，有时不得不暂缓新项目的进程而把资源调整至传统业务。究其原因，民营企业虽具备经营灵活优势，但缺少融资渠道，市场空间窄，对政府购买项目还存在不少进入壁垒及歧视，但资金、人才却与大企业、国企、房地产企业同台竞争，往往基于税收等各种原因地方政府也对农业类私企的投入或扶持缺少兴趣，有时是中央出台很多好政策，但到地方后很多却走样、怠于执行甚至出现将原本应用于支持科技企业的资源改头换面用于行政办公等现象，处处挤占民营企业的生存空间。当然这都不是停滞不前的借口，而是企业通往成功的磨炼。

派派说：您对国家推进大众创业、万众创新政策是什么看法?

刘卓丕：改革开放至今，我国社会、经济建设取得了举世瞩目的成绩，广大人民群众都无比自豪！但看到成绩的同时也要看到存在的问题，企业作为祖国经济的细胞，虽然有华为等企业，但还普遍存在企业大而不强、质量低下、缺乏核心竞争力、缺乏开发创新等问题，期待通过大众创业、万众创新涌现一批批有竞争力的企业。

我认为国家鼓励创新的具体方式可多尝试社会化、市场化，尽量少行政化。如资金支持创新方面，个人认为新加坡国家主权基金“淡马锡”的运作模式可以作为一种参考，同时实现最大限度的公平。我国不缺好的管理办法、模式，但问题是缺少严明、公正、透明的执行与过程控制，最简单的方式是接受社会监督。

现在国家大力鼓励创新、创业，而且社会上各种创业要素相对成熟，经济运行的效率及质量不逊色于很多发达国家，现在正是创业的大好时机，年轻的创业者不论是学习阶段还是处于创业阶段，都应不断提升自己的科学技术水平、练好基本功，因为懂技术的经营人才更接地气。

派派说：您对创业的理解是什么？

刘卓丕：正如前面所讲，选择创业就是选择不同的生活方式，创业不是短跑比赛，而是一场没有终点的长跑，它比的是坚韧与耐力，比的是谁能坚持到最后！

宋小飞：用辛勤的汗水绘就蓝创

宋小飞，男，汉族，中共党员，山东蓝创集团董事长，省青年企业家协会常务理事，济南市历城区个体私营企业协会党委委员、副会长，历城区工商联合会副会长，山东蓝伞国际科技开发有限公司董事长，被评为历城区优秀共产党员、历城区十大杰出青年、东风慈善之星。

派派说：请说说您的个人经历。

宋小飞：我出生在一个普通的农民家庭，艰苦的成长环境磨炼了我永不服输的精神品质。1998 年大学毕业后，被安排在威海市一家电厂做电工，工作半年后，为改变家庭贫困的现状，在众人的反对声中，毅然辞职，走上了自己的求职路。从事过食品公司业务员，做过调味品公司代理商，也创办过自己的广告公司，都未能满足远大的创业梦想。凭借丰富的职场经历、远见的卓识，我瞄准了现代服务业这块大蛋糕，随后创办山东蓝伞国际科技开发有限公司（以下简称蓝伞国际）、济南五八一三汽车服务有限公司、济南正熙艺术设计有限公司、济南创邦餐饮管理有限公司、真牛餐饮有限公司及红领餐饮管理咨询有限公司，随后成立以发展现代服务业连锁为主要内容的蓝创集团，成功打造了 Q 果冻屋、洗车人家、绿之源等多个知名品牌，在全省乃至全国范围内，扶持了近万名创业者，带来巨大的经济效益，带动就业岗位 10 万多个。孤身一人，遍尝人间苦涩，如今体味责任背后的艰辛和酸楚，却甘之如饴，不忘初心。

派派说：公司的产业类型有哪些?

宋小飞：创立了蓝伞国际后，紧扣“大众创业、万众创新”的时代发展主题、紧跟社会发展步伐、紧握技术发展优势，顺势而为，主动承担社会责任，成功孵化“四大产业”，推动了行业健康稳定发展。

家庭服务产业。为“家”买单。家庭服务，是指以家庭为主要服务对象，以家庭保洁、家电清洗、快速修复、家庭护理等家庭日常生活事务为主要服务内容，着力为消费者提供方便快捷、满意舒心的一站式服务。包括绿之源、黄马褂曹操到、家事特工、魔法达人等项目，涉及家庭需求的各方面，提供了全方位、无死角的家庭服务项目。

汽车服务产业。为“车”投资。汽车服务，主要是以汽车美容、汽车美容社区连锁、汽车微整形为主要内容，致力于为消费者提供最优质、最便捷的服务，为投资者提供有价值、有潜力的创业项目，提供国际级标准的汽车美容养护技术。包括洗车人家、艾姆肯、车鲁班等多个行业领先品牌项目。2015 年 4 月公司在上海股权交易托管中心挂牌上市，开启了产业发展的新征程。

文化创意产业。为“娱”纳彩。文化创意，主要是指通过技术、创意和产业化的方式，针对年轻消费者和时尚群体提供个性化市场、DIY 市场、数码影像、室内装饰等创业产品。包括奇思妙想、世漫陶缘、乐去、变身记、N1 工作室、魔漫印象等各大品牌，设计出技术领先、个性独特的创意产品，满足消费者的个性需求，成为了消费者展示个性、彰显才华的重要平台。

商务快餐产业。为“吃”消费。商务快餐，定位于国内的大众消费市场，致力于继承中国传统美味的餐饮美食，注重开发与国际接轨的快餐美食项目，满足消费者健康营养的膳食需求。包括玲珑混沌、原盅原味、素百味、港尚客、二姨夫水饺、潘师傅红烧肉、天蓬手、菜斗肉、快乐的鱼、大力杯面、味道瓦罐、来吃比萨等餐饮品牌，集餐饮管理，加盟推广、运营服务、技术提升于一身，用独特的餐饮技术、完善的组织结构、敏锐的市场洞察力征服了广大创业者和消费者。

派派说：公司在党建工作中有哪些举措吗?

宋小飞：作为蓝伞国际董事长，我积极拥护中国共产党的基本路线和方针政策，不断推动公司群团建设工作，先后于 2010 年、2011 年、2015 年成立了蓝伞国际团委、蓝伞国际党支部、蓝伞国际工会等组织，为集团职工提供了展现自我能力、彰显个人才华的大舞台。

为践行社会责任，公司依托党支部、团委、工会等组织，积极开展各种公益活动，组织“大手拉小手”爱心公益大使，来到菏泽为乡村儿童送去善款、学习用品和精彩的慰问演出，为患病儿童小金梁、小以晴组织多场爱心捐助活动，传递了社会正能量。

蓝伞国际党群工作方面的努力得到了政府部门的高度认可。公司先后获得山东省“青年文明号”“青年突击队”“青年安全生产示范岗”等荣誉称号。2015 年 10 月 16 日，团中央书记处书记汪鸿雁来我公司调研，对我公司非公团建工作表示肯定。

派派说：公司对国家推进大众创业、万众创新政策有什么相应的响应措施吗?

宋小飞：你能让多少人成功，就有多少人帮助你成功，为帮助更多的人实现创业梦想、为帮助更多的老百姓脱贫脱困，我带领公司全体员工，积极响应国家大众创业、万众创新的号召，投资 2 000 万元，打造了建筑面积近 3 万平方米的创业孵化基地。服务领域涉及家庭服务产业、汽车服务产业、文化创意产业和快餐产业。

随着创业市场的不断扩大，创业人才的不断融入，蓝创起航商学院开始运营。商学院师资团队庞大，授课讲师不仅有来自研究国家政策方面的资深行业人，还有全国各地成功的企业家和优秀创业者，这些行业精英组成了商学院的金牌讲师团队。我会经常走上讲台，为创业者提供权威的创业指导和规划，成为了创业者最信赖的伙伴。

近年来，蓝伞国际创业孵化基地多次接待了媒体和创业参观者的访问、承办了政府组织的多场创业大赛、每年为应届毕业生提供就业见习岗位，为大学生更好地适应社会、成长成才提供了机会。在各级政府部门的支持和帮助下，基地已被授予“济南市创业孵化基地”“山东省青年创业孵化基地”等荣誉。

站在新的起点上，我的脚步并没有停歇，我将立足本职，开辟创新，刻苦学习，努力工作，更好地融入响应大众创业、万众创新的工作中来，为更多人提供实现人生出彩的机会，努力打造综合性的创业孵化平台，为“打造四个中心、建设现代泉城”做贡献，为经济社会发展贡献力量。

吴首锐：艰辛铸“酒”未来

吴首锐，男，汉族，宁夏懿丰投资控股集团有限公司总裁。

吴首锐大学毕业后，从事白酒销售。2006 年，回乡开办白酒分销企业，先后获得国内知名白酒企业的区域代理权。此后，收购法国酒庄、建设葡萄酒产业园等，扩大进口葡萄酒销售渠道，2014 年营业额达 3.9 亿元。曾被评为“宁夏文明诚信示范企业家”。2014 年 11 月 18 日，一则“宁夏懿丰投资控股集团有限公司 1.18 亿元中标《舌尖上的中国》第三季独家冠名”的新闻再次将他推上风口浪尖。其实他是个地地道道的“80 后”，且是苦出身，他的成功，不是偶然，他的财富，也非暴富，他的成长，更不是一蹴而就，而是充满了血泪交融的艰辛，在创业风雨历程中，一路挥洒青春的汗水与激情，自强不息，真实地演绎了一曲“心若在、梦就在”，不懈寻梦，追求实现人生理想与价值的动人乐章。

派派说：能说说您的创业之路吗？

吴首锐：我 1980 年出生于农村。14 岁的时候就开始为自己的衣食之需打拼，为家里的生计操心，不时地到县城贩卖卡带，换点生活费。半工半读的我在第一年落榜了，民办教师出身的母亲找到在煤矿打工的我，苦苦哀求我回去复读。第二年，出乎大多数人的意料，考上了昆明理工大学。

大学时期，家乡连年大旱，家庭无以为继。无奈之下，我动员父母到昆明来打工。学校了解到情况后，为我父母垫资，在学校旁边开了一家小面馆，卖饺子和面条，维持一家人生活。

安顿下父母后，急于改变现状的我在学习之余下海打工。摸熟了二手电脑的市场渠道后，决定到广州进货组装电脑。听闻消息，同学朋友纷纷预定，我就这样带着 10 多万元现金赶到广州采购，谁知道遇到缉私队执法，10 余万元的货物统统被扣留。

一路饿着赶回昆明的我迎来了“第一顿揍”。之后讨债者常住在父母的小面馆。怎么办？要么跑路，要么还债！我和父母选择了还债，用了 3 年的时间，还掉了 10 多万元的欠款。

这期间，我无意间闯入了白酒销售的领域，从最底层的销售员干起。2003 年，代理销售当地白酒。后来，银川市的一家白酒企业辗转找到了我，请我出马拓展该白酒厂原酒在全国的销售市场。我接下了军令状，用一年的时间，不仅销售完之前挤压的库存，还在当地建立了多个分销代售网点。一战成名，不仅在业界赢得了声誉，也在实战中交到了很多朋友。

2006 年，父母因为离开家乡六七年，犯了“思乡病”。我就决定回到银川市创业。临行前，曾受我帮助的两位酒厂朋友提出给我一部分资金，作为我对酒厂智力支持的回报。我婉拒了。口袋装着自己经商积攒的 80 万元，感觉很踏实。但是安置了父母后，手头却所剩不多，新的贸易公司还在烧钱阶段。这时候两位朋友从远地飞来看望，留下近 400 万元的发展基金。这是创业真正意义的第一桶金。而这桶金的积累，是我 10 年不懈打拼的回报。

的确，银川懿丰贸易有限公司筹建伊始，我已经收到了几十个供货商的合约和几家大酒厂的代理权。尤其是黄金酒、五粮液、水井坊、剑南春的代理权，让我的企业迅速站在了其他人不能企及的高度。

派派说：公司创立之后是如何站稳脚跟的？

吴首锐：宁夏懿丰投资控股集团有限公司（以下简称懿丰）的发展得益于白酒销售的黄金 10 年，也就是我们遇到了好时候，这也是公司快速扩张的原因。

2006年，靠着曾经在合资连锁超市工作打拼积累的人脉，我用两年的时间拿下五粮液、水井坊、剑南春等中国名酒的代理权，贸易公司起点很高。

随后，凡是懿丰销售的产品上都有激光打码防伪技术，确保消费者的权益。

如果说，之前的销售只是平铺直叙地进入，从这个时候，懿丰的市场扩展真正开始，销售额直线上升，店面一扩再扩，网络不断延伸。财富来了真是挡也挡不住。2011—2012年，连续两年懿丰的营业额在同行业遥遥领先。即使在行情回落的2013年，懿丰仍然是行业的翘楚，虽然高端酒水已不如以前那么暴利，但高端名酒的市场份额迅速地向懿丰聚集。打铁还需自身硬，始终是因为我们的产品质量过硬，赢得了消费者的信任。

派派说：后来公司还进行了一系列改革？

吴首锐：2008年开始，因受到次贷危机影响，国际金融形势表现不佳，中国市场曾一度受到小幅影响，但国内马上出台了经济刺激政策，从而使得酒类市场迎来了一个绝佳的黄金发展期。所以，懿丰进行了改革，决定把2009年启动的进口葡萄酒销售业务作为未来业绩增长和获利的重要板块运作，2009—2011年，从代理销售进口葡萄酒到自己直接进口销售葡萄酒的两年里，葡萄酒销售量呈井喷式增长，为了节约中间环节成本，控制进口葡萄酒成本，公司于2012年斥资1.2亿元收购拥有700年历史的法国波尔多柏阁酒庄，并与多家优秀的合作伙伴展开合作，推出了柏阁系列，而葡萄酒则可以作为懿丰在名酒之外的第二个利润来源。

2014年11月18日，懿丰斥资1.18亿元取得《舌尖上的中国》第三季独家冠名权，大部分人都想不通，觉得我在胡闹，其实对于我来说，这就是一个契机，一定要抓住。这次冠名《舌尖上的中国》第三季是我进行了良久考察后的选择：一是从冠名到2015年底制作完成的一年里给我们足够的时间完成招商和渠道建设，在2016年主播期刚好又是产品销售推广的黄金期，节目的档期和柏阁红酒的档期吻合；二是美食与美酒历来都是一对最好的搭档，这个节目与柏阁葡萄酒的产品可以很好地融合；三是贺兰山东麓产区是中国本土非常出色的葡萄酒产区，懿丰地处宁夏，更加愿意为宁夏葡萄酒事业的发展多尽一份力，通过节目可以更好地传播宁夏懿丰葡萄酒产区和企业形象。

派派说：企业改革之后是如何发展的?

吴首锐：2012 年公司在构建全区优秀快速消费品运营渠道的同时，致力打造“懿丰名店”消费平台。从 2014 年开始，懿丰实施战略转型和资源整合，完成了懿丰为了兴业发展的 4 个基地建设。

一是法国的生产和采购基地。2012 年，公司斥资 1.2 亿元收购了在法国波尔多有 700 年历史的柏阁酒庄，完成了“柏阁”全品类、全价格带、全法国知名产区全系产品的生产和采购工作。至此，我们在法国的生产和采购基地顺利建设完成。

二是银川市保税区的保税、仓储、物流基地。2014 年 3 月，懿丰在银川市综合保税区斥资 3.5 亿元建设懿丰葡萄酒产业园，主要业务包含 5 个板块：优质葡萄苗木和种植技术引进，葡萄酒产业所需器械、设备、耗材进出口，成品酒的进出口，原浆酒的进出口以及原浆酒的定向灌装业务。该园区建成后是懿丰经营的全系葡萄酒国内的保税、仓储、物流基地。该园区建设完成的 5 年内主要以输入技术及葡萄酒需要的生产资料支持懿丰葡萄酒产业的发展壮大，未来 5～10 年，在懿丰葡萄酒产业趋于成熟时，该园区又是走向国际的重要平台。

三是银川市瑞银财富中心的柏阁葡萄酒产业集团全国销售基地。2014 年 9 月斥资 2 000 万元在银川市瑞银财富中心 A 座 19 层完成了懿丰经营的全系红酒全国销售中心的建设。柏阁全品项系列葡萄酒依托销售中心将通过以下 5 个渠道完成全国市场的销售布局，第一是传统经销商渠道布局。招募全国有优势渠道资源和客户资源的各区域大商为授权区域代理商，作为柏阁酒庄葡萄酒最基本的供给保障。第二是懿丰名店电子商务平台渠道布局。建设独立的懿丰名店电子商务平台，同时依托天猫、京东、懿丰名店旗舰店为广大电商消费者提供细分后的电商服务。第三是柏阁酒窖实体加盟店渠道布局。在全国范围内招募有良好修为和社会资源的客户加盟柏阁酒窖实体店。第四是资本市场大宗商品现货渠道交易布局。依托银川市综合保税区的专业仓储和规模现货进行红酒类大宗现货商品交易。第五是独立于其他渠道的大客户渠道布局。公司组建独立于现有渠道的大客户部，在全国范围内服务目标大客户群体。

四是国内一流的葡萄酒文化交流中心基地。懿丰将在未来两年内建设位于银川市阅海湾中央商务区的懿丰葡萄酒国际贸易大厦及文化交流中心，完成葡萄酒产业链集群和葡萄酒文化载体的综合总部基地，建成后使之成为国内葡萄酒贸易和文化中心。

派派说：公司未来发展愿景是什么样的？

吴首锐：懿丰将依托 4 个基地建设和宁夏懿丰葡萄酒产业发展规划建设，计划在 2015—2016 年共投入 6 亿元的推广费用撬动全国进口红酒销售的 10%的市场份额，达成 30 亿元的销售额，实现 6 亿元的净利润。随着人们生活水平的不断提高，对葡萄酒饮用价值的不断认识，预计在 2020 年国内红酒的总消费规模会突破 1 500 亿元，懿丰葡萄酒产业的蓬勃发展使懿丰对未来充满信心和期待，相信通过我们的不懈努力，2020 年可以顺利完成 100 亿元的产值。

在宁夏回族自治区党委和人民政府推动懿丰葡萄酒产业实现 1 000 亿元产值的宏伟目标下，宁夏贺兰山东麓葡萄酒产区的酒庄日益走向辉煌，在可预见的未来，懿丰葡萄酒产区一定会是中国的核心产区。懿丰作为在此背景下成长的宁夏葡萄酒运营商，希望能依托银川市保税区葡萄酒产业园这个平台和法国柏阁葡萄酒布局到全国的销售网络和渠道，通过运用法国先进的葡萄酒种植和酿造技术，产区酒庄可借鉴的经验措施，以及在全国先行先试的销售经验，共用全国客户、渠道资源，充分调动一切可用资源，将懿丰葡萄酒建设成与法国波尔多比肩并进的世界级顶级红酒产区。

徐开荣：奋斗是创业的一面旗帜

徐开荣，北京顺义区石门市场商会会长。

派派说：创立商会的初衷是什么？

徐开荣：石门市场商会帮助会员解决问题，组织活动，资源共享。我老家在河南信阳，1987 年来北京。我来的时候石门市场是没有的，当时有一条臭水沟，大家就在边上摆地摊，自然形成一个市场。现在有 2 350 多家商户，其中卖蔬菜和水果的有 1 000 多家。

派派说：为什么成立一个石门商会？

徐开荣：因为如果没有一个组织，我们就是一盘散沙，商会可以帮助企业对接，资源共享，帮助会员解决问题。跟工商联是一样的。

派派说：请介绍一下商会的相关情况。

徐开荣：商会于 2017 年 12 月 5 日注册成立，现在 1 000 多人，面向各个行业，不收会费，都是独立企业。会长自负盈亏。商会归商务委员会管理。

商会可以发展和接收党员，有红头文件，也有编码。我们有 20 多名党员，确实有能力担任党支部书记的被选举出来，履行党支部书记应尽的职责。党支部办公场所有 300 平方米，红色文化展厅有 100 多平方米。我们没有大力发展会员进入我们商会，我们一直在脚踏实地干实事。

派派说：您平时从事的社会活动有哪些呢？

徐开荣：每年去贵州、山西等地的对口单位做公益。例如为孤儿院、敬老院拉一车粮食，帮助卖水果的拉几筐水果，给卖猪肉的拉一头白条猪。我们做事不上媒体，也不拍片子，只想真真正正地干点事。我们跟龙湾屯对接也是想要真正帮到谁。因为我干企业 30 多年，不光是涉足这一个企业，还有其他企业，包括建筑、绿化和拆除，从粮油这个平台发展了几家企业，有宾馆、餐饮，多元化发展。

派派说：您是从事什么工作的？

徐开荣：经营大米产销一体化，用略低的价格，点对点对接进行销售。我一直在经营大米，在黑龙江有几万亩稻田，从生产、加工，一直到餐桌。我们的大米价格比其他粮店要低一些，所以我们在市场上具有竞争力，销售量非常大，一年好几万吨。北京几大批发市场都从黑龙江进大米，我们直接发过去。最近几年我们大米的网络销售做得非常好，19 个乡镇、480 个自然村，每个村要销售多少有一张图，每天有业务员去做服务，点对点做对接，他们的需求、他们提的意见，我们回来都会做一个总结。

派派说：您觉得区域性农产品销售发展怎么样?

徐开荣：区域性农产品产销势头很好，但还存在一些问题：没有品牌、没有文化，没有标准化分层。龙湾屯气候环境适宜发展种植业，我想在这里投资做点事，我提出一个合理的建议——品牌的力量。东西再好吃，没有品牌、没有名字怎么出名呢？龙湾屯既然有果品协会，就要把品牌、包装、销售、宣传做起来，与旅游相关事宜也要跟旅游局进行一个对接，包括将旅游文化、红色文化导入到农业，龙湾屯活起来，我们的水果、蔬菜慢慢就出名了。

派派说：商会的果品销售是如何做的?

徐开荣：对于龙湾屯生产的果品，石门市场商会可进行兜底。什么叫兜底，就是高端产品卖完以后，低端产品卖不出去商会可以收购。我们刚进入龙湾屯，以后会慢慢对接商户。

派派说：商会未来发展定位是什么?

徐开荣：石门市场商会未来发展定位：把客户服务好，继续完善互联网渠道。

派派说：商会的宗旨是什么呢?

徐开荣：我们将帮助商户作为宗旨。

第四章　百折不挠

面对新冠肺炎疫情给国家和人民带来的巨大冲击，广大企业家百折不挠、不畏艰辛，于危机中育新机，于变局中开新局，他们既为抗疫物资生产和后勤保障加班加点，也扛起了中国经济回稳复苏的重担。企业家精神是一种不断进取、迎难而上、百折不挠、不断学习的创业精神。大多数企业家在危机面前表现出的企业担当和韧性，为我们战胜疫情和稳住经济书写了辉煌的一页。在当前单边主义、保护主义抬头，世界经济低迷、全球市场萎缩的外部环境下，我们的经济正在面临前所未有的考验，企业必须勇敢面对，力争变"危"为"机"。中国对世界的依存度从 2017 年的 0.9 下降为现在的 0.5 以下，充分发挥国内超大规模市场优势，需要众多企业家发挥百折不挠的企业家精神，勇于创新，敢于承担风险，战胜风险挑战，加快推进战略性新兴产业，形成更多新的增长点。育新机开新局，既要激发企业家百折不挠的内生动力，也要为企业家加油鼓劲，落实好纾困惠企政策，实施好中小微企业、个体工商户的救助行动，以更大力度、更实举措为市场主体优化升级赋能。

大疫当前，百业艰难，但危中有机，所有取得成功的企业家，都是历经千辛万苦才能获得了成功；希望天上能掉下馅饼，那是永远不可能获得成功的。改革开放以来，无数成功的创业者能够取得今天的成绩，就是凭着这种信念、这种忠诚、这种执着、这种百折不挠的创业精神。正所谓"梅花香自苦寒来"，成功的创业者从来没有满足现状、小富即安、停步不前，而是不断自我否定、自我超越，将创业意识、创业信念贯穿始终。这种进取精神和拼搏精神是新时代企业持续发展的基础。随着经济复苏的进程，广大企业家自觉弘扬百折不挠、创新进取、逆境不输的企业家精神，集中力量办好自己的事，加快推动企业商业模式、生产方式、管理机制的优化升级，唯有如此，才能真正于危机中育新机，在困境中越挫越勇、浴火重生。

激发企业家“百折不挠”的精神，需要在以下方面着力：一是财税援助，减免小微企业税费，税款延期缴纳，社会保险费缓缴等。二是金融援助，加强信贷纾困。金融机构取消各类违规手续费，减少融资附加费用，降低融资成本。银行对于还款困难的企业给予展期、续贷、减免逾期利息等帮扶。三是法律援助，涉外部门、商会、贸促会等要主动作为，适当为受新冠肺炎疫情影响而无法如期履行或不能履行国际贸易合同的企业办理与疫情相关不可抗力事实性证明。四是就业援助，企业也要谋划企业“线上经济”发展战略，加强“线上经济”人才的引进和培养，建立“线上经济”人才发展机制，寻求合适的“线上经济”方案，实现线上线下融会贯通。对于抗风险能力较弱的中小微企业而言，让自己活下来，尽力做到不裁员、少裁员，就是履行最大的社会责任。

马铁民：跑全马的中国蔬菜王子

马铁民，山东省莱西市人，青岛凯丰创新控股集团有限公司董事长、浩丰（青岛）食品有限公司董事长，中华全国青年联合会第十一届、第十二届委员会委员，中国农村致富带头人协会第一届、第二届副会长，中国青年企业家协会第十届、第十一届常务理事，中国青年致富带头人。

派派说：能谈谈公司基本情况吗？

马铁民：青岛凯丰创新控股集团有限公司创始于2003年，创立之初，公司主要从事蔬菜种植业务，蔬菜基地仅260余亩，经过10余年的发展，公司逐渐成长为涵盖现代农业、商业服务业、创意产业三大核心产业的综合性产业集团，先后打造出浩丰（青岛）食品有限公司、青岛坤升凯丰国际商业管理有限公司、弘睿品牌顾问等在多个行业内领先的企业，年营业收入10亿元。

投资的浩丰（青岛）食品有限公司成立于2006年，是山东省农业产业化重点龙头企业，青岛市富民兴农标杆企业。公司在上海、福建、山东、河北、陕西等地建有近 2 万亩标准化生产基地和 4 家现代化蔬果加工中心，下设 6 家全资子公司及 3 家海外分支机构，是一家全面致力于现代农业研究、现代农产品基地建设、现代农产品加工技术研发与国内外产品销售的综合性公司。

派派说：公司在经营过程中获得了哪些荣誉？

马铁民：2006 年 6 月被共青团青岛市委、青岛市质量技术监督局、青岛市农业委员会、青岛市海洋与渔业局授予 2005 年度青岛农业标准化生产青年示范户荣誉称号；2008 年 10 月浩丰公司在 2008 年残奥会核心区麦当劳餐厅供应蔬菜原料被表彰；2008 年 10 月圆满完成第 29 届北京奥运会残奥会蔬菜供应任务，受奥组委表彰；2009 年 1 月浩丰基地被列入首批共青团青年就业创业见习基地；2009 年 11 月入选儒风泰山杯中国青年成功创业案例五十佳；2010 年 1 月被评为 2009 年度青岛市农产品质量安全管理工作先进集体；2010 年 7 月被评为 2010 年度最具环境责任企业；2010 年 7 月被批准为山东第五批农业产业重点龙头企业；2015 年 11 月浩丰被评为国家高新技术企业。

派派说：能说说您创业的原因吗？

马铁民：2002 年年底，我打工三年的绿宇公司蔬菜种植加工项目停产。在外资企业工作三年，我看到了一些农业的具体商业做法，也看到了当时的外资企业“高端农产品”路线的各种问题，让我坚定了发展现代农业和自己创业的想法。

派派说：坚定自己创业的想法后有什么具体举措？

马铁民：2003 年，我拿出自己的全部积蓄又卖掉房子，筹集资金 40 万元，承包土地 260 亩，以国际标准种植青刀豆、西兰花、结球生菜等 7 个蔬菜品种。当年只有结球生菜略有盈余。2004 年，我调整了产品结构，所有基地只种植生菜。

在接下来的几年中，在认真总结经验教训的基础上，我将公司迅速扩张：先后在福建、上海、陕西、山东、河北五省份，通过土地流转，建立了 12 处现代化生产基地，面积达 2 万余亩，使公司成为全国规模最大、也是首家实现全年 365 天均衡供应结球生菜的种植企业。结球生菜的种植技术、研发水平、年出口量等，均居全国第一。同时，还赢得了两大国际快餐巨头在中国 60%结球生菜的市场份额，成为美国百胜餐饮、韩国新世界、英国乐购等数家企业密切的商业合作伙伴，生产的 40 多个品种出口到 20 多个国家和地区，占据韩国 50%、新加坡 90%的生菜进口市场，把中国蔬菜贴上了国际标签!

2006 年，我在莱西投资 5 000 万元兴建了现代化鲜切加工厂，成为国内第一个通过美国联合新鲜产品协会审核并成为其会员的单位。我的农业事业，也由种植产业进一步延伸到现代农产品加工业，形成了以结球生菜为主，辅以其他多种蔬菜种植、加工、销售、出口为一体，“从种子到餐桌”全程控制的绿色产业链。

2008 年，我创建的蔬果品牌“绿行者”进入上海、青岛两地 200 余家超市、便利店销售，目前“绿行者”已被评为青岛市著名商标。2010 年，公司通过全球最大的餐饮集团百胜餐饮的“全球供应商评估认可系统”审核，获得对其全球餐饮门店进行鲜切加工产品供应的资格认证。目前，产品已覆盖其整个山东片区的 400 余家肯德基餐厅和 100 余家必胜客餐厅。

派派说：后来发展形势如何?

马铁民：2012 年，我投资 500 万元对莱西工厂进行技术改造升级，引进了国际先进的热厨加工设备和技术，产业链进一步延伸。同年投资 1 亿元在莱西工厂新增了现代化蔬果分拣加工仓储物流中心，安装了国际最前沿的气调冷库设施，引进了国际先进的胡萝卜清洗设备以及水果光电分选加工设备，新增农产品仓储冷库 7 289 平方米，年增加蔬果吞吐量 6 000 吨以上。

2013 年，随着“互联网+”思维的拓展，我又将眼光看向了创业产业和商业服务领域。我觉得现代农业需要与其他行业有机结合，才能进一步完善现代农业。同时，我还作为天使投资人，对现代农业及食品安全相关领域的创客进行了投资。

派派说：在企业发展壮大过程中，您在产品、市场、人才、资

本、品牌方面有什么应对措施?

马铁民：产品方面，开发即食鲜切食品，在方便食品零售市场推广出口基地农产品。市场方面，开拓国内零售市场。人才方面，与高校合作，引进农业人才，重要岗位的新员工必须是本科学历。资本方面，引进香港言信公司36%的注资，正在筹备上市。品牌方面，创立品牌“绿行者”，已经是青岛市著名商标，正在申请山东省著名商标。

派派说：一路走来，您所坚持的经营理念是什么?

马铁民：我的农业事业能取得如今的成绩，我认为与我始终坚持“从种子到餐桌的绿色”这一理念密不可分。立足源头，加强过程管理，以世界眼光和国际标准为导向，发挥本土优势，使产品规模化、标准化、品牌化发展，我的农业事业方才一步一步走向成功。

派派说：创业遇到过什么样的困难吗，怎么解决?

马铁民：缺资金。前期主要通过向父母亲戚朋友借款，卖房子等途径获取，之后通过外资融资、银行借贷等途径获取。缺技术。主要通过国外考察，参加各种培训学习等途径解决。

受重症急性呼吸综合征（SARS）、禽流感、国际金融危机影响，在客户终止订单、打井打不出水等挫折下，我果断采取各种有效措施，找到解决困难的办法。

派派说：目前有什么在进行的项目吗，您觉得前景怎么样?

马铁民：目前，我的农业公司正在启动若干个100亩智能玻璃温室项目，项目计划引进荷兰的设计团队、优质设施设备和软件控制系统，通过智能控制，实现番茄等高温品种的标准化生产。同时引进溯源物联网系统，保证消费者可以远程观察番茄的生产过程。通过高科技手段，该项目在源头上保障了食品安全，我认为一定很有市场前景。

派派说：您的未来目标是什么?

马铁民：我的未来目标分近期目标和远期目标，近期目标主要包括筹备上市，在农业种植、蔬果加工、产品销售三大板块进行投资，主要包括增加基地面积，引进大型农机设备，构建溯源物联网，新建更多的加工中心，引进采后处理设备，开发短保质期无添加的即食产品，开发餐饮供应产品，进行品牌策划和推广，通过电商、微商等渠道开拓国内市场，开拓国际市场；远期目标就是把企业打造成世界级的中国农业龙头企业。中国这么大的市场，一定能诞生出体量大的农业公司，我正在朝这个方向努力。实现这一目标，我觉得必须要用责任做农业，用良心做食品，坚持源头控制，坚持国际标准，坚持“从种子到餐桌的绿色”，以规模化、标准化、科技化来发展现代农业，我愿意成为实现中国现代农业的践行者。

派派说：您觉得优秀企业家应该具备什么品质？

马铁民：我觉得要成为一名优秀的企业家，必须具备以下品质：要能直面困难，要能坚持，还必须能思考、能学习、能创新。

派派说：您对国家推进大众创业、万众创新政策有何建议？

马铁民：对于国家推进的大众创业、万众创新政策，我是非常支持的。大众创业、万众创新被视作中国新常态下经济发展“双引擎”之一。中国有 9 亿多劳动力，7 000 万家企业和个体工商户，蕴藏着无穷的创造力。国家正在鼓励支持利用闲置厂房等多种场所、孵化基地等多种平台、风险投资等多种融资渠道开展创业创新，形成小企业“铺天盖地”，大型企业“顶天立地”的格局。我作为天使投资人，参与了蓝贝青苹果创业基金、崂创新科投资基金、连科基金等项目的投资，积极对现代农业及食品安全相关领域的创客进行投资和扶持；我还担任青岛市青年创业促进会副会长、导师委员会主任，青岛蓝贝青苹果创业导师等职，对青年创客进行创业指导。

派派说：您想对青年创业者说点什么？

马铁民：创业不是一件容易的事，目前国家出台了很多关于扶持创客的政策，一定要合理利用这些支持，争取创业成功。

派派说：您对人生意义是怎么理解的？

马铁民：人生是一段短暂的旅程，只有不断奋斗努力，才能实现自己的价值，人生才能更有意义。

欧阳海华："橙"功非一日之功

欧阳海华，江西安远人，安远县橙皇现代农业发展有限公司董事长、总经理，获安远县优秀团员、十大青年养猪能手、十大青年果业开发能手、十大青年私营企业标兵、赣州市十大杰出青年、江西省十大杰出青年荣誉称号。

他是赣南脐橙种植开拓成员之一，16 岁开始尝试种植脐橙，18 岁年种植赣南脐橙 300 多亩，在政府有关部门的指导下，理论联系实际，从实践中摸索经验，把果园管理得生机勃勃，同时把自己总结出来的经验无私地传授给其他农户。1996 年开始脐橙创业之路，2009 年牵头成立安远县橙皇果业专业合作社，在他的带领下，合作社不断发展壮大。

派派说：您能谈谈公司的基本情况吗?

欧阳海华：安远县橙皇现代农业发展有限公司成立于 2012 年 10 月，注册资金 2 000 万元，是一家集脐橙种植、收购、加工、销售、服务为一体的民营企业，位于中国脐橙之乡江西省安远县。安远县现有以纽贺尔品种为主的 30 万亩脐橙，年产脐橙 32 万吨，是赣南脐橙的核心主产区。在 2009 年创办橙皇果业专业合作社基础上发展的安远县橙皇现代农业发展有限公司依托赣南脐橙资源优势，乘势而上，取得长足发展，从当初的 16 名社员、1 000 亩纽贺尔脐橙基地的单纯生产种植发展到资产总值超亿元，集贮藏保鲜、果品加工、市场开拓、品牌建设、苗木培育于一体的农业龙头企业。为顺应市场和发展需要，公司不断完善"公司＋合作社＋农户＋基地"经营模式，呈现了良好的发展势头。

派派说：公司创立后是怎么发展起来的?

欧阳海华：2013 年 10 月经县委、县政府批准，合作社出资 3 180 万元，成功整体收购了位于安远县工业园内的香港生生手袋制品有限公司，2014 年与华中农业大学签订了战略合作及技术指导服务协议，2015 年创办了中国柑橘千亩脱毒容器种苗扩繁基地、参与了江西省农业科学院协同创新建设项目、加入了“江西省农业科技创新联盟、江西省海外农业投资联盟”，同年整体收购了位于安远县工业园内的安远县腾益服装有限公司。通过几年发展，公司用地面积拓展到 160 亩，厂房面积拓展到 3.2 万平方米，脐橙仓储库面积拓展到 2.1 万平方米，年仓储量达 1.5 万吨；公司拥有绿色食品脐橙基地 5 310 亩，脐橙采后加工厂 3 个，加工生产线 4 条，日加工处理量达 500 吨；公司林地面积 11 800 亩，正在开展林下经济试点。2014 年销售脐橙 2.86 万吨，实现销售收入 17 805 万元；2015 年销售脐橙及红提 2.55 万吨，实现销售收入 17 269 万元。

派派说：公司获得了哪些荣誉？

欧阳海华：橙皇公司秉持“保质量、重管理、树品牌”理念，建立健全市场营销网络，推进“橙皇”牌赣南脐橙品牌建设，在北京、浙江、山东、江苏、广东、福建等各大水果批发市场均有销售网点，“橙皇”牌赣南脐橙深受广大消费者青睐。

在广大客户及社会各界的认可与支持下，2013 年橙皇公司被评为赣州市农业产业化龙头企业，2014 年被评为全国农民合作加工示范单位，2011—2014 年连续四年获赣州市果品营销先进单位，2014 年被评为全省营销专业大户先进单位，2015 年被评为江西省农业产业化龙头企业，2015 年公司“橙皇”牌赣南脐橙被评为省级著名商标。

派派说：能说说您的创业背景和历程吗？

欧阳海华：1988 年我就读于安远县职业中学园艺专业，当时县政府号召百姓种植脐橙。在老师的鼓励支持下，我凭着一腔热血和一点园艺知识，和家乡亲友一起上山开荒种脐橙。由于山多田少、粮食等生活资源匮乏，加之地处偏僻，百姓生活极度艰难，我渴望能在山上创造自己的事业，也为亲友寻找一条脱贫致富的道路。靠山吃山，靠水吃水，发扬“一不怕苦、二不怕累”的精神，我从 1988 年开荒种植脐橙 100 余亩，发展到 1990 年种植脐橙 300 余亩。但由于缺乏脐橙种植技术和经验，品种混杂，既没有结出好的果实，也没有卖到好的价钱。经过多年种植摸索及市场调查，我总结出一套较好的种植管理技术方法，开始种植纽贺尔优良脐橙品种，在市场中初步找到了感觉。为提高市场竞争能力，拓展业务空间，2004 年我提出合作发展经营赣南脐橙，业务从单纯种植延伸到种植销售领域，经过乡村亲友的讨论，一伙人走上了脐橙销售之路，初步涉足脐橙营销市场，从销售自家脐橙为主逐步走向统购统销，市场从一个点到多个市、多个省，业务一天天在拓展。为适应激烈的市场竞争，2009 年带头注册成立安远县橙皇果业专业合作社，2012 年注册成立安远县橙皇现代农业发展有限公司，走出了一条从无到有，从小到大的发展之路。

派派说：怎么想到创立自己的品牌的？

欧阳海华：坚持就是胜利。中学辍学回家开拓荒山种脐橙，从 1988 年开始从政府手里领苗种脐橙，到 1998 年整整 10 年，虽然付出了艰辛和努力，但没有收获期望的果实。因欠债曾想一走了之，但“不甘心”让我坚持爬过了最后一个坡。功夫不负有心人，2003 年已全部还清债务，第一次感觉轻装上阵的幸福感，15 年的青春岁月终于有了迟到的回报。2004 年“香港染色橙事件”使得走出黑夜的我在刚见到朝阳时就淋了一场大雨，也使我和团队看到了品质、良心才是企业的生存之道。为创立“品质、良心”文化，企业注册了“橙皇”商标，用“品质、良心”延续脐橙的皇冠之梦。

派派说：公司的商业模式是什么？

欧阳海华：满足客户才能获得客户的尊重，读懂对手才能获得对手的尊重，发挥团队的智慧才能获得团队的尊重，因此公司走上了一条以“客户、对手、团队”为核心竞争力的企业发展道路，并不断地扩大竞争优势，把自己熟悉的行业做到极致。

派派说：创业遇到过哪些困难，您是怎么解决的？

欧阳海华：创业初期的融资难问题。创业初期由于不懂技术、不会经营等问题，连年亏损，虽然种植面积从 100 多亩很快发展到 300 多亩，再发展到 1 000 多亩，但债务也从几万元到几十万元，最后到 100 多万元。因为融资困难，为了维持经营，只能变卖部分果园来融资，严重影响企业成长。因此集中有限资源攥紧拳头在要点上出击，企业才会有希望。

技术难题。中科院南方考察队经过实地考察后向国务院提出赣南是适合种植脐橙的最佳区域，但高温高湿引发的多种病虫害的无污染防治技术仍然缺乏。公司应继续扩大和深化与华中农业大学的战略协议。

公司拥有的资源仍然缺乏，将资源优势转变为企业优势途径单一。因此必须在自己熟悉的行业做到极致，在陌生的行业依靠成功人士共同发展。

派派说：公司经营的项目是什么？市场前景怎么样？

欧阳海华：公司主要经营项目包括赣南脐橙营销、精品果园基地建设、良种保存、苗木繁育和发展林业经济领域。当前黄龙病暴发导致果园遭受灭顶之灾，同时也为脐橙产业调整升级提供了难得的发展机遇。因此要瞄准产业的重新调整和“适合种植脐橙的最佳区域”两大契机，在各个环节寻找突破口，进一步扩大和巩固公司的龙头地位和整体竞争优势，带领团队实现优势再创业。

派派说：公司未来目标和发展方式是什么？

欧阳海华：公司坚持以打造放心品牌为核心，在脐橙营销、脐橙基地管理、苗木繁育、科技投入和产品质量管理等方面提升产业链发展水平，不断完善产业结构，培育企业核心竞争力。坚持巩固、扩大与华中农业大学战略协作，不断提高公司技术水平和规范化运作水平，做最好的团队、最好的产品、最好的企业。

派派说：您觉得优秀的农业企业家应该具备什么样的素质？

欧阳海华：一方面，应具备敏锐的洞察能力。如果不能从表面看到深层，从现象看到本质，从走向看到规律，就不可能成为优秀企业家。另一方面，应具备良好的职业道德。不会做人的企业家永远做不成事业，客户和社会只会尊重讲职业道德的企业家。

派派说：您对国家推进大众创业、万众创新政策有什么建议吗？

欧阳海华：一是要强化舆论的宣传引导作用，营运尊重劳动、尊重知识、尊重人才、尊重创造的浓厚氛围；二是要大力树立典型，发挥典型的激励作用；三是要营造宽松的创业环境，鼓励支持能人创新创业。

派派说：对青年企业家有什么建议吗?

欧阳海华：一是选择自己感兴趣的行业，做你喜欢做的事。创业的初衷不能单独只是为了钱，做自己感兴趣的事业，能够最大限度地发挥自己的潜力，也可以在创业中收获快乐，分享快乐。二是坚持不懈，善始善终。不管是选择哪一个行业，都会有挑战。不能因为困难气馁，轻易放弃，要坚持不懈爬坡过坎。三是要有社会责任感。把企业与社会融为一体，企业才能在社会中成长壮大。

派派说：您对创业内涵和人生意义是怎么理解的?

欧阳海华：创业就是自己对人生价值的理解和追求，在实现价值过程中敢于否定，勇于创新，学会在激烈的市场中怎样运作、组织、经营和管理，带领、帮助更多的当地百姓脱贫致富，实现企业最大经济效益和社会效益。人生本来就非常平凡，所以对于人生意义理解不一样，第一要有尊严，人必有私欲，但无损于人，才能堂堂正正做人；第二要学会尊重，尊重他人，才会获得他人的尊重；第三要想着别人，时时想到了他人，自己需要帮助的时候他人才会想起自己；第四要顺应自然，荣辱褒贬无所谓，喜笑忧乐皆自然；第五要学会团结，团结才能凝聚人心、智慧和人气，这样肯定会体会人生不一样的意义，才能对得起自己、家庭、社会和事业。

凌刚基：养鱼卖鱼永不停歇

凌刚基，1986 年出生，重庆市永川区临江镇人，重庆市斑渝淡水鱼养殖有限公司总经理。

派派说：能说说您的创业经历吗?

凌刚基：学生时期，对数码产品一窍不通的我通过自学在同学间做起了当时逐渐走俏的数码产品小生意。仅半年后，就负担下自己全部的学费和生活费，还开上了一辆二手汽车。有了这些基础，加之聪明勤快，处事雷厉风行。大四时，我的广告工作室开张了。然而天有不测风云。一名冉冉上升的广告业新秀，被一场意外摔得粉碎。一名工人从脚手架上摔了下来，我赔了 50 多万元，这对于当时的我来说，简直就是“灭顶之灾”。作为一名创业刚刚起步的在校大学生，积蓄不多却欠了 50 万元的赔款，面临着被法院传唤的风险，甚至可能短时间内都无法抛头露面，这样的日子灰暗而冰冷。但在最低谷时，家人朋友莫大的支持与鼓励让年轻不服输的我重新燃烧起再战的信念与信心。

派派说：那第二次创业又做了什么呢?

凌刚基：父亲的一道拿手菜让我找到了新的创业项目。我父亲曾经做过餐饮，擅长做酸菜鱼，这是一道在重庆风靡一时的“江湖菜”，如今已成为很多家庭的家常菜。如果用乌鱼做原料，做出来的酸菜鱼就更加美味。餐桌上，我一边吃着父亲做的酸菜乌鱼，一边琢磨能否靠乌鱼餐饮创业。乌鱼兼具美味、营养、健康的元素，契合当代人的饮食需求，经过大量的市场调研之后，我认定了这条创业道路。为了让乌鱼肉更入味，多次试验后发现，把乌鱼肉切成花朵状，比切成条状或者块状更容易入味。调制乌鱼火锅的底料时，每次都把配方记下来，多次摸索调整后，终于调制出了满意的配方。

2009 年，我大学毕业，带着自创的配方开了一家小餐馆，很快打开了市场。市场的认可让我找到了自信，马上在成都开了鱼庄——“何乌鱼”。“何”是一直对我不离不弃的妻子的姓，同时，在四川话中，“何”字与“活”字相差无几，谐音能让人产生原料新鲜的联想。“何乌鱼”火锅店很快赢得热捧，如今已经开了 29 家门店。依靠乌鱼火锅，仅用 3 年左右时间，就赚了 200 万元。

虽然这次创业顺风顺水，但我也有了新的烦恼：由于生意好，店里经常发生乌鱼断货，让专程赶来的食客败兴而归。我担心长期这样下去，将对品牌产生不好的影响。川渝地区乌鱼基本处在野生状态，只能从广东进货，但每年下半年出鱼量少。原材料价格几近翻一番，而数量和质量却得不到保证。但是餐饮生意想要发展，不仅要保障断货期食客的消费，更要汲取创业初期那次事故带来的惨痛教训，从源头抓食品安全。

那时我萌生了养殖乌鱼的想法，可是当时对养鱼一窍不通，是个不折不扣的门外汉。于是就花了一个多月时间，到山东、广东、江西等乌鱼养殖规模较大的地区拜师学艺。

功夫不负有心人，餐饮公司成立的第二年，养殖公司诞生了。与此同时，创业路上也得到了各方支援。在共青团永川区委的帮助下，我获得了重庆市青年创新创业基金会的项目支持，在资金和导师辅导方面得到了实惠。

派派说：养殖产业干得好吗？过程中遇到哪些困难？

凌刚基：养殖基地选在家乡重庆永川，地理位置偏僻，条件艰苦，到了夏季更是炎热难耐。万万没想到的是，在饲养乌鱼的第一年，就遭遇了洪水，眼睁睁看着千斤的乌鱼被冲走，100 多亩鱼塘每日千元的饲养成本全部打了水漂。浩劫后，基地一带很多养鱼的都转了行。怎么办？放弃吧！我被劝了又劝，连同创业导师也不看好，我被告知这样损失巨大的微型企业是度不过生存期的，何况水产养殖的风险本就巨大。然而最终，我做出了一个大胆的决定：坚持！遭遇过广告事件的铺垫，这次创击虽大，却不至于灭顶。然而好事未成双，偏偏祸不单行。在养殖方式变革的第二年，乌鱼养殖亏损值超过 100 万元。这一次，问题源头并非养殖方式，而是因为鱼料供应商的不规范操作导致。经过努力，一切终于走上了正轨。如今，127.5 亩的养殖基地已由生存期进入发展期，每年可带来 300 万元左右的收益。这让我有时间和精力在产品品质、品牌方面下了更多功夫。我对产品品质的要求几乎到了严苛的地步：对养殖环境的水温、溶氧、pH、水体透明度都严格要求；换水时严格从底部抽水，保证水的质量；为了保证品质，要求“何乌鱼”火锅必须使用自家的乌鱼，这约占养殖总量的 60%，剩余的 40%将面向市场销售，如今，我的乌鱼在川渝地区的销售量已名列前茅。在乌鱼养殖行业很少参加认证时，“首吃螃蟹”参加认证，这意味着给自己戴上了“紧箍”。

派派说：听说还与高校合作了？

凌刚基：在重庆市青年创新创业基金会的帮助下，西南大学教授帮助团队钻研乌鱼繁育技术，成功繁育出 130 余万尾乌鱼苗。我自己留下几十万尾乌鱼苗饲养，其他的给了想搞养殖的农民朋友，带着他们一起发展高效特色水产养殖。我还琢磨着，如何将乌鱼的排泄物得到更科学的处置，既利于水质的保护，又提升养殖的品质。

派派说：您是如何打开产品销售渠道的？

凌刚基：随着“互联网＋”时代的来临，我又在琢磨如何通过网络平台让更多的消费者品尝到新鲜美味的乌鱼。除了平日的推广宣传，我又把大学中学习到的设计专业知识应用到工作中来，设计出了外形像一个完整气泡的活鱼礼包，让网购鲜活乌鱼成为了现实。加之在网络平台上对“何乌鱼”火锅的同步宣传，短短两个月时间，新思路带来 40 万元的收益。

派派说：产品后续有什么创新吗？

凌刚基：除了供应餐饮和鱼苗、鲜鱼的出售，我认为，乌鱼还应打开更为广阔的市场。在探望病人时，相比鲜花、果篮，具有促进术后伤口愈合、产妇催乳等功效的乌鱼汤显然对病人更有用处。在重庆市青年创新创业基金会的帮扶下，仅需微波炉加热的速冻乌鱼汤、即食乌鱼将于 2019 年上市。

郑晓生：创业是一次漫长的跋涉

郑晓生，男，1983 年出生，广东韶关人，中共党员，韶关市十三届人大代表，现任广东京南商贸有限公司总经理，韶关市韶霞农科茶叶研究所所长、韶关市武江区龙之坑农产品专业合作社主任、广东企业优秀管理人才库成员，韶关市监察局特邀监察员、韶关市警务廉政监督员、韶关市茶叶行业协会执行会长、韶关市食品行业协会会长、韶关市物流行业协会执行会长，被评为感动韶关十佳道德模范诚实守信模范。

派派说：能介绍一下企业的基本情况吗？

郑晓生：广东京南商贸有限公司自 2006 年成立以来，始终以“诚信是人生之本、守法是兴衰之源”的经营理念，坚持以诚待客、言而有信、兑现承诺的服务宗旨，稳打稳扎，不断扩大经营范围、增加经营品项，发展成为粤北地区最具规模的百货副食品专业代理公司。

派派说：您还成立了一个茶叶研究所？

郑晓生：韶关地处粤北山区，有许多品质优良的茶叶产品，但韶关本地品牌的茶叶并没有得到市场广泛的认识，效益普遍不高。我看到这种情况，本着促进韶关茶叶行业的发展目标，维护当地茶商、茶农的合法权益和经济利益，弘扬、推广茶文化的宗旨，于 2012 年成立了韶关市茶叶行业协会，并在 2013 成立了以茶叶科研开发、加工销售、茶叶质量检测为一体的综合性企业——韶霞农科茶叶研究所。研究所以茶文化的技术研究为根本，通过技术示范、基地建设指导、技术咨询与技术服务等形式，帮助指导会员企业创立优质茶叶的品牌，形成品牌效应，促进了茶叶产业链的发展。研究所大力开发和推广宣传本地茶叶，致力于让市民饮用上天然、安全、健康的茶产品。

我在担任韶关市韶霞农科茶叶研究所所长、韶关市武江区龙之坑农产品专业合作社主任期间，提高了本地茶叶品质，树立本地茶叶品牌“韶霞”，扬起茶叶产业化的龙头，抢占国内茶叶高端市场。合作社茶场已形成了 52 300 亩的种植规模，并于 2004 年被韶关市批准为农业龙头企业，而且带动了当地及周边地区的数千户茶农脱贫并走上致富路。

派派说：企业近几年获得过什么荣誉？

郑晓生：连续 6 年被韶关市工商行政管理局授予“守合同重信用企业”荣誉称号，被韶关市消费者委员会授予“诚信单位”称号，被广东省企业联合会、广东省企业家协会授予“广东省诚信示范企业”称号，被广东省食品安全宣传组织委员会授予“广东省食品安全放心承诺单位”称号，被韶关市私营企业协会授予“光彩之星”等荣誉称号。

派派说：企业的慈善事业做得怎么样？

郑晓生：在 2006 年韶关洪灾、2007 年韶关冰灾和 2008 年四川汶川大地震等大灾大难面前，在扶贫济困、帮扶孤寡老人和弱势群体等公益事业问题上，企业从不退缩，出钱出力，还发动员工积极参与帮扶慰问、捐款捐物、无偿献血等各项公益活动，合计款物约 80 万元。

派派说：能谈谈您创业的原因和大致历程吗？

郑晓生：创业是因为我想要过富裕的生活，我不想我的父母、妻儿辛苦工作，我想要受人尊敬，过体面的生活，我想改变我的未来，但我没钱没关系，我只能通过创业实现这一切。

创业的历程包括寻找创业模式、确立创业目标、制订创业原则、规划创业步骤、创造创业条件、确定创业期限、处理与投资人的关系、产生好创意、组织好的团队。

派派说：在产品方面有什么重要举措吗？

郑晓生：在意识到企业存在制茶设备和工艺落后两大问题后，合作社茶厂大刀阔斧地改造相关环节。合作社茶场成立了创名茶攻关小组，邀请专家到茶场授课和指导生产，选派人员到省茶叶研究所和外地茶厂学习和进修，同时广泛参加国内有关茶的研讨会，积极接受新信息和新知识；不断改进种茶技术、更新制茶设备，提高制茶工艺水平，严把质量关。

首先从制作工艺上进行升级：将炒青改为烘青；把半手工调压揉捻改为自动揉捻，将烤茶升级为自动风干；引进自动化包装设备，对产品包装进行现代化设计，既保证了茶叶品质，又奠定了茶叶产业化的基础。

茶叶质量通过技术革新有了显著提升，获得了更多消费者的欢迎。在对老茶园进行改造，开辟新茶园的基础上，又创造性地与周边乡镇茶农进行联营，茶场指导茶叶管理，农户提供茶青，然后统一制作销售，创造了“公司＋农户＋基地”的经营方式，在周边乡镇办起了茶叶加工分账，以合同契约的形式带动 3 000 多农户种植茶叶，解决了企业原料不足和农民茶叶销路的两大问题。

派派说：在市场上的重要举措有哪些呢?

郑晓生：在茶叶品质稳扎稳打的同时，也开始探索新的营销模式。一定要成为品牌，产品才有附加值。一方面产品要有独特性，另一方面要有市场策略。企业根据自身的特点制定了一套行之有效的市场营销模式：对目标消费者，以大量赠送的方式，打开局面。并通过消费者口耳相传的途径，带来更多的销售。目前，合作社茶场已有生产基地 5.3 万亩，茶叶加工和种植面积达 10 万多亩，是韶关地区最大的茶叶生产和加工基地。

派派说：您觉得农业企业人才机制应该如何制定?

郑晓生：由于农业企业自身的特点和各种原因，农业企业在吸引和留住人才方面困难重重，而这些困难大多是由于农业企业自身的特点所决定的。虽然农业企业在吸引人才方面的困扰较多，而且有些是企业不能避免的，但与其他类型的企业相比，农业企业受国家重视，有较多的政策扶持，对就业在农业企业的人才也有相关的政策。因此，农业企业应扬长避短，建立一个有效吸引人才的机制，例如运用薪酬和福利等物质手段、运用目标激励手段、运用股权激励、运用企业文化以及其他可以创造的条件。

派派说：企业在集资和品牌打造上有什么举措吗?

郑晓生：拓展企业自身融资渠道，与当地农业银行、农村信用合作社建立长期合作关系，并协助合作农户办理农业贷款开展经营。

设立韶关市韶霞农科茶叶研究所不断研究提升“韶霞”品牌茶叶的质量，同时注册“韶霞”茶叶品牌，通过各类宣传营销活动提高品牌影响力。

派派说：目前企业形成的商业模式是什么?

郑晓生：目前企业形成的商业模式是“公司＋农户＋基地”的经营方式，立足当地茶叶资源丰富的优势，面向国内外两大市场，依靠科技进步和创新，形成市场牵龙头，龙头带基地，基地连农户的产业化模式。

该茶场以茶叶生产和加工为龙头，集中向周边乡镇的茶农收茶青，实行统一制作、统一品牌、统一销售的经营策略，推进了茶叶产业化经营，取得了显著的经济效益和社会效益。一是极大地提高了茶场周边乡镇上千户茶农的经济收入。仅茶叶一项，茶农每年的人均可支配收入就达到了 3 980 元，其中大多数茶农实现了年收入翻番并脱贫致富。二是辐射和带动了周围县区的茶叶发展。在处于同样海拔高度的韶关仁化县，由于茶叶中茶多酚含量达 33.3%，口感略显苦涩，加工工艺跟不上，仁化茶在市场上的表现一直比较低迷。为此，企业邀请华南农业大学茶叶方面的专家多次前往仁化县调研，因地制宜地为当地茶农供应茶叶专用肥。经过一年多的技术改进，通过举办培训班等多种形式，请专家指导当地农户结合市场信息来加工茶叶新产品，现在的仁化白毛茶在口感、外观等方面都有了很大突破。这不仅使仁化白毛茶走出了市场低迷的困境，而且开创了仁化茶业发展的新局面，上千户茶农也由此脱贫致富。

派派说：创业的时候有遇到过什么困难?

郑晓生：一是创业初期，一人身兼数职，压力倍增。刚开始创业，管理、销售、财务、生产、物流、人事于一身，忙了这头，顾不了那头，怎么办，这是最痛苦的时候，也是最艰难的时候。

此时可以列好工作清单和计划，设置一周工作内容，比如周一以生产为主，周二以解决财务为主，周三做管理，分解任务，做好时间管理，不要胡子眉毛一把抓，每天晚上记得做一下总结和后几天的安排，释放压力。当然，现在都有很多专业外包公司，可以把财务、人事、行政，甚至销售拿去外包，所以先把自己最擅长的那部分做到极致。

二是创业贷不到款，无法扩大生产和销售。没钱啥也干不了，这时候融资借钱是关键。有钱的投资者很多，但要把项目包装好，至少要有商业计划书，同时可以找小额贷款公司借钱，可能利息会高点，可以用不动产或者汽车抵押，浙江和福建的很多老板当年创业就是把自己的房产作抵押搞起来的。

三是创业后，发现生意冷清。一方面你可能被忽悠了，这个项目本身有问题，或者当地竞争太激烈；另一方面有可能是店面位置不好，或者消费者的消费能力和消费观念有问题。这反映了一个经济学规律，大家都看好的东西，可能是一个巨大的陷阱。

其实再烂的项目总会有生意做，正如郎咸平教授所说：没有夕阳产业，只有夕阳思维。创业初期，如何打开市场，吸引客源是关键。记住一句话：超出客户的想象和期待，你的生意才能好起来，当然不要超太多！

派派说：近期有什么项目计划吗？

郑晓生：计划在未来三年内，将生产基地扩展到5万亩，开展有机茶的生产和认证，并设立3个农产品专业合作社，推动韶关市茶叶行业的快速发展，扩大“韶霞”茶叶品牌影响力及知名度，带动更多的茶农脱贫致富，加快推动社会主义新农村的建设。

派派说：未来的发展愿景是什么？

郑晓生：通过扩大自产自销的模式，产销都有均衡的发展，通过销量调节产量。以高端客户为目标，建立独特的销售网络，在固定的消费群体和高端客户中形成口碑和品牌。

派派说：您觉得优秀的企业家要具备什么能力或者素养？

郑晓生：我认为优秀的企业家应具备以下素质：

哲学家的思维。黑格尔的一句名言告诉我们哲学是反思的、回忆的、历史的。而哲学家就像一个思维清晰的老头，他们饱经沧桑，看透世间万物。

经济学家的头脑。以经济现象和经济事实为专门研究对象的人就是我们所说的经济学家。企业本身就是一种经济组织，是经济学家研究的对象之一。一个优秀的企业家就必须像经济学家一样，不仅要清楚经济现象，也要清楚经济环境和经济实体，清楚自己企业所处的环境，只有认清了自己，认清了环境，才能更清楚地知道如何去做。

政治家的眼光。一个优秀的政治家，必定是眼光长远的，他不仅能看到过去、现在，更能看到未来。一个优秀的企业家也理当如此，他不仅需要看清楚现在，更需要看到未来的3～5年，甚至20年。

军事家的胆略。一个优秀军事家最基础的素质就是拥有过人的胆略和魄力。胆、识、才是一个人最大的财富。有人说：有胆有识，胆在前；德才兼备，德为先，说明得都是同一个问题。

外交家的纵横。外交家八面玲珑、左右逢源、妙语连珠、出口成章，能处理各种危机，能应对各种场合，能化解各种矛盾，能平衡各种关系。要成为一个优秀的企业家，又何尝不须如此？如若不如此，又如何应付企业错综复杂的各种事务和局面。

谋略家的深沉。谋略家深沉老练、进退有度、恩威并济、纵横捭阖、明察秋毫，作为一个优秀的企业家，做事要深沉老练，决策应进退有度，管理用人要恩威并济，内外事都能纵横捭阖，万事都能明察秋毫，处理适度。

资本家的精明。资本家就是以赚取利润为本，资本家自然精明至极。一个优秀的企业家亦须具备资本家之精明，才能为企业赚取利润和生存之本，有了生存之本才能发展壮大，发展壮大后自然可以报国惠民。

策划师的才能。一个优秀的企业家必须是一个优秀的策划大师，一个优秀的策划师不仅能调动各种资源，创造市场潮流，革新营销模式，还清楚了解市场动态，掌握消费心理，熟练各种工具，这些，也都是一个优秀的企业家所应该具备的。企业家具备了策划师的才能，也就能主动掌握市场，运用智慧创造企业辉煌的奇迹，以及度过重重困难和危机。

派派说：您对国家推进大众创业、万众创新政策是什么看法？

郑晓生：推进大众创业、万众创新是发展的动力之源，也是富民之道、公平之计、强国之策，对于推动经济结构调整、打造发展新引擎、增强发展新动力、走创新驱动发展道路具有重要意义，是稳增长、扩就业、激发亿万群众智慧和创造力，促进社会纵向流动、公平正义的重大举措。

“大众创业、万众创新”不是一句口号，而是党的富民政策，是政府通过一系列制度安排，释放出的新一轮改革红利。比如在简政放权方面，国务院取消和下放了 139 项行政审批事项。在税费减免方面，作出了多项优惠安排，为企业特别是小微企业提供了更为宽松的发展空间，为创业者营造出更加良好的社会经济环境。改革开放至今，我国几次创业浪潮无一不是党的改革开放和富民政策引导的：从 20 世纪 80 年代初乡镇企业异军突起，“个体户”野草般顽强生长，到 90 年代初干部、知识分子“下海热”，再到 21 世纪中国迅速成为“世界工厂”，互联网经济快速成长，以及这次的“双创”浪潮。

派派说：您觉得创业浪潮的本质是什么？

郑晓生：这股热潮又源于互联网、大数据等新科技新经济的兴起。从本质上说，几次创业浪潮都是政府放开管制，提升经济的大众参与度，让人民从计划经济的束缚下解放出来，争创财富的改革成果；所不同的是，之前的创业浪潮发生在商品和服务匮乏的经济时代，而当前的“双创”浪潮发生在中国全面融入经济全球化、企业面对国际国内两个市场、经济发展从数量型向质量型转变、经济结构从二产为重向三产占先转变、经济增长从资源型向创新型转变的时代背景下，新一轮创业热潮必须以产品、技术、服务的创新为引领，必须创业与创新紧密结合，必须依托新技术新业态等。相比之前，新的创业者往往更加年轻，他们多在以互联网为基础的共享平台上，在传统产业与新兴产业跨界融合的领域，实现产品、技术、业态的创新。

经过改革开放至今的快速发展，中国经济进入了新常态，与此相应，中国的人口结构、就业结构也在步入新常态。我国有 9 亿多劳动力，拓展就业空间事关民生之本，没有更多市场主体参与，显然难以满足就业市场的需要。通过大众创业，增加更多的市场主体，增强市场活力和竞争力，有利于社会生产力的再一次解放。以创业拓展就业空间，以创新带动就业，有利于促进充分就业，有利于增加居民收入，是实现富民之道的根本举措。

派派说：最想对青年创业者说什么？

郑晓生：（1）创业是长跑，而不是短跑，短期的成功或失败说明不了什么；

（2）创业艰难，但是如果不艰难，人人都成功了，怎么会轮到你；

（3）创业需要激情，只有你的事业是你喜欢的，才可能全身心投入；

（4）创业需要志同道合的伙伴，共患难更要共富贵。

派派说：您对创业内涵的理解是什么？

郑晓生：创业的内涵就是创业精神，以个人的力量，在个人愿景的引导下，从事创新活动，进而创造出一个新的企业。

李全：仁和书院 仁者爱人

李全，北京锴君文化传媒有限公司董事长。是北京市工商业联合会执行委员会、顺义区工商业联合会执行委员会、顺义区青年联合会委员。

派派说：能介绍一下公司基本情况吗？

李全：北京锴君文化传媒有限公司成立于2020年8月，主营业务有组织文化艺术交流活动、物业管理、承办展览展示、会议服务和出版物零售等。计划开发项目位于北京首都机场T3航站楼东侧10分钟左右车程的距离，离繁华商业街5分钟车程，交通便利，周边配套设施齐全。项目规模为约5万平方米的厂房，前身是家具生产企业总部基地，帮助实现老旧厂房的转型升级，争取打造成区域有影响力的，集文创、餐饮、娱乐和休闲于一体的综合性产业园区。

派派说：公司产品服务和主要客户有哪些？

李全：公司提供的服务和产品包括对园区5万平方米产业园进行物业管理；高端红木家具体验，传统文化传播，红木家具展示和销售；提供高端茶叶品尝，茶道文化和茶叶销售；提供餐饮服务包括中餐服务和西餐服务；提供精品咖啡品尝，咖啡文化传播，咖啡豆销售；各类图书展示，提供综合阅读类服务，图书类的销售；提供组织各类形式的文化艺术等交流；承接公司各类活动和会议等。

主要服务对象是大客户集团。公司会承接客户集团文化园区的物业管理，为占地面积为 10 万平方米的园区提供策划、招商、运营和管理一条龙的服务，年营业额为 2 000 万元左右。公司旗下的“仁和书院”对园区内企业和园区外公众进行开放，年营业额约 1 000 万元。

派派说：公司商业模式是什么样的？

李全：公司秉承“仁者爱人，以和为贵”的理念，盈利模式为管理输出和全托管式经营模式，以国际化的视野和理念提供优质的产品和服务；同时在服务的园区内采取“招商＋自营”的双重模式。其中招商模式为入园企业进行量身定做，从前期公司办理各种手续，装修方面的设计和改造，到后期的财务和法律咨询等服务；自营模式为园区入驻企业提供配套类服务，创办的“仁和书院”帮助入园企业提供承接会议、餐饮服务、商务洽谈和组织各类商业活动等，最后实现入园企业的可持续发展。

派派说：未来市场趋势怎么样？

李全：为了响应北京提出“四个中心”中文化中心和国际交往中心的建设，锴君文化传媒在北京首都机场附近打造了 10 万平方米的文化产业园。作为北京国门第一站的顺义，经济基础很好，在 16 个区里排名第五，但是文化建设有很大的发展空间，比如实体书店的数量就远远不够，所以锴君文化传媒在园区内也创办了“仁和书院”等文化类实体经济，满足当地企业和居民对于精神文化方面的需求。

派派说：怎么想到创办一个书院的？

李全：仁和书院的创办起源于我对文化艺术和咖啡的热爱，我初中毕业 15 岁赴澳大利亚求学，毕业于澳大利亚墨尔本大学金融系，毕业后在墨尔本最有名且竞争最激烈的文化主街经营了 3 年半的咖啡店，回国后也探访了很多国内外知名的咖啡店、艺术园区、特色书店等，因此滋生了想要在国内开店的想法。

派派说：书院的名称有什么讲究吗？

李全：在回国后近 10 年的磨砺中，我也积攒了一些经营经验和社会阅历。有关部门推出了“书香顺义”项目，鼓励实体书店的建设和发展，我感觉开书院的时机已经成熟。这给我们这些怀揣梦想，想创业的人提供了很好的发展契机，在家人的大力支持和自己的努力下，仁和书院应运而生。书院取“仁”“和”二字，主要是因为：“仁”是中国古代一种含义极广的道德范畴，先人孔子就曾把“仁”作为最高的道德原则、道德标准和道德境界。“仁”者见仁，“仁”者爱人；“和”代表以和为贵，和气生财（才），这个“财（才）”有两层意思，一是从读者的角度成才，增长阅历，二是从我们经营者的角度，也能够生财，贴补家用；同时，“和”也代表包容、融合、和睦等，“和”里有木字，又代表着仁和书院主打的是中式古典红木家具，也是家族事业的发展和延续。

派派说：目前书院规模怎么样?

李全：目前，仁和书院总规模 1 500 多平方米，公共阅读空间 500 多平方米，其中有成人阅读区、儿童阅读区、活动区等；独立空间有 3 个，占地面积约 500 平方米，包括共享会议室、茶室、培训室、餐厅等；户外面积有近 500 平方米，可以提供户外阅读、户外休闲、户外活动等。总共存书量约 1 万册，分别有党政类、社科类、历史类、文学类、经济类、生活类、教辅类等，品种近 5 000 种。

自营业以来，仁和书院先后举办了“读书是一辈子最有意义的事”“关键对话”“低风险创业”等图书的线下读书沙龙活动，社会反响非常好！仁和书院接下来还会举办更多有意义的活动，让更多人参与到读书的活动中来。每多一个人读书，社会就会多一分祥和。

仁和书院将努力探索转型升级之路，并希望在不久的将来，能吸引更多文化企业入驻，逐渐形成顺义主城区周边的文化园区，为北京市文化中心的建设贡献自己的力量！

派派说：您的创业驱动因素是什么?

李全：国家为推进文化产业发展也出台了很多相关的扶持政策，比如“书香顺义”项目，对于符合条件的实体书店项目的装修和租赁进行部分补助，同时还有很多包括体育类项目等；政府还对于符合条件的入园企业采取部分房租减免的政策；这些扶持政策大大帮助了文化类企业的创办和前期的发展，同时对于利用辖区内老旧厂房的改造升级指明了方向；在这种背景下，锴君文化传媒公司抓住机遇，迎风而上，力争成为首都机场周边有知名度和影响力的好项目。

派派说：您觉得公司的竞争优势是什么？

李全：公司承接的园区优势是地理位置离首都机场较近，车程仅 10 分钟左右的时间；园区规模大，占地总面积约 10 万平方米，建筑面积为 5 万平方米，文化产业链的整体入驻，为入园文化企业提供上游和下游服务；园区部分房屋采用仿古式建筑，建造的中式庭院始建于 1988 年，有年代感，易形成文化氛围，且绿化面积大，环境优美，周边噪音小，不易受干扰，是企业办公和休闲的最佳选择。

管君明：英百捷一路砥砺前行

管君明，北京英百捷货运有限公司总经理，2002—2006 年就读于华中科技大学电子科学与技术专业。2006 年 8 月大学毕业后进入中国建设银行北京分行东四支行工作，2010 年进入英百捷物流工作（家族传承），其间决策并参与 3 次公司重要业务转型及策略调整。

派派说：请介绍一下企业基本情况。

管君明：北京英百捷货运有限公司（简称英百捷物流）成立于 2002 年。主营业务包括电子类精密仪器、奢侈品、进口仪器、家具、食品等产品的仓储，分拣及运输业务。总公司位于北京市顺义区高丽营镇，上海分公司位于虹桥机场徐汇区。现有职工 65 人，大学本科学历及以上占比 18%，本地就业人员占比 65%，外籍务工人员占比 35%。主要合作客户包括中国移动、中国联通、中国石化、中国电信、中国建设银行、中国工商银行等国有大中型企业。公司经营理念：专注小而美，服务高大上。

派派说：企业发展过程中做过的重要举措有哪些？

管君明：科技先行、稳定员工、练好内功。

派派说：能和大家具体谈一下这几方面吗？

管君明：科技先行。作为互联网时代背景下的企业负责人，我深知科技和智慧是企业发展的生存之道，企业如果生存下去要依靠“诚信经营”，企业创新发展必须依靠人才、科技和资金。英百捷物流从2015年伊始决定自主研发软件系统，截至2019年6月30日，英百捷物流自主研发仓储物流软件5套，分别为：WMS仓储管理系统、TMS运输管理系统、CRM订单管理系统、B2C业务管理系统和车辆管理系统，获得28个软件著作权。并于2018年申请成为“北京市高新技术企业”。

稳定员工。现有大部分员工是90后，年轻人有激情、有热情，但是更需要认可、磨炼以及积累经验。通过人性化的企业文化激发员工热情，例如：每个月一次的导师培训，2周一次的职业技能培训等，让年轻员工不光挣到钱，更要让自身值钱。通过一系列的落地方法和实践，公司员工流失率不到2%，连续2年获得区级稳岗补助。我认为：员工最稳定的时候，才是企业最具价值的时候，也是企业利润最高的时候。

练好内功。企业聘请顾问及专业老师为中高层管理者培训、指导，利用3年时间形成了学习型组织，深挖流程合理性，无条件执行企业各项规章制度，实现“PDCA循环”的管理模式。企业服务最长的客户达到了15年，而且满意度逐年上升。除了提供基本的服务，为客户提供定制化的服务。依托于科技物流的基础，从2017年开始，每半年为客户出具客户大数据分析，例如客户的物流费用金额、销售数据、爆品型号、区域分布等，做好客户想不到的事情，就体现了我们的价值。打铁还需自身硬，只要自身有想法，有能力，有执行力，有服务的意愿，就可以持续为客户创造价值。即使服务型公司没有产品，也可以做到不可替代性。2016年至今，企业以每年开发一套应用软件的速度推动科技物流、智慧物流的发展。

派派说：企业经营过程中遇到哪些困难?

管君明：与国企合作账期长，影响现金流，资金周转不周导致了融资贷款问题。

我们几乎全都跟国企合作，猛一看客户资源很好，但是最重要的一个问题账期太长接下这单业务账期就是 180 天，甚至还有汇票，账期 180 天加上一个半年的汇票，账期就是一年。这就使我们几乎没有现成的现金流去发展自身的业务，衍生出类似于融资、贷款的诉求。我们前期是搞运输，客户资源也很好，全是大客户，实话实说的确利润相当不错。但是回款的周期太长，员工工资不等人，每个月要给员工发工资、交税、交社保，还有其他的研发费用。

派派说：最终是如何解决这个问题的呢?

管君明：得益于国家发展实体经济，仓储业务得到发展，缓解了企业压力。

在国家大力倡导发展实体经济的背景下，企业 2015 年成立了另外一个业务板块——仓储。仓储跟物流、运输不分家，仓储的优势是可以预收房款，缓解了运输带来的压力，仓储业务的发展把我们公司代入到一个新的发展阶段。

派派说：如何看待企业发展的问题?

管君明：企业应当注重员工质量，利用优质平台招聘高质量人才。我的经验是要找一些比较高端的人才，肯定要在专业的招聘平台，寻找能人，和企业共同发展。

第五章　追求卓越

企业家是经济活动的重要主体，是市场经济的“关键少数”。进入互联网时代，以互联网技术为代表的信息产业快速发展，深刻地改变了中国的商业生态和市场竞争格局，涌现出了大批优秀的企业家，他们的共同特点是“追求卓越”的开拓精神，借助互联网将西方市场比较成熟的商业模式快速在中国推广，从沿海到内陆，从城市到农村，让互联网产业和中国经济深度融合。“追求卓越”体现在两个方面：一方面是保持拼搏奋斗的精神状态，激发企业持续增长的活力和动力。保持追求卓越的职业精神，打造以企业家精神领航的企业文化新引擎。企业家保持追求卓越的职业精神是企业实现高质量发展的必然要求。企业领导者要坚守企业理念、创新企业制度、争做时代楷模、强化精神认知、崇尚诚信操守，把弘扬发展新时代企业家精神作为企业文化的重要内容；要弘扬工匠精神，敢闯敢试、激发创新活力和创造潜能，在市场竞争中勇立潮头、永不言败。只有这样，才能带领企业奋力向前，实现质量更好、效益更高、竞争力更强、影响力更大的发展。另一方面是锻造坚毅无畏的精神品质，践行对国家、对社会、对人民的使命担当。敢于担当、敢于承担风险、敢为天下先是战胜风险挑战、实现高质量发展特别需要弘扬的精神品质，企业领导者要不忘初心，牢记使命，坚定理想信念，不断提升驾驭各种风险和挑战的本领，不断增强国家使命感和民族自豪感，带领职工在各种艰难困苦的环境中披荆斩棘。同时，把坚毅无畏的精神品质化为求真务实的工作作风，正确处理好国家利益、企业利益、职工利益和个人利益的关系，坚守职业道德，引领企业行稳致远，把握时代机遇，拥抱新时代经济全球化发展契机。新时代“追求卓越”的精神是每一位企业家必须具备的精神。工匠精神里的精益、专注、创新等方面的内容是一个企业家应该追求和践行的，也是企业家追求卓越的表现。工匠精神是企业家追求卓越精神的来源与基础，而企业家精神是工匠精神的提升与集中体现。

激发企业家不断“追求卓越”，需要在以下方面着力：一要树立传承新时代工匠精神的理念。在新时代传承工匠精神对广大企业家来说，既要继承和发扬中国传统的工匠精神，又要学习借鉴外国的工匠精神；既要学成高超的技艺和精湛的技能，又要养成严谨细致、专注负责的工作态度，将精雕细琢、精益求精的工作理念变成身体内流淌的血液。二要树立创新新时代工匠精神的品格。从国家角度来看，要实现科技自立自强，实现高质量发展，就要增品种、提品质、创品牌，提升我国制造业的整体水平与形象，做现代水平的大国工匠；对企业来说，要以工匠精神保证质量、效用和信誉，并融入生产、设计、服务的每一个环节，实现企业的创新发展。三要树立践行新时代工匠精神的责任。工匠精神并不是光喊喊口号就够了的，更关键的是我们要将工匠精神付诸实践，成为一种广泛共识，真正助力企业发展，助力国家建设。要培养尊崇工匠精神的社会风尚，为践行工匠精神营造良好的社会氛围；要建立健全相应的技能人才培养、使用、评价、激励体制机制。

黄承松：“9.9 元包邮”包你满意

黄承松，卷皮网创始人兼 CEO。

自 2010 年在大学时代开始创业以来，黄承松带领公司团队一年一个台阶一直保持高速增长，将卷皮网发展成为国内领先的折扣特卖电商平台，年交易额增速接近 300%，是目前国内成长最快的电子商务企业之一。黄承松带领的卷皮网已拥有遍及全国超过 3 000 万注册用户数，合作商家数量超过 10 万个，在线销售服饰、母婴用品、居家用品、数码用品、美食、美妆等折扣优质商品。2014 年卷皮网获得“创青春”全国大学生创业大赛金奖，入选创业邦“2014 年中国年度创新成长企业 100 强”。

派派说：能说说您的创业经历吗?

黄承松：出生于商人家庭的我从小深谙经商之道，早在高中时期就进入了互联网领域，并通过做网站赚到人生“第一桶金”。

步入大学，对互联网有浓厚兴趣的我一边在软件学院学习，一边承接外包业务，积累创业资本。2010 年 8 月，还未毕业就和合伙人注册了武汉奇米网络科技有限公司，公司成立后做的第一个项目是当时比较红火的电商导购网站，我和合伙人非常敏锐地锁定了低端消费群这一目标客户群，全国首创“9.9 元包邮”这一商业模式，并取得了巨大成功。

派派说：能具体说说 9.9 元包邮这一商业模式吗?

黄承松：公司以“9.9 元包邮”作为运营模式，搭建一个平台，把所有 10 元以下的商品都聚集起来，每天早上 10 点更新上百件“9.9 元包邮”商品，供用户体验购买。我把自己的这一招叫作“放水养鱼”，我们的平台只是提供信息，并不负责销售、物流、售后等其他环节，因此，我们要做的只是让更多的人知道这个网站。

事实证明成果是斐然的，“9.9 元包邮”很快吸引了广大消费者的目光，网站流量急剧增加，仅一年时间，9.9 元包邮平台月交易额就达到了 2 000 万元以上，用户数据突破千万条。虽然 9.9 元导购佣金低，但是巨大的用户数据，也让我们赚取了公司的第一桶金，慢慢走出了资金窘迫的低谷。

创业就要敢想敢做敢吃苦，在知道了自己想干什么，能干什么，摆脱各种诱惑一路走下去后，就有可能会成功。最重要的是要“活”下来，只有“活”下来才有机会思考如何发展，才能做更多的事情。不要畏惧失败，失败不可怕，可怕的是失败了没有爬起来的勇气，要不停地从失败中学习，不断反思和总结。多与比你优秀的人接触，这样你可以学到更多。

派派说：您觉得公司持续发展的根本是什么?

黄承松：踏实专注才是公司持续发展的根本。“胜不骄败不馁”是我在企业员工面前经常讲的一句话，在公司走向正轨后，我和团队并没有松懈，而是继续脚踏实地，沉下心来做产品，树立品牌。

我一直坚守踏踏实实地专注为用户和商家提供更好的产品与服务，才是公司持续发展的根本理念。

派派说：卷皮网的定位是什么？

黄承松：2012 年 8 月，卷皮网正式创立并上线开始运营，定位为一家专门做折扣特卖的网站，主营业务为互联网在线销售精选折扣商品，主要瞄准低端客户群，销售产品涵盖平价服装、数码产品、鞋包、家居用品、母婴用品、美妆、美食、文体用品等类目的商品，开创了“精选导购＋折扣包邮＋限量抢购”的创新商业模式，每天定时上线新品，限量抢购，售完为止，被称为“低价版唯品会”。

派派说：目前运营得怎么样？

黄承松：卷皮网经过短短几年的专注耕耘，凭借独特的产品定位、创新的商业模式和人才建设，目前已有 3 000 多万买家用户，10 万多家合作商，其中独家合作品牌 1 000 多个，日订单数超过 20 万件，平台月交易额达数亿元，2014 年全年度交易额突破 25 亿元，成为目前中国发展速度最快的互联网电商企业之一。

2014 年 11 月，卷皮网在首届“创青春”全国大学生创业大赛中，被百余名全国各界权威专家肯定，荣获创业实践挑战赛金奖。在 2014 创业邦年会上，卷皮网经国内知名企业家、专家教授、投资人联合评审，以出色的技术创新、运营能力、服务能力，从 5 000 多家企业中脱颖而出，荣获“2014 中国年度创新成长企业 100 强”称号。

随着知名度的提升和客流量的增加，越来越多的商户开始主动找上门来，要求入驻卷皮网和卷皮 9.9 元包邮平台，其中不乏一些知名品牌，日渐丰厚的盈利印证了合伙人创业时说过的一句话：“得‘穷人’者得天下”。

派派说：公司是如何快速发展起来的？

黄承松：卷皮网 2014 年迈出的步伐不亚于一线城市的创业明星。继 2014 年 7 月获得 5 000 万元人民币 A 轮融资之后，同年 12 月，卷皮网又完成 3 500 万美元的 B 轮融资。

卷皮网成立不足 3 年，堪称“低价版唯品会”（唯品会是一家专门做特卖的网站，已在美国上市，是中概股里极其亮眼的一员，从公布的数据来看，已连续八季度高速增长并盈利），国内电商导购平台类型众多，但是缺少一个从性价比入手，类似唯品会的平台。唯品会平均客单价在 200 元左右，而市场没有百元以下区间的平台，“低价版唯品会”卷皮网正是从此切入，专注覆盖低端市场与唯品会形成差异化竞争。

派派说：那是怎么异军突起的呢？

黄承松：秘诀就在于我们有自己的独家折扣商品，这与其他只会采集打折信息的导购网站有着本质的不同。一方面，网站旗下的专业买手可以快速收集到时下最超值和时髦的商品；另一方面，网站对于独家折扣商品要进行严格验货，然后再推荐给买家，可以最大程度地保证商品质量。

低端消费市场现在存在空白，商业价值明显，体量巨大。卷皮网主要针对低水平的消费人群，并聘请职业买手帮助消费者与商家进行砍价、验货等环节，以此提高产品性价比，提升消费者的价值体验。公司在获得千万融资后依然脚踏实地，更加潜心专注于低端特卖市场，将重点用于市场扩张、人才培养和品牌建设上。

互联网企业颠覆了太多的传统认知，但互联网创业公司的成功并没有想象得那么容易，只有经历过艰辛和曲折才知道成功的代价和意义。

派派说：您觉得什么才是企业经营的核心价值？

黄承松：虽然年轻，但发展潜力无限；虽然定位低水平消费群体，但具备创业的爆点，人气颇旺；虽然不是多功能网站，但求真务实！这是我的创业理念，也是卷皮网的立足之本。

我们敏锐地抓住市场机遇，锐意更新，勇闯新领域，且非常重视新产品的开发，专注开发科技含量高的新产品，坚持走产学研联合开发之路，现已初见成效。我们带领公司开拓新市场，充分发挥公司科技人员的创新意识和开辟精神，开发出多项新产品、新技术，并培养了一批高层次的科技人才。

只要项目有特点、够新颖，其发展潜力和商业价值就是巨大的。因此，这再一次说明，在互联网的创业世界里，创新是项目的核心价值。你也许没有一分钱的创业启动资金，但是只要你有一个足够好的创意，白手起家也并非不可能的事情。

邹立富：熊猫服装贴心又温暖

邹立富，男，浙江省丽水人，1969 年出生，现担任中国宝兔集团广州富铤实业有限公司总经理、广州富铤实业有限公司总经理、广东熊猫服饰实业有限公司总经理，是浙江省商会副会长、广东省青年联合会委员、广州市青年联合会常委、暨南大学青年联合会副主席、暨南大学青年创业就业成长导师、花都工商联副主席。

派派说：能说说您的创业经历吗?

邹立富：我自小在农村长大，想要实实在在地做一件事。靠着艰苦创业、拼搏进取的精神，从几百块钱起家。1989 年，我从站柜台开始走上了经商创业之路，创办了属于自己的企业。20 多年来，先后经营了纽扣、皮具、装饰品等内销和对外贸易，积累了丰富的创业经验。1999 年，我来到了广州这个开放包容的城市，立志开创一片新天地。1999 年 3 月，与兄弟 3 人创立了中国·宝兔（集团）公司，以领先全国的经营理念，代理了金利来、花花公子等国际品牌，其后又投资建设了广州财富工业园，成立了广州富铤实业有限公司，拥有了富铤等自有国际品牌。公司近几年为广州市贡献税收近 3 000 多万元，连续几年被花都区政府授予“花都区纳税大户”称号，公司“富铤”品牌被评为“中国驰名商标”。2012 年 3 月成立了广东熊猫服饰实业有限公司，经营自主品牌“熊猫”。

派派说：听说您还制定了行业标准?

邹立富：是的。行业的国家标准代表着一个国家在这个行业中的主流水平。经过多年的创新发展，公司不但在箱包生产销售中名列前茅，而且质量也是行业的领军者。2009 年，受国家相关部委及广州技术质量监督部门的委托，负责编制国家皮具行业标准。我深知该项工作背后所隐含的重大意义，毅然接受了委托。在之后的6个多月里，从企业中抽调了10多名业界精英，投入大量人力物力，组成专门的工作小组，夜以继日地对标准进行编制和修改。细至一针一线，皮革厚度的一毫一厘，我都亲自指导，细致琢磨。我要把多年积累的宝贵经验和最先进的技术融入标准之中，贡献给国家，让中国皮具走向世界。最终，我不辱使命，圆满完成了国家交付的任务，再一次为国家贡献自己应尽之力。

派派说：在此之后又有什么重要举措吗?

邹立富：我在公司创立了独立的研发中心和皮具测试中心，每年投入300多万元用于产品的开发，坚持自己的信念，创新突破，勇做中国服饰皮件行业领路人。遵循着“永远跟随瞬间的超越”的理念，坚持在公司管理、产品制造和经营销售上走创新之路。我要求每一名员工都要设立好人生目标和计划，坚持每月举行一次业务培训，并亲自为他们授课，把自己多年来积累的经验毫不保留地传授给员工。

派派说：您关注大学生就业创业吗?

邹立富：我十分关注大学生的就业和创业。为了促进青年就业创业，经常到各大高等院校给大学生们演讲，拿出自己宝贵的经验与大家分享，给予在校大学生们信心和勇气。也经常鼓励学生们，要坚信通过不懈的努力、坚定的信念、敏锐的嗅觉和定位，一定能成就一份事业。2011年，我被聘为暨南大学青年创业就业成长导师。为了使广大应届毕业生能够进行就业见习，积累工作经验，公司与暨南大学、华南农业大学等高校携手合作，建立了“青年就业创业见习基地”，每年为高校提供了几十个见习岗位，让应届毕业的大学生们在真正的工作岗位上实践锻炼，为帮助大学生就业搭建起一座企事业单位选人的平台。

经过20多年的艰苦创业，我并不因此而满足，还要飞得更高、更远。我立志要把属于自己的自主品牌“熊猫”打造成中国的路易威登，要为国人在国际名牌领域上争一席之地，我自信具有这样的能力。

派派说：您采取的是什么样的商业模式？

邹立富：任何一种商业模式都是一个由客户价值、企业资源和能力、盈利方式构成的三维立体模式。我也不例外，唯一坚持的是始终都在做实事，采用实体经营的模式，一站式销售，省去中间环节，将实惠留给大众。

派派说：您认为创业过程中遇到的最大困难是什么？

邹立富：如何让国人乃至全世界将追随的目光转为本土品牌，是目前所遇到的最大困难。

派派说：当前正在做的主要项目是什么，市场前景怎么样？

邹立富：当前专注做"熊猫"品牌。我相信所有国人都会支持自有品牌，"熊猫"的市场前景一定是很值得期待的。

派派说：企业的未来发展愿景是什么？

邹立富：立志要把属于我们的自主品牌"熊猫"在行业中做强。自主研发及创新才是解决之道，我们要用体验式的营销方式，量身定制客户产品，回报社会。

派派说：您觉得优秀的企业家要具备什么素养？

邹立富：我认为一个优秀的企业家第一要诚信，有事业心和进取精神，有良好的习惯，自律并善于观察和思考，有博大的胸襟；第二要对市场有绝对的敏锐度，善于创新；第三要讲求工作效率和民主作风；第四要有良好的人际关系和社交能力；第五要有一颗回报国家和社会的心。

派派说：对国家推进大众创业、万众创新的政策有什么建议吗？

邹立富：我对于国家推进大众创业、万众创新积极响应，希望国家能对创业者多些人才培训和资金方面的支持。

派派说：最想对青年创业者说什么？

邹立富：目前有不少青年都热衷于自主创业，应该鼓励这种行为，但需强调的是创业一定要实，脚踏实地、真抓实干，敢于担当责任，勇于直面矛盾，善于解决问题。

派派说：您对人生意义的理解是什么？

邹立富：作为一名优秀的商人，我们为社会创造的不仅仅是财富，而是在社会中播下了一颗温暖的种子，我们以热血的心为国家奉献，以感恩的心投身社会公益，以父母的心建立企业家园，我们用炽热的真情，温暖着身边的每一个人。

欧柏贤：新会陈皮越陈久越值钱

欧柏贤，广东丽宫国际酒店管理集团总裁、江门丽宫国际食品有限公司总经理、江门丽宫国际酒店总经理、广东丽宫酒店物业管理有限公司总经理、香港民亨有限公司总经理、澳门裕豪工程有限公司总经理、江门丽宫旅游有限公司总经理、新会陈皮协会创会人及现任会长、国际旅游联合会中国区理事，被评为国家首批新会陈皮鉴定师、江门市荣誉市民（第三批）、江门市旅游十大杰出人物、2006 年度中国酒店业最佳创新人物。

派派说：能介绍一下个人基本情况吗？

欧柏贤：我祖籍在广东新会，从 20 世纪 80 年代创业至今已近 30 年。在近 30 年时间里，打造了集农产品深加工、星级酒店、景区、客运及新会陈皮文化展示于一体的综合性集团化公司。旗下有 1 家以新会陈皮深加工为主题的食品公司，1 家五星级酒店，2 家四星级酒店，1 家 4A 级景区，1 家客运包车公司，与新会陈皮相关联的博物馆及新会柑橘种植基地。

派派说：请您也谈谈企业的基本情况。

欧柏贤：江门丽宫国际食品有限公司是丽宫国际集团旗下全资企业，是一家国家质量安全生产卫生注册企业（QS）和食品卫生 A 级企业。公司拥有先进的产品检验检测中心，厂房面积达 6 000 平方米。在提倡健康饮食的今天，丽宫人将目光投向了有着食疗保健功效的新会特产陈皮上，研究开发陈皮系列产品，其中陈皮月饼最为突出，它是精选来自产业基地的正宗新会陈皮，配合纯正莲蓉、冬瓜、木瓜、芸香草、虫草、人参、吞拿鱼等健康原料精制而成，融合了新会陈皮化痰止咳、润肺健脾、顺气消滞的特有功效。

同时，江门丽宫国际食品有限公司自 2003 年开业以来率先打破了酒店行业以小作坊形式生产月饼的局面，自主研发、自行生产丽宫系列月饼。对原材料的选材进行严格把关，实现了技术专业化、卫生标准化、生产规模化的现代化生产模式。该公司生产的丽宫月饼已连续 8 年通过广东省技术质量检验局的检验，各项指标均优于国家标准。

派派说：企业平稳发展之后有没有什么新的举措?

欧柏贤：公司在稳步发展的同时，也开始了对新会柑橘、新会陈皮产品的研究，思考着把“陈皮只能入药”的自古流传的狭窄市场导入到保健食品的广阔领域中去，以拓宽市场和提升其价值。1998 年成立了新会陈皮产品研发小组，致力开拓陈皮系列食品和饮品的研究，目前已有多项具有自主知识产权的与陈皮产品相关的系列产品，拥有国家发明专利授权。2010 年，为适应公司的产业化、规模化发展，江门丽宫国际食品有限公司将厂房搬迁至毗邻闻名中外的生态旅游景点，公司占地面积 40 多亩，厂房面积从原来的 5 000 平方米扩大到 1.5 万平方米，总投资增加了 6 倍，并在厂区内（新会区的正宗新会柑橘种植地）自种新会柑橘，由原料种植到深加工，对新会陈皮进行全方位开发和利用，致力打造一个新会陈皮专业研发、深加工基地。公司新会陈皮系列产品获得许可，可以使用新会陈皮国家地理标志证明商标，有利于公司陈皮产品的产业化及推广销售。

派派说：能说说您创业的原因吗?

欧柏贤：本人出生在“广东三宝”之首、国家地理标志产品新会陈皮的原产地——新会小冈，葱郁的果园，新会柑橘和新会陈皮独特的香气，乡亲们采摘柑果、晒制陈皮时的喜悦，成为童年最深、最美的印记，也种下了我对几百年传承下来的特产贡品新会陈皮特有的情结。而 20 世纪 80 年代初，由于市场狭窄缺乏销路，果农无以为生，新会多地、多次出现果农大量砍毁新会柑橘林改种其他作物的事件。曾几何时，在新会柑橘原产地几乎见不到成片的柑橘园，地道名特产新会陈皮面临失传危机，同时果农在剥取果皮后将果肉倒掉，不仅浪费，更造成银洲湖区域的污染和土质酸化……这一切，令我对新会陈皮的命运满怀忧郁，并从心底萌生了一个朴素的梦想：有朝一日，一定要帮助乡亲们改变现状，使新会陈皮这一有着几百年传承的特产贡品发扬光大，使果农们的生活一年比一年好，令新会柑橘园越种越大。

派派说：创业历程是什么样的？

欧柏贤：20 世纪 90 年代初，我回到家乡投资建设，创建了江门市首家四星级旅游涉外酒店江门丽宫酒店，经过近 10 年的快速稳健发展，江门市第一家本土投资 3 亿多元的五星级旅游涉外酒店——丽宫国际酒店于 2005 年隆重开业，为提升江门的城市形象、推动江门的旅游和经济发展起到了重要作用。

农产品一定要深加工才能提升市场价值及需求！在不断优化管理、创新经营、推动酒店事业稳步发展的同时，我没有忘记心中那份朴素的梦想。我借助酒店这一优质平台，自 1990 年起开始了对新会柑橘、新会陈皮产品的深加工研究。作为农产品，市场销路决定了产品的发展之路。药材的市场销量始终有限，要想开创新会柑橘的市场，必须把新会陈皮从“传统药材”的概念中解脱出来，把新会柑橘“只取皮不要肉”的传统观念打破！

凭着敏锐的市场洞察力和对中华饮食“药食同源”的深刻理解，我很快确立了将新会陈皮从狭窄的传统药材市场导入前景广阔的保健食品原材料领域去的创新思路，成立了新会（柑橘）陈皮产品研发小组，开始致力于新会陈皮在食品、饮品等方面的产品应用研究。

派派说：旅游酒店平台的影响力怎么样？

欧柏贤：作为江门市区第一家四星级旅游涉外酒店，丽宫酒店在当地及周边地区的影响力不言而喻。利用这一知名平台，我亲自主导，通过研发推广具有独特保健功效的陈皮菜系列、举办丽宫新会陈皮美食节、登陆知名美食推介栏目、策划形式多样的新会陈皮美食之旅等活动，多渠道、深层次地宣传和扩大新会陈皮的市场知名度。

经多年的经营，“丽宫陈皮宴”成为远近闻名、深受追捧的一张特色名片。陈皮水鸭汤、特色陈皮骨、侨乡陈皮鸽、七彩陈皮丝、陈皮霸王鸭、丽宫陈皮饼等不断推陈出新的系列美食菜肴，充分利用了新会陈皮天然食物原料的药用价值，形成了独特的陈皮食养文化，得到本地市民的极力推崇，也获得了来自各地商家及游客的广泛赞誉，蔡澜、梁文韬等著名美食家亦慕名前来品鉴，更得到了多家电视台的特别专访及众多媒体的广泛关注，新会陈皮的美誉度和知名度不断扩散和提升，为新会陈皮产业的发展起到了很好的铺垫作用。

派派说：产品研发出来后反响怎么样？获得了哪些荣誉？

欧柏贤：饮食文化有助产品的推广，但只有实现产品的深加工和工业化，才能快速、有效地拓展市场。2000 年，在我的主持下，新会陈皮花色饼、新会陈皮酱和新会陈皮 XO 3 个创新产品以独特的配方、健康的概念、科学的生产制作工艺获得了国家产品发明专利，并获得广东名小吃、江门市十佳土特产品等殊荣。在此基础上，我看准了健康月饼的市场切入点，大胆推出陈皮、陈皮豆沙、陈皮冬蓉、陈皮吞拿鱼月等一系列以新会陈皮为原料的健康风味月饼，大受市场追捧，并先后获得香港国际专利技术博览会金奖、香港国际专利技术专利产品博览会科技发明金奖、英国国际发明博览会金皇冠奖、中国月饼市场放心品牌、中国月饼十大名品牌等殊荣，在市场上掀起了一股新会陈皮健康美食的旋风，新会陈皮的市场知名度和陈皮健康食品的消费赞誉度迅速提升。

派派说：企业的发展对后续产业链产生了什么影响吗？

欧柏贤：在丽宫新会陈皮健康美食风的带动下，江门及周边地区的餐饮及食品生产行业纷纷加入，新会陈皮特色菜肴层出不穷，各种以新会陈皮为原材料的食品也开始进入消费者的视线。产品市场的启动，直接带动了新会陈皮的市场需求和销售价格的提升，新会陈皮进入了前所未有的发展轨道，鲜柑橘果从 2000 年的 0.3～0.4 元/斤快速提升到 2013 年的 10～15 元/斤，当年晒制的新会柑橘皮价格由 2000 年的 10～15 元/斤蹿升到目前的 200 多元/斤，陈皮价格更是逐年攀升，体现出极高的市场价值。市场的快速发展，极大地激发了新会区农民的种植热情，据新会农业局的统计资料，新会柑橘的种植面积从 2000 年的几百亩快速扩展到了 5 万多亩，作为新会柑橘的原产地，新会区终于再现了翠绿的果树连片生长、丰收的果园柑果飘香的喜人景象，专业从事陈皮经营的商户数量和规模也随之不断增加，呈现出欣欣向荣的市场前景。

传统的、单打独斗的小农经济是不够的，只有规模化和产业化才能实现新会陈皮的产业发展目标。为了更好地扶助种植农户和经营商户，更为有序、健康地发展新会陈皮产业，2000 年，新会陈皮协会在丽宫酒店挂牌成立。协会成立之初，仅有十几个会员。为使协会健康发展，我主动承担了协会的绝大部分经费。协会不仅免收种植户会费，还经常免费为其提供形式多样的科技培训和技术指导，并多次组织各方专家开展新会陈皮发展论坛，帮助种植户提升果树种植技术和陈皮晒制技术，为其开阔思路、把握市场。为了提升会员的信心，我还与种植户会员签订了柑橘果包销协议，并主动承担了投资建设协会新会柑新会陈皮产品研发中心的任务，积极为协会提供产品和技术研发服务。协会自成立以来，始终坚持扶持新会柑橘和新会陈皮行业发展、服务新会柑橘和新会陈皮种植农户和经营商户的宗旨，发挥了行业组织和行业先锋的作用，得到了种植农户、加工农户和经营商户的积极反响和拥护，会员数量快速增加至近 300 个，成为江门市极具知名度和影响力的一个行业协会。

从事新会柑橘和新会陈皮行业的种植户和经营商户数量和规模的迅猛扩大，市场参与热情的不断提升，为新会陈皮产业化发展打下了坚实基础。

派派说：企业为了产业化发展都做了什么举措？

欧柏贤：2004 年，为落实“以工业化带动农产品产业化发展”的思路，江门丽宫国际食品有限公司正式成立，总投资 1 000 多万元。公司不惜成本投资建设了高标准的产品实验室和理化分析室，加强了“新会柑新会陈皮产品开发研究中心”的技术实力，并成立了江门市工程技术研发中心，专业研发新会陈皮文化产品。在不断投资硬件建设的同时，公司先后与华南理工大学、中山大学、广州中医药大学、陈李济药厂等院校和科研、生产机构建立了广泛的合作和交流，大大提升了公司从新会陈皮产品研发到生产工艺技术设计等环节的软实力。

派派说：产品研发过程中一般注重什么？

欧柏贤：在产品研发过程中，我特别关注新会柑橘果肉的应用。由于新会柑橘“皮比肉贵”的传统价值观，自古以来“只取皮不要肉”的传统制作手段令大量的新会柑橘果肉被果农遗弃并倾倒于银洲湖边，不仅造成银洲湖水域的水质污染，更令银洲湖周边土壤严重酸化。“一定要把果肉利用起来！”在我的主持下，以新会柑橘果肉为主要原材料的新会柑橘果酱顺利研制成功并投入生产，这一荣获国家产品发明专利的创新产品，一举攻克了新会柑橘果肉的利用难题，新会柑橘从此进入了“皮肉皆贵”的新时期。

派派说：企业的产品类型都有哪些？

欧柏贤：经过10年的不断投资和建设，丽宫国际食品有限公司已拥有陈皮月饼、陈皮花色饼、陈皮酒、陈皮果酱、陈皮调味酱和柑普茶6条生产线，先后开发了6个系列共30多种产品，包括陈皮月饼系列、陈皮花式饼系列、陈皮调味酱系列、陈皮柑橘果酱系列、陈皮酒系列、陈皮普洱茶系列，还有已经研发成功即将投入生产的陈皮运动饮料系列，堪称新会陈皮文化产品大全。

随着这一系列以新会柑橘和新会陈皮为原材料的健康食品相继投入工业化量产，龙头企业的示范效应，迅速带动了江门地区更多的农户和企业加入新会陈皮产业的发展行列，新会陈皮顺利实现了从发展传统中药材到保健食品原材料的华丽转身，焕发出前所未有的巨大市场价值，逐步形成了一条相对完整的产业链，并日益成为江门市相当有影响力的一大产业。

派派说：您是通过什么方法扩大企业影响力的？

欧柏贤：为了进一步提升新会陈皮文化产业的影响力，为这一新兴产业注入更多的活力、吸引更多的资源，我借助政府和协会的力量，多次在丽宫酒店举办高层次的陈皮产业论坛、新会陈皮文化产业研讨会以及新会柑橘及新会陈皮原产地保护研讨会等活动，广泛邀请学术业、科研企业、食品/医药生产企业的专家们为新会陈皮产业把脉和献计献策，并借助媒体的宣传进一步提升市场对新会陈皮文化产业的关注，为新会陈皮文化产业的发展营造良好的市场环境。

随着新会柑橘种植和新会陈皮深加工产业的不断发展，其社会的认可度和政府的重视程度不断提升，新会柑橘和新会陈皮文化产业走上了快速、稳健的复兴之路。2007 年，新会柑橘和新会陈皮双双获得国家地理标志产品保护，不仅使新会柑橘和新会陈皮的知名度得到了全面提升，还为新会柑橘和新会陈皮产业的健康、有序发展提供了权威性的保障。

派派说：企业为实现规模化有什么举措呢?

欧柏贤：为适应产业化、规模化发展需要，2010 年，江门丽宫国际食品有限公司从江门市区迁址到新会柑橘核心种植区天马。新厂区占地面积 40 多亩，厂房面积从原来的 5 000 平方米扩大到 1.5 万平方米，总投资增加了 6 倍。为更好地加强对新会柑橘种植技术的研究、保障新会柑橘和新会陈皮的原材料供应，公司还在厂区内种植了 30 多亩新会柑橘，并与当地的专业种植大户相互协助，形成了陈皮产品从种植、采收到深加工发展的一条龙产业，成为国内规模最大的新会陈皮产业基地。

配合新会陈皮文化产业的发展，公司投资 500 多万元兴建新会陈皮文化博物馆，全面展示新会陈皮的历史。作为国内首个以新会陈皮为主题的文化旅游景点，新会陈皮博物馆免费向广大市民和游客开放，并配备了专业的讲解员，致力于新会陈皮这一非物质文化遗产的宣传和推广，进一步提升新会陈皮的影响力、促进新会陈皮文化事业的发展。

派派说：企业一路走到现在呈现出了哪些好的景象?

欧柏贤：回首丽宫国际食品有限公司的发展，可以清晰地看到新会陈皮文化产业从酝酿到起步、从产品到产业的发展脉络。随着丽宫新会陈皮产品深加工以及陈皮文化产业链的规模化发展，市场也以其特有的规律，见证了新会柑橘新会陈皮销售价格逐年上升、新会柑橘新会陈皮协会会员数量逐年增多、新会柑橘种植和经营规模逐年扩大、新会陈皮产业链不断拓展的产业发展历程。

有了国家地理标志产品保护，以及广东非物质文化遗产、广东十件宝之首的光环，新会陈皮现已成为江门乃至广东的一张靓丽的“城市名片”。随着新会陈皮产业的发展，丽宫国际食品有限公司开发生产的系列陈皮产品正日益成为侨乡人民送礼自奉、引以为自豪的健康佳品，“丽宫”也早已经是整个侨乡家喻户晓的知名品牌。

派派说：在企业发展壮大过程中都实施了哪些重要的措施?

欧柏贤：（1）确立了将新会陈皮从狭窄的传统药材市场导入前景广阔的保健食品原材料领域的创新思路，成立了新会（柑橘）陈皮产品研发小组，着重致力于新会陈皮在食品、饮品等方面的产品应用研究。

（2）创建新会陈皮行业协会，并积极发挥协会作用，善用一切资源，全方位推动新会柑橘种植业和新会陈皮生产业的发展，助推新会陈皮成功获批国家地理标志性产品。

（3）打造龙头企业，以工业化带动农产品的产业化发展。先后建设了新会陈皮糕点系列、新会陈皮酒系列、新会陈皮茶系列、新会陈皮调味品系列、新会柑橘果酱系列和新会陈皮饮料系列 6 条生产线，并通过 QS 质量认证。

（4）擦亮“侨宝”和“丽宫”商标，严控产品质量，提升产品品质，狠抓规范落实，加大对企业形象的宣传力度，以此提升品牌知名度与影响力。

（5）强化产品核心竞争力，让看似普通的食品更具科技含量，先后成功获得新会陈皮饼、新会陈皮酒、新会柑普茶饮料、新会陈皮粽子、新会柑橘果酱和新会陈皮酒制备 6 项国家发明专利。

（6）完好地保护新会柑橘种植技术并促进新会陈皮文化发展，在新会柑橘核心产地建立柑橘种植园，保证了新会柑橘的优良品质，防止了新会陈皮传统文化失传。连续开展四届新会陈皮文化论坛，促进新会陈皮学术研究。连续开展四届新会陈皮美食节，推动新会陈皮菜系不断丰富。

派派说：企业的商业模式是什么样的?

欧柏贤：目前，企业已形成了全产业链式盈利模式。在企业运营环节中的产品研发、原料采购、仓储运输、订单处理、产品批发和产品零售 6 个环节形成无缝对接。

产品研发方面：企业自建工程技术研发中心，并联合各大院校、科研机构对产品进行改良，不断提升产品品质，设计并研制出各类新型产品，丰富市场食品品种。目前已拥有 7 个发明专利，企业在 2015 年成为国家级高新技术企业。

原料采购方面：为便于产业集群及原料采购，企业于 2013 年搬迁至新会陈皮主产地新会天马，并自建新会柑橘种植基地。将原有需要一周左右的采购时间缩短为两天，因采购所产生的运费、人工等费用缩减至原有的三分之二。与此同时，因地理位置的变化，让企业与各农产品的种植农户和生产企业面对面沟通的机会变多，有效地保证了各类需要采购的农产品质量不受影响。

仓储运输方面：企业自建有运输车队，运输车辆和司机的配备会根据企业的发展规模和不同时期进行调整。当企业运输需求较小时车队可承接社会运输任务，企业运输需求增大时，车队则可完全满足运输任务的需求。以此来有效地降低物流成本，保证各类物资运送的准点率。

订单处理方面：企业通过管理系统集中处理订单，与其他企业理念不同的是，企业管理层把订单管理看作是客户关系管理的有效延伸，能把个性化、差异化的服务更好地融入客户管理中去，以此不断促进客户满意度的提升。

产品批发方面：企业通过多年发展沉淀了一批各区域优质分销商，产品由各区域分销商以批发的方式转售给下一级销售商。各区域分销商已基本满足企业现有产能。

产品零售方面：主要通过线上和线下两种方式对现有产品进行售卖。

派派说：企业未来发展愿景是什么？

欧柏贤：企业的未来发展愿景是打造大健康产业。为了实现这一愿景，企业目前主要通过团队打造、产品研发、销售模式变革和制度优化四方面来实现上述目标。

派派说：您觉得一个优秀企业家应该具备什么样的素质？

欧柏贤：我认为一个优秀的企业家要具有以下几方面素质。

（1）要对市场有前瞻性，能够看到别人看不到的未来。

（2）要敢于坚持，不仅要坚持大家都认为正确的事，还要坚持有人认为是错误的事。

（3）要有稳定的情绪，喜怒不形于色，遇到问题时敢于面对，不能有任何的回避。

（4）要不断学习，不断接受新鲜事物，让自己与时代同发展，共进步。

派派说：您对国家推进大众创业、万众创新政策的看法是什么？

欧柏贤：从国际上看，一方面我们必须增加国内市场需求来促进经济稳定发展，那么，通过大众创业、万众创新来激发国内市场需求就成为必然的选择；另一方面国际市场需求要求增高，对产品本身的质量、技术含量和使用效能要求增加，对创新技术和创新产品的需求增加，这也必然要求我们通过大众创业、万众创新来创造出新的技术、新的产品和新的服务，从而稳定和增加我国产品在国际市场的需求及份额。

从国内来看，一方面经济下行压力还在加大，国内市场需求有待进一步开发，经济发展环境“硬约束”进一步加强，那么，我们就必须走集约化发展、高科技发展、高附加值发展的道路，因此，我们必然要通过大众创业、万众创新来推动经济的转型发展；另一方面全面深化改革要全面深入推进，就必然要通过增强经济内生动力来支撑和促动体制和机制改革，因此，我们必然要通过大众创业、万众创新来增强全面深化改革的动力和活力。

派派说：您觉得为什么现在年轻人创业积极性会这么高？

欧柏贤：改革开放以来，市场经济大潮的洗礼，人事人才制度和人口户籍政策等社会管理体制的改革，使人们的生活观念、财富观念、时间观念、风险意识等发生嬗变，使中国人更具有了适应市场化的人格；城镇化的快速发展带来城乡人口大流动，传统观念中的安土重迁意识逐渐瓦解，体现现代文明的城市新思想、新观念和新的生活方式，改变了农民一年很难去趟县城的命运。作为计划经济堡垒的单位制解体，人们从“单位人”变成了“社会人”。人们走出原有的小社会“安乐窝”，解去长期以来捆绑在身体上和心理上的束缚，走上了创业创新之路。而这恰恰就是今天方兴未艾的大众创业、万众创新浪潮、人民群众创业创新精神大迸发的深层社会根源。

互联网时代的大众创业、万众创新，已经成为推动社会流动的又一重要渠道，其特有的草根性为更多人提供了实现人生理想的舞台。近年来，大数据、云计算和移动互联网的快速发展，个人化、小规模、分散式、渐进性的创新发挥出了重要作用，创业创新活动不再是少数人的专利，而是社会大众人人可及的事情。众创、众包、众扶、众筹等一批集众人之智、汇众人之财、齐众人之力的创意、创业、创造形式，如雨后春笋般应运而生。全社会的创业活力和创新潜能被激发出来，并使得那些有梦想、有意愿、有能力的人，无论是受过高等教育的科技工作者、大学毕业生，还是普通农民、家庭妇女、退役军人、失业人员甚至一些残障人士，都能够参与进来，都能够找到“用其智、得其利、创其富”的机会和空间。以电子商务为例，凭借技术难度小、进入门槛低、初始资金需求量少等优势，千百万普通民众实现了创业梦想。互联网的发展，改变了现代技术发展与普通民众疏离的境况，这是很多人过去想都没有想过的事情。

派派说：您对我国的现代商业发展怎么看？

欧柏贤：“互联网＋”在所有产业都可以找到深度融合和成长的空间，这给企业提供了一个新的发现价值、创造价值、解决问题的路径，也改变了消费者的需求内容、需求结构和需求方式。千百万大众作为具有自身特性和个人偏好的独立消费者，也成为形形色色、不断演进的商业模式的直接参与者、发现者和创建者。特别是现代商业模式创新具有极强的衍生和拓展能力，基于平台商业模式的向上、向下延伸、跨界和全方位扩张，催生了难以计数的商机。

中国是一个赶超型的发展中大国，西方发达国家历时态走过的路程，在中国则是共时态存在，中国不仅要在工业 3.0 的基础上迈向工业 4.0，同时还要补工业 2.0 方面的课题，大众创业、万众创新以其广泛参与性和渗透性，在最基本的经济运作层面推动了不同发展阶段、不同技术水平和不同商业模式的融合。中国有 9 亿多劳动力，包括高职在内的高校在校人数超过 3 500 万人，每年有超过 700 万高校毕业生，蕴藏着无比巨大的知识存量和创新能量。大众创业、万众创新促成了千百万大众和当代最新技术的勾连，体现了中国现有发展优势和未来发展方向的全方位对接，“互联网＋双创＋中国制造 2025”将在中国催生一场“新工业革命”，这可能是其他国家所不具备的。

派派说：您对国家推进大众创业、万众创新政策有什么建议？

欧柏贤：重点要打通科技成果转化通道。科学技术要转化成生产力，关键是如何促进“万众”的创新用于“大众”的创业，这就要求我们减少对创新转化的限制，加强创新转化的对接，增强创新转化的活力，进一步来看，促进科技成果转化关键在于激励人们主动创造新成果和愿意转化新技术。因此，我们要加快科技成果使用处置和收益管理改革，扩大股权和分红激励政策实施范围，完善科技成果转化、职务发明法律制度，使创新人才分享成果收益，从而促进科技人员愿意创新、愿意创业、愿意转化。正如李克强总理说：“着力打通科技成果转化通道，扩大中关村国家自主创新示范区试点政策实施范围，推进科技资源开放共享，科技人员创新活力不断释放。”

重点要引导新兴科技产业发展。新兴产业是先进生产力的代表，是高科技创新的前沿，是高附加值创业的重点。因此，我们要重点扶持新兴科技产业的发展，引领万众向高科技方向创新，带动大众向高科技新兴产业上创业汇聚，从而促进我国经济深层次转型升级。正如李克强总理说："要实施高端装备、信息网络、集成电路、新能源、新材料、生物医药、航空发动机、燃气轮机等重大项目，把一批新兴产业培育成主导产业。"

重点要推进各项产业"互联网化"发展。信息化是当今时代的突出特点，互联网已经成为人们生产和生活的重要组成部分，这就必然要求我们各项产业要适应"互联网化"的时代要求，更要求各项产业要主动、广泛、深度与互联网结合，在"互联网化"发展中创造更多更大的经济和社会价值。正如李克强总理说："制定'互联网＋'行动计划，推动移动互联网、云计算、大数据、物联网等与现代制造业结合。"

派派说：您最想对青年创业者说什么？

欧柏贤：（1）创业不仅需要勇气，更需要决心和毅力。当你正式开始创业的时候，就意味着你失去了稳定的收入，失去了休假的权利，你所要承受的和付出的将会是你想象不到的。所以，创业仅仅拥有勇气是不够的，你还必须得有决心和毅力，能够持之以恒坚持下去，否则创业极容易失败。

创业好比攀登珠穆朗玛峰，每个人在登山前都有足够的勇气，但是当真正走到山脚下时，一些人会被珠峰的险峻所吓退，临阵退缩，这就是缺乏创业决心的表现。当爬山爬到一半的时候，一些人会因各种各样的原因中途停止攀登，这就是创业缺乏毅力的表现。只有那些下定决心，又一直不懈坚持的人，才会最终登顶。

（2）首先，创业青年对自己要有足够的自信，找准方向；其次是要有耐心，勇于坚持；再次要不断充电，提升自我。

（3）千万不要相信你能统一人的思想，那是不可能的。不要让你的同事为你努力，而让他们为大家的共同目标努力，团结在一个共同的目标下，要比团结在一个人周围容易得多。

派派说：您对创业和人生意义的理解是什么？

欧柏贤：创业要拥有信念和梦想，创业的过程就是追逐梦想的过程，如果你把创业仅仅是当成做生意，或是当成谋生的一种手段，那么你很难在创业的路上走得太远。反之，如果你把创业与你的梦想结合起来，当成是一个追梦的过程，不在乎你为此失去了什么，损失了多少金钱，只是不停地朝着梦的方向追赶你才有可能获得成功。

我出生在新会小冈，自幼就深受新会陈皮文化的熏陶，让新会陈皮文化发扬光大一直都是我的梦想。也正是因为这个梦想的支撑，让我走到了今天。如果在创业伊始，我就把新会陈皮当成是谋生的手段，那么我很难坚持到现在。在创业的初期，我在新会陈皮的研发上投入大量的经费，而这部分费用都是集团拨款，这种情况一直持续于整个创业初期阶段。如果为了谋生，我完全可以放弃，等新会陈皮市场慢慢完善起来再投资也未尝不可，但如果我真的这样做，就很难会取得现在这样的成就，也很难让企业持续发展下去。

高立军：以清洁匠心 做物业巨人

高立军，北京前景新缘物业管理有限公司总经理。

派派说：请您介绍一下企业的基本情况。

高立军：我从事的是物业行业，包括了保安、保洁、保绿、保修业务，也算是生活服务业。公司是北京市清洁行业里的标杆企业，为校园和政府单位提供清洁业务十四五年了。作为北京市中小幼校园清洁行业标准化的编委，我编制了校园后勤清洁标准化并上报到国家质量技术监督局。

企业营业额约 3 000 万元，属于密集型产业，也是属于社会底层的物业服务行业。19 年的经验让我在生活服务业中摸索出一套能够支撑企业前行的技术和规范。我想打造一支思想过硬、技术专业、态度严谨的团队，让企业在国际国内的清洁行业都有影响力，我打造企业的目标是小而精，不是大而全，我现在的队伍有 300 多人，全员五险。

派派说：如何让企业保持竞争力？

高立军：学习前沿技术，引进全能型人才，让企业融入当前的竞争环境。这个行业想自己培养人才是不可能的，全是引进人才，我们只能从像美国、法国一些比较前卫的清洁公司里聘请那些主管人员加入我们的企业。跟法国、美国的一些清洁公司相比，我们太注重成果了，但没有过程，哪来的结果？我每年都要参加国内的上海清洁展、荷兰的阿姆斯特丹清洁展、北美的拉斯清洁展等，每次参展不是我一个人去，而是要带着我的管理层去参加这些展会，为什么参加展会？就是为了学习前沿技术，选用最合适的方法。前沿的技术不是引进来后都适用于我们校园的，比如地毯机、高温消毒机等。现在欧洲和北美人力成本特别高，所以全是机器替代人工，比如一个四星级的宾馆，200 多间客房，5 个人就够了，包括楼道的清洁以及床单的清洗，我们可以向其学习，使企业更适应当前的竞争环境。

派派说：您觉得提升企业生存能力要怎么做?

高立军：提高企业生存能力需要与时俱进。我在这个行业干了 19 年，是北京市清洁行业网站里的专家，但我说我在这个行业里还是个学生。我们现在用的基本上是沿用 10 年前欧美的技术，现在我们是机械加人工，比如清理校园装饰物、广告、窗户沟槽，我们就会拿个吸水机，一吸就很干净。所以我们必须要利用现代化的工作方法，要与时俱进。什么时候如果不与时俱进，如果跟社会脱节，不去打理企业产生的各种问题，你企业的生存能力就会降低。

派派说：还有什么具体的企业管理措施吗?

高立军：利用“互联网＋”的新型管理技术，提高工作效率，降低人工成本。我们在每个服务单位布置了许多二维码，甲方对我们的服务有意见了，想反映问题就扫码、拍一张照片匿名传到平台上，可以有效避免甲方、乙方产生冲突。我跟甲方客户说：“清洁、绿化这点事您就交给我，您忙您的事，只监督就好了。”因为我所做的东西，超越了某些甲方所规定的标准，他们只是视觉上看，而我们是深度清洁，利用现在一些新的“互联网＋”的管理技术，降低了我们在现场的人力成本。

派派说：清洁行业对环境有什么影响？

高立军：传统的清洁行业对环境的污染比较大，84 消毒剂、洁厕灵以及抽完化粪池的污染物倒在哪儿？它有多大的生命力、多大的毒性都不清楚，我们每个人都是环境的破坏者。我们为了环保，使用的纸是水溶性的，用的是生物去味剂，这个东西并不贵，跟我们日常用的是一样的，只不过超市里对这种东西宣传少。我们采购这些环保药水，不对土地和皮肤造成伤害，价格和超市是一样的，只不过很多人不懂。

派派说：企业党建工作建设得怎么样？

高立军：我们不光要低头拉车，也要抬头看路。我们现在的党建做得非常好。自从成立党支部以来，助老公寓活动和彩虹伞活动均获得北京市社会组织党建工作的党建成果奖，也被评选为李桥镇的先进党组织。我认为企业要没有担当，没有社会责任，这个企业就发展不起来。因为我们企业赚的钱，最后还是取之于民，用之于民，你挣的是社会的钱，还要回馈社会，很多事情不是被要求干的，而是我们愿意干的。不能只说党的领导，还要践行党的领导。我在很多次演讲中提到，没有中国共产党的领导，就没有当前的稳定社会。每个行业都有自身的困难，如果所有的困难都抛到社会上来，都抛在某个领导面前，那我们的社会如何打造和谐社会？这就是我在经营上说的，你在低头拉车的同时也要抬头看路。

派派说：您对社会责任怎么理解？

高立军：规矩做人，踏实做事，提高员工社会保障，诚信企业方能生存。首先你对自己的员工要有社会责任，我的员工全员五险，如果你都做不到让自己的员工有一个安稳的保障，你如何搞企业？如何让职工放心跟着你？我们不但实现了全员五险覆盖，而且我们员工还有意外伤害保险。企业的座右铭是规规矩矩做人，踏踏实实做事。我只跟规矩的人交朋友，只跟踏实的人做事。现在我们行业里太乱，很多人完全用低价策略打市场，我从来不参与，因为我觉得做人做事规矩了，你的企业才能做得长久。

派派说：您个人对清洁行业有什么感悟吗？

高立军：保洁员值得尊重，呼吁社会关注清洁行业，尊重保洁员。我有义务让更多人了解、理解和关爱清洁行业，宣传我们保洁员，尊重我们行业中人。

特别是要关注清洁行业的生活保障问题。现在有很多外地人只能去远离市中心的地方租房，虽然可以摇公租房，但很多人摇五年、八年了，都退休了，也没摇到公租房的号。社保问题也是我们行业一个大的问题。我能为员工上社保，也是付出了很多的。每到年底，大家都非常高兴，发了钱大伙儿全乐了，就跟打仗封神的姜子牙似的，可我一到春节最苦恼的就是钱全分完了，除了公司留下的，我没剩啥了，我就弄一个高兴。

杨栋：一个文化园区 一次文明洗礼

杨栋，北大资源集团（北京）文化有限公司副总经理。

派派说：请您介绍一下企业的基本情况。

杨栋：北大资源集团文化艺术传播（北京）有限公司是方正集团和北大资源集团批准在 2012 年 9 月 5 日成立的。公司是北大资源集团的下属企业，也是北京大学校办的文化与科技相融合产业的运营管理机构。公司团队由北京大学国家大学科技园的主要团队成员组成。目前在北京市一共有 3 个园区，第一个是在通州宋庄，第二个是在朝阳高碑店，第三个是在顺义天竺镇。朝阳园区是 2017 年 7 月建成的，地点就在朝阳国家文创实验区核心地带，在四惠桥东边，是一个小型园区。园区里面入驻的文化产业创业团队一共有 35 家，涵盖的主要是传媒和教育培训机构。园区中有 6 家企业和团队获得天使轮融资和 A 轮融资，共计 3 800 万元。目前园区企业获得多项专利，其中国家发明专利 3 项、实用新型专利 20 项、外观设计专利 10 项、软件著作权专利 12 项。

派派说：目前在建设的项目有哪些？

杨栋：从 2018 年到现在，园区一直在改建过程当中。我们先建设了雕塑公园，雕塑公园从 2018 年 11 月份开始做了多场活动，第一场活动是和天竺镇政府合作办了一个供给共同体的公共艺术展，之后又分别做了多场活动，帮助园区企业和银行、金融机构对接。资源艺术中心建成以后，第一个开馆展就是联合中国美术学院和中央美术学院，做一场致敬既是北京大学校长，也是中央美术学院和中国美术学院的创始人蔡元培先生的主题展。

派派说：文创园区的建设工作进行得怎么样？

杨栋：文创园区是 2018 年 6 月和天竺镇政府共同合作建设的，我们负责运营和改建。园区总占地面积 135 亩，地上建筑大概5 万平方米，园区现在还处于设计改造阶段，我们主要是围绕着文化与科技融合产业来做的园区定位。目前我们在改造过程中已经形成六大业态，第一是高端交互式体育；第二是少儿影视培训基地；第三是亲子海洋体验的科技项目；第四是航空科技的模拟体验，这个项目主要是面向专业飞行员和有航空兴趣的青少年，它的核心设备是由国内一家科技企业自行生产的；第五是设计师创意集群办公；第六是双创导师业态。除了这六大业态之外，我们还运营了一个面向园区企业，同时也面向天竺周边，以及面向顺义地区的一个开放的北大资源天竺艺术中心，中心总的展馆面积是 3 000 平方米。

派派说：企业在发展过程中经历过哪些事？

杨栋：园区建设过程中，得到了各级政府部门的大力支持。2019 年 3 月 4 日，园区作为唯一一个老旧厂房改建试点项目通过北京市文资委的审批。在 3 月 18 日，园区正式获批北京市创建中国服务业示范街区。在 4 月 2 日，园区的一期建设入选了北京市政府固定资产投资支持文创领域的项目。2019 年 8 月 9 日，北京国际设计周发布会在园区成功举办，这也是 2019 年国际设计周一个分会场的站点，被认定为国际设计周一个专题园区。

派派说：企业未来有哪些发展规划？

杨栋：公司作为北大资源集团唯一的文化产业机构，希望整合北京大学校内的文化资源，用产业的发展资金、高端人才，以及共享创意，打造园区的内生服务、政策通道服务、文化 IP 运营服务以及高校交流服务，为我们的文化创意企业搭建圈层、资源链和智慧型的企业云新平台。

派派说：企业在文化创新方面有哪些成果展现？

杨栋：文化创新方面，我们在整个高校资源和文化产业开拓方面也获得了几项成果，例如，北京大学国家双创示范基地组成部分，北京市科学技术委员会认定的众创空间，北京大学创业训练营唯一文创基地，此外，我们还和社会上一些知名的艺术机构共同打造文化创艺空间。文创基地主要是依托北京大学的人才优势、科研实力和校友资源，提出创业教育、创业研究、创业孵化以及创投基金“四位一体”的全新理念，培养创业思维、弘扬创业精神、帮扶创业实践，以实际行动服务于青年的创新创业，促进我们文创科技成果和大文化战略新兴产业的发展。我们发展到现在，已经成为中国最大的公益创新教育和扶持平台，目前已经通过网络课堂、开放课程、直播课程体系以及创业峰会、论坛等多种形式服务了超过10万名创业青年。另外，我们通过特训班、文创班、导师一对一辅导、融资路演、投资基金等方式深入服务了300名优秀的创业者，并且每年以1 000名的速度递增。同时，我们整合校内的优秀校友资源，设立了超过300位创新创业导师，整合了北京大学创业课程。该创业课程也依托于我们这个体系，设立了200多门创新创业课程。

派派说：企业希望在哪方面得到支持？

杨栋：第一，企业的园区改造以及城市更新项目希望得到规划部门的支持。因为这里面主要涉及旧城区改造项目的审批问题。

第二，在工商注册方面，希望得到我们这个区域的职能部门的快速响应，因为将来我们要服务园区入驻的企业，这个量级的业务也需要得到快速支持。

第三，加强园区的基础设施配套，因为这个园区将来的容量可能是在5 000～8 000人，入驻企业的员工除了在这里工作之外，可以就近在周边区域重点安排一下他们的居住问题。在园区周边的公共交通站点包括的线路还是偏少，因为我们这个园区将来是要做成一个开放的园区，所以可以增加一些线路和公交站点。就近配套的入托入学问题，因为园区的企业比较多，包括园区内的职工都会有这些需求。

王勇：笔克设计引领时代创意

王勇，民盟盟员，日本京都大学硕士研究生学历；2010 年加入笔克集团，现任北京笔克展览展示有限公司副总经理、公共关系负责人；另任中关村科技园区顺义园科学技术协会委员、北京联合大学企业导师、北京城市学院行业导师等社会职务。曾主导西安世界园艺博览会主题馆和创意馆、北京文化创意产业展示中心、北京大兴机场航站楼景观展示咨询等项目；作为体验咨询顾问亦曾主导多项文化智能会展领域相关研发项目并获得专利。

派派说：请您介绍一下企业的基本情况。

王勇：北京笔克展览展示有限公司（简称北京笔克）在中关村顺义园科技创新功能区内，是笔克集团在京设立的总部，是全球领先的创意设计服务、文化会展、文化与科技深度融合的文化产业示范性企业。

北京笔克拥有自己投资建设的办公基地，包括创意中心、研发中心和制作基地，占地面积达 1.8 万平方米。在专业技术团队方面，公司拥有 60 余人的创意设计团队，近百名集技术研发、应用经验于一身的文化创意、高新型服务专业人才。在管理团队方面，公司多年来一贯重视培养和打造自己的管理团队。目前公司主要业务负责人拥有 20 多年的行业业务管理经验，在方案规划、创新设计、技术研发、项目管理等方面形成了完善的管理流程和制度。

派派说：企业运营得怎么样?

王勇：公司在“克谐诚信，创新发展”的经营理念引领下，凭借在创意设计方面不断进取的策略和良好的业务模式，企业规模不断扩大，2018 年主营业务收入近 7 亿元；新技术研发和设计实力不断增强，现已持有 18 项专利及 28 项软件著作权。北京笔克拥有中国展览馆协会展览工程企业一级资质、中国展览馆协会展览陈列工程设计与施工一体化一级资质，建筑装饰装修工程设计与施工二级资质、建筑装饰工程设计专项乙级资质，是国家级高新技术企业和中关村高新技术企业。公司被评为“北京市文化创意企业30佳”，被北京市科学技术委员会评定为北京市设计创新中心，被中国展览馆协会评为仅有的五家AAA级信用企业之一。此外，公司还获得ISO 9001质量管理体系认证、ISO 14001环境管理体系认证、OHSAS 18001职业健康安全管理体系认证及ISO 27001信息安全管理体系认证。

派派说：企业主营业务是什么？

王勇：为综合展览、活动推广、体验馆、永久展示及智能应用，提供从创意设计到制作交付等全方位的配套服务。北京笔克立足于文化产业之文化会展、创意设计、文化科技融合等，先后服务于2008年北京奥运会多个合作伙伴的展示中心、2010年上海世博会石油馆等30余个场馆、2011年西安世界园艺博览会主题馆、2013年北京市丰台园博会主展馆、北京市文化创意产业展示中心、北京科学中心、2014年APEC会议、“一带一路”国际合作高峰论坛，融创万达文旅在南昌、青岛、无锡的电影乐园，以及2018年首届中国国际进出口博览会、北京大兴国际机场人文景观建设等重点项目。

人员组成。公司有260人左右，其中本科以上有150人，顺义当地有40多人。专职创意设计的设计师60人，研发人员有90人左右。

公司在行业内的龙头引领作用不断显现，并凭借多年为各行各业企业客户服务的经验，全面整合内外资源，大力发展数字化及智能互动、数据分析等应用板块业务，致力于为各类型企业用户提供更智能、更多元化的服务体系。公司将在促进区域文化会展产业发展、带动相关产业链企业数量增长、加快文化创新技术提升和促进文化和科技融合方面持续发挥积极作用。

派派说：企业经营的核心理念是什么？

王勇：智能数字会展和绿色环保会展的创新发展。

智能数字会展。随着互联网技术的发展，线下线上互动体验已成必然趋势。公司借力数字技术，以会展为重要触点为客户量身打造数字体验解决方案，提出了“线上数据为线下所用，打造智能数字会展”的理念，为会展行业提供决策支持及效果评估等全方位的大数据分析和精准体验营销服务，在多个国际品牌客户的应用中取得良好反馈。公司现已成功开发客流统计、用户画像系统、基于微信的客户关系管理平台、全渠道数据处理平台等多项科技成果。最新研发的智能胸卡系统，帮助主办单位进行数字化会展管理，帮助参展商和观众更高效参展。

绿色环保会展。追随“坚持绿色发展”的理念，绿色环保会展也是公司创新的方向。绿色环保会展遵从可循环、再利用、减量化的原则，在会展的组织、设计、搭建等环节通过不同的技术手段实现循环绿色经济。例如，使用节能灯具；在主体结构中减少木质材料，采用铝型材结构和铝合金挂板；模块化设计和制作，实现展台的多次回收和再利用。据此，我们还协助商务部评审修订了《环保展台设计制作指南》等行业标准，履行企业社会责任。

派派说：企业对人才培养有什么看法?

王勇：留人难，应当加强对于文创、高新、环保制造综合性企业的人才引进（落户、工作居住证办理等方面）的支持力度。

公司在行业内算是好一些的中型企业，所以招聘设计师、项目人员、科技人员问题不大。但是难点在留人上，一方面是人才引进的落户、工作居住证办理难；另一方面是缺少会展管理专业技术职称。

第六章　创新发展

创新是企业家精神的灵魂。企业家敢为人先的创新精神，是对时机的准确把握和精准的执行力，是敢于打破常规、超出常人的思维能力，是对旧事物的重新架构和产生独特新颖成果的创造力。在经济学家约瑟夫·阿罗斯·熊彼特看来，企业家精神的真谛是创新，企业家的标志也是创新。他们通过生产流程创新、产品研发创新、市场营销创新、管理机制创新等各种新业态新模式让企业提升到一个新的高度，他们通过激励全社会的创新创业，以非常规的方式配置企业的有效资源，标新立异，追求卓越，推动经济发展质量变革、效率变革、动力变革。优秀的企业家及企业家精神是稀缺的社会资源，是经济发展的不竭动力，新时代构建新发展格局、建设现代化经济体系、推动高质量发展需要深化改革开放。新时代企业家是生力军，弘扬新时代企业家精神，是时代的呼唤、社会的需要、人民的期盼。新时代企业家精神，是推动新时代改革开放走向深入的重要力量。根据《中共中央 国务院关于营造企业家健康成长环境弘扬优秀企业家精神更好发挥企业家作用的意见》精神，按照党中央、国务院科技创新重大决策和部署要求，发挥科技创新和制度创新对民营企业创新发展的支撑引领作用，通过政策引领、机制创新、项目实施、平台建设、人才培育、科技金融、军民融合、国际合作等加强民营企业科技创新能力，充分支持民营企业创新发展，为建设创新型国家和促进经济社会持续健康发展提供坚强支撑。促进、弘扬、创新、发展企业家精神，就需要国家加快营造依法保护企业家合法权益的法治环境。法治是最好的营商环境，为进一步推动全面深化改革，需要加快营造企业家创新创业的法治环境，依法加强对企业家合法权益的保护，增强企业家人身及财产财富的安全感，使企业家安心经营、放心投资、专心创业。

激发企业家不断“创新发展”，需要在以下方面着力：一要保护企业家人身和财产安全，让企业家安心。要最大限度地保护企业和企业家的合法权益，保护企业家人身和财产安全，对侵害企业家人身、财产安全的重大违法犯罪案件和违法行为，要依法依规及时处置，强化风险企业帮扶，加强中小型企业企业家和财务人员的防范意识，加大对企业内部防治腐败工作支持力度，增强企业家的财产、财富安全感。二要完善产权和企业家权益司法保护机制，让企业家省心。要完善产权和企业家权益司法保护机制，依法审慎对经济犯罪案件涉案企业家采取强制措施，甄别、纠正一批社会反映强烈的产权纠纷申诉案件；要以发展的眼光看问题，依法保障企业合法经营，维护企业家声誉；出台保护民营经济和企业家权益的规范性文件，让企业家卸下包袱、轻装上阵。三要实施严格的知识产权保护，让企业家放心。加强知识产权保护工作，能够有效激发市场主体创业创新动力，提高产权保护法治化水平；要加强知识产权保护力度，依法保护、平等保护、全面保护企业家创新收益的多样性和重合性；企业家要关注知识产权、重视知识产权，加大研发和知识产权投入，积极开展高质量专利创造的布局，提高企业核心竞争力。

陈壮华：“福家欢”方便千万家

陈壮华，广东省第十二届人大代表，福家欢食品股份有限公司董事长、总经理，中国食品科学技术学会面制品分会理事、广东省制造业协会常务理事、揭阳市食品工业行业协会会长、揭阳市青年企业家协会执行会长、揭阳市高新技术企业协会副会长。

派派说：企业的基本情况和社会荣誉?

陈壮华：福家欢食品股份有限公司创立于1993年，是国内一家大型的食品生产企业，一直致力于方便面食品的研发、生产与销售，已发展成为南方地区规模最大的方便面食品生产企业之一。2014年12月29日，公司IPO申报资料已被中国证监会正式受理，成为在深圳证券交易所中小板申报上市的企业，也是内地方便面行业首家申报上市的企业。

福家欢属下全资子公司有揭阳市揭东恒丰实业有限公司、钦州市锦丰实业华南有限公司、锦丰（抚州）食品有限公司、成都市福家欢食品有限公司、揭阳市润丰农业科技有限公司，并拥有万亩油茶高产示范基地。公司是中国食品工业协会会员、广东省农业产业化龙头企业协会理事单位、广东省制造业协会常务理事单位、揭阳市食品工业行业协会会长单位、揭阳市高新技术企业协会副会长单位。

派派说：企业发展壮大过程中所秉承的重要发展观念是什么？

陈壮华：福家欢在发展过程中注重技术创新，追求卓越品质。公司经人力资源和社会保障部与全国博士后管理委员会批准，设立了博士后科研工作站，技术研发中心分别被广东省科学技术厅、广东省经济和信息化委员会、揭阳市科学技术局认定为广东省工程技术研究中心、广东省企业技术研发中心和揭阳市功能性食用油脂工程技术研究开发中心。公司在方便面食品开发、生产工艺、食品安全检验、食品包装技术、低耗能食品生产设备等领域获得了一系列科研成果，共取得发明专利 7 项，实用新型专利 12 项，外观设计专利等几十项。

福家欢树立诚信形象，实施品牌战略。公司是由农业农村部、发展改革委、财政部等八部委联合审定的农业产业化国家重点龙头企业，拥有锦丰、福家欢等中国驰名商标、广东省著名商标，被评为广东省名牌产品。公司先后被授予“中国质量信誉 AAA 级企业”“国家高新技术企业”“全国主食加工示范企业”“全国面制品行业前五强企业”“广东省食品行业杰出贡献企业”“广东省食品行业优秀企业”“广东省林业龙头企业”“广东省民营科技企业”、第二届“广东省全国名牌企业”等荣誉称号，并获得国际食品博览会金奖、全国食品工业科技进步优质项目奖、揭阳市科学技术进步奖等奖项。

派派说：企业的发展使命是什么？

陈壮华：福家欢以发展健康食品，提升生活品质为使命，努力为消费者提供安全、美味、营养、健康的食品，充分满足了广大消费者对方便面食品“安全、健康”的质量诉求。公司产品已覆盖全国 20 多个省份，深受广大消费者的喜爱。近 3 年来，公司向国家上缴税收近亿元，并先后向社会捐资捐物，积极回馈社会。

派派说：企业是如何创立的?

陈壮华：谈起创业，虽然已过去了 20 多年，但我感觉仿佛就在昨天，其中的酸甜苦辣只有自己才能真正体会。至于创业的原因，我觉得很偶然，也许是冥冥之中的安排。记得当时我出差刚好路过珠海华丰方便面工厂，看到工厂等着拉方便面的车辆排成长龙后突然有了触动，既然方便面销路这么好，我为什么不做呢？回家后，经过简单的市场调查之后就着手筹办方便面厂，当时技术落后，只有一条 3 万包的生产线，更谈不上自动化程度了。当然，这过程也非一帆风顺，然而我是幸运的，赶上了经济发展的大潮流，当时创业赶上了食品求大于供的年代，可以说是乘势而为。

派派说：企业的发展优势是什么?

陈壮华：我认为企业在发展过程中，每个阶段有每个阶段的特点。每个阶段的竞争都有所不同，但每一个行业进入成熟期之后，竞争会更加激烈。可以说福家欢也是在市场竞争的夹缝中顽强地生存下来，并形成了自己的优势，主要体现在以下几点：

一是区域品牌优势。一般而言，消费者在考虑选择方便面品牌时，在饮食习惯、口味偏好、产品质量等方面会倾向于选择本地知名品牌方便面。公司作为以产品口味开发与品质保证占有相对优势的区域性龙头方便面食品企业，品牌在本土竞争优势突出，在南方区域赢得了消费者的认可，在本土品牌中优势突出。

二是营销网络优势。经过多年的建设和发展，公司基本构建起覆盖南方地区市场、辐射全国的销售网络，建立了以经销商渠道为主，商超、零售以及学校、机关单位等渠道等为补充的多渠道立体营销架构。公司针对不同地区饮食习惯、不同市场竞争状况，结合新产品研发和不同渠道特点，实行差异化销售策略，同时推行涵盖品牌营销、产品营销、市场推广以及终端促销的综合多层次销售策略。

三是产品差异化优势。为避免与全国性品牌发生激烈竞争，公司坚持走产品差异化、精细化的产品研发策略，利用不同地区独特的饮食文化与口味偏好，走出一条具有自身特色的产品发展道路，目前已形成了独特的产品风格。

四是研发技术优势。在研发能力和生产工艺水平上，公司在方便面食品企业中名列前茅。公司是揭阳市高新技术企业协会副会长单位，多年来将研发技术能力的提升作为企业发展的重点。公司坚持以“市场为导向、科技为依托”，在产品研发方面以“生产一代、开发一代、储备一代”为模式，形成了品种丰富、风味独特的方便面产品系列。

五是产品质量优势。从成立至今，公司始终坚持以“诚信创新、追求卓越、质量第一、顾客至上”为经营方针。为实现对方便面食品全方位的质量控制，公司建立了华南地区先进成熟的产品质量控制体系，坚持从原材料开始进行全程质量监控，并配有先进、齐全的检验检测设备和科研仪器，拥有一批经验丰富的质检人员，具备了雄厚的企业科技竞争力，充分满足了广大消费者对方便面食品“安全、健康”的质量诉求。

企业慢慢积累起来的优势和潜移默化的企业文化就是自己的模式。我们一直坚持走特色之路，暂时做不到全国龙头，那也可以做区域龙头，形成自己的区域优势。中国人口众多，民族也多，地区之间经济发展差异较大，所以需求各不相同，潜在的消费群体形成多样化的需求。

派派说：企业秉承的商业模式和发展目标是什么？

陈壮华：我一直坚持共赢相生的经营模式，只有这样才能形成一个良性循环的经济圈，行业也才能健康发展。

虽然我赶上了一个创业的好时机，但创业初期同样碰到很多困难，比如资金、技术和人才问题。只能是想方设法逐个解决，特别是创业初期，哪个岗位缺人就自己顶上去，什么都干，搬运、仓管、司机、技术员等。在这过程中也逐步培养了一批愿意和企业一起成长的员工，企业才得以不断发展壮大。随着企业的成长，我们也在不断规划未来，我们目前的状况如何？企业的目标是什么？要怎么去实现目标？这是企业的现实问题，也是我们全体福家欢人最关心的问题。经过这些年的探索，我们目标越来越清晰，那就是弘扬民族品牌，打造百年企业。这个目标就是我们福家欢的愿景，并且全体福家欢人围绕这个目标而努力。随着行业发展不断成熟和信息技术的快速发展，我们也意识到现在的竞争不仅激烈，而且速度快，就像闪电战，这更加要求企业必须要有效率。我们通过 20 年的时间积累了一定的企业规模，主要依靠企业自身的资本积累慢慢扩张，在这过程中虽然企业稳步发展，但我觉得还是太慢。企业想要有大的作为一定还是要做强做大。面对现在的行业竞争环境和消费模式的变化，我想让福家欢在比较快的时间内完成一次质的飞跃，所以我们选择了走上市之路，希望通过募集资金和上市后的平台，进一步加强企业的实力，拓宽业务，能为更多的消费者提供健康美味的营养食品，并逐步实现自己的梦想。

派派说：如何理解国家推进大众创业、万众创新时期的创业内涵？

陈壮华：现在国家大力推进大众创业、万众创新政策，社会上有人支持，也有人反对。我个人认为是国内外经济发展到一定程度造就了这样一个良好的大环境。比如现代流行的网购，至少需要网络的普及和发达的物流支撑，这时候正好让敢于尝试的人成为了成功的电商创业者，就像揭阳的军埔电商村就做得相当成功。我认为创业者应该好好把握这种机会，但也要保持冷静的头脑，避免盲目跟进，因为并不是每个创业者都适合创业、都能成功，即使成功了往往也要付出一定代价的。

至于是否真的适合创业，起码你必须具备以下几个特质：第一，必须要有激情。这样才能全身心投入，忘记疲倦。第二，要有灵敏的商业嗅觉。有些机会可能稍纵即逝，要看你能否马上抓住。第三，要有韧性。凡事看好方向就要坚持，相信“天将降大任于斯人也”。

不论处在什么时期，我想我都是一名普通的创业者，时刻保持创业者的姿态，更要有创业者的那份激情，企业才有活力，才能不断发展。所以，对广大创业者来说我觉得人生的价值在于挑战，挑战别人，更要挑战自己。这样人生才有目标，才能不断进步。

丁家荣：上伦品牌创新永无止境

丁家荣，广东上伦服饰董事长、总经理，创办绅乐思专业高尔夫定制品牌。2006 年 8 月，担任广州市私营企业协会直属协会第四届理事会理事。2007 年 7 月，担任广州市白云区服装行业商会第四届理事会副会长。2009 年 7 月，担任广州市青年联合会授予的第十一届委员会委员。2014 年 4 月，被中共广州市天河区委组织部、共青团广州市天河区委员会授予“天河区青年创新创业导师”称号。

派派说：请介绍一下企业的基本情况。

丁家荣：绅乐思服装品牌成立于 2005 年，通过高端的定制服务，尊贵典雅的设计品位，全球化的采购体系，成功塑造出千万名高尔夫球手的专属个人魅力。绅乐思作为高尔夫民族品牌，把中国传统文化当中的礼仪文明注入品牌精神当中。以“大道至礼”作为品牌理念的绅乐思更是不遗余力地普及高尔夫礼仪，加强国人对高尔夫运动内涵文化的理解，为客户提供专属的全方位服务，打造极致的高尔夫体验。经过多年运营，企业获得了第 56 届世界小姐中国总决赛广东赛区特别贡献奖、被评为守合同重信用企业，是广州合同管理协会会员单位、广州市白云区个体私营企业协会诚信会员、广州市白云区个体私营企业协会理事单位、WGC 中国盛典供应商、中国公共采购认证供应商。

派派说：请说说您创业的原因和历程。

丁家荣：因为平时很喜爱打高尔夫球，也在其中认识了不少志同道合的朋友，从中发现高尔夫运动服装在当时有比较大的发展空间，因为高尔夫服装的品牌还是以欧美的品牌为主，但是欧美品牌的尺寸相对于中国人来说并不合适。而我在服装定制领域也有十多年的经验，觉得可以走高尔夫服装定制的方向，定制出符合中国人的品味和尺寸、同时也能体现中国人礼仪气质的高尔夫服装。

我们的定制服装服务，跟一般的服装销售模式是有区别的。我们在前期根据客户提供的尺寸、身高、体重的数据，由专人跟客户进行二次沟通，了解客户的特别需要，再为客户进行生产。而不像一般成衣销售，尺寸选择范围很少，客户衣服买回去可能还需要自己再修改。我们的定制服务，则是专门为客户制作，买回去就是最合身、最符合客户需要的服装。

派派说：在企业发展壮大过程中有哪些重要举措?

丁家荣：运用品牌和“产品＋互联网”思维模式，通过期权、股权激励，不断吸纳各方面人才，通过团队及互联网思维模式，运用资本力量打造基于体育方面的生态圈。

派派说：企业目前形成的商业模式是什么?

丁家荣：寻找志同道合的战略投资者，为高尔夫服装客户提供互联网服务。

派派说：创业遇到过哪些困难，是如何解决的?

丁家荣：遇到资金、人才方面的困难。解决思路是引入战略投资者，招纳服装及互联网有能之士；通过与第三方高尔夫赛事合作，推广绅乐思品牌。

派派说：当前正在做的项目是什么，前景如何?

丁家荣：目前在做的项目是高尔夫服装专业定制。随着消费结构的提升，消费者更注重服饰的个性表达，在不同场合穿着不同风格的服饰，并且希望通过着装去体现自己的生活方式和生活状态，这也意味着品牌差异化和品牌文化市场时代的到来。

在国内，高尔夫服饰以其明确的差异化定位，包括准确的目标群体定位、独特的高尔夫文化定位和跨界的产品定位，成为服装服饰市场较具活力和增长潜力的细分品类。

派派说：产品定位取决于什么?

丁家荣：高尔夫服饰在中国的发展情况和欧美发达国家不同，

具有较为独特的中国特色。它源于高尔夫运动但又超越了运动本身，并在中国的发展中逐步形成四大要素：高度、深度、宽度、亮度。这四大要素分别与定位于高端市场的中国高尔夫服饰的高端性、专业性、宽泛性、时尚性相对应，形成了自己显著的消费特点。不同品牌的市场定位与价格定位也取决于这四大要素。

一是高尔夫服饰的专业性。高尔夫从技术层面来看，它是一项典型的"精准"项目，技术要求细腻，是最难的球类项目之一。它要求球手既要有良好的体能和意志力，又要在不同的球场环境和变化的天气状况下保持稳定的心理控制能力和坚韧不拔的信心。

高尔夫服饰同样具有较强的专业性。它对透气性要求高，要求面料材质轻薄，吸湿排汗快，具有防紫外线功能。一方面，高尔夫服饰通过符合运动特性的设计、剪裁，让球手在挥杆时感觉轻松、舒适；另一方面，高尔夫服饰通过提高功能性，让球手在户外不同的气候下满足排汗、干爽、防风、保暖等不同要求。

二是高尔夫服饰的跨界性。据调查，美国公司超过 90%的 CEO 打高尔夫。根据《中国高尔夫行业报告》的统计数据，中国国内热爱高尔夫运动的人士中企业创业者占 21%、总经理级别以上人士占 20%，主管、经理、总监级别占 31%。从中可以看出，高尔夫具有很强的商务特性。高尔夫令烦琐的商务往来和宴请变得更为轻松和健康。另外，高尔夫追求的"诚信、自律、主动为他人着想"的精神和市场经济文化高度吻合。

在中国，高尔夫服饰的主要类别包括 T 恤、毛衫、夹克、休闲长裤等，正在逐渐成为中高端消费人群的着装选择，是正装之外的、在较为正式场合的主要着装方式。这种服装穿着应用的改变为中国高尔夫服饰拓展了很大的市场空间，同时为它的发展打开了一条通往其他服装类别的通道。"穿着高尔夫服饰并不一定是在高尔夫球场"已经成为中国消费者对高尔夫服饰的普遍认知。高尔夫服饰通过创新的跨界理念，将高尔夫专业运动、高端户外运动、高端时尚休闲、高端商务休闲市场连接、融合，具备了较强的宽泛性，成为服装服饰领域的重要品类。

三是高尔夫服饰的时尚性。高尔夫作为世界性的运动，各项赛事被电视等媒体转播、报道。球员在球场上穿着各具特色的服饰，成为高尔夫运动的亮点之一，从而带动高尔夫服饰越来越有个性，越来越时尚。高尔夫服饰时装化的倾向也越来越明显，运动和时尚的融合让高尔夫服饰品牌成为引领服饰时尚潮流的一股重要力量。

四是高尔夫服饰的文化内涵及高端定位。高尔夫之所以成为一种全球性的健康户外运动，与它在自身发展历史中形成的深厚文化底蕴密不可分。通过独特的高尔夫规则和礼仪，人们在享受这项运动的过程中接受了高尔夫文化的熏陶，继而影响人们的生活方式和处世哲学。高尔夫文化可以归纳为：

（1）挑战自我。高尔夫运动是国际公认的四项绅士运动之一。高尔夫是个人不断修正自我、面对自我、挑战自我的过程，这正是高尔夫运动的乐趣。

（2）礼仪和自律文化。高尔夫强调先人后己、严格自律的绅士风度和着装规范。

（3）平等、互利、诚信、和谐。高尔夫是一项广泛用于社交活动的运动，追求的是公平、和谐、信任。诚信、主动为他人着想是高尔夫的精神。

五是高尔夫服饰市场成长前景可观。在中国，高尔夫服饰消费者的普遍特征包括高收入高消费；懂生活会生活；注重品质，同时更注重体现个人品位和社会地位，愿意为高品质和差异化的产品和服务付费；在着装上注重服饰品牌代表的文化和生活方式。他们的行为对其周边群体有较强的示范作用。高尔夫服饰在中国现阶段选择了走高端和精品化的定位，高端性与精品化决定了高尔夫服饰的高度。

专业高尔夫服饰市场随国内高尔夫爱好者数量的增长市场潜力较大。生活休闲高尔夫服饰因自身具有的跨界性，随着中产阶层的壮大，增长速度较快。在服饰消费方面，中产阶层更重视服饰的社会价值，即通过服装来表达个人品位，同时达到对群体的所属认同和突出个性的自我认同。中产阶层追求服装表达的精神和文化内涵，从而引领和创造出社会新的流行时尚。生活休闲高尔夫服饰所蕴含的丰富文化属性和代表的生活方式与中产阶层的文化有很大的契合度。生活休闲高尔夫服饰的消费者追求高尔夫式的着装风格，这是源于对生活质量的追求。他们愿意购买风格鲜明的服饰品牌，来取代以往定位模糊的普通休闲服饰产品。随着中国中产阶层群体的增长，生活休闲高尔夫服饰未来成长空间较大。

生活休闲高尔夫服饰的跨界性使它的市场份额逐步提升。高尔夫服饰具备宽泛性的特点，吸引了越来越多的中高端消费者并引导了服装消费偏好。

派派说：企业未来发展的目标愿景是什么？如何实现目标？

丁家荣：实现“互联网＋高尔夫专业定制服务”的发展模式。将互联网与传统行业融合，实现 O2O、B2C 商业模式下的“互联网＋”。

通过线上的微信商城、微店服务为客户提供贴心的定制服务，除目前主营的高尔夫服装定制服务之外，还会增加高尔夫活动定制、高尔夫活动视频制作等有关推广高尔夫活动和品质的服务。

派派说：结合本人创业经历和体会，您认为一个优秀的企业家应具备哪些素质？

丁家荣：一个优秀的企业家是一个劳动者。企业家要能够真正地带动员工不断进取，一定要通过学习不断提升自身素质、不断丰富自己在管理方面的知识、经验，提升各项能力。

懂得做人。只有会做人，别人喜欢你，愿意和你合作，才容易成事。怎么让别人喜欢自己呢？好的企业领导者能真诚地欣赏他人的优点，对人诚实、正直、公正、和善和宽容，对其他人的生活、工作表示深切的关心与兴趣。

善于决策。面对不断变化的市场，企业经营方案通常不止一个，决策就是要对各种方案进行分析、比较，然后选择一个最佳方案。企业领导者的价值在于“做正确的事情”，同时帮助各阶层的主管“把事情做正确”。

相信自己。成功的企业领导者都有很强的信心，他们既会在自己内心里相信自己，也会在公众面前表现出这种自信心。成功学的研究成果表明：成功的欲望是创造和拥有财富的源泉。

充满热忱。热忱有时候比领导者的才能重要。让热忱持久的方法之一是制定一个目标，努力工作达到这个目标，而在达到这个目标之后，再制定另一个目标，再去努力达到。这样做可以通过兴奋和挑战，帮助个人维持热忱而不坠。

顽强精神。有一种素质几乎是所有成功的企业领导者所拥有的，那就是顽强精神。所谓顽强，并不是顽固，而是一种下决心要取得结果的精神。在管理实践中，每一个员工都希望自己的领导是一个不屈不挠的人，只有你的竞争对手希望你放弃这种精神。

重视人才。企业最宝贵的资产是人才，企业领导者要会挑选好的合作伙伴，选一个适合的人，比选一个优秀的人来得重要。除了专业所必备的素质之外，还必须精力充沛，有精神、有气派的人可以走长途，有感染力，适应性强。

激励团队。组织一个优秀的团队，是一件非常艰难和重要的事情。激发他们的热情，挖掘每一位团队成员的聪明与潜力，并将他们协调起来，是成功的领导者必须具备的一种能力。一个企业领导人必须是一个能激发起员工动力的人。

终生学习。衡量企业成功的尺度是创新能力，而创新来源于不断学习，不学习不读书就没有新思想，也就不会有新策略和正确的决策。

持续创新。当今世界正面临着一个非常严峻的现实：如果你停步不前，你就会失去自己的立足之地。这一点对于任何领导或公司都是同样的道理。如果你满足于现状，你就丧失了创新能力，而创新是人类发展的主要源泉。具有创新头脑的人是不怕变革的。

有效沟通。领导者与被领导者之间的有效沟通，是管理艺术的精髓。比较完美的企业领导者习惯用约 70%的时间与他人沟通，剩下 30%左右的时间用于分析问题和处理相关事务。他们通过广泛的沟通使员工成为一个公司事务的全面参与者。

经营未来。成功的企业领导人都懂得，未来是属于那些今天就已经为之做好准备的人。他们用20%的时间去处理眼前那些大量的紧要事情，这只是为了眼前的生计；而把80%的时间留给那些较少但很重要的事情，这是为了未来。

派派说：您对国家推进大众创业、万众创新政策的看法?

丁家荣：大众创业、万众创新是促进经济社会发展、惠及百姓民生的重要工作。如果说大众创业、万众创新的潮流推动中国这艘大船行稳致远，那么打开创业创新大潮的闸门，就要靠改革这把“金钥匙”。创新与改革是孪生兄弟。现阶段的改革，不仅仅是利益格局的调整，更重要的是通过体制变革，破除一切束缚创业创新的桎梏，激发起全体人民的创造潜力，增强发展的新动能。

一是强化全民素质培养和创业教育。我国人力资源丰富，但要在全社会打牢创新基础、树立创新理念，还有很长的路要走。首先要把提升人力素质放在优先位置，高度重视教育，大力培养创新型人才。从国民教育、科学研究到创业就业等各个领域，都要鼓励创新精神。要将创业教育提升到国家战略高度，贯穿到基础教育、高等教育、职业教育、继续教育之中，让创业创新的种子生根发芽。要完善创业教育基金、创业资助和创业导师体系，支持更多的人参加到创业创新大军中来。

二是培养企业家精神。企业家是创业创新活动的倡导者和实践者，创新是企业家精神的本质。企业家们既有敢于冒险、追求物质财富的动机，又有渴望成功、实现自我价值的追求，他们是推动发展的重要动力源泉。中国亟须大批有着宽广视野和远大胸怀、以做实业为志趣，以创新为人生使命的企业家。同时企业家还要有强烈的社会责任感，敢于担当、规范行为，专注于为企业、为社会、为人民创造更多福祉。

三是让青年人成为创业创新的生力军。青年人最富梦想和激情，处于创业创新的活跃期。在知识更新加速的时代，许多新技术、新创意往往出自那些有“初生牛犊”“青苹果”之称的青年人，成功企业家的年龄正在趋于年轻化。青年人敢于挑战权威、勇于原创，最容易取得重大突破。要放手让年轻人挑大梁、担重任，在他们职业生涯的起步阶段、向更高目标攀登的冲刺阶段，推一把、扶一程，为他们打开创业创新之门，开辟各展其能的广阔天地。

派派说：您最想对青年创业者说什么话？

丁家荣：国家需要工匠精神，需要螺丝钉，充分利用好国家鼓励大家创新创业的机会，敢于尝试，合理搭配好自己的团队。

派派说：您是如何理解人生意义的？

丁家荣：我不想平凡过一生，我想为家庭、为社会、为国家努力奋斗。

张洪良：模式创新解决了“等”和“鲜”

张洪良，食行生鲜创始人，先后获得苏州市青年创业大赛二等奖、江苏农村青年创业大赛优胜奖，2016 年被评选为江苏省青年双创英才。

派派说：企业的基本情况与取得的成就有哪些？

张洪良：随着互联网的飞速发展，O2O 商业模式不断深入到人们的吃、穿、用、住、行之中。买菜这种纯“体验式”的购物方式，也可以通过网上预订直接送到家门口。生鲜电商企业食行生鲜的创始人张洪良以其创造性思维，搭建了一个网上虚拟菜场，并将最健康新鲜的生鲜时蔬准时送到每个小区。

成立短短 3 年多的时间，食行生鲜稳步快速发展，形成了生鲜食材供应链的标准化和完整的体系，在便捷、新鲜、安全、价优这 4 个维度做到了独特的竞争优势，获得了政府首肯和资本市场投资的核心竞争力。2016 年 2 月，食行生鲜获得了由江苏省毅达资本领投的 2.49 亿元 C 轮融资，远大于原本计划募资金额近 5 000 万元。截至 2016 年 5 月底，食行生鲜已经成功进入苏州、上海、北京、无锡 4 个城市 900 多个社区，日均订单量已超过 2 万单，服务覆盖近 77 万户家庭。食行生鲜项目被上海市政府列为政府重点项目 、连续 3 年被江苏省商务厅列入江苏省鲜活农产品直供社区示范工程。公司于 2015 年 7 月被商务部列为电子商务示范企业；

2016 年 5 月被评选为苏州市服务业创新示范企业。

派派说：请说说您的创业历程。

张洪良：我是一个草根出身的多次创业者，从大学会计专业毕业后做起了公务员，不安于现状的我不顾家人反对毅然辞掉公职，去了苏州水上乐园，并从保安做到了票务处主任。在这 3 年里，身为计算机和互联网爱好者的我做了两件重要的事情：第一，开发团队票务系统；第二，电子售票检票系统。这些都是在为食行生鲜的智能化建设做准备。从 2008 年起，先后开始了多次创业，第一次创业是在兜兜网 B2C 销售婴童玩具，可惜以失败告终；第二次是 2009 年创立了江苏随易信息科技有限公司，两年时间先后在苏州大型商场开设了 50 多个站点提供各类优惠券，虽然经营情况不够理想，但也间接为食行生鲜的营销方式打下了基础。谈起食行生鲜的创业，我之前有两个选择，除了食行生鲜外，还曾经想过做汽车售后市场，开发 App“车极士”用于建立起 4S 店和用户之间的互通。然而，考虑到该行业上游汽车品牌和 4S 店已经高度集聚，一旦打通与用户的链接，项目竞争压力很有可能剧增。因此，思前想后还是选择做“卖菜郎”。

派派说：市场行业前景如何?

张洪良：据统计数据显示，2012 年，生鲜市场 99%的份额被菜场和大卖场占据，只有不到 1%的份额属于电商平台，但这个数据的存在就意味着它得到了认可，也意味着生鲜电商渠道变革正在开始。实际上，随着平价菜走进社区，消费者的习惯已经在悄悄发生变化，这给了生鲜行业一个巨大的市场和空间。

众所周知，生鲜食品需要在储藏、运输和销售的全过程低温保鲜，为了确保采买的商品送到用户手中仍然是新鲜的，食行生鲜为此在冷链和物流方面进行了大力投入，打造了从原产地到用户手中，覆盖前端采购、质量检测、仓储保鲜、全程冷链运输和销售的完整链条。食行生鲜对于入库的生鲜分多个温控储存区，并针对每一种商品分别制定了不同的标准化存储方式。配送环节则全部由自有的专业冷藏车完成，不把司机油耗作为考核标准，因此能保证在运输途中，冷藏车一直开启制冷设备，保证菜品不会中途变质。在最终配送到消费者手中之前，则配备小区冷藏柜乃至冷冻柜等实现生鲜存储。

派派说：企业的商业模式或盈利模式是什么？

张洪良：食行生鲜当季蔬菜均取自地产基地，根据客户订单进行采购，每晚接单之后，再由合作的农业基地进行配送。这种方式保证了蔬菜瓜果零库存，保证每一位消费者吃到的都是质量稳定和最新鲜的菜品。

食行生鲜是一个生鲜 O2O 的平台，而 O2O 只能从消费者的体验角度去概括。我认为，对其业务准确的描述应该是 C2B2F（Customer to Business to Farm/ Factory）模式，C 指顾客、B 指企业、F 指农田或者工厂。用户预订是首位，信息传回到 B 端，B 端收集数据并整理，F 端今日收到订单，次日发货，模式是 T+1，购物端包括微信商城、PC 端、PAD 端、手机端，而终端则是自营的快递柜，这就是食行生鲜的基本模式。

食行生鲜通过建立社区直投站点，推出“自提模式”，形成了明显的差异化竞争特色。消费者在当天 21 点前下单完成后，食行生鲜在次日 9 点 30 分前（或选择 16 点 30 分前）即可将产品配送至社区冷藏自提柜。消费者自助取货，大幅降低和配送员反复沟通、对接的成本，不是人等货，而是货等人。冷藏自提柜具有制冷和在线功能，产品实现干线运输配送、终端储存的全程冷链，高度保鲜。通过定时配送，便捷自取，全程冷链，解决了“等”和“鲜”的问题。

派派说：企业使命和发展愿景是什么？

张洪良：食行生鲜的使命是让生活更美好，愿景是实现销售收入过百亿元，成为中国 500 强企业，为了实现这样的愿景，公司制定了年发展计划，规划了 25 个城市的业务发展计划，每年按照 4～5 倍的增长目标成长。从过去 3 年发展状况来看，团队都是按计划完成既定目标，要保证这个目标的实现，最核心的有三点，第一个是团队，如何在高速发展的同时保持团队的高成长性，这是最主要的核心点。第二个是在未来发展过程中，重大的战略决策不能出现偏差。要保障战略决策不出现偏差就只有一条路，就是不断地分析运营过程中出现的问题，通过数据去判断，用更开放的心态跟投资人、跟业界去探讨交流。第三个要有高度的警觉性。

派派说：目前最大的困难是什么？怎样解决的？

张洪良：根据多年创业经验分析，我认为创业过程中最大的困难永远是围绕两个点：资金和人才。面对资金问题，通过对商业模式不断思变、不断优化，提高团队执行力，向资本市场证明商业模式的正确性，以及团队强有力的执行能力，通过这些点来不断验证所有计划和预期是可达成的。通过这样不断跟资本市场对接，找到真正懂你的投资人，一轮一轮地融资。关于人才的困难，解决的核心有两点，第一个是市场化，一定要提供一个市场化的、有竞争能力的薪酬体系去招募人才；第二个是理想的召唤，很多人工作不仅仅是为了钱，还有可以被实现的理想，真正优秀的人才是自趋的，是被自己的理想吸引的，而不是被创始人要求的，通过公司核心团队构建良好的创业氛围，去感染这些优秀的人才，让他们真正理解事业的意义，用真情跟他们交流，去吸引和留住人才。创业公司还会遇到其他困难，比如市场面的问题，本质上是方法论的问题，就是如何通过管理方法解决问题。

派派说：您觉得优秀企业家应该具备的素质是什么？

张洪良：谈到优秀企业家应具备的素质，我认为主要归纳为六点。第一，要有独立的判断能力。企业家对方向性的判断直接影响企业长期的竞争力，特别是要对航道改流的大趋势有见地，有些企业最后失败就是因为对于方向的判断失误。第二，要有学习能力。企业运营每天都会有新的问题出现，作为一个创业者、企业的当家人，是否与时俱进，是否保持积极的学习心态，对于优化方法论至关重要。第三，要有良好的沟通能力。创业过程中既要解决内部问题，又要协调外部问题，既要跟政府沟通，又要跟投资人、供应商沟通，甚至要跟竞争对手沟通，这就要求创业者本身有很强的沟通能力。第四，要有坚韧的毅力。企业运行过程当中难免会遇到很多挫折和困难，这些挫折和困难可能有的时候已经远远超过企业或者企业家本身所能承担的能力范围，要把创业这个事情坚持下去，坚韧的毅力特别重要，选择比努力更重要，但选择后坚持比什么都重要。第五，要有格局和胸怀。要有容别人不能容，受比别人多的委屈的气量。第六，要有分享精神。在合伙人时代，真正的合伙人除了理想感召、价值观统一外，能否长久合作也取决于创业者对于名利的分享态度。

派派说：您对国家推进大众创业、万众创新政策的看法有哪些？

张洪良：中国经济改革已经进入深水区，投资型和外延式增长边际效益已经很低，产业升级和经济转型需要更多的创新和新生力量，这个时候国家推动大众创业、万众创新政策是一项十分正确的战略举措。市场的竞争是残酷的，让市场化选择和配置资源的作用更显性一些，进一步推动创业公司的税负和企业用工综合成本的扶持政策落地，可以助创业人一臂之力。

派派说：您对创业内涵的理解是什么？

张洪良：我对于创业的一点理解和感悟：创业的不确定性让人惶恐和不安，但创业的魅力也在于不确定性带来的无限可能。创业是最好的商学院，让你明事理、懂人性、知分寸；创业是一场心路马拉松，锻炼你的心性，心性强大生命才有质量。从这个意义上讲，不是所有人都适合创业，但所有人都值得去创业。

贺新翔：贺氏天翔 创新飞翔

贺新翔，北京贺氏天翔文化股份有限公司董事长，2007 年毕业于中国政法大学法学专业，是昌平区青联委员、北京青年创业者协会副会长、北京市昌平区创业者协会副会长、中国政法大学北京校友会副秘书长、中国政法大学创业导师。

派派说：请您说说企业的基本情况。

贺新翔：北京贺氏天翔文化发展有限公司于 2015 年完成股份

制改革，注册资本 2 000 万元，现更名为北京贺氏天翔文化股份有限公司。

派派说：您的创业历程是什么样的?

贺新翔：走上创业的道路，一方面是因为外界的机缘促使。大学时代喜欢音乐、热衷学生活动，曾担任学院学生会主席，与志同道合的同学一同组建了 apple tree 乐队。在组织和参加各类文艺演出的过程中发现校园活动中舞美设计搭建、灯光音响调试等需求量很大，但是具备专业技术能力和良好沟通能力的供应商有限。这个供求矛盾就是一个难得的商机。大三时我和学生会的同学开始进行一些尝试，大四正式创立公司。另一方面也是内在的性格使然，创业与其他工作不同，创业者的事业版图就像一张崭新的白纸，可以依据自己的意愿去设计和创作，所以更有成就感、更富创造性。

派派说：企业近期发展过程中有哪些重要举措?

贺新翔：最近几年公司在产品服务的质量上着手，设立明确的服务标准，建立监管回馈机制。对于我们这个行业来说，每一场文化活动都会迎来成千上万的观众，所展示出的技术水平、艺术品质、服务质量是公司品牌形象的有机组成部分，这是最鲜明、最直接的对外推广。

公司一直在加大人才方面的投入。我们这个行业用句俗话概括“野路子多、正规军少”，但我更倾向于专业院校培养的人才，这些人才基础更厚重、技术更扎实，这些厚积薄发型的人才对公司的成长具有持续的推动作用。同时，我也聘请了著名导演、艺术家等作为公司的艺术顾问，定期对公司设计师、灯光舞美工程师等进行艺术熏陶或技术培训。

派派说：企业以什么样的商业模式运营?

贺新翔：商业模式分为线下、线上两种模式。

传统线下活动商业模式。公司主要为各类活动提供一体化的解决方案，包括活动方案创意策划与执行、舞美设计、舞台布景搭建、AV 设备器材提供等，开展业务的核心竞争力是极具创意的活动方案设计能力，线下活动的整合运营能力和专业化服务能力。目前的客户主要涵盖北京地区的各大高校、事业单位、知名企业等。

线上移动校园互动平台业务商业模式。随着公司业务范围不断扩大，依托强有力的线下高校资源支撑，公司业务由传统线下活动承办业务向线上移动校园互动平台转型。2015 年下半年，公司积极布局校园移动互联网业务，初期推出微信公众号平台并同步开发 App（校园盒子），提供活动发起、推广、报名、评选、投票、效果评价等一站式线上解决方案，丰富高校文化活动形式，扩大高校文化活动覆盖率和影响力，打造未来校际活动互动平台。以线下传统业务作为支撑，通过各高校审批的学生活动和借助行政化手段零成本引进业务，利用线上达人秀场、主办区域和全国性赛事稳定的经营优势，以投票功能影响线下结果、众筹平台多方利益共享、自媒体秀场孕育高校达人的方式提升用户黏性，将线上广告、众筹管理、自媒体秀场道具的流量收入变现。

派派说：创业过程中遇到哪些困难？

贺新翔：虽然公司在创业初期得到了政府的支持、校方的鼓励以及不少媒体的关注，但是社会普遍对年轻的企业经营者有一种不信任感，在业务拓展上遇到了很多困难，公司成立前两个月业绩几乎为零。于是我把市场推广的重心放在高校上，大学的团委老师和学生会干部都非常年轻，相似的年龄和成长背景，使我与他们的沟通交流具有先天优势，也拥有更多的身份认同感。公司发展到今天，高校依然是我们最重要的客户群，并且我们也在不断地挖掘和探索新的合作模式。

派派说：目前有新开发的项目吗，前景怎么样？

贺新翔：最新开发的校园盒子软件是一种新的尝试，将依托强有力的线下高校资源支撑，公司业务由传统线下活动承办业务向线上移动校园互动平台转型。近几年来很多文化公司都将目光瞄准高校市场，但效果不明显，因为高校有着自身的特殊性。我们希望通过近 10 年来与高校合作的丰富经验，对现有资源进行深化和整合，实现高校文化市场的先发优势。虽然前景广阔，但是困难重重，我经常对公司里的人说，这是我们的二次创业，关系到公司的产业转型。

派派说：企业目标是什么？用什么方式实现？

贺新翔：我们的目标是做国内校园文化领先品牌，实现这一目标要实现两点，一是要不断扩大校园市场的保有量；二是要不断地创新思路，对校园资源和社会资源进行整合，实现公司发展和校园文化繁荣的互利共赢。

派派说：您认为优秀企业家最应该拥有的素质是什么？

贺新翔：优秀的企业家需要全方位的素质，但我认为在创业的过程中最重要的是，企业领导者既要有百折不挠、锲而不舍的精神，又要有强大、迅速的纠错能力。这就需要创业者具备很好的专业素质、决策水平，迅速获取外界信息，随着社会环境和公司自身的变化，实现准确率相对比较高的判断和预估，在此基础上对自己的道路有所坚持。虽然国家和社会对创业的支持力度逐年加大，但是创业依然是一个失败率极高的事业，这对创业者的判断能力和心理承受能力都是极大的挑战。

派派说：您对国家推进大众创业、万众创新政策怎么看？

贺新翔：国家推进大众创业、万众创新的政策，从宏观上可以进一步增强经济活力，微观上可以助力创业青年实现人生梦想，我对此非常赞同。

派派说：最想对青年创业者说的几句话是什么？

贺新翔：创业成功率很低，创业者的生活并不是表面的光彩熠熠，所以不要为了创业而创业，要不断地拷问自己，是不是真正抓住了产品和商业模式的痛点，是不是真正有用。如果对自己的项目信心十足，就要百折不挠。尽管创业一直以来都是风险极大的，但也要记住“无限风光在险峰”。

派派说：您怎么理解创业的内在含义？

贺新翔：有些人仅仅将创业看作是名利双收的途径，客观来讲创业成功确实能够带来个人财富的累积，但是我一直不赞同在主观上把个人得失作为自我激励的唯一手段。境界高一些、眼光远一些，锻炼出宠辱不惊的气魄，才能在事业沉浮中保持清醒的头脑。

陈鸣飞：科技创新是中企动力的动力

陈鸣飞，中企动力科技股份有限公司（以下简称中企动力）总经理、北京新网数码信息技术有限公司总经理。自担任中企动力总经理以来，带领中企动力取得了一系列成绩：2011—2015 年实现销售收入 28.4 亿元，上缴税金近 1.36 亿元（在享受国家高新技术企业和软件企业税收优惠政策的情况下），目前总资产达到 3.88 亿元。

派派说：能说说企业基本情况吗？

陈鸣飞：据国际权威机构 IDC 报告显示，中企动力已连续 6 年获得中国 IT 外包服务市场本土企业第一名，与国际 IT 服务巨头 IBM、HP 共居中国 IT 外包服务市场前三位，并于 2007 年位列 IT 外包服务市场榜首。中企动力在国内开创了以软件服务运营模式实现企业信息化的先河，目前已成功为 30 余万家企业提供了全方位、多层面的软件服务整体解决方案。

中企动力近几年发展极为迅速，现已在全国设立了 80 余家直属分支机构，员工总数逾 8 000 人，拥有研发及运营工程师 1 200 余人，成为规模庞大、实力雄厚的软件服务运营商。目前在北京、广州、深圳和上海设立了 4 个技术研发基地，在北京、广州、苏州、美国得克萨斯、德国慕尼黑等地建立了数十个数据中心，构建了安全、可靠的网络环境；实现了计算池化和存储池化，建立了云计算环境；在软件服务领域，开创性地开发了按需服务、个性化服务的软件服务平台。

中企动力锐意改革，打造了以 S＋P＋S（软件＋平台＋服务）为战略，基于 UCD（以用户为中心的设计），进行服务规划和设计；基于 SOA（面向服务的架构），进行服务开发和服务聚合；基于 ITIL（IT 服务管理），进行服务提供和服务支持的业内领先的信息化运营”模式，成功为 30 余万家企业提供了全方位、多层面的信息化服务，完成了北京市重大科技项目“软件服务运营技术支撑平台研发与运营示范”的成果转化，在国内首次成功实现了数十万企业信息化的云计算应用服务，树立了中国企业云计算应用发展的新标杆。帮助众多中小企业度过初创期的困难，走上了快速发展的道路。

派派说：企业取得了哪些荣誉?

陈鸣飞：中企动力获得了社会的广泛认可和好评，2011—2013年分别荣获2010—2011年度中国软件和信息服务十大领军企业奖、2010年度中国商用软件最受客户信赖企业、2011年度最佳中小企业信息化工具奖、中国互联网繁荣十年优秀服务商、2010中国互联网产业百强、中国SaaS（软件及服务）领域十强服务商、最佳企业信息化应用平台、2010年中国IT创新企业、十大质量创新先进团队等众多荣誉称号，我也因此在2013年“中国IT两会”盛典上荣获2013年中IT年度人物。2014年，中企动力又获得中国行业信息化最值得信赖奖。2015年的中企动力也是收获颇丰的一年，公司的“Z touch独享官网”获得北京软件和信息服务业协会颁发的年度优秀软件产品，同年公司获得中国电子商务百强称号，并在2015年，IT用户满意度调查中获得企业电子商业服务类“用户品牌推荐奖”。

派派说：企业在国家推进大众创业、万众创新形势下的发展重点是什么?

陈鸣飞：随着政府提出大众创业、万众创新政策以及“互联网+”的发展理念，我深刻理解到未来必定是产业互联网化的时代。中企动力在过去17年专注于企业互联网应用服务领域，因此在服务、产品、技术三方面，也提供了独到的见解：

第一是服务。如果说哪家公司是我们的榜样，美国的Salesforce就是其中一家，让我们感动的是他们强大的地面服务能力。在我们服务中小型企业的这些年，发现中小型企业的需求并非是产品就可以解决的。有些企业发展代理商，但当代理商服务的客户出了无法解决的问题时，代理商应付不了只能停业。而Salesforce的合作伙伴遍布在企业出现的每一个地方，他们所提供的服务是可以服务不同行业、不同阶段、不同规模的企业，可以配制出不同的需求，所以服务是最重要的。

本地化的服务能力是决定胜败的力量。中企动力的商务人员和设计团队也在逐步转型为客户经理，他们对中小型企业的需求、问题进行快速响应并及时解决，这是中企动力最重要的基本能力。

除此之外，中企动力近几年更是专注在提升运营支撑能力和在线服务能力。随着自动化服务上线，极大地提升了问题与事件解决率。当客户有问题，中企动力也会引导客户在线解决，截至目前已经有近万家企业加入我们的会员系统，完全能自己在线解决问题。只有让在线服务和本地化服务两条腿走路，让服务更加贴近中小型企业的需求，中企动力才能产生更大的价值，才有存在的理由。

第二是产品。中企动力一直在批判现今互联网产品的同质化，我们认为满足中小型企业客户细分市场的需求，并且伴随客户发展阶段随需而变、可持续、可扩展，体现价值为王的产品才是好产品。

没有最好的产品，只有最合适的产品。随着企业发展、提供适合企业变化的产品就是最好；最适合企业行业特性的就是最好的；使用成本低，使客户的价值最大化的产品就是最好的。

第三是技术。中企动力从 2015 年开始着力发展产品，启动“平台＋战略”、启动行业化新官网产品研发、启动新网上商城产品规划、启动零售 O2O 电商产品规划、推出了“大把推”产品。

产品体现了中企动力对 To B 市场的理解，新的产品形态以 SaaS 产品模型与开放平台技术做支撑，承载可扩展的应用中心与服务中心。因此，能够快速响应不同行业的需求，包括展示、营销与管理等方面。从而快速响应市场需求，组装针对行业及细分市场的产品，迅速面向市场、解决客户痛点。另外，中企动力也将加大投入大数据中心、自动化运营平台、云计算平台，用核心技术撑起产品与服务，未来更是要靠技术的创新推动服务的创新。

派派说：企业的发展规划和愿景有哪些?

陈鸣飞：领导全国 80 家分公司 SaaS 营销体系的建设和运行。

在未来的中企动力规划中，带领中企动力团队建立覆盖全国 300 个城市的本地化商务和服务网络，通过面对面的顾问式服务向企业客户提供基于云平台的信息化运营服务，帮助企业实现全程信息化，让每个企业都实现“互联网＋”。同时，中企动力希望帮助中小型企业创造出更大的价值、打造智慧型企业群体，实现中国企业与世界一流企业比肩的宏伟目标，谱写中国本土品牌奋斗、超越的新篇章！

派派说：您对青年创业者有何建议？

陈鸣飞：不要用 To C 的思维做 To B 的市场。

这几年，To C 市场出现井喷式发展，其模式不外乎打着免费或破坏行情的低价策略，再以借势或是创造吸引眼球的事件营销吸引一批客户。再不断依靠创造各种故事，或是虚幻的商业模式来不断吸引投资，如果包装得当可以进行三板上市，之后再利用手段套利变现。用这种思维做市场，可持续的商业模式是凤毛麟角。

然而 To B 的市场是截然不同的，因为关乎中小型企业经营的实际需求，所以虚幻的商业模式及各种故事起不了作用。做 To B 市场主要还是要靠着产品与服务是否能体现价值，实实在在地帮助中小型企业客户解决经营的需求。因此 To B 市场客户量并不是最重要的，服务商为中小型企业提供特定的产品与服务，满足需求体现价值才是最重要的。

郑海峰：数字技术带来创业新机遇

郑海峰，北京大众在线网络技术有限公司总经理。

派派说：请您说说企业基本经营情况。

郑海峰：我们公司是信息技术企业，主要是做网络技术建设，还有软件研发维护。公司一个是高新技术企业，2020 年经营收入达 1.2 亿元，2022 年我们的目标是实现 2 亿元。

派派说：企业在发展过程中有哪些创新？

郑海峰：我们研发的不是底层操作系统，而是基于微软系统做二次的应用研发，以及基于 .net 和 java 做的一些应用类研发，不但没有技术含量，而且难度最大，因为需求是万变的。所以我说模仿是最稳妥的创新，在这个基础上做新的改进。

派派说：除此之外还有其他方面的创新工作吗?

郑海峰：还有进行组织机构创新。

在这一方面，我一直是两个做法，一是持续改进，依规治企，依据企业的规章制度来治理企业，不断实现企业治理结构的改变。二是实行小事业部编制以后，鼓励业务部门做一些微创客。

除了对组织、产品、技术、市场、资源配置的创新，最重要的还有对思想制度的创新，这个需要时间，企业内部也在不断实践，将来争取在这方面实现组织机构内部的微循环。此外，还要尽量顺势，顺应外面的大环境，这是对这方面的基本看法。

派派说：您觉得目前的营商环境如何?

郑海峰：营商环境难，难在机制上，希望从营商环境的角度，政府可以支持一些能扎扎实实干事的企业。

派派说：对加强营商环境管理举措的建议?

郑海峰：在遵守法律的前提下，增强政府的工作和服务终端的执行力，即是政策落实最后一公里的问题。

我们要依规治企，依规办事。条款是冰冷的，但人是活的，这个操作过程中，建议增加相关方面的情感认同或者增加一些灵活性的规则。

第七章　使命担当

新时代的企业家精神要具有“使命担当”。中华文明在五千多年的发展演变过程中，有所坚守而又通达，显示出了旺盛的生命力和超越时间和空间的人类智慧，是人类历史上唯一没有中断的文明，原因就在于“重人轻物”的使命担当理念。源自近代西方的现代企业文化只有扎根中华文明，和传统文化互相融合，才能在中国这片土地上生根发芽，为解决人类问题贡献中国智慧和中国方案。中国传统文化中“重人轻物”的理念有助于企业家充分调动人的积极性，形成融洽的劳资关系；中国传统文化中“贵义贱利”的规范有助于企业家在追求利润的同时注重道义对企业行为的约束，构筑健康的商业生态；中国传统文化中“家国天下”的情怀有助于企业家在实现局部利益的同时致力于社会价值的创造，推动全社会的共同进步。

激发企业家不断履行“使命担当”，需要在以下方面着力：一是引导企业家践行社会主义核心价值观。党的十八大提出积极培育和践行社会主义核心价值观，其中“爱国、敬业、诚信”是公民的基本道德规范，更是企业家必须恪守的行为指南。爱国是新时代企业家的大义所在，企业家需要将企业的发展和国家繁荣、民族兴盛、人民幸福紧密结合在一起，企业的成长才会有持久的动力；敬业是新时代企业家的精神支柱，对事业的忠诚和责任，而非对财富的追求，才是企业家获得持续动力和幸福体验的根本；诚信是新时代企业家的立身之本，公平和自由的竞争离不开社会诚信体系的建设与完善，而企业家的诚信是社会诚信体系的核心环节。二是引导企业家体现市场经济的主体责任。社会主义市场经济中，企业是市场经济的主体，政府是市场规则的制定者，也是市场公平的维护者，是公共服务的提供者。市场经济的主体责任要求企业家摆脱

“背靠政府好乘凉”的经营理念，把企业的生存与发展根植于市场；市场经济的主体责任要求企业家致力于构建“亲”“清”型政商关系，坚决摒弃权钱交易、商业贿赂等行为，净化营商环境；市场经济的主体责任要求企业家更多地依靠法律来保护自身权益，并积极推动完善各类市场主体公平竞争的法治环境。三是引导企业家拥抱科学思维。企业的成功不仅取决于企业的资源关系等生产要素，还取决于企业家的理性思维能力。新时代的企业家不仅需要具备整合各类生产要素的能力，也需要深刻理解创造性思维的逻辑及其萌发与孕育的生态环境。在企业竞争的赛场上，获胜者往往是最具有理性思维的企业家。新时代的企业家需要摆脱“凭经验、靠感觉”的管理思维，依靠逻辑和科学探究市场规律，通过严谨的科学分析，洞察问题，发现商机，决胜千里。四是引导企业家主动适应国内外环境变化带来的挑战。当今世界面临百年未有之大变局。中国的经济增长模式逐渐由要素驱动转变为创新驱动，全球产业链和国际货币体系也面临重构与变革，这给新时代的企业家提出了新的机遇和挑战。国内外环境的变化要求企业家致力于创新，从产品创新到技术创新、市场创新、组织形式创新等，用创新引领中国经济的发展；国内外环境的变化要求企业家着力争夺高端科技的制高点，弥补自身在产业链中的短板和不足，不断提升中国在全球产业链中的定位；国内外环境的变化要求企业家开拓国际视野，立足中国，放眼世界，把握国际市场动向和需求特点，把握国际规则，开拓国际市场，防范国际市场风险，带动企业在更高水平的对外开放中实现更好发展。

朱荣业：心系民生 霸王花开

朱荣业，男，1982 年出生于河源市东源县，中山大学工商管理硕士，现任广东霸王花集团执行总裁。凭着过硬的经营业绩获得社会的高度认可，先后荣获广东省青年五四奖章、广东省劳动模范、广东省创业先进个人、广东省企业优秀管理人才等多项荣誉。

朱荣业心怀社会，积极参政议政，历任东源县人大常委，河源市人大代表、河源市慈善总会永久名誉会长、河源市青年企业家协会主席、广东省青农促进会常务副会长、中国粮油学会米制品分会副会长、全国青联委员等社会职务。

派派说：请介绍一下个人基本情况。

朱荣业：我是初涉商海的年轻后生，用每年产销量超过 38%的发展速度，把一个转制前几近亏损的企业成功地经营为年营业收入逾亿元的中国驰名商标企业、广东省现代产业五百强项目企业。

关爱员工。视员工如家人，不断改善员工的工作与生活环境，不断提高员工的福利待遇，一线员工的薪资从转制前的 700 多元提高到现在的 2 000 多元，并设立困难员工帮助基金。所有员工购买集团开发的商品房，一律低价出售并给予 1 万～10 万元的购房补贴。

心系社会。先后妥善安排 1 000 多名下岗工人再就业、带动周边 5 000 多户农户实现增产增收，资助家乡 263 名贫困大学生上大学。为河源市扶贫、济困、拥军、助学等慈善和公益事业累计捐款捐物达 3 600 多万元。

以突出的经营业绩，成功地实现了从一名大学生到现代企业集团执行总裁的华丽转身。

派派说：请说说您的创业历程。

朱荣业：主动请缨，临危受命表决心。大学毕业后，我直接进入家族经营的房地产公司做事，仅用一年时间就帮助父亲把一家管理传统的地产公司打造成一家经营规范、管理顺畅、业绩突出的当地行业新秀。但是，我并不满足于此，我认为要实现家族事业的基业长青，就必须进入实业领域，通过做实业、做品牌才是确保父辈甚至整个家族基业长青的最佳途径之一。

2005 年初，当时还是国有企业的广东霸王花食品有限公司公开拍卖，从小就吃着霸王花米粉长大的我非常看好霸王花的品牌价值和市场空间。我抓住了这个机会，并最终成功竞得霸王花整体资产。

霸王花转制之初，我的父亲基于多方考虑，最终聘请了职业经理人出任公司的首任总经理。而当时的我则和许多刚毕业的家族企业二代接班人一样，仅以总经理助理的身份参与日常管理。

但在 2005 年，原本就有事业单位编制的外聘总经理突然要辞职，就在父亲为寻找新的总经理四处奔寻的时候。深思已久的我对父亲说："让我上吧，我有信心，我也绝不会让您失望！"我向父亲递交了关于如何经营好霸王花的发展思路、规划及实施方案。集父亲与董事长身份于一体的他在认真看完了长达 16 页的施政方略后，结合我一年多来的无数细节表现，最终让他坚定了信心，看到了希望。

虽然，在上一任总经理的治理下，公司已基本恢复正常的生产与销售。然而，有着 20 多年国企背景的霸王花依然存在着管理涣散、人才匮乏的弊病，市场销路也并未像想象中那样好。所有这一切都成为摆在我面前最大的难题。但我已无路可退，作为家里的长子，作为家族事业的接班人，我必须跨越经营管理上的每一道坎，决不能辜负家人和员工的期望。

派派说：企业发展过程中您是如何自我提升的？

朱荣业：谦虚好学，深入调研夯实基础。"在人之上视人为人，在人之下视己为人"。我深刻认识到，提升自己能力的最好途径就是多向身边的人学习、向前辈学习、向同行优秀的企业学习。

因此，我不断向身边的前辈请教、学习经营管理之道，一有空就到生产车间学习米线制作工艺和技术，从大米的鉴别到生产制作工艺，从技术配比到设备检修，每个岗位都亲手实践，不懂就问。为了不断提升自己的管理水平，我一边在职攻读工商管理硕士，一边深入广州及江西、广西考察同类企业，向同样经历转制而迅速走上快速发展之路的优秀企业经营者学习取经。天道酬勤，很快，我就熟悉了公司的全盘经营情况。

派派说：企业发展过程中的重要举措是什么？

朱荣业：对症下药，大胆出击革旧弊。为了迅速扭转公司管理涣散的局面，我做出了一系列的重大决定。

为了改变产品单一的现状，深入了解市场需求态势后，抽调公司核心技术骨干组建了公司研发中心，联合省农科院等科研院所成功开发出多个深受消费者欢迎的营养粉、杂粮粉和即食粉。

为了提高产品质量，规范管理，率领公司在行业内率先通过了ISO 22000、HACCP食品质量与安全管理体系，所有产品均通过了国家绿色食品认证。在国家、省、市的多次产品质量抽检中，霸王花系列产品的各项指标每次都通过检测。2008年，霸王花生产的系列米粉获得了美国免检产品的资质。为了解决米粉行业普遍存在的断条和复水性差的问题，我亲自担任“南方特色米粉丝绿色化生产研究与产业化示范”项目第一负责人，顺利通过粤港关键领域重点攻关项目评审组的考核，被列为省科技厅2009年科技攻关专项课题。

为了组建现代营销渠道，我率领营销团队奔赴一线，在稳固现有传统批发市场的基础上，成功与沃尔玛、新一佳、易初莲花、大润发、华润万家、好又多、百佳等十几家大型超市建立了良好的合作关系。

派派说：企业当前的市场价值和所得荣誉有哪些？

朱荣业：兑现承诺，科学管理创佳绩。2004年冬，我在协助父亲成功竞得霸王花整体资产之后曾通过媒体向外界承诺：“我们不仅要让转制后的霸王花开得更艳，而且还要在3年内再造一个霸王花，将霸王花打造成为全国米粉行业中领跑者！”

以一个年轻人特有的胆识和魄力，敢于突破窠臼大胆实施科学管理。我在短短的几年时间里，迅速成长为一个懂技术、会经营、能管理的职业经营者。今天，我所治理下的霸王花公司面貌焕然一新，内部管理一改转制之初涣散无章的现象，厂区环境整洁、车间秩序井然、员工精神饱满。而营销渠道的成功升级，不仅极大地提升了霸王花的市场占有率，就连香港市场也被霸王花占据了三分之一以上的份额。霸王花先后荣获全国守合同重信用企业、全国农产品加工业示范企业、全国主食加工业示范企业、广东省连续23年守合同重信用企业等上百项荣誉，所生产的霸王花牌系列米粉被评为广东省名牌产品、广东省岭南特色食品、河源市金牌农产品，制作工艺也入选广东省饮食文化遗产。2011 年 5 月，国家工商行政管理总局授予“霸王花”中国驰名商标称号，这不仅是霸王花发展史上具有里程碑意义的一件盛事，也是河源市建市以来首家获得中国驰名商标的企业。

我和团队用实际行动向董事会、向所有关注霸王花事业发展的人交了一份满意的答卷。

派派说：做了哪些公益工作?

朱荣业：关爱员工，慷慨解囊造益桑梓。为集团所有的员工统一购买了五险，凡是霸王花员工购买公司开发的商品房，不仅以低价出售，而且还根据工作年限和贡献给予 1 万～10 万元不等的购房补贴。定期为员工体检，并购置了大量的康体设施供员工业余锻炼和娱乐。设立困难员工帮助基金，帮助员工排忧解难。截至目前，已有 62 名困难员工子女享受到公司 3 000～30 000 元的助学金，先后安排 1 000 多名下岗工人再就业，带动周边 5 000 多户农户增产增收，共资助 263 名贫困大学生上大学，累计为河源市各项慈善公益事业捐款捐物达 3 600 多万元。

派派说：企业未来的发展愿景是什么?

朱荣业：如今，霸王花集团的业务已经涉及食品加工与销售、地产建筑与开发、金融投资与管理、物业管理等诸多领域。集团确立了在 5 年时间内，将霸王花打造成一家“年营业收入超过 30 亿元、极具综合竞争力、备受社会尊重的现代上市企业集团”的发展目标。对此，我信心满怀!

张阳：为城市建造 为生活筑家

张阳，广粤锦泰控股集团董事长，出生于 1983 年，大学本科学历，是中国青年企业家协会常务理事、中国青年企业家协会公益委员会副主任、海南省青年联合会常委、海南省青年企业家协会执行会长、海南省青少年足球发展促进会副会长。

派派说：请介绍一下企业发展情况。

张阳：广粤锦泰控股集团注册资本为5亿元，总部设立在广东省广州市，是一家多元化的企业管理集团。

目前集团下设广粤锦泰地产有限公司、广东广锦投资有限公司、广粤锦泰文化传媒有限公司等6家一级子公司，以及安逸物业有限公司等6家次级子公司。经过近几年的迅速发展，集团业务已经涵盖房地产开发、金融投资、能源产业、基础建设、科技信息、酒店管理、文化旅游等行业领域，业务范围遍及广州、海口、汕头、重庆、成都等主要城市及浙江、甘肃等地区。

其中，集团地产中心将继承超百万平方米的优良业绩，面向智慧、创新的将来，继续秉承“为城市建造、为生活筑家”的理念为广大客户建造美好的幸福之家。而投资中心则以资本、资源及增值服务，通过股权投资、企业投融资咨询、企业并购、基金投资等，推动合作企业的跨越式发展，为我国实体经济及商业繁荣的发展作贡献。投资项目包括：太行地产（母公司为中国五百强企业、全国最大的无烟煤生产基地阳煤集团）、粤科孵化器（母公司为广东省人民政府授权经营的国有独资企业广东省粤科金融集团有限公司）、海南酒店项目（母公司为泰国首屈一指的onyx酒店集团）、浙江金华教育地产项目等。

派派说：公益事业发展得怎么样?

张阳：随着集团的稳步发展，广粤锦泰也在以自己的方式投身社会公益，回馈社会，其中包括：海南城乡少年手拉手交流体验活动、“威马逊”台风赈灾、连续多年支持海南青年志愿者服务项目、连续多年参与青联青企协组织的社会公益及慰问活动，2015年起连续两年支持“激扬青春·快乐健康”海南省青少年足球赛、参与2015年海南省志愿服务交流会、参与支持广东青年助力精准脱贫攻坚项目等多项公益慈善活动。

派派说：请说说您创业的原因和历程。

张阳：创业本身就是一种职业，它能激发潜能挑战自我不断鞭策个人快速成长。特别在引领企业发展过程中，为社会、行业、员工、家人所创造出的价值，更令自己充满了成功感和喜悦感。而企业经营中的酸甜苦辣咸，更令人生充满了丰富的色彩。

我的创业历程可以分为三个阶段：2013 年 7 月，摘得海口中心地块，建设地标级项目，树立企业的标杆形象；2014 年 7 月，进入广州，成立广粤锦泰控股集团总部，并组建多个事业群中心；2015 年 12 月，投资太行地产，成功进入重庆、成都市场。

派派说：企业发展过程中的重要举措有哪些？

张阳：在做这几件事之前，我们一直在思考，社会需要什么？需要一家怎样的企业？为此，我们为集团旗下每一个板块制定出相应的经营方针。

集团业务核心。广粤锦泰地产秉承“为城市建造、为生活筑家”的理念，形成以华南、西南地区为主的房地产开发阵营，同时通过不断的参股、控股等方式扩张投资规模，形成地产开发和物业管理两步走的良好格局。

优良资产整合平台。广锦投资立足自身发展目标，发起或参与基金投资，并承担其他业务板块的资本运作桥梁。目前涉及领域包含项目股权投资、收购兼并、投融资咨询等业务。未来广锦投资将抓住市场风口，结合“一带一路”倡议以及金融市场自由发展等历史发展机遇和政策优势，不断充实实体经济与金融产业链有机结合，致力成为广粤锦泰控股集团高效的投融资平台及资产运营中心。

管理团队。团队人员的平均年龄为 33 岁，全部具备本科以上学历，拥有 10 年以上的经营管理、项目管理经验。大家秉承着共同的价值观，德智相融，以开放的心态，锐意进取，勇于开拓。

品牌建设。“广粤锦泰首座”精品项目即将启动；与泰国首屈一指的 onxy 酒店集团开展合作项目；参股中国五百强企业、全国最大的无烟煤生产基地阳煤集团旗下的太行地产；积极承担社会责任，履行企业公民义务。

市场拓展。经过近几年的迅速发展，集团业务已经涵盖房地产开发、金融投资、能源产业、基础建设、科技信息、酒店管理、文化旅游等行业领域，业务范围遍及广州、海口、汕头、重庆、成都等主要城市及浙江、甘肃等地区。其中，房地产项目就已累计竣工面积 300 万平方米、在建项目约 700 万平方米、销售储备面积约 1 000 万平方米。

派派说：企业目前形成的商业模式或盈利模式是什么？

张阳：以地产开发为核心夯实发展基础，以投资为战略着力点打造投融资平台。主营业务在产品、服务和自有物业运营上结合当前发展趋势，除传统服务的收益获取外，加强客户大数据、智能家居、住户社群管理等方面的创新模式探索。在地产业务稳定发展的基础上，加强以投资为导向的多元发展，关注和进入新的领域，关注优质的项目股权投资和创投业务等，扩大区域的业务版图。在未来的发展中，在模式和路径上都会进行不断探索，通过创新产品、产融互动、跨界融合和聚合孵化，推动整个集团的创新生态系统。

派派说：创业过程中遇到过哪些困难。

张阳：人才、公司管理能力、企业价值观的培育与公司发展进程的融合，是企业发展过程中遇到和经历较多的问题，这些问题的解决需要按照不同阶段的实际情况来制定不同的实施措施，包括企业文化的不断形成和升华，但最重要的是，需要一套符合实际且有效的管理系统，一个具有共同价值观的负责人和高效的核心团队。

派派说：目前正在进行的项目是什么？

张阳：如海南海口、广粤锦泰首座、商务金融地产项目。广粤锦泰首座项目位于海南省海口市政府核心区域、城市新 CBD 中心区位，总投资额约 8 亿元，2019 年可落成并交付使用。项目通过对产品的不断提炼，提升了整体的配套，赋予其更多的产品内涵，使之具备了较强的竞争力。关于地产市场，作为开发者，需要更加注重产品、项目地域、服务和创新增值等方面，才能赢得客户的信赖并选择你，对于优质的项目及其市场，依然保持发展的看法。

派派说：企业发展愿景是什么？如何实现？

张阳：铸就广粤锦泰精品品牌，努力令广粤锦泰控股集团的行业发展形成横向互补，纵向延伸的格局。

做强地产——努力成为区域房地产开发行业中有较强核心竞争力并深受信赖和尊敬的品牌地产企业。

做大投资——基金投资、PE股权投资、VC风险投资、优良资产收购和酒店投资。

多元化——地产开发、金融投资、能源产业、基础建设、科技信息、酒店管理和文化旅游。

派派说：您认为青年企业家应该具备什么素养？

张阳：企业家“Entrepreneur”一词是从法语借来的，其原意是指冒险事业的经营者或组织者。此外，企业家必须具备学习能力、社会责任感和法治意识。

派派说：对国家推进大众创业、万众创新的看法？

张阳：群策群力，搭台唱戏。大众创业、万众创新是实现中华民族伟大复兴的有效途径之一，必须发动社会各界力量一起参与，做好动员及宣传工作，实现大众参与。

以政策激励、串联资源、资本结合、相互学习等方式，鼓励创新风气，创造创新环境，让创新真正灌输到产品、商业模式、管理、整合方式等每一个经营环节，先扶持部分企业成长，实现以点带面提升产业水平，最后实现整体的经济发展。

派派说：最想对青年创业者说什么？

张阳：最大的失败是放弃；最大的敌人是自己；最大的对手是时间。

派派说：您对人生意义的理解是什么？

张阳：一步一个脚印地坚守着自己的理想和信念，保持自我完善，以青春之担当，积极践行社会主义核心价值观，为实现“中国梦”贡献民营企业家的绵薄之力。

何鹏飞：种百合富百姓

何鹏飞，安徽霍山人，退伍军人，部队服役期间曾荣获个人三等功一次，是安徽霍山鹏飞现代农业科技有限公司执行董事、总经理，霍山县原生蔬菜农业专业合作社法定代表人、理事长，安徽凡人电子商务有限公司执行董事，安徽大别山百合农业科技股份有限公司总裁，被评为安徽省农民致富带头人、安徽省青年创业之星、六安市优秀科技特派员，荣获最具投资潜力奖、第一届六安市五四青年奖章，央视七套曾两次对其进行专访；带领团队取得专利发明4项、科研成果1项、承担国家级星火计划项目。何鹏飞有着丰富的团队领导经验和管理经验，2012年由其主导组织发起参与的“漫水河百合脱毒种球快繁关键技术研究与应用”项目通过省级科技成果鉴定，此外，由其提交的食用百合脱毒快繁育种、无公害机百合干加工工艺、百合炭疽病药剂等14项发明专利已被受理。

派派说：说说您创业的原因和历程。

何鹏飞：创业原因有三点。我是地地道道的漫水河人，从小对百合就有深厚的感情；百合是地理标志保护产品，有很高的市场价值和空间；创业可以体现自身的人生价值。

创业历程分三段。一是在2008年，大面积种植百合，第一年净赚100万元。二是在2010年成立了安徽霍山鹏飞现代农业科技有限公司，整合霍山百合资源。在传统销售模式基础上，积极开展电子商务、直销等新兴模式，通过近半年的发展，公司电子商务市场取得了几倍增长。同时对百合产品进行深加工处理，创造性地发明了“百合粉”等，并且获得了国家专利，实现了百合价值的最大化。三是在2014年成立安徽大别山百合农业科技股份有限公司，第二年公司主营品种百合在全国最大的现货交易所渤海商品交易所挂牌上市，挂牌上线仅3个月，线上共计交易额超320亿元，日均交易达3亿单以上，交割百合标准品1 200余吨。

派派说：企业发展过程中有哪些重要举措?

何鹏飞：一是在传统销售模式基础上，积极开展电子商务、直销等新兴模式，通过近半年的发展，公司电子商务市场取得了几倍增长。二是与中国药科大学、上海农业科学院、安徽农业大学等机构展开合作，成立了霍山百合育种及加工技术研究所、六安市科技专家大院百合分院、霍山县科普示范基地百合脱毒育种研究中心等研究机构。自主研发了具有国际水平的百合脱毒高产种球，彻底解决了品种退化问题。三是2015年在全国最大的现货交易所渤海商品交易所挂牌上市。

派派说：通过创业实践，目前企业形成的商业模式或盈利模式是什么？

何鹏飞：商业模式是搭建电子商务平台，整合上下游资源。

盈利模式如下：

（1）通过种源销售盈利。

（2）种源研发，提供给上游优质种苗。

（3）渠道销售，稳定产品市场价格。

（4）收取平台交易手续费。

（5）下游渠道销售。

派派说：创业遇到过哪些困难，如何解决的？

何鹏飞：由于漫水河当地的百合都是外地客商收购，价格掌握在别人手上，百合产品卖不出好的价格。因此，成立安徽霍山鹏飞现代农业科技有限公司、安徽大别山百合农业科技股份有限公司，搭建电商平台，扩大了销售渠道，稳定了百合的市场价格。

由于连作使病毒积累导致品种退化，亩产量从1 500公斤下降到750公斤。通过与中国药科大学、上海农业科学院、安徽农业大学等机构展开合作，成立了霍山百合育种及加工技术研究所、六安市科技专家大院百合分院、霍山县科普示范基地百合脱毒育种研究中心等研究机构。自主研发了具有国际水平的百合脱毒高产种球，彻底解决了品种退化问题。百合的亩产达到了目前的1 700公斤。

派派说：当前正在做的项目是什么，市场行业前景如何？

何鹏飞：目前的主要项目是培育百合种苗。

大别山地区百合种植面积约18万亩，品种退化严重，产量逐年下降，种植户有着迫切的用种、换种需求，同时该市场简单、区域单一，利于推广。此外，配套公司高产栽培技术的推广和疫病防治技术的普及可提供稳定的、强有力的持续市场。按每亩用种需求250公斤计算，大别山区理论上用种需求为2 500万公斤，每公斤预期销售价格 30 元，市场值约 7.5 亿元。

同品种市场：湖南湘西地区、江西万载地区种植同品种药用百合面积约 10 万亩，同样有着用种需求，市场值 7.5 亿元。

全国市场：全国百合种植面积约 50 万亩，包括甜百合、菜百合，我们在其品种中选育母体单株进行技术研发，生产脱毒种苗，供应全部市场，市场值近 40 亿元。

派派说：企业未来发展的目标愿景是什么？如何实现上述目标？

何鹏飞：发展目标是打造中国第一百合品牌。分四步实现：

（1）吸引更多的高科技人才，加强研发创新。

（2）在原有的基础流通渠道中继续做大做强。

（3）加强品牌推广力度，提升品牌形象和认知度。

（4）积极与资本市场对接，迅速做大市场及支撑基础。

派派说：您觉得优秀企业家应该具备哪些素质？

何鹏飞：我觉得优秀的企业家应该具备战略决策能力、创新能力和团队组织能力。

派派说：您对国家推进大众创业、万众创新举措的看法是什么？

何鹏飞：2015 年李克强总理在政府工作报告提出“大众创业，万众创新”。政府工作报告中提出，推动大众创业、万众创新，“既可以扩大就业、增加居民收入，又有利于促进社会纵向流动和公平正义”。在论及创业创新文化时，强调“让人们在创造财富的过程中，更好地实现精神追求和自身价值”。

在我看来，以往提到创新，主体往往是高校、研究所和知识分子，把大众纳入创新的范畴并写入政府工作报告中，还是首次。这不仅为寻求经济突破途径的各级地方政府指明方向，也将大大鼓舞青年一代，对他们的信心提振产生重大影响。如今的青年一代无论在物质环境还是文化环境上都有很大的优势，但受传统文化熏陶，往往循规蹈矩，创业创新的动力和活力不足，总理的话势必会如一针强心剂，激起青年创业创新的浪潮。我觉得，这是一场机遇，在时代的大潮中必须紧跟党中央的步伐，半点都不能迟疑！

派派说：您最想对青年创业者说的几句话是什么?

何鹏飞：我想对那些想青年创业者说：再大的困难都要坚持，静心做事，积累方能成功。

派派说：您对创业内涵及人生意义的理解是什么?

何鹏飞：我觉得创业是创业者通过发现和识别商业机会，通过自己的努力，利用各种资源，创造价值的过程。创业具有较高的风险，但可以在不断的努力中实现人生价值。

而一个人的人生意义在于自己努力，自己把握，自己创造。选择正确的人生价值观，为之奋斗，只有这样才能赋予生命真正的意义，体现生命的价值！

门钰霖：为民公交 马不停蹄

门钰霖，北京骏马客运有限公司执行董事、顺义工商联执行委员、政协北京市顺义区第五届委员会委员、顺义区青年联合会执行委员、北京平安交通协会会长。

派派说：您对当前公共交通行业的发展前景有何看法?

门钰霖：公共交通目前在我国处于低票价运行到市场化的过渡期，现阶段企业无法盈利，需要政府的资金补充，在许多细节方面，需要跟政府沟通和探讨。

相对而言，公共交通在中国市场的环境是一个低票价运行的环境，是保障老百姓基本出行的公共交通设施。在很多其他国家，他们实行的是市场化的方式，所以我们去国外调研的时候看到老百姓的公共交通费用支出是很大的，基本上都是以市场化为主，很少会有政府扶持的企业。我们现在公共交通发展也是因为低票价运行，导致今天企业无法正常的运转和盈利，需要政府补充资金发展。甚至我们去调研时发现，每年公交补贴已经达到将近 200 亿元。对于这个行业的状态，我以为是暂时的，是中国特色的过渡期。在这个过渡期之后，我们会面临一个新的市场，慢慢进行市场化的转型。

虽然这只是一个过渡期，但是仍有很多细节方面需要我们跟政府，甚至财政局、交通局以及发展改革委去沟通、去探讨。

派派说：企业发展过程中所实行的重要改革有哪些？

门钰霖：骏马公司根据市场情况不断转型升级，学习各家企业的优点，进行体制机制的创新。

为什么顺义能够作为整个郊区的一匹黑马？这里面有骏马公司一个独特的发展理念，从公司 1999 年成立至今，不断转型转变。我们一直以市场化运作，自负盈亏。2015 年以后我们开始转型做标准化，按照政府要求，做到方方面面的合规合法，包括用工合法、制度合法、安全合法等，投入了大量的资金、人力和物力，逐渐形成了现在骏马的转型。

为了实现转型，我们公司每个副总每年都会去调研。工会方面，要去调研其他工会的情况，怎么去发展、怎么去建立、怎么去沟通；人力资源方面，要去民营企业汇思集团，他们是做人力资源的龙头企业；安全方面，哪里安全、安保最好最严格，我们就去哪里学习，包括这次从新疆回来之后，那里所有的安全检测和应急演练，所有的模式我们差不多都有所了解；还有文化方面，我们去义乌公交调研，义乌公交司机的模式会带给更多的企业升级，一是他们组织员工线下小黄帽模式，在整个市场维护秩序，二是义务监督警察官代替交警辅警的出行模式，他们以积分制搞文化体系建设已经 10 多年了，效果非常显著，提升了很多企业的核心团队意识和凝聚力。

派派说：企业目前遇到的困难有哪些？

门钰霖：缺少人力资源人才。我招人力资源总监招了整整两年，招不上来，以我们现在的工资标准完全是不符合市场发展的。我们 1 900 多人的企业，需要一个强大的人力资源来控制人力成本，这是我们一个极大的需求。

派派说：企业未来的发展愿景是什么？

门钰霖：进行多元化发展，进行骏马品牌建设，提升公交行业管理水平，推动骏马公司走出去。

多元发展是首当其冲的一个重点。骏马模式初步定义为打造网约平台，未来更多的网约平台可能是产生于市场。公交转型以后的5年、10年更多是无人驾驶，在这个环境当中无人驾驶不需要司机去开车，更多是需要监督安全的监督员，负责配备每辆车的正常行驶和安全，更多是服务体系。

为了打造一流的骏马公交企业品牌背书，让骏马走出去，我们需要打造一匹属于这个行业的民营黑马，能让我们的品牌在行业内响彻大江南北。

派派说：如何实现企业发展愿景？

门钰霖：打造公交专业培训，保证我们自身的运营标准，也让更多市场、更多行业，其他同行业的标准有所提升。

打造公交专业培训。在全国，对于公交行业驾驶员和管理人员没有统一标准，在没有标准的情况下，公交发展一定是缓慢的，没有一个彻底的评判。每一个城市的公交体系能为老百姓服务到什么程度，公交水准上下不一，在这种情况下，我们的解决办法是建立一个属于公共交通的培训学校，这个培训包括所有的专业知识、理论知识，以及礼仪培训、安全培训、标准培训。

邹华：争做青年创业者的领头人

派派说：请您给大家聊聊自己的创业过程。

邹华：我初中起就开始自己创业，大学时已能独当一面，毕业后成立了都市经济产业园，在原先的企业发展板块中，增加了面向青年创业者的培育板块，让青年创业者进驻园区，在良好的政策环境下，培育出了众多的优秀青年创业者。

派派说：您对“装配式建筑”这个概念是如何理解的？

邹华：2016年“装配式建筑”的概念被提到了国家层面，相关扶持政策接连不断。我转变了发展的方向，那就是“绿色建筑”。虽然对企业而言，进入这个新的行业肯定意味着巨大的投入，而且短期内并不会有什么经济效益，但我很快就下了决心：不管多难，这一步一定要走，因为绿色建筑是一件利国利民的大事，传统建筑行业必须升级，这样才能守护蓝天白云和青山绿水，我愿意先行。

派派说：实现这一概念您是如何去做的呢？

邹华：2017 年，我积极响应国家大力发展装配式建筑和建筑工业化的号召，投资 5 亿元在杭州余杭经济开发区（国家级）打造国内首家针对装配式绿色建筑的创新型研发基地，华临绿建不再仅仅是一家装配式建筑企业，更是一个推动国家建筑业发展，充满科技创新的先行者。

派派说：企业获得了哪些荣誉呢？

邹华：2018 年公司获得了 2018 中国经济改革领军企业、浙商全国 500 强、科技部国家重点高新技术企业等荣誉。

派派说：为响应党的号召，您又是如何做的呢？

邹华：2016 年共青团浙江省委改革为了响应党中央群团会议精神和《共青团中央改革方案》中“去四化”“增三性”的改革要求，不拘一格选拔团干部，首设挂职、兼职副书记。我作为优秀青年代表被任命为共青团杭州市余杭区委副书记。作为一名基层团干部，面对不忘初心、回归本源的共青团改革大潮，积极响应“当团干部，就要真正把联系青年、服务青年工作做起来”的青春号令，以一往无前的改革浪潮精神，在共青团这片火红的土地上，在充满创新的新时代中引领新风尚、传递正能量，继续着不当青年官、争做青年友的青春事业。

派派说：您是如何看待青年人创业的？

邹华：我积极响应国家政策，带领身边的青年人积极创业，协助政府创立都市经济产业园区，引进科技型中小微企业 60 余家，获得国家发明专利近百项，积极引进一大批大学生创业人才，园区建立了党委、政协联络站、工青妇、大学生创业等组织，为初创型企业提供了很大的帮助。我作为中国青年创业导师经常为大学生创客们作创业规划指导和创业知识授课，助力近百名青年创业发展。我还组织身边的青年企业家成立打造向青年创客开放的“青创投”创业基金，专注于青年创新创业项目，为广大投资人、投资机构和青年创业者、创业项目，搭建起一个便捷高效的多赢平台，撬动更多社会资本改善当前青创企业发展融资困境，凝聚起支持青年创业的新合力。作为创业者，深知身边青年创业的不易，所以我希望那些有潜力的年轻人有更多奋斗的机会。

派派说：您为带动青年人创业都做了哪些工作呢?

邹华：作为共青团余杭区委副书记，我分管着余杭青年商会。带领着余杭青年商会逐渐发展成为连接青年企业家的桥梁，资源共享、互通有无的青年组织，已连续五年获得浙江省先进组织的荣誉。特别是在大力倡导民营经济发展的历史潮流中，我助力推动增强青年的活力和创造性。带领着广大青年企业家积极响应党中央国务院的号召，拥抱民营经济发展的春天，抓住历史发展机遇，带头践行社会主义核心价值观，弘扬企业家精神，提高企业竞争能力，带头练好企业内功，努力把企业做强做优。我积极搭建和促进青年投身民营经济发展的桥梁，组织青年民营企业家积极参加各项“青”字号品牌工作，营造了共青团支持民营经济发展的良好氛围。

派派说：对于余杭青年商会，您是怎样管理的?

邹华：我始终牢记，作为一名党员干部，特别是作为一名基层团干部，在青年思想引导方面要做出表率。在分管余杭青年商会过程当中，我得知有好几名流动党员后，将他们纳入自己的联系青年范畴，召集他们学习党的重要会议精神，不仅青年企业家党员学习，而且将多名非党员会员吸收成为学员。在我的引导下，成立了余杭青年商会党支部，其中包括了很多农村青年创业者、海归青年创业者，发挥着青年创业者尤其是青年党员创业者的先锋模范作用。我积极策划党组织各项活动，着重加强对余杭青年商会的党建工作、“四个桥梁”、抱团发展、个人成长、企业发展、回报社会等方面的建设，不断努力创新管理方式，团结广大青年共同进步。余杭青年商会（新生代）党支部在我的带领下走在了浙江省前列。在青年党建领域内做得有声有色、成绩斐然，充分发挥了青年党支部的战斗堡垒作用，为浙江省乃至全国的青年党建工作树立了一个优秀典型。

派派说：能给我们举几个典型事例吗？

邹华：我深知联系青年的工作落脚点要落在服务上。余杭青年商会以青春扶贫行动为抓手，发起了“彩虹盒子”关爱贫困家庭青少年活动，为超过 36 名困难孩子资助资金物资。余杭青年商会还组织了蒲公英飞扬、帮助贫困大学生、环保骑行、爱心传递助学金等活动，解决了很多贫困家庭青少年的实际困难。远赴青海和新疆等地，为当地学校进行了捐赠活动。我个人还长期资助大学生 2 名、中小学生 39 名，华临公司至今共捐赠 500 余万元用于建设一所小学及各项青少年慈善事业。

派派说：您本人获得的社会荣誉有哪些呢？

邹华：我凭着对事业的热忱和对社会的贡献，也获得了诸多荣誉。2015 年，被评为第十二届杭州市青年英才。2016 年 9 月，被浙江省委、省政府评为浙江省 G20 杭州峰会工作先进个人。2017 年 12 月，被评为杭州市优秀企业家。2018 年 4 月，入选第十届新锐浙商。2018 年 6 月，被评为浙商新领军者，获得浙商社会责任大奖。2018 年 7 月，被评为团中央中国青年创业导师，被浙江省委组织部评为浙江省新时代万名好党员。2018 年 10 月被评为创动中国最具影响力青年领袖。2018 年 12 月，被国务院国资委下属单位评为中国经济改革领军人物。2012－2018 年，连续 7 年获评余杭区优秀政协委员，这期间还多次被评为浙江省青年企业家优秀先进个人、浙江省新生代企业家先进个人、最美杭州人、杭州市优秀政协委员、杭州市十大青年英才、杭州市优秀企业家、杭州市青年人才大使、杭州市优秀青联委员，荣获杭州青年五四奖章。2019 年 1 月，被评为杭州市政协 2017—2018 年度优秀委员。2019 年 1 月被评为共青团浙江省委“青年大讲堂”首批讲师。

王浩宇：以建设水利现代化为使命

王浩宇，男，1991 年 6 月生，中国农工民主党党员，高级工程师，中国农业大学和美国普渡大学经济学及管理学双学士，美国约翰斯·霍普金斯大学工商管理硕士，清华大学水利水电工程系博士在读；2017年3月至今，王浩宇担任大禹节水集团股份有限公司第四届董事会董事长并担任公司法定代表人、中国农工民主党第十六届中央青年工作委员会副主任，世界华人不动产学会理事，节水灌溉产业技术创新战略联盟副理事长、秘书长，是第十一届中国青年创业奖获得者。

派派说：请您给大家做一个自我介绍。

王浩宇：我来自甘肃，2015年进入约翰斯·霍普金斯大学凯瑞商学院的GMBA（全球工商管理硕士）项目。我刚结束在非洲的工作，希望重返校园追求新的自我突破。进入学校伊始，我和同学们就想一起找点项目做，思来想去我们认为做项目肯定不能离开学校的圈子和辐射半径。因为亲身体会过2011年刚到普渡大学读本科时那种异国他乡的不适应，外加中国留学生日益增加，还有当时美元的低汇率等外部机缘，我们最终选择创立HH Fund（简称HH），一个学生公寓的私募基金，目标是让留学生一星期内就可以快速掌握必要的生活信息，比如买菜、找房子等，最大限度地减少学生在琐事上花费的精力。尽管我没有什么房地产背景，但感谢凯瑞商学院，我的同学们入学前都有广泛的工作经历和背景，有从事金融、地产、审计、法律等不同领域的，我们一拍即合组建了团队，就开始做了。

派派说：您的第一个项目是什么呢？

王浩宇：HH基金第一个项目是Cresmont学生公寓（2807 Cresmont Ave），位于JHU Homewood校区西南侧。商学院的学生面对项目的巨额启动基金，从零开始，各尽其力，共招募到七位投资人共投入400万美元收购这幢公寓楼。原来Cresmont公寓楼每年只有20万美元的净运营收入，HH入场之后应用了一系列办法降低了运营成本，收入翻了一番。例如公寓的网络，HH入场之前，Cresmont每个房间都装了Com-cast网络，手机等电子设备一打开出现100多个Wi-Fi信号，互相干扰，网速很慢。改造后，我们统一使用一个大路由器整合成全覆盖的一套系统，网速提高了一倍，成本却从十几万美元降低到了 1 万美元。Cresmont 的成功运营给 HH 团队带来了信心、资源和经验，银行对其的估值也大幅提升。这期间，我亲自带领一批商学院的高才生们一起坐下来计算水电费，一起给每个房间安装网络，一起在主校区图书馆里的房间熬夜处理文件，一起去机场接送学生，一起在微信上寻找住客。我处处的亲力亲为给团队带来巨大的增值效应。

派派说：让您赚到第一桶金的项目是什么?

王浩宇：HH 的第二个项目是 Varsity on Biddle（与巴尔的摩大学、马里兰艺术学院和皮博迪音乐学院相邻，同时也服务凯利商学院的学生），投资额达到 2 700 万美元。收购的时候正好是暑假空档期，而且这幢楼的经营状况很不好，于是我们用很低的价格拿下了这幢楼。收购以后，我们用了两个月的时间将这幢楼的入住率提高到了 95%。后来出售这幢楼的公司也变成了 HH 的投资人。这个项目让我们赚到了第一桶金，在这之后团队才有了自己的办公室。从此，HH 的项目走出了巴尔的摩，金额和收益也越做越大。

派派说：在创业过程中给您印象深刻的是什么事呢?

王浩宇：正当加州项目表现优异，HH 步步高升时，我的父亲突然离世了。父亲是国内一位著名的节水科学家，一生致力于如何使有限的水资源来满足无限的社会发展。在家乡甘肃，恶劣的自然环境使得人与水的矛盾非常突出，所以他在 2003 年毅然辞去国家干部身份，接手了当时濒临倒闭的酒泉地区节水灌溉材料厂，呕心沥血地投入到节水灌溉事业中，创办了今天的大禹节水集团。他带领公司研制先进节水产品，一步一步把大禹节水做大，才有了如今遍及中国所有省份以及海外 30 多个国家和地区、资产达到几十亿元的上市公司，成为节水灌溉行业的龙头企业。我之前从来没有把自己的人生规划和父亲的事业结合到一起，专业方向也和节水完全没关系。父亲的突然离世需要有人来承担起对企业 2 000 名员工的责任，对企业服务的广大农民的责任和对父亲的毕生未竟事业的责任。

派派说：您在接手企业后，都做了哪些工作呢?

王浩宇：接手了企业以后的这段时间，我几乎一天都没休息过：在云南、内蒙古、甘肃、宁夏等十几个省份的几百个县城和村镇中奔波和造访，亲眼目睹和切身感受到了农业、农村和农民的现状。在城市生活如此方便的现代社会，农村很多地方依然没有水龙头，很多地方每天定时才有水喝，水质也普遍有污染问题。看得越多、听得越多，我便越是了解农业节水、农村供水、农民饮水的现状和痛点，越是感受到农业、农村、农民对大禹节水的需求，也越是明白了父亲对这份事业殚精竭虑、一生执着的情怀。我传承的不仅是企业，也是父亲未完成的抱负和伟大的情怀。我做生意的准则自然也是从小受到父亲很多的影响。

派派说：您在创业过程中，使您一直向前的风向标是什么？

王浩宇：大禹节水曾中标一个节水灌溉重大项目，但中途国际原料价格大涨使得成本提高，大部分项目承包商选择中途退出。父亲当时选择遵守承诺，扛着亏本和经验不足的风险迎头前进，结果汇率的意外上涨抵消了原料的损失，才淘到公司的第一桶金。父亲如此塞翁失马的经历使我深刻认识了持之以恒、利人利己的道理。所以我做 HH 基金有一个重要理念就是严格风控。创立至今，HH 在法律和审计上从不节省开支。起步阶段，HH 就算没有办公室，也要请巴尔的摩最好的律师来提供法律咨询。在许多潜在项目上，HH 投入了大量的财力和精力，凡是风险大则会选择放弃。另外还要求 HH 基金的财务必须要对投资人透明，允许投资人随时查看项目的财务细节。保持良好风控的能力既是给自己的发展提供保障，也是在投资人面前建立良好的口碑。

派派说：对于大禹节水的定位是什么呢？

王浩宇：我在结合了美国的生活和工作经验后，给大禹节水的发展定位就是实现水利现代化，使灌溉、施肥和施药都更加高效和精确，甚至可以做到让农民坐在家里用手机种地，跟踪每一滴水的生命周期，改变农民靠天吃饭的命运。

派派说：您对大禹节水的管理模式是怎样的呢？

王浩宇：我接手大禹节水的这一年多时间里，在严峻的经济形势下，大禹节水公司的业绩逆势上涨：订单、收入、利润等各项经营指标都大幅提高。我成立的大禹资本，通过金融资本的力量拉动了产业发展。沿着父亲的路，我刚刚迈开了第一步，但父亲生前关于节水这份事业、关于大禹节水的规划，所有的一切都正在一点点朝着既定的方向迈进，并一点点得以实现。

派派说：您觉得 HH Fund 和大禹节水有什么相似点吗？

王浩宇：我思考了在美国的 HH 和在中国的大禹节水，这两个事业其实也是很相似的：它们都在条件并不完善的情况下，怀着帮助别人的使命而开始。HH 由几个商学院的学生创立，起初并没有任何资金，但怀着帮助留学生的想法去做，便走到了今天；大禹节水在更高的维度上，帮助更多的受众和更重要的产业，意义非常深刻。我认为，这两项业务的运营也存在相似之处，简单地说，HH 是通过收购地产收取租金，而大禹节水就是修建水网收取水费。

派派说：您对未来有什么规划吗？

王浩宇：憧憬未来，是要搭建 HH 与大禹节水合作的桥梁。大禹节水对于我来说是一种责任感的传承。刚接手大禹节水的那段时间可以说是艰难的学习经历，由于我的坚韧使公司有了新的希望，在我的带领下，企业也完成了“三农三水”的业务布局和资本化转型。我未来的计划：打通 HH 和大禹之间的桥梁。我最近在研究美国农地的价值和增值空间，打算利用已有的地产投资经验和大禹的灌溉技术储备来捕猎这类机会。其实农业地产和普通的地产区别不大，本质上来讲都是使土地升值创造收益。美国的荒地成本很低，而且大禹的灌溉成本不到美国的五分之一，完全有能力利用价格优势进行开发然后出租土地。

第八章　合作拼搏

企业家精神在不同的时段、不同的阶段下，重点有所不同，但合作、拼搏、勤奋、坚守、创新这些品质是根本的、不变的。企业家唯有合作拼搏，才能捕捉市场机遇，不断开拓进取；唯有合作拼搏，才能争创成一流企业、一流管理、一流产品、一流服务和一流企业文化，提供具有竞争力的产品和服务；唯有合作拼搏，才能在市场竞争中勇立潮头、脱颖而出，发展壮大成为具有国际影响力的领军企业。中华民族从不缺乏合作拼搏的精神，体现在商业文化上就是“勇足以决断”“人弃我取”，意思是合作探索、敢于尝试、逆向思维、独辟蹊径，既不畏艰险，又临事而惧。当前在全球化进程中，以国内大循环为主体，国内国际双循环相互促进的新发展格局下，中国开放的大门不会关闭，只会越开越大。合作成为全球化发展的基础。以国内大循环为主体，绝不是关起门来封闭运行，而是通过发挥内需潜力，使国内市场和国际市场更好联通，更好利用国际国内两个市场、两种资源，实现更加强劲可持续的发展。

激发企业家不断合作拼搏，需要在以下六方面着力：一是加强企业与科技的深度合作。创新是发展的第一动力，科技是创新的第一动力，推动企业与高校、科研机构开展战略合作，能够探索产学研深度融合的有效模式和长效机制。进而鼓励高等院校和科研院所向民营企业转移转化科技成果，支持科研人员服务企业技术创新。依托“一带一路”科技创新行动计划，支持推动企业积极参与科技人文交流、共建联合实验室、科技园区合作和技术转移。支持企业与“一带一路”沿线国家企业、大学、科研机构开展高层次、多形式、宽领域的科技合作。促进顶尖人才、先进技术及成果引进和转移转化，实现优势产业、优质企业和优秀产品“走出去”，提升科技创新能力对外开放水平。二是引导企业家要向善向上。企业不同时期肯定会面临不同的困难，企业家要保持一种向上的、积极的状态才能带领团队不断解决困难，走向成功。三是引导企业家要有前瞻性。要能敏锐地抓住社会经济变化，要在变化过程中勇于创新并且为创新打造一个良好的环境。没有创新创造企业就没有发展，不仅要技术革新也要人才创新，做好各种资源的配置，包括人力资源的配置、资金的配置、机制的配置等。创新本身就具有比较高的风险，要在控制好风险的前提下鼓励创新，真正达到战略理性和经济理性相统一。四是积极倡导有利于改革的激励机制。在实践的过程中充分发挥他们的积极性，充分弘扬企业家的精神。特别是对于一线科技人员，能够激发他们的活力，激发他们的积极性。与此同时，除了经济激励以外，也需要精神激励。应该通过“精神＋物质”两方面的激励，建立一套能够激发积极性、创新力的机制。五是引导企业家主动履行社会责任。不仅要注重经济效益更要重视生态效益。践行“绿水青山就是金山银山”理念，构建资源节约型、环境友好型的企业，真正在为社会创造价值的同时能够保护环境，也体现出企业履行的社会责任。进而为新时代中国经济社会发展做出更大的贡献。六是引导企业家要立足全球，具有国际视野。市场是在不断变化的，全球化的步伐不断加快。要立足做好自己的本分，做好自己的事情，让国内大循环更加畅通，把国内国际双循环相互促进融合好。中国已经成为全球最有潜力的大市场，立足中国、放眼世界，要全面提高参与国际竞争、防范市场风险的能力，必将带领企业在更高水平的对外开放中实现更好发展，在促进国内国际双循环中发挥更大作用。

赵晗：我在云海肴等你

赵晗，男，汉族，1985 年 7 月生，中国人民大学国学院 2004 级本科、2008 级研究生，云南云海肴餐饮管理有限公司董事长。

派派说：请说说企业的基本情况。

赵晗：云南云海肴餐饮管理有限公司 2009 年 10 月诞生于北

京，目前公司全部门店都是直营，有 70 家门店遍布北京、上海、广州、深圳、天津和南京 6 个城市，目前重心是北京 40 多家和上海 10 多家的门店经营，公司全职员工近 3 000 人，目前是云南菜连锁餐饮第一品牌。

派派说：您创业的原因是什么?

赵晗：追求刺激和挑战，喜欢团队协作的感觉，当然财富也是一方面，但是对财富的追求，更多的是为了更有力量去做自己想做的事，未来想办纯粹的教育（不是培训）。因为个人性格不喜欢做学术或者进体制内，所以从大二就开始考虑从商和创业了。创业选择上，餐饮一直是考虑的一个项目，大学期间就已经有深入系统地了解和准备等，包括一开始也并没想自己单干，准备加盟个品牌。但是 2008 年年底机会来了，就下定决心去把握，那时还在读研，所以研究生学业就荒废了。然后 2010 年年底开了第二个门店中关村欧美汇店，从此进入了购物中心这个平台，后来云海肴的所有门店就都开在购物中心里了。

派派说：请您谈下在企业发展壮大过程中，您在产品、市场、人才、资本、品牌方面，做了哪几件重要的事情?

赵晗：产品方面，云海肴做云南菜，没有固守在所谓传统和经典上，很多老菜的诞生是有其历史背景的，而云海肴面对的是当下，尤其是北上广深等一线城市的消费者，更多的不是云南人，所以我们创新和发展了很多经典云南菜，更适合大众的口味。并且坚定地走中餐的标准化之路，很多人认为中餐因为很难标准化，所以很难做大。这是错的，首先是因为没有大量上规模的中餐企业，所以中餐标准化的问题还没有解决，这是需要有人力、有物力来解决的，更关键的是需要有长期、稳定、系统的需求。所以对于中餐标准化的方向，我们没有犹豫和摇摆，也不惧后厨技术人员的质疑，中餐标准化的难度会有造汽车造火箭难吗，我们不信邪。

市场方面，进入购物中心后，我们把目标定位在年轻时尚女性、同时能兼顾家庭的消费群体中。坚持大众休闲消费，人均消费一直在大众正餐的接受范围之内。积极主动地运用微博、微信、

O2O、户外广告等媒体，定期组织云南特色的市场活动。

人才方面，很多餐饮企业多是从夫妻店，或者一家人一起开始做起来的，但是这样的组织形态和人才结构，在企业进一步发展和壮大的时候，就会遇到很多挑战。云海肴从创业之初，虽然也有我的堂哥加入，但是还有两位合伙人，并且我们是设计了科学合理的股权结构，没有平均分，这是一个坚实的基础。同时，我们用人唯贤，尤其要避免亲朋进入敏感和要害位置，所以公司治理水平应该是不错的。公司文化开放包容，一切向奋斗者为本，加上近几年的业务不断壮大发展，这样的氛围能吸引到优秀人才加盟。

资本方面，公司在 2013 年年底开始接触，2014 年上半年引入了世界顶级风险投资机构红杉资本，在公司治理和人才吸引力上更上了一个台阶。随后在 2014 年下半年开始，逐步和北京银行、招商银行、民生银行建立了贷款业务合作。但是 2016 年，在我们各方面数据越来越好的情况下，受经济大环境影响，我们作为民营餐饮企业想新增贷款和做大规模，面临着更大的难度和不确定性。另外加上在 A 股等资本市场基本没有餐饮企业，尤其没有民营企业，所以餐饮企业进一步进行股权融资就更不容易。

品牌方面，我们一直坚持直营，不搞加盟，避免品牌被加盟商透支。另外在广告推广层面，2016 年将会投入近千万元用来推广品牌。

派派说：企业目前形成的商业模式是什么？

赵晗：目前的商业模式就是品牌连锁直营，服务好每位客人，做好每道菜。

派派说：创业遇到过哪些困难，如何解决的？

赵晗：创业毕竟是个九死一生的事，选择创业首先需要说服身边的所有人，但说服光靠说是不行的，这其实是一个如何赢得大家对于你自己创业这件事能行的信任，或者也要让大家知道你的决心。所以在酝酿餐饮创业的时候，我就会带着潜在的合作伙伴，包括给我攒了结婚钱的父母，带他们感受和考察北京餐饮市场和北京的云南菜，然后也提前结识了一些做餐饮的朋友，了解其中诀窍。

日积月累下来，身边人就能感受到你在琢磨创业这个事时是很认真的，并且做了很多准备，那等机会来的时候，也就水到渠成了。

因为房东的犹豫，第一个店开始装修时旺季已过了一半，等开业时，就已经是旺季的尾巴了，所以第一个餐厅后海店很快就进入淡季亏损，那年北京的雪还下得特别早，11 月 1 日就下了一场大雪，接着整个冬天下了 10 多场雪，不管工作多努力，也还是一直亏损，很煎熬。但我们一直还是坚守信心，就在 4 月开始春暖花开时，才算是转亏为盈。

派派说：当前正在做的项目是什么?

赵晗：坚持做好云南菜，还有云南的米线。

派派说：企业未来发展的目标愿景是什么? 如何实现上述目标?

赵晗：1～3 年的短期目标是实现云海肴在京津冀、长三角、珠三角三大市场的密集覆盖，达到 200 家门店，跨过 20 亿元的销售额。

4～6 年的中期目标是成为全国性的知名餐饮品牌，完成全国二线城市覆盖，达到 500 家门店，跨过 50 亿元的销售额。

7～10 年的远期目标是突破千家门店，成为年收入过百亿元的中餐连锁企业。

要实现上述目标，首先是要有自信，自信来源于深度的思考和远大的目标，美国诞生了麦当劳、星巴克、肯德基这些巨无霸的世界级餐饮企业，为什么中国不能诞生相应的中餐企业呢? 要实现这个目标，要做的实在是太多了，一言难尽。

派派说：您认为一个优秀的企业家应具备哪些素质?

赵晗：做事专注，喜欢挑战，崇尚竞争，追求卓越，热爱学习，谦虚包容，身体健康，理性但又不失感染力，不卑不亢，与人为善，重信守诺，严于律己，追求极致，坚韧不拔，保持乐观，但同时又要随时保持着危机感，遵守规则，也会制定规则，会深度思考。

派派说：对国家推进大众创业、万众创新政策怎么看?

赵晗：万众创新是必须鼓励的，不要去打压新鲜事物，多包容一些，例如各种共享经济。云海肴公司内部也是鼓励小改进大奖励。另外，对于创新一定需要知识产权层面的保护以鼓励创新的积极性。大众创业这个则要考虑谨慎，创新是任何人在任何岗位上都可以做的，创业是要破釜沉舟、孤注一掷地投入在一件事上，是九死一生的事。

派派说：最想对青年创业者说的几句话是什么？

赵晗：创业一定要充分评估好自己的风险承受能力，能成长起来的创业公司绝对都是九死一生、凤毛麟角，不要总是想着自己能成为创业大佬，绝大多数大佬创业之初，都是从当下的需求和痛点出发的，切忌不切实际的幻想。对于很多青年创业者或者想出来创业的人，我的一个提醒就是不要以为创业是当老大，老大是顾客，然后是你的同事、你的伙伴，只要你选择了创业这条路，那你就要把自己的那份骄傲赶紧收拾起来，吃得了苦、受得了委屈，还要有百折不挠的精神。

派派说：您对创业内涵及人生意义的理解是什么？

赵晗：创业就是把自己脑海中的一个想法，通过自己动手，逐步实现的过程。所以我认为创业不是狭义的，科学家按照自己的想法去研究、去做实验、写论文是创业，当老师实践自己的教育理想也是创业……我认为只要是梦想，有想法，并且真正去付诸实践了，就是创业。

关于人生意义，我在大学创办过一个学生社团，当时提炼的价值观就是：享受为他人创造快乐的快乐。所以，狭义的创业就是一个不断满足客户需求的过程。客户用自己的钞票进行投票，肯定你的付出，并且他们在这个过程中获得了快乐，这就是创业为他人创造价值的快乐。

尹留志：在金融危机中寻找新机

尹留志，安徽兆尹信息科技有限责任公司总裁，在国际及国家级期刊上发表学术论文 10 余篇，承担的结构化产品定价和风险分析科研项目研究获得中国科技大学的博士学术基金支持，为金融危机中的金融机构提供了风险管控的全新视角，他倾向学以致用，致力将定量方法应用到现实产业中。他曾多次受邀赴 Morgan Stanley、Bear Stearns、Capital One、FairIsaac、Austin Logistic 等多家美国华尔街知名投资银行和数据挖掘公司进行交流。

派派说：说说您的创业历程。

尹留志：知识就是力量，但是这个力量，需要逐渐求索而来。2007 年初，以我为首的 6 名中国科学技术大学金融工程研究生参加美国汽车金融公司的全球模型招标并击败众多竞争对手，成为全球唯一的模型供应商。随着一扇窗的开启，我开始反躬自身：如何将一生所学最大限度地贡献给社会？上述问题的重点在于：学术究竟应对现实社会保持何种态度，是前瞻性的遥遥引领社会，还是投身社会直接推动它的前进？我决心拥抱前者。2007 年 7 月，安徽兆尹信息科技有限责任公司成立，我担任公司总裁。公司由我和我的 5 名同班同学组成，而启动资金来源于研究生学习期间参与的科研项目酬劳。创业初期，主要从事分析模型外包和服务，业务领域涉及汽车、通信等多个行业。我将其定义为信息行业的贸易型企业。

派派说：您在创业过程中是怎样做的？

尹留志：实际上，投身商业的我以超前的视野，带领团队深化理论研究，专注社会和市场需求，将数据分析技术和产业应用有效结合，让数理统计从理论知识逐步实现产业转移，真正意义上为社会和经济发展服务。带领的研发团队参与开发国家级系统“新华 08 金融综合平台”，开发了具有自主知识产权的收益率曲线、评级、金融经济指数模型，打破了彭博新闻社（彭博资讯）和路透社对金融分析领域的垄断。

派派说：创业期间遇到过什么样的困难吗？

尹留志：2008 年，正当仅 10 余人的团队全身投入“新华 08 金融综合平台”的研发时，由美国次贷危机引发的国际金融危机雪崩般爆发，随之而来的是立足全球化背景下的国家金融安全形势日趋严峻。

而在地球另一端，科大东区旁金安家园的一所民房内，正在攻读博士金融工程方向的我认定：金融改革势在必行，利率市场化和信用风险体系建设成为国家金融改革的重要方向。而这，将是金融危机为兆尹科技开启的“机遇之墙”。

派派说：面对金融危机，您是怎么做的呢？

尹留志：兆尹科技正式开启商业化之路，并将核心业务定位于金融行业的数据分析和信息化服务。事实证明：我的商业判断极具前瞻性。2008 年年底，兆尹科技与招商银行总行签署合作协议，拉开了为金融机构提供专业金融工程服务的大幕。作为国内最大的股份制银行之一，招商银行也成为兆尹科技日后最重要的合作伙伴之一。

随后 3 年，公司正处于初创阶段，业绩增长的压力和不断增长的员工人数带来不断攀升的人力成本，向大山一样压在年轻且尚未结束研究生学业的我的肩上。但我也坚持了最初的商业判断，在保证生存的前提下，公司不断调整架构和方向，资金、资源乃至个人精力，都在不断向金融行业倾斜。

我始终坚信电子商务的奇迹终将发生，2008 年国际金融危机中我对国家金融信息化商业机会的判断，以及随后采取的聚焦和调整动作，不仅助力兆尹科技稳步度过了初创期，更推动了兆尹科技以坚定的步伐进入了快速增长期。

派派说：企业获得了什么样的成就呢？

尹留志：2012 年兆尹科技的销售收入达到 5 000 万元，2013 年达到 7 000 万元，2014 年的销售收入突破 1 亿元，而更引人瞩目的是，其中金融行业信息化收入逐年翻番。在金融信息化领域最重要的细分市场之一——资管领域，我也带领年轻的团队，从零起步，以不断增长的客户数，抢占了资管领域 50%～60%的市场份额，做到了市场占有率第一。我认为，公司之所以能在初期形成快速发展的态势，能够抛开各种诱惑，把目光聚焦在金融行业归功于在创业之初做出的正确选择。

此后，商业成为撬动自身价值的最强杠杆。最大的商业天赋是判断力和几乎所有创业家都不缺少的那种“永远都要变革”的使命感——总要不知疲倦地重新聚焦行业、调整结构、参与竞争。

派派说：企业的未来发展愿景是什么？

尹留志：在深度切入金融行业之后，我并未停下脚步。将信息化行业分为三个阶段，1.0 阶段是贸易型企业；2.0 阶段是产品服务商；3.0 阶段是平台提供商。在跨过了最初“模型和外包服务”的 1.0 阶段，经历“软件项目和产品研发”的 1.5 阶段之后，我将当前的兆尹科技定位为“从 2.0 时代向 2.5 时代狂奔的路上”，而关于兆尹科技的未来，我有个小小的梦想——打造有战斗力的团队，和所有兆尹人一起，抢占市场占有率，成为金融资管平台的领导者，跨入信息行业的 3.0 阶段，成为真正的平台提供商，而不再是产品提供商。

派派说：您对未来有什么发展规划？

尹留志：为了完成这种迭代式的跨越发展，我以壮士断腕的决心砍掉彼时公司内鱼龙混杂的外围项目，再度将目光聚焦在金融资管领域。彼时兆尹科技已在国内各大银行的资管领域拥有将近60%的市场份额，但我仍不满足，希望将这一市场份额在 2015 年再提高一成，以借此掀动兆尹科技以“产品驱动”代替“项目驱动”的新型变革。与此同时，配合行业发展重新调整组织架构。在最近一次组织架构调整中，公司增加了统一的产品研发部，以为各金融产品条线提供统一的产品研发平台。关于团队分工，我在一次内部谈话中谈道：“现有 360 人的团队，涉及金融工程部将近一半以上的人员要调整到资管产品部。95%做资管，仅留 5%的人员坚守以前的战场。”

派派说：您认为企业家应该具备什么特质？

尹留志：有一种商业理论：真正的企业家毕生向往的必然是“利益至上的追求”，而这种追求是深入骨髓的，是企业家与生俱来的本能。

派派说：您认为公司的文化和机制是什么呢？

尹留志：在 5 年前和 3 年前的年会上，我的致辞话题都是“兆尹科技如何才能生存下来，不倒在创业初期的路上”。在公司处于快速增长期的2014年年会上，我问所有人："如果以后金融市场发行的资管产品，70%～80%是在兆尹的平台上做的，会是什么结果?"我给出的答案是：我们也许可以一起和客户分享收益，和团队在家里分享成果和快乐。没有团队利益，就没有公司利益，这就是兆尹的文化和机制。

派派说：怎么看待企业为员工发放的年终奖金、红包和分红?

尹留志：我的看法是，工资是作为一个公司员工应该获得的基本报酬，而年终奖金是工作业绩超出公司预期时可以获得的额外奖励。为什么还有红包和分红？因为公司的效益达到了我们预想的目标，我们就可以拿出更多利益用于分享，这就是红包和分红。

派派说：为什么要有股权激励?

尹留志：实现股权激励有两个前提条件，第一是把绩效考核做到位，多劳多得，贡献要有贡献的价值，这是衡量利益分配的基础；第二是打造家庭文化，我们是一个大家庭，需要有好的机制去判断和评价员工的价值观和行为理念是否真正属于这个家庭，要保证股权激励方案能覆盖到全部的真正家庭成员，覆盖到每个为实现兆尹科技梦想辛苦付出的兄弟姐妹。

派派说：企业实施的公益活动有哪些?

尹留志：和团队分享利益，员工快乐工作、快乐生活，是我在创业过程中不断清晰明确的用人理念；而作为青年创业型企业家，帮助更多和我一样有创业梦想的青年实现创业梦、帮助更多人快乐成长和生活，则是我的另一个梦想。为此，我开始带领兆尹科技关注公益事业，我们虽然很年轻，资源也有限，但还是要坚持做一些力所能及的事情，近年来公司参与"百企助白镇"等公益活动，结对帮扶贫困乡镇的青年创业和教育支持，为各类灾害及贫困失学儿童等累计捐款捐物达20余万元。我最典型的身份是大学生创业代表，拥有丰富且有影响力的创业经历和经验的我，3年前被评选为安徽省大学生创新创业促进会主席，在这里，接触了越来越多有梦想的年轻人，便开始积极投身青年创业孵化事业，不断思考可以为青年创业做的事情，提供资金和人脉资源，组织青年企业家进校园系列活动，青年创业家内部交流会，投融资政策和资源交流会。资源、资质、资金是创业的三大条件，资源即人脉，我们能做的，就是可以整合一些资源，给大家一些支持。

胡显河：悟空租车一起来

胡显河，悟空租车联合创始人兼 CEO，曾在一汽大众工作 13 年，担任华北区市场与公关总监。他是 2006 级北大光华管理学院工商管理硕士，2008 奥运圣火珠峰勇士，E-MBA 云社群联合发起人，APFC 国际吉人圈资深群友，北大光华管理学院 2015 级工商管理硕士校外导师。

派派说：能介绍一下企业的基本情况吗?

胡显河：我创办的企业叫悟空租车，是一家基于移动互联网的 B2P 全时共享租车平台，提供时租、短租、长租等多样化的出行服务。公司于 2014 年 8 月在北京成立，由 5 位来自汽车、互联网、IT 行业的资深高管和北大、清华、中央财经大学的校友联合创立。悟空租车深谙汽车及出行领域未来发展趋势，以移动互联技术和车联网技术为依托，以创最好租车体验为使命，以“随时随地 10 分钟租车还车”为目标，立志成为中国汽车租赁的领导品牌。

派派说：请您讲一下获得的社会荣誉有哪些?

胡显河：2015 年 4 月参加第九届 MBA 领袖峰会，并获得中国十大 MBA 创业奖、中国十大 MBA 成就奖、中国 MBA 领袖年会特别贡献奖；2015 年 8 月悟空租车获清华大学首届 MBA 创业大赛冠军；2015 年 11 月入选央视低碳纪录片《碳・索》拍摄对象；2015 年 12 月荣获“品牌贡献榜”影响中国 2015 年度十大成长力品牌；2015 年 12 月荣获 2015LINC 全国汽车创业大赛优秀奖和最佳人气奖；2016 年 1 月作为租车行业代表被北京卫视《财富故事》栏目报道；2016 年 5 月被评为中关村高新技术企业。

派派说：说说您的创业思路?

胡显河：我和几个创始人均来源于汽车厂商、互联网、IT 等行业，十几年的工作经验，让我们积累了较为丰富的汽车领域资源和人脉，一直关注汽车领域且颇有研究，依据一些行业研究和我们自身的经验判断，中国的出行市场还有很大提升空间，即便市场上有各类的租车公司、有着各类的打车软件，但都没解决出行的核心痛点。因此我们想如何去改变国人出行，如何去创造便捷的租车体验，就像我们公司目前提倡的实现随时随地10分钟租车还车，这就是做悟空租车的初心。

派派说：企业取得的成就有哪些?

胡显河：在产品上，我们不断打磨，实现了基于App端、PC官网、微官网以及微信端的便捷路径。自主研发了无人自助取车还车系统、客户信用评价模式、IOS＋安卓系统的全平台移动客户端、有20个模块的运营ERP系统、全自动监控报警的风控系统、能够瞬间响应的车联网，以技术驱动实现了大跨越。

派派说：在企业发展壮大过程中，您在产品、市场、人才、资本、品牌方面，做了哪几件重要的事情?

胡显河：在市场布局上，专注于自驾出行市场，2015年12月启动加盟连锁业务，目前一二线城市及三线城市均有布局，全国城市覆盖达150个，网点600多家，意向加盟商数千家，是网点覆盖最多的租车平台。

在人才布局上，悟空租车核心团队均来自汽车厂商、互联网、IT等行业，有很强的执行力，才使得悟空租车得以在这么短的时间内快速发展。

在资本上，悟空租车凭借独特的商业模式和业务发展能力获得了投资人的认可，2015年悟空租车分别获得大使轮、天使＋、PreA三轮融资，共计数千万元。

在品牌上，不断建立品牌知名度，频频出现在人们的视线中，央视《碳·索》栏目、北京卫视财经频道《财富故事》栏目、深圳卫视《为梦想加速》、旅游卫视《旅游新势力》等栏目均出现悟空租车的身影。

派派说：通过创业实践，目前企业形成的商业模式或盈利模式

是什么？

胡显河：通过创业实践，悟空租车与其他“互联网＋出行平台”不同的是，采用的是 B2P 全时租车模式，以“轻资产＋重运营”的商业模式切入出行市场。目前悟空租车通过技术以及标准化来深入优化租车流程，提升用户体验，提供时租、短租、长租等多样化的出行服务。

派派说：创业遇到过哪些困难？如何解决的？

胡显河：创业公司在前期商业模式的打磨、市场路径的拓展、产品方向的调整等方面都会走一些弯路。原来悟空专注在自营，但发展速度太慢，因此我们启动了加盟连锁业务。

派派说：当前正在做的项目是什么？市场前景如何？

胡显河：我们当前做的项目叫悟空租车，是一个基于移动互联网 B2P 全时租车平台，提供时租、短租、长租等多样化的出行服务，以首创的“轻资产＋重运营”的模式切入出行市场。客户通过悟空租车 App、官网、微信官网等多种渠道均可在线下单。悟空租车专注于 1 个小时以上的自驾出行，致力于打造全流程移动互联租车体验、无假日 24 小时自助取车还车、全程送车上门、任意合法停车位还车、双免信用租车的极致便捷租车服务。目前悟空租车专注于加盟连锁业务，5 个月的时间里公司业务的城市覆盖达 150 个，意向加盟商数千家，立志向全国中小租车公司输出成熟的技术系统、风控系统、业务标准及统一品牌等，让全国中小租车公司插上移动互联网的翅膀，群策群力，成就一个共同品牌，形成中国租车行业的强大新生力量。

依据在汽车行业多年的从业经验与判断，中国租车市场尚处于起步期，至少还有 20 年的黄金发展机遇。一方面当前汽车租赁车辆规模只有 50 万辆，未来 10 年将需要近千万辆，产值近万亿元，潜力巨大；另一方面中国汽车保养量和驾照持有人数相比之前有较大的差距，2014 年中国有 2 亿人有驾照没车开，而到 2015 年中国至少有 7 亿人有驾照没车开。据预测，2025 年中国至少需要 1 000 万辆租赁车辆，中国租车市场未来至少需要 5 家以上 100 万辆规模以上的租车公司或租车平台，这就是市场机会。

派派说：企业未来发展的目标愿景是什么？实现途径是什么？

胡显河：悟空租车的目标愿景是凝聚全国上万家中小租车公司，成为中国汽车租赁领导品牌。实现路径一：走农村包围城市的道路，以最快的速度实现城市覆盖率第一的服务网络建设和车队规模最大的服务能力建设；实践路径二：最好的用户体验＋最大的成本优势。

派派说：结合您的创业经历和体会，您认为一个优秀的企业家应具备哪些素质？

胡显河：我认为一个优秀的企业家应该具备以下3个特质：一是资深的行业背景；二是独特的战略眼光；三是果断的决策力，这是优秀企业家普遍具备的特质。

派派说：您对国家推进大众创业、万众创新政策的看法是怎样的？

胡显河：大众创业、万众创新的理念提出后，创业热潮不断高涨。这是一个很好的时代，大众创业之后，更多的机会涌现，激发更多人的创新精神，让资源调配更合理，社会分工更明晰，生活呈现更好的趋势。

派派说：最想对青年创业者说的几句话是什么？

胡显河：如今是一个最好的时代，要抓住创业机遇，展现自我。作为创业者，我们一定要思考几个问题：我们的模式是否有独特性？市场机会有多少？人才配备是否合理。一旦思考清楚，一旦有机会，便要全力以赴，创业的经历会让人生与众不同。

派派说：您对创业内涵及人生意义的理解是什么？

胡显河：创业就是让人能够鼓起勇气重新归零，找准起点，为梦想追逐，让人生丰满。

杨振刚：用牛的精神 做牛的事业

杨振刚，男，回族，1980年出生，阳信亿利源清真肉类有限公司董事长、总经理，第八届山东青年创业奖候选人、中国畜牧业协会牛业分会副会长、中国牛人俱乐部副主席、山东省青企协会常务理事、山东省畜牧协会肉牛产销分会会长、滨州市工商联常委、市级龙头企业协会副会长、阳信县政协委员。被评为中国畜牧协会、山东省畜牧协会先进工作者，全省农村青年致富带头人标兵、滨州市第九届十佳杰出青年、滨州市优秀农村经济人、市级乡村之星、中国牛羊行业风云人物，被滨州学院聘为青年创业导师，获得滨州市第五届道德模范荣誉称号。

派派说：请介绍一下您及企业的基本情况和取得的成绩。

杨振刚：2000 年我从山东经济管理干部学院毕业后，毅然投身于社会经济发展的大潮中。从市场营销开始做起，全国各地开拓市场。经过艰苦探索，很快掌握了国内外的市场行情，挑起公司经营管理的大梁。2004 年，成立了山东首家中美合资牛肉加工企业，为企业发展注入了强大的动力。公司是山东省肉牛分割标准制定定点主办厂家之一。

2005 年在我的倡导和主持下，发起成立了以亿利源为首的山东省第一个以发展牛业为主的民间合作组织——阳信鲁北肉牛产销专业合作社。创造了“赊小返大，赊瘦返肥”的模式，带领群众走共同富裕的道路。对于缓解当地就业压力，对阳信畜牧业的发展有着深远的影响。

派派说：您的经营理念是什么呢?

杨振刚：多年来，我始终坚持以“质量第一、诚信守诺”为经营理念，向社会提供高品质的产品为企业使命，建立健全了企业质量管理和保证体系，通过了 ISO 9001：2008 质量管理体系标准认证和《GB/T 22000—2006 食品安全管理体系要求》认证。“亿利源”牌冷冻分割牛肉已通过国家许可使用绿色食品标志认证。

派派说：企业做的业务都有哪些呢?

杨振刚：2012 年 3 月，建成山东首家物联网肉牛追溯系统，实现肉牛从养殖到运输、屠宰、分割、加工、贮藏、包装直到进入市场销售的整个产业链全程追溯管理，使产品质量管理和技术水平实现了质的飞跃，达到了国内先进水平。

派派说：您个人或企业获得了哪些荣誉呢？

杨振刚：在我的努力和带领下，公司先后获得省级守合同重信用企业、山东省诚信企业；“亿利源家庭牛排”获“布莱凯特杯”首届中国牛肉美食烹饪大赛中国牛肉产品创新奖、华东地区暨第27届山东畜牧业博览会金奖；2015年，公司被评为2015年最具价值农业投资品牌、山东十大畜牧品牌企业、山东省畜牧业发展领军企业、山东省农业产业化重点龙头企业、山东省畜牧协会肉牛产销分会会长单位；“亿利源牛肉”获得山东省第30届畜博会优质产品金奖、首届黄河三角洲高效生态农业投资贸易洽谈会金奖、山东省著名商标；亿利源肉牛追溯体系建设项目荣获国家产品可追溯体系建设奖应用示范奖，被评为山东省肉牛屠宰加工产业强势企业、全国性畜牧示范品牌引领企业、山东省肉类协会常务理事单位，被滨州市人民政府评为市重点农民专业合作社、十佳龙头企业、现代循环农业产业化示范企业 、市级消费者满意单位，市、县两级民族团结进步模范集体，阳信县技术创新先进单位、质量兴县先进企业等荣誉称号。

派派说：在企业发展壮大过程中，您在产品上是如何把控的？

杨振刚：我积极对接国家农业支持性政策，争取国家政策的指导和支持。2011年承担了阳信县第一个科技部的科技富民强县项目。2013年“亿利源优质高效生态肉牛循环产业示范园”被山东省政府列为省重点建设项目，在我的指导下该项目在2013年度中国邮政储蓄银行创富大赛山东赛区获得第二名。同年7月中标山东省自主创新专项项目，主编专著1部，获得相关专利8项，国家版权局计算机软件登记8项，参与发表论文4篇。通过引入科技创新项目，不断引进新技术、研发新产品，使传统的宰牛行业蜕变为现代肉牛产业。

在育种方面，与中国农科院北京畜牧研究所合作，运用现代杂交育种手段，对当地的鲁西黄和渤海黑两个优势品种进行了系统提纯复壮选育工作，成功选育出了适宜培育的高档肉牛新品系。聘请有培育日本和牛10余年经验的肉牛育肥专家做顾问，按照肉牛不同生育期进行科学配方，给肉牛以良好的健康养殖福利，将优质饲料做成熟食，制成颗粒进行饲喂。通过让牛睡软床、自由采食、自由饮水、聆听音乐、按摩育肥等人性化管理，大大提高了养殖效益，实现了肉牛养殖标准化、规范化，培育出了与日本和牛相媲美的亿利源高档雪花牛肉。一头 A3 级肉牛可卖出 8 万元，一头 A5 级高档肉牛可卖出 18 万元。公司养殖基地获得国家认监委下发的有机产品证书，在肉牛养殖业引发了一场“革命”。

派派说：在技术和研发方面做了哪几件重要的事情?

杨振刚：在肉牛养殖技术方面，我带领公司技术中心研发团队与中国农业科学院北京畜牧研究所合作研发，采用 TMR 新技术，使每头牛每天的养殖成本控制在 11 元左右，保证日增重 1.3 公斤以上，经过 120 天育肥，每头牛效益在 2 500 元以上，同时采用秸秆青贮、酒糟喂牛等技术，全方位降低养牛成本，此项目的实施，可充分调动农民养殖的积极性，最终实现科技养牛、富民强县的目标。

在新产品开发方面，2015 年，由我主持与中国农科院北京畜牧研究所合作，成功选育出了适宜于培育高档肉牛的新品系“雪花牛肉”。

派派说：产品主要做的是什么?

杨振刚：产品主要分割上脑、眼肉、外脊、巴西烤肉、韩餐、日餐等部位，主要分割部位肉质量达到国内先进水平，为农民肉牛规模化高效养殖开辟了新的路径。“亿利源”牌冷冻分割牛肉已通过国家许可使用绿色食品标志认证和有机产品认证。在我带领开发的继系列家庭牛排、尚品牛杂系列产品之后，又新推出了全牛宴、全羊宴、筋头巴脑等熟食真空系列产品，常温保存 6 个月，即开即食，深受消费者的欢迎。

派派说：产品取得了什么样的效果?

杨振刚：该产品在第 7 届牛业大会上获得中国牛肉产品创新奖；在第 30 届山东畜牧业博览会上荣获优质产品金奖，公司获得全国性畜牧示范品牌引领企业。通过引进先进加工技术，开发出了适宜大众消费的系列牛排产品、牛杂系列产品、肉馅类产品。既提高了牛肉附加值，又拓宽了牛肉消费市场空间。同时以家庭牛排为主导的直销专卖店开始运作，直营、兼营、合作商家已有35家，三年内计划发展到500家的规模。冷鲜肉类也成功进入沃尔玛、家乐福、大润发连锁超市。由于我带领的团队工作成绩突出，技术中心被认定为省级企业技术中心，实验室被认定为市级重点实验室。

我在做大做强牛业的同时，大力发展第三产业，在阳信成立鲁北美食苑、牛羊肉超市；在滨州加盟锦江之星，成立锦江之星滨州店；建成祥瑞斋商务会馆、牛羊肉超市。帮助居民提升身心健康，民族团结，促进了社会和谐发展。

派派说：企业公益事业发展得怎么样?

杨振刚：走进亿利源公司，你会处处感受到一股暖流流淌着。多年来，亿利源公司始终坚持“以人为本”的方针，倡导“团结和谐”的发展理念。2013年初，公司刚来的一名普通员工的孩子患了白血病，我知道后，马上进行安排部署，组织员工捐款，并亲自捐款2 000元。还有一名员工患病需去北京治疗，我便安排专车全程陪同，同时还报销了全部医药费。职工们时刻都能感受到亿利源这个大家庭带来的温暖。

在企业发展的这些年里，我不忘回报社会，先后向社会捐资1 000多万元用于为村里修路、通电、通水；改造和新建回民小学；建设村“两委”办公活动场所；为全村800多村民出资加入了新型农村合作医疗；资助修建刘庙街南北清真寺和滨州清真寺；救助孤寡老人和困难户、为困难老干部建住房、发送安葬孤寡老人等。每当中秋、春节时为全村每户送上10斤肉或油，并慰问老党员和离休老干部。特别是2008年四川汶川地震、2010年青海玉树地震、2013年四川雅安地震后，公司先后捐款20万元，并发动全厂职工为地震灾区捐款捐物，用真情回报社会。2015年，我又为阳信县公益慈善协会爱心捐款5 000元，获得了“爱满梨乡、情暖孤弱”的美誉。几年来，公司荣获市、县两级民族团结进步模范集体称号。

派派说：企业发展愿景或目标是什么？

杨振刚：艰辛的创业发展，带来了丰硕的回报。在我的带领下，阳信亿利源清真肉类有限公司得到了健康发展，成为阳信县支柱产业企业之一。但我没有满足，也没有放松的意念，而是继续拼搏、创新、发展。在2015年年底公司工作总结表彰大会上，我号召公司全体员工，团结一致、努力拼搏，要在“十三五”期间，继续结合国家产业和宏观经济政策，在县委、县政府的坚强领导和各相关部门的大力支持下，做大做强肉牛产业，为当地乃至全国的肉牛产业健康可持续发展做出更大贡献。

派派说：企业的发展计划是什么呢？

杨振刚：一是公司投资2.17亿元的“20万吨牛肉配送冷链物流”项目已全面启动建设，力争在年底建成投产。项目采用“工业4.0”的设计理念，采用国际一流设备和技术，达到智能工厂、智能生产、智能物流的标准和要求。其中德国伴斯自动屠宰设备、美国查维斯分割设备已经签署合作协议，冰岛马瑞奥自动分割加工线（定岗定位、绩效考核、产品溯源、成本核算、仓储物流管理等全部信息智能化管理）、美国希悦尔的包装设备、美国约克的制冷设备，以及法国、德国等成套的家庭牛排生产线正在积极有效洽谈中。旨在建造国内一流的现代冷链物流示范园区，最终实现肉牛产业的智能化控制、科学化管理、信息化服务和全程化追溯。

二是结合当前国家政策，利用自身技术和产业优势，紧抓“互联网＋”这个机会，提出了亿利源“互联网＋肉牛业”全产业链工程建设战略规划，构建基于“肉牛业大数据＋肉牛业电商＋肉牛产业金融”三位一体的现代肉牛产业生态圈。公司以“互联网＋肉牛业”为依托，将建立优质肉牛繁育育肥、饲草饲料和粮改饲种养模式，繁育优质肉牛5 000头，年增加肉牛出栏3万头，用“互联网＋金融”模式带动周围农民养牛精准脱贫致富，运用“互联网＋肉牛业”大数据建立肉牛加工、仓储物流、安全追溯等数据平台，积极开发电商需求标准牛肉产品，适应现代化冷链物流标准的产品和营销模式。为拓宽牛肉新的市场领域和肉牛产品附加值的提升做出探索和推广，为社会提供更加绿色、优质、安全、方便、快捷的牛肉产品，形成完善的现代肉牛产业体系，最终实现肉牛产业的科学化、信息化、产业化、工业化、安全化、扶贫化六化融合。为“唱响阳信清真牛肉品牌，全力打造中国第一‘牛’县”的战略部署做出最大的努力和贡献。

黄小国：小国谈合作 常州常新

黄小国，常州市康乐农牧有限公司总经理，被评为全国创业之星、中国畜牧行业先进工作者、全国农村青年致富带头人、全国乡村好青年、江苏省创业明星、江苏青年科技创业十大明星、江苏省科技致富标兵、江苏省最美新型青年农民、常州市十大杰出创业明星、常州市十大杰出青年，荣获江苏省十大杰出青年提名奖、江苏青年五四奖章、常州市五一劳动奖章。

派派说：能说说您的创业故事吗?

黄小国：创业前我任江苏中东集团有限公司车间主任，有着不错的工作环境和不菲的收入。2003 年我面临了人生的第一次选择，一边是自己熟悉的工作岗位，一边是严重亏损的养猪企业。虽然我长在农村，却也是“只吃过猪肉，没见过猪跑”，经过激烈的思想斗争，最终我放弃了条件优越的车间主任职务，选择接手风雨飘摇中的常州市康乐农牧有限公司，而当时国内生猪价格持续低迷，企业连年亏损，人员流失严重。

派派说：您的经营过程是怎样的呢?

黄小国：在经营公司的前两年，企业效益并没有多大改善，有几度我曾想放弃，但我意识到要想取得成功，光靠勇气是不够的，还需苦干加巧干，要经营好一个猪场，第一步就是要由外行变为内行。从那以后，我就下决心学习养猪知识，为此，凡是与养猪有关的书与杂志，我见到就买，然而，这些书和杂志讲的内容太专业，让我这个门外汉经常看得一头雾水。但就是这样，我还是硬逼着自己去看、去学，实在看不下去了，我就到养猪场里转转，结合实践去理解，就这样我逐步掌握了疫病防治、遗传育种、动物营养等科学养猪技术，并于2009年取得了南京农业大学硕士学位，现正攻读兽医博士学位，我从一个养猪门外汉成长为拥有中级畜牧师和高级经济师资格的圈内人。

派派说：您是如何做的呢？取得了什么成就？

黄小国：我不断引进人才，培养属于自己的经营管理团队和技术骨干，勤修企业“内功”，积聚能量。一分耕耘、一分收获，从2006年起，公司进入了一个跨越式发展时期，销售额从1 000多万元发展到超过2亿元，从亏损百万元到年盈利超5 000万元，从一个养殖基地到3个子公司6个基地，生猪养殖规模超20万头。现在公司已是国家生猪核心育种场、国家生猪活体储备基地、全国养猪行业百强优秀企业、江苏省农业产业化重点龙头企业、江苏省生猪产业技术创新战略联盟盟主单位、华东地区最大的原种猪场，“中东牌”商品猪、种猪连续多年被评为江苏省名牌产品、江苏省名牌农产品、常州市名优农产品。机遇总是垂青有准备的人。回首创业历程，我领会了这样一个道理，不管你现在发展得怎么样，一定要有水的精神，像水一样百折不挠，不断地冲破重重障碍，最终一定能够奔腾入海，成就自己的“蓝海”。

派派说：企业的商业模式是什么？

黄小国：抓紧合作社的纽带，拓宽致富之路。为保障猪肉市场的供应，近年来，国家先后出台了一系列鼓励发展生猪生产的政策，项目扶持资金逐年增加，就在各路资本大呼养猪业的“春天来了”，蜂拥而入时，农村的散养户却因为规模小、疫情复杂和昂贵的饲料面临赚不到钱的无奈。“一人富不算富，大家富才是真的富”。2006年由我牵头发起联合苏南地区养殖规模达到100头以上的200多养猪专业户成立了常州市第一个养猪合作社——常州市鸿图生猪专业合作社，合作社依照自愿、自立、互利的原则，并按照民办、民营、民受益的原则，实行自主经营、自我服务、民主管理。现合作社已发展社员超500名，建设标准化生态猪场2个，推广新品种猪8万多头、苗猪15万多头。

派派说：请您给大家讲讲合作社的运行模式。

黄小国：合作社实行统一向农户供应种苗、统一技术服务、统一饲料供应、统一疫病防疫、统一组织销售的“五个统一”带动农户走专业化、组织化、规模化养猪道路，近年来累计改良商品猪100多万头，大幅提高社员收入。合作社先后举办了数十场养猪技术培训班培训农户6 000多人次，免费向社员赠送养猪生产技术小册子5 000多册、猪病防治技术VCD 5 000多张。通过一系列举措降低了农户养猪成本，提高了养猪水平，增加了养猪的经济效益，带动农户走向共同致富之路。现在我正在积极探索新的合作模式，如创办合作联社、用吸收合作社农户入股公司分享企业发展的利益等方式带动更多农户养猪致富。

派派说：企业在发展壮大过程中的重要举措?

黄小国：升级科技环保理念，谱写产业化之歌。工欲善其事，必先利其器。公司在我的带领下，运用现代科技手段，建立了立体疫病防控体系，全套引进国外智能化养猪设施，实现全自动喂料、全自动环境控制和全空气过滤，全程导入ERP、GPS等信息化管理系统，应用智能传感网、RFID识别、ZigBee无线通信和动物生理参数监测等核心技术，进行动物疫病监测预警及产品质量的追溯。现代科学技术的应用使劳动生产效率从每养1万头猪需16人提升到每养1万头只需1人。

派派说：企业的发展理念是什么呢?

黄小国：公司坚持“以人为本”的发展理念，积极开展校企合作，产学研一体化。公司与江苏畜牧兽医职业技术学院共同组建了5期康乐班，培养了100多名现代养猪后备人才。公司依托南京农业大学、扬州大学、省农科院等高校科研院所的技术支持，先后组建了江苏省种猪分子选育工程技术中心、扬州大学研究生工作站、南京农业大学研究生工作站、常州现代农业科学院畜牧研究所和生猪高效健康养殖公共技术服务平台，运用多基因聚合技术，进行近交系数计算、BLUP运算、遗传进展评估分析，培育具有自主知识产权的种猪品种，新一代抗病性强、高繁殖性能的“中东牌”种猪近年来开始陆续投放市场，广受客户好评。

企业要发展，环保要先行。发展经济不能以牺牲环境为代价，不能走先污染后治理的老路。在我的努力下，公司每个猪场在环保上严格按“零污染、零排放、低能耗”的工艺设计，发展现代生态循环农业模式。生猪养殖废弃物经干湿分离后，干粪制成生物有机肥，粪水经大型厌氧发酵罐发酵，产生的沼气发电自用；沼渣制成生物有机肥；沼液平时全部贮存在大型沼液池中，在水稻种植时节集中还田、或用于道路两侧绿化，以及在周边花木种植基地蓄水时进行浇灌，真正实现了环境的低碳和谐发展，提升了生态养殖的经济效益和社会效益。

派派说：企业的发展愿景是什么?

黄小国：通过不断学习，我在掌握前沿信息的同时也在不断开阔眼界。我制定了“十三五”期间公司的发展目标：联合常州、丹阳、泰州等地的合作社组成合作联社，带动更多的农户养猪致富。康乐农牧公司也将加大投入，计划在“十三五”期间扩建智能化猪场 8 座，在“十三五”末期达到年出栏各类生猪 100 万头的规模，创建国家级种猪基因工程技术研究中心，并开办养猪大学，培养和带动更多的青年到农村养猪致富。同时争取在“十三五”期间上市，成为江苏省第一家以养猪为主业的上市公司。

陈国龙：兴农靠天地靠力拼

陈国龙，北京兴农天力农机服务专业合作社总经理。

派派说：能大概介绍一下企业的基本情况吗?

陈国龙：北京兴农天力农机服务专业合作社成立于 2008 年，位于京郊顺义区赵全营镇，主要从事农机作业服务、配件销售、农机维修、粮食种植、果蔬种植和苗木种植。经过不断发展壮大，如今，合作社已有入社成员 365 户，大田作物 1 万余亩，花卉果树 500 多亩，设施大棚 100 余栋，各类农业机械 280 余台，资产总值达 8 000 万元，服务范围辐射 5 个省份、9 个区县、30 个乡镇、

135 个村庄，每年可为 2 000 多户农民提供机械作业服务，带动周边 5 000 多农户增收。现在除了兴农天力农机服务专业合作社，还有一个兴农鼎力种植专业合作社。兴农鼎力种植专业合作社主要是种植大田，大田一年分为两茬，上茬种植小麦，下茬种植玉米。在 10 月下旬农闲以后，开始整理大棚，种植一些有机蔬菜。

派派说：企业的基础设施建设有哪些呢？

陈国龙：一是供水。主要供水来源为地下水，有抽取、处理、输送等较为完备的供水设施。农业生产采用指针式喷灌、滚移式喷灌、微喷滴灌、移动式喷灌、地埋式喷灌等技术设备，可实现高效、节水、水肥一体化等目标。二是供电。合作社供电设施齐全，线路、变压器、安全装置等设备运转情况良好，能基本满足生产生活用电需求。三是道路交通。合作社所在的赵全营镇位于顺义城区西北部，地处顺义、昌平、怀柔三区交界处，南临首都国际机场，西有京承高速纵贯属地，昌金路、火寺路、北木路等道路南北交错，地理位置优越，交通便利。四是排污。农业生产基本无污水排放，生活排污建有固定厕所、移动厕所、排污管道、化粪池等处理设施。五是垃圾处理。农业园区主要垃圾为农业废弃物，可回收利用的废弃物直接粉碎还田，其他废弃物送往垃圾回收站处理。

派派说：企业的服务设施情况是什么样的呢？

陈国龙：一是住宿。合作社紧邻晋汉子庄园酒店，与其长期合作，酒店客服设施齐全，价格合理。二是餐饮。合作社大楼设有食堂，宽敞明亮，布局合理，设施齐全，大厅、房间干净整洁，最多可同时接待 150 人。合作社周边有晋汉子庄园酒店、聚缘朋大酒楼等餐饮场所，环境舒适，性价比高。三是购物。合作社内有自营购物点，购物场所与景观环境相协调，环境整洁，秩序良好，游客可在此购买合作社自产的无公害、绿色及有机蔬果，统一管理，安全放心。合作社还拥有自营及加盟的网络购物平台，消费者可以方便、快捷地购买到新鲜健康的高品质农产品。四是休闲。合作社以“一心一带两片区”作为整体布局。“一心”为北京市形象工程的

“都市型现代农业万亩示范中心”，力争通过核心区的带动，将其打造成基础设施完备、生态环境良好、资源利用高效、文化休闲兼备、产品质量优越的现代化种植基地。“一带”为“生态景观农业观光带”，在提升改造原有道路的基础上，打造包含健身设施、休闲设施、园林小品、文化墙、宣传栏、雕塑等元素的观光区，其中更添加了农耕文化展示内容，弘扬中华悠久的农耕历史文明。“两片区”为生态温室种植园区和科普田园农场，合作社借鉴农业科普观光的形式，注重参与、娱乐、体验、生产等功能的结合，引种草莓、无花果等高产值作物，吸引游客采摘、游玩和学习。

派派说：企业发展过程中遇到了哪些困难?

陈国龙：现在合作社主要遇到的困难，一方面是缺少人才，现在做农业的年轻人比较少，因为农村的环境和城市相比还是有一定的差距，没有城市那么便捷，合作社周边配套的设施也不是很完善。另一方面，蔬菜耗损量大。因为我们现在种植的是有机蔬菜，现在和春播合作销售价格还可以，但是耗损量比较大。春播对菜品的要求比较高，比如一根黄瓜可能就要 10 厘米左右的，如果超过 10 厘米就会被刷下来，刷下来的这些也是一种损失。因为我们主要从事的是种地、种大田，在销售环节还是比较薄弱的，所以我也想通过工商联和政府搭桥，探索如何使我们的农产品销售利益最大化，让农民有更高的收入。

派派说：创业以来有什么心得?

陈国龙：保障员工权益、实行绩效考核制度，社员统一标准化管理。

随着合作社不断壮大发展，在合作社理事长的带领下，合作社稳步前进，近年来分别成立了北京兴农天力农机服务专业合作社、北京兴农绿食商贸有限公司、北京顺天意农机服务有限公司、北京岭馨静源园林有限公司、北京乐都缘民俗旅游专业合作社、北京天赐花香采摘有限责任公司、北京市赛天力农机配件商店等多个分公司，已由原来的单一性合作社转变为由多个子公司组成的集团公司。集团内所有员工享受相应国家保险政策，社员的工作得到了保障。除此之外，经过高层领导共同商议决定，公司实行绩效考核制，使得员工大大提高了工作效率，更加完善了工作体系，取得了良好的效果。随着集团公司的成立，合作社从章程到管理上都有了统一的标准性规划，这一规划也使得集团在农业发展的大前提下发展创新经营模式，使集团在适应当代发展的同时，稳步前进，为集团的壮大奠定了坚实的基础。

第九章　诚信至上

“诚者，天之道也；思诚者，人之道也。”诚信是企业家精神的关键词。“诚”即真诚、诚实；“信”即守承诺、讲信用。诚信的基本含义是守诺、践约、无欺，是公民道德的基本规范，是一种准则、一种规范、一种品行、一种责任。随着社会的发展进步，在以人民为中心、全面建成小康社会的进程中，倡导人人讲诚信，做诚信的人、做诚信的事更加凸显其重要性。“诚信”是企业家精神的基本要求，包括增强法律意识、坚守契约精神，以诚实守信推动经营发展行稳致远。诚实守信是立足之根本，以诚待人、取信于人是企业家需具备的美德，也是应该具备的素质。社会主义市场经济是信用经济、法治经济。企业家要同方方面面打交道，调动人、财、物等各种资源，没有诚信寸步难行。由于种种原因，一些企业在经营活动中还存在不少不讲诚信甚至违规违法的现象。法治意识、契约精神、守约观念是现代经济活动的重要意识规范，也是信用经济、法治经济的重要要求。企业家要做诚信守法的表率，带动全社会道德素质和文明程度提升。一个企业不断创造价值，是践行诚信精神的最大体现。诚信是一种担当，对内对家庭家族有自己的一份担当，对员工、企业有自己的一份担当；对外对客户、合作伙伴有自己的一份担当，对社会和国家也要有一份担当。诚信不仅是建立良好市场营商环境的重要因素，也是企业自身发展的重要基础。这次新冠肺炎疫情对中国经济直接冲击最大的群体是中小微企业，背后就是就业的问题。作为经济微观基础，企业尽全力在国家政策支持下，迅速调整、复工复产，通过形式多样的创新促进经济复苏、创造就业岗位，这些都是中国企业家在“践行诚信精神”上的独特贡献。

激发企业家不断践行“诚信至上”，需要在以下方面着力：一是树立企业诚信的理念，建设诚信企业文化。企业的信用度是企业的无形资产，是企业核心竞争力的要害所在，是市场对企业的认可程度，是社会对企业的接受程度。以诚信文化为基点来建设企业文化，以建设企业文化来打造诚信企业。企业文化是企业在发展中逐步形成并为全体员工所认同、遵守，带有本企业特色的价值观念，是经营准则、经营作风、企业精神、道德规范、发展目标的总和，也是企业员工生存和发展的方式以及心理状态的习惯。说到底，企业文化就是企业经过历史的长河沉淀下来的习惯。虽然企业文化不是管理文化，但却是形成管理方法的理念，是企业的灵魂。价值观是企业文化的根本，是企业的核心，是竞争力的重要因素。要打造诚信企业首先就要加强企业诚信文化建设。企业的诚信水平越高，人与人之间的信任范围就会扩大，企业管理的成本就会缩小，效益就会提高。要激励企业家在企业内部创造一种诚信至上的文化氛围，使全体员工时时处处关注和实践诚信，并把不断加强企业诚信的可能性付诸实践。这种关注和实践，虽然也离不开制度的规范作用，但最好能够是文化规范的结果，即把老实信用、义利兼容的原则贯穿于整个的企业文化建设。它是一种企业精神的内核，也是一种企业的价值取向。使企业自觉形成一种重合同、守信用的社会风气，塑造良好的企业信用文化。二是构建以产权为基础的企业信用体系。在现代市场经济中，从商品市场的买卖到资本市场的借贷，从要素市场的交易到证券市场的支付等，无不体现有信用。目前我国由于体制原因和人们思想熟悉上的偏差，个人信用、企业信用、商业信用等尚未很好建立。同时，企业信用体系的完善，必须与深化经济体制改革，尤其是企业产权制度的改革结合起来。在市场经济条件下，政府也要践行“诚信至上”的精神，尊重私有企业的财产权，承认私有企业及其所有者的合法存在，承认并保护他们的财产，赋予他们公平合理的法律地位，促使企业真正成为享有独立的财产权、自主经营、自负盈亏的市场主体，这有利于建立产权清楚、权责明确、流转顺畅的现代产权制度，有利于维护企业的财产权益，促进生产的健康发展，有利于增强企业创新的动力，形成良好的信用基础和市场秩序。三是建立和完善社会信用体系。建立健全社会信用体系已成当务之急。在社会信用体系建设过程中，应该有效发挥政府的作用，由政府牵头，成立专门机构负责信用体系建设的组织与协调，建立个人与企业的诚信系统。借鉴西方发达国家信用治理的先进经验，尽快实行个人信用实码制，并逐步扩展个人基本账户，有序实现社会保障的个人基本账户与税收账户、收入账户、银行账户等并轨，使个人所有信用资料集中于一个固定的编码上。充分利用工商、财政、银行、质检、审计、司法部门的现有资料和已有的系统，出台强制性的数据收集政策，以较低的成本迅速建立技术先进、覆盖面广、可靠性强、权威性高、相对完善的企业和个人公共信息数据库。四是完善诚信法律、法规和失信惩罚机制。我国企业信用体系，必须制定相关的法律法规，尽快形成较为完整的信用法律体系。当前我国现有的一些法律法规，如《中华人民共和国合同法》《中华人民共和国担保法》《中华人民共和国反不正当竞争法》等都有涉及诚信的内容，但仍需要对有关的条款进行修改、完善和补充。要加强信用立法，尽快制定关于企业信用、消费信用保护、征信治理、信用披露等专门的信用法律法规，为有关机构在开展企业信用信息的搜集、评级、服务等方面提供法律支持和依据，使信用服务有法可依。

廖鸿程：帮瀛帮你赢 乾成诚守信

廖鸿程，男，1979年2月出生，福建南平人，中共党员，中国政法大学法律硕士，北京乾成律师事务所主任，帮瀛法务机构创始人，中国政法大学兼职教授、硕士生导师，中华全国律师协会民事业务委员会副秘书长，北京市律师协会青年联谊会副主席，北京福建企业总商会常务副会长兼法律部部长，北京市青联委员，北京君合创新公益基金会监事，北京市青年联合会第十二届委员会副主席。

派派说：请您对个人成就做一下介绍。

廖鸿程：自执业以来，我以促进国家法治进程为己任，引领近万名青年律师“善思善行”健康成长，率先开展律师事务所管理体制改革，积极推动区域法律共同体建设，服务国家司法改革大计，以实际行动践行“依法治国”理念。执业期间，连续多年荣获北京市优秀律师、朝阳区优秀律师称号，连续多年被评为北京市优秀共产党员、朝阳区优秀共产党员。我所在的乾成律师事务所（简称乾成律所），多次被评为优秀律师事务所、先进党支部。

作为一名法律人，我用了十几年时间做诉讼，到现在创建帮瀛法务机构，始终立足法律前沿，为中国的法治建设做着点滴贡献。

派派说：创业过程中有什么重要创新工作?

廖鸿程：创新管理模式，实现乾成律所公司化管理。

为响应国家“强化管理、规范运作”政策号召，司法部对律师行业提出“促进严格规范执业”的新要求。然而，在我国律师行业，执业律师通常隶属于律师事务所，律师与事务所之间单纯形成劳务挂靠关系，属于松散型合作。同一律师事务所的律师业务雷同，律师要同时承担办案和接案的工作，彼此竞争导致信息和经验不能共享，难以形成合力，精力分散而效率低下。针对这一弊端，为寻找突破口，规范律师执业行为，更是为客户提供卓越的法律服务，我通过到国内外知名律师事务所参观、学习、交流，吸收借鉴其先进经验，并在此基础上成立北京乾成律所。

派派说：请您做下企业介绍。

廖鸿程：乾成律所自始遵循勤勉、专业、高效、协作、爱心的核心价值观，以推动律师行业规范执业、服务党的法治事业为使命，致力成为一家专业、规范、开放的国际化律师事务所。在业务部门之外，乾成律所另设品牌、市场、财务、行政、人力资源等职能部门，在传统的合伙制律师行业实现了一体化的创新管理模式。乾成律所从接案到审案、办案，都形成了带有专业分工的作业规范。所有的案卷文书，都形成了统一的规范，每个律师都有自己擅长的专业方向，各方面信息也都能实现即时共享。从事务协调环节到案件办理环节都实现了标准化。通过现代化的管理理念和技巧，结合中国法律诉讼现实，将难以衡量的专业知识创新工作可量化、标准化。

派派说：请您谈下企业的管理制度是什么呢？

廖鸿程：乾成律所虽然是合伙人制度，但是率先实现了一体化管理，这是中国律师行业少数机构采取的一种模式。合伙人有成熟的引入、退出机制，对贡献卓越的合伙人，还给予良好的退休保障。由于实现了良好的管理机制，引入了多位知名律师和团队，短短几年间，乾成律所已经发展为国内知名的律师事务所，特别是在聘请律师服务的中央企业群体中形成了稳定的口碑和品牌，在商事法律服务行业占有重要位置。

派派说：企业运行模式是什么呢？

廖鸿程：创新法务模式，建立帮瀛法律综合服务平台。

帮瀛是中国首家集法务经纪、法务咨询、法务投融资于一体的综合性法务机构。我们运用“互联网＋”的管理模式，依托执业经验丰富的资深法律团队、科学精准的互联网大数据分析、专业可靠的测评工具模型，以及易用高效的 App 应用软件，帮当事人遴选最合适的律师，帮当事人与律师建立有效沟通，并全程协调管理办案进程。并且，帮瀛采取无偿为客户支付前期律师费用的颠覆性服务模式，该模式在替客户和律师解决资本困扰的同时，也大大增加了帮瀛、客户与律师三者之间的紧密度和案件承办效果。

派派说：针对律师行业性质，您有什么想对大家说的吗？

廖鸿程：在律师执业的十几年中，我经常被自己的朋友要求帮忙推荐合适的律师，或者在与律师沟通的过程中，帮忙做判断。然而法律服务本身属于既专业又复杂的领域，作为外行基本是无法介入的，客户与律师之间无法进行同级对话，无形中增加了许多沟通成本。成立帮瀛法务机构源于我在乾成律所承办的一个案子。一个当事人，以民间借贷的方式借给他人一笔巨额资金，对方因为资金链断裂无法偿还。进入到诉讼阶段后，这位当事人在当地找了几个不同的律师，按照行业惯例，在案件的前期都要支付给律师一笔费用，在诉讼的不同阶段会有不同的收费。对于资金周转困难的他来说是一笔巨大的开销。屋漏偏逢连夜雨，就在他为了案子焦头烂额的同时，他的爱人又被确诊患上了癌症，当时，这位当事人真的是被逼得无路可走。在这件事的触发下，我和团队伙伴们就萌发了一个想法：能不能有一个平台，让客户不必在同时面对诉讼与费用两大问题时焦头烂额，或因费用问题而放弃本可以获得保障的合法权益；同时让律师不再浪费精力在与客户进行非专业性的沟通中，而是专心集中在案子上？帮瀛就是在这种情况下产生的，帮瀛是一家极致专业并专注从事“找最适合律师”和“打破专业壁垒与律师平等对话”的全新法务中介服务机构。

派派说：企业的定位是什么？

廖鸿程：乾成律所最初关于业务板块的定位是“小综合、大专业”。其中，小综合指的是乾成律所虽然体量规模小，但各门类业务律师配备却较为齐全，正所谓“麻雀虽小、五脏俱全”，能够为客户提供综合的法律服务；大专业指的是这些业务领域中，有一到两个业务领域比如诉讼仲裁，无论是在人员数量还是业务体量上，均占有较大的比重。确实，这种“小综合、大专业”的提法在很大程度上满足了乾成律所以央企为主的大客户的综合需求。但是，它客观上也出现了业务定位不够清晰、对业务律师专业化方向引导不够等不足。比如，乾成律所一度在归纳细分的专业领域时，出现了诉讼仲裁、并购、国际贸易、房地产与建设工程、刑事业务、金融等板块，在人员有限的情况下或多或少给人留下万金油律师的感觉，在一定程度上削弱了专业化法律服务概念。

派派说：乾成律所的后期规划是什么呢？

廖鸿程：乾成律所明确树立“专业铸就品牌，信任创造价值”的服务理念，致力于实现“在我们擅长的领域做得最好”的追求，逐步发展形成围绕争议解决和金融两大业务方向，确定疑难案件争议解决、公司证券、融资并购、私募基金、知识产权等“三主两辅”的业务格局，并将其设为乾成律所未来五年的业务发展方向。

派派说：请您给大家介绍下团队的建设情况。

廖鸿程：为提供更全面的法律及增值服务，乾成律所组建了一支由资深律师、离职法官、离职检察官组成的精干业务团队，无论是在专业水平还是实践经验上都有足够的自信为客户提供最优质的服务。但是，更令乾成律所及乾成人看重的是，通过包括但不限于诉讼仲裁在内的各种手段为客户提供综合性的最优争议解决方案，以最小的成本获得最大的收益。

派派说：请谈谈如何立足帮瀛平台促进法律服务业规范化建设？

廖鸿程：帮瀛最早提出了“互联网+法务”以及诉讼融资模式的机构建设，拥有诉讼行业专业的律师团队，有能力提供专业完整的端到端的解决方案和“一站式”服务，赢得快速、高质量、低成本的比较优势。

目前，帮瀛建立并日趋完善着自己的大数据库，当用户出现需求时，能够通过诉讼律师匹配度测评工具对律师的专业能力、成长经历、服务案例以及经常出入的法院等信息进行分析，根据不同项目背景精准遴选最匹配的资源。当测评工具选出两个符合条件的律师时，可以通过模拟法庭实战对抗进行最终选择。事实上，帮瀛为模拟真实庭审，帮助选择更适合的律师，参照真实的法庭、仲裁庭，打造了属于自己的模拟法庭，通过实战的方式在项目评估阶段、律师遴选阶段、项目承办阶段对案件进行实战对抗，为承办律师起到演练预判、复盘的作用，同时也为当事人评估代理律师、确定争议解决策略提供更富真实性的决策参考。

派派说：请您介绍下具体的业务流程是怎样的？

廖鸿程：借助互联网管理工具，帮瀛将商事诉讼服务业务标准化，用App软件规范成17个环节、99个节点。客户可以通过软件清楚地看到完成这起诉讼的所需步骤、进展情况、律师推进等事项，使非法律专业的客户也能对案件进程心知肚明。同时律师也可以在App上清楚地看到自己的案件材料提交情况、下一步进程等内容，在律师为客户提供服务时，同样提升律师规范化作业水平及诉讼专业技能，帮助律师迅速提高工作效率并学会知识管理，提升专业技能。

作为一个由多位资深的前法官、律师和学者构成的平台，帮瀛通过新型模式扩大法律服务业市场，规范法律服务内容，整体上推动了法律服务业的发展。

派派说：企业的目标愿景是什么？

廖鸿程：饱含法治情怀，成就法律人的精彩人生。

作为北京乾成律所的主任以及帮瀛法务机构的创始人，我从执业开始，始终坚信中国的法治进程，对未来中国的法治发展充满美好的愿景。正是在这样的信念中，创造了如今的成就，同时助推了中国的法治进展，成为法律人的典范。

我过去 11 年只做诉讼这一件事，未来 15 年的黄金职业期，我还准备继续做这件事，就因为我是个法律人。在创办帮瀛的时候，我也认为这在很大程度上是因为法律人的情怀。因为帮瀛从商业上讲最终能否成功仍然不确定。拥有一个好的点子和将其落地是完全不同的两回事，需要经济、人力等各种资源的配合。但正像帮瀛的口号“帮瀛不止于赢”，我希望帮瀛能带来的不只是帮助客户实现个案的胜诉，而是实现对整个社会法治进程的推动。法律的精神是要求精进，一定要有利于次序和法治，所有帮瀛模式的参与者都是法治社会秩序建立的推动者。

派派说：您对青年创业者有什么要说的？

廖鸿程：在创业过程中第一就是要有激情。我认为人可以分为三种，分别是自燃型、他燃型和不燃型。只有心中充满了“赢”的激情，才能成为自燃型的人，并且带动更多的他燃型员工。第二，要能坚持。在创业的道路上充满了荆棘与痛苦，需要付出大量的心血和努力、忍受众多的烦闷、痛苦甚至是屈辱，只有具备宠辱不惊的定力与精神力，始终不忘初心，才可以走到最后，笑到最后。第三，要会创新。要在实践中不断探索、发现、研究出更符合客户需求的产品，并及时完善改进现有产品，让客户有更好的体验。第四，要有预见性。能看到事物的发展趋势，看到别人没看到的地方，想到别人想不到的思路，创新出别人创新不出的产品。只有预见未来才能做对的事，只有预见未来才能走得更远。第五，要有胸怀。要有一种包容一切的胸怀和稳如泰山的淡定，淡定而不沉靡。

起点即高峰。创业并不适合所有人，创业之前需要深刻地了解社会、行业和人性，不盲目跟从、不妄自菲薄，找对方向，找准目标，然后坚持下去，要在创业中不断创新，不断成就。

赵向进：波尼亚一路向“诚”进

赵向进，男，1970 年 9 月 2 日出生，大学本科学历，是一名高级经济师。任青岛波尼亚食品（集团）有限公司董事长、城阳区政协委员、青岛市青年创业促进会会长、青岛市生猪协会副会长、青岛市绿色食品协会副会长、青岛市工商联副秘书长、青岛市青年企业家协会委员、青岛市公共关系协会副会长、山东省肉类协会副会长、中国肉类协会常务理事，获青岛市优秀青年企业家、青岛市十大杰出青年、山东省优秀青年企业家、山东省轻工业优秀企业家、山东省十大财经风云人物称号。

派派说：请谈谈企业的基本情况。

赵向进：青岛波尼亚食品（集团）有限公司是集科研开发、仔猪繁育、养殖宰杀、肉制品加工、食品配餐服务于一体的中国肉类 50 强企业，2008 年奥运会帆船比赛肉食品独家供应商。集团公司下辖 6 个子公司，拥有员工 2 000 人，年加工低温肉制品近 2 万吨，年出栏生猪 50 万头，屠宰生猪 100 万头，销售网络覆盖山东，辐射华东、华北等国内大中城市。

派派说：您为什么选择创业呢?

赵向进：创业的原因很简单：为了个人及家庭的生活更美好。但随着企业慢慢做大，创业的使命就转型为产业报国，服务“三农”，提高人们的生活水平，持续提供低温肉制品，重塑青岛肉制品行业品牌的领导地位。

派派说：说说您创业的历程。

赵向进：第一次创业。1990 年成立青岛波尼亚食品有限公司，开始了第一次创业，虽历尽坎坷与艰辛，但仍充满激情与梦想。

第二次创业。2002 年投资 5 000 万元，建立青岛波尼亚食品工业园，年加工低温肉食近 2 万吨，销售网络覆盖山东，辐射华东华北地区，成为山东省农业产业化重点龙头企业、中国肉类 50 强企业和中国农产品加工龙头企业。

第三次创业。2014 年开始兴建山东半岛区域单体工程建筑规模最大、具备深加工一体化的平度波尼亚食品工业园。该项目计划总投资 5 亿元，建设成为青岛市乃至胶东半岛最大且集生物发酵、饲料加工、生猪屠宰、冷鲜肉分割和冷链物流配送于一体的大型波尼亚食品工业园，项目占地 530 亩，分三期开发完毕，一期 80 万头生猪屠宰加工板块计划于 2015 年 6 月实现主体完工，2015 年 12 月正式投入运营。此项目全套引进欧洲先进设备，该项目将极大地改变胶东半岛屠宰业薄弱，依托外来企业支撑猪肉消费市场的局面，将带动 3 000 户养殖农户实现成功创业。

派派说：在企业发展壮大过程中，做了哪些重要的举措呢？

赵向进：波尼亚公司倡导食品工业是道德工业，与国际全面接轨，积极开展放心食品安全工程，实施了从农场到餐桌的全程严格控制体系，保证波尼亚肉食绿色、安全、放心。波尼亚实施的农业产业化战略，每年成功带动 5 万农户就业，推广三元猪近 20 万头，每年为每户农民增收近 1 万元。

派派说：请您介绍下产品认证与有关合作方面的情况。

赵向进：在国际食品安全认证方面，波尼亚在同行业中率先通过 ISO 9001：2000 版国际质量体系认证、国家食品安全认证、HACCP 国际食品安全认证和出口卫生注册认证。

在校企合作方面，波尼亚与青岛农业大学成立了产、学、研于一体的波尼亚食品工程学院，共同设立了波尼亚食品研发中心。在各方面的大力支持下，该中心成为青岛市级技术中心、肉类工业专家站、青岛市肉类食品研究中心、中国海洋大学教学与科研实验基地。

派派说：企业在人才建设、品牌培育方面又是如何做的呢？

赵向进：在人才建设方面，波尼亚积极实施人才引进战略，利用波尼亚科研平台，先后从中国海洋大学、南京农业大学、山东农业大学、青岛农业大学等院校引进高端技术人才，为科技兴企、实现可持续发展奠定了人才基础。目前公司技术研发中心拥有中高级专业技术人员100名，其中拥有博士后5名，博士、硕士15名。

在品牌培育方面，波尼亚分别被评为青岛名牌、山东名牌企业；“波尼亚”商标被认定为青岛市著名商标、山东省著名商标、中国驰名商标；此外波尼亚还荣获中国肉类工业影响力品牌、中国放心满意信誉品牌、全国食品工业优秀龙头企业、AAA级信用企业、最受消费者喜爱的肉制品品牌、中国最受尊敬的十大肉制品企业等多项荣誉称号。

派派说：通过创业实践，目前企业形成的商业模式或盈利模式是什么？

赵向进：打造“基地＋农户＋银行＋龙头企业”成熟的全程产业链，建立“企业＋银行”信贷合作模式，以龙头企业为担保，为波尼亚合作社农户放贷，运用金融杠杆不断支持下游市场开发，为经销商提供金融服务，以盘活整个产业链资本流。

建立聚焦服务的“专柜＋专卖店”商业销售模式，即通过专卖店服务提升品牌影响力，通过波尼亚品牌影响力，推动传统通路上量。

派派说：创业遇到过哪些困难，如何解决的？

赵向进：困难一：融资难，必须有资产抵押，而且政策性银行基本不扶持民企贷款。

解决措施：积极通过不同银行，采取二次抵押、知识产权抵押、股权抵押等多种灵活多样的抵押贷款模式，进行多渠道融资。

困难二：企业面临选人难、用人难、留人难的困境。

解决措施：通过校园设置企业所需专业，进行定向培养；股权远景激励、兴建企业商学院等有力举措；加大人才引进和培养力度，并配套选人、用人、留人体系建设，彻底改变人才引进难和留住难等系列问题。

困难三：同质化竞争激烈，市场销售压力日益提高。

解决措施：通过企业的重新定位，聚焦自己的核心品类，不断打造品牌知名度；通过产品研发创新，研发适合市场消费者新需求的产品，使波尼亚占据高端肉制品的品牌地位。

派派说：当前正在做的项目是什么？

赵向进：波尼亚100万头生态猪养殖、屠宰和3万吨海洋生物肉制品深加工产业化项目。本项目占地约530亩，拟建设海洋生物饲料基地、生态猪养殖和屠宰基地、海洋生物肉制品深加工和冷链仓储物流基地、生物提取车间等。本项目总投资约130 000万元，其中工程费用约79 157万元，工程建设其他费用约12 430万元，预备费约4 249万元，建设期贷款利息约9164万元，流动资金约25 000万元。项目资金来源为企业自筹，其中使用企业自有资金约75 000万元，银行贷款约55 000万元。

派派说：项目的市场前景如何？

赵向进：本项目产品起点高，技术设备先进，达到国内同行业的先进水平，项目的建设以及投产能够有力地推动我国生猪养殖、屠宰以及海洋生物肉制品深加工相关产品的供应能力，推动行业进一步发展，提升行业产品质量和市场竞争力。

本项目建成后投资利润率为39.26％，资本金收益率为102.06％，税后投资回收期为6.65年（含建设期），税后财务净现值为150 140万元，税后财务内部收益率为35.54％，高于行业基准收益率，还能够有效促进项目建设地区的经济增长，因此在经济上是可行的。此外，本项目建成后能够提供5 000个新增就业岗位，可以有效缓解项目建设地区的就业压力。该项目建成后不仅会产生较好的社会效益，而且对地区经济的发展也具有明显的积极、促进作用。

派派说：企业未来发展的目标愿景是什么？如何实现这些目标呢？

赵向进：转方式、调结构，尽快实现产业升级和企业转型。波尼亚的价值观是“产业报国，服务‘三农’，做健康肉食，提升人们生活品质！”波尼亚的价值主张要求公司尽快从以产品为核心的肉制品加工企业向以价值和服务为核心的健康肉食产业集团转型。这就要求波尼亚要打造和完善从种植饲料、种猪繁育、养殖屠宰、肉制品深加工、海洋生物工程、国际采购、冷链物流以及销售与服务的全产业链，尽快上市融资，实现企业大发展，为推动青岛市肉类行业健康、稳定发展作出不懈努力。

派派说：结合创业经历和体会，您认为一个优秀的企业家应具备哪些素质?

赵向进：第一要有远见卓识，对当前和未来的市场有一种敏锐的洞察力，这是企业家的重要素质。第二要熟悉财务，懂得资本运作。第三要有奋斗精神和冒险精神。第四要有较强的管理能力和现代化的管理经验。第五要有超强的沟通能力。

派派说：对国家推进大众创业、万众创新政策有什么建议?

赵向进：希望政府在政策导向、舆论造势、措施落地等方面给大众创业、万众创新工程以实实在在的引导和扶持。

派派说：最想对青年创业者说的几句话是什么?

赵向进：(1) 以奋斗者为本，付出不亚于任何人的努力，打造自己的专业能力；

(2) 敢于尝试，有按着自己直觉走的勇气；

(3) 仔细思考自己的长处，明确自己的职业方向；

(4) 修炼自己的情商，不断提高与人沟通协调的能力；

(5) 结识更多圈里的高手，新的工作机会往往来自这里；

(6) 只有持久的激情才能创造价值。

派派说：您对创业内涵及人生意义的理解是什么?

赵向进：我现在觉得自己是富足的。我觉得是国家成就了我们，是社会成就了我们，是消费者成就了我们，是员工成就了我们，我们要抱着感恩的心态来面对问题、面对社会。

企业的发展不在于你挣多少钱，而是它存在的社会价值，是为广大消费者提供安全、放心、健康营养的食品，是用企业家的良知，做有道德的企业。我一直认为社会价值是企业价值的重要组成部分，这也是人生价值的体现，是一种成功的体现。

傅建省：中宏时代守正创新

傅建省，北京中宏时代科技有限公司董事长、北京安溪企业商会党支部书记，被评为北京福建企业总商会优秀党务工作者，是中国海峡项目成果交易会突出贡献奖获得者。

派派说：谈谈您本人和企业的基本情况，取得的成绩和社会荣誉有哪些?

傅建省：1984 年我出生于农村贫困家庭，2008 年毕业于北京大学法学院，就业于北京新发地农产品股份有限公司，任职总经理助理。2009 年年底下海自主创业，主要为一些大企业、学校提供农产品配送服务。经过 6 年发展，公司业务领域涉及施工总承包、办公家具生产与销售、股权投资等领域，是北京福建企业总商会副会长单位、北京安溪企业商会常务副会长单位。

派派说：说说您创业的原因。

傅建省：因为家庭贫困，父母年纪大，两个哥哥都在农村，没有发展。为此，我读了多年书，承载了家里的梦想，我认为只有创业才是脱贫致富唯一快速的出路。

派派说：说说您创业的历程。

傅建省：2009 年 12 月，两个投资人同意投资 300 万元给我创业，但后来只投了 15 万元，并在 3 个月之后撤资，无奈之下，我只能东拼西凑了 50 万元白手起家。创业之初，缺资源、缺资金、缺人才，举步维艰，亏损严重，蔬菜配送业务烦琐、利薄、压款厉害，在反复研究之后，转型做福利礼品业务，并逐步扩展到礼品定制业务，一年到头只有几百万元的营业额，特别低效。转折发生在 2012 年，一个甲方客户把 2 000 多平方米的办公室给我装修，装修完成后家具又让我配，从此我踏入了施工和办公家具这两个领域，2013 年即创造了 5 000 多万元的产值，2014 年年产值接近 2 亿元，2015 年年产值达到 2.6 亿元，业务规模稳步提升，同时也开始形成一定的原始积累。在这个基础上，逐步参与一些股权投资，比如投资入股了福建思特电子有限公司从事食品安全追溯平台的搭建和运营，投资了北京上元时代科技有限公司从事冷库的投资与建设。

派派说：请谈谈您在企业管理方面的体会。

傅建省：首先要保持接纳的心态，勇于转型，抓住商机，这个心态让我有机会进入了施工和办公家具这两个大市场。人才培养方面。经过几年的沉淀，形成了比较稳定、完整的市场团队和项目管理团队，这个对于公司发展来说至关重要。此外，公司沉淀并发展了“诚信、勤奋”的外部文化及“互助、互信、分享、付出”的内部文化。

派派说：您通过创业实践，目前企业形成的商业模式或盈利模式都是什么呢?

傅建省：企业盈利模式主要是项目经营和股权投资增值。

派派说：您在创业过程中遇到过哪些困难？是如何解决的呢?

傅建省：创业过程中遇到的最大困难是资金瓶颈。现金流是企业的生命之源，创业伊始，现金流管控能力较弱，经常导致青黄不接。现在规模做大了，压款多了，融资依然是个问题。克服困难主要在于加强现金流管理以及商圈的经营和拆借。未来还得增加低成本的融资渠道。

派派说：您认为当前有哪些机遇?

傅建省：当前施工承包行业整体不景气，但是对我们来说仍然存在两大机遇，一个是大规模的老旧小区改造机会，另一个是运动式的 PPP 投资机会。办公家具则是一个增加现金流很好的行业。

派派说：您对企业未来发展的目标愿景是什么呢? 该如何实现?

傅建省：未来目标是希望投资好的企业，甚至找到好的项目自己做长线品牌。实现这个目标需要做好原始积累，同时借助一些平台（如福建项目成果交易会、北大校友会等）开阔视野，寻找机会。

派派说：通过您本人创业的经历和体会，谈谈您认为一个优秀的企业家应具备哪些素质呢?

傅建省： 宽大的胸怀、敏锐的洞察力、坚强的意志和良好的人际关系。

派派说：您对国家推进大众创业、万众创新政策是怎么看的?

傅建省： 鼓励创业、创新是对的，这是国家的未来。但创业者本身需要冷静、客观地看待创业，认真审视和调研创业的条件是否成熟，如技术是否成熟和领先、市场是否足够大、资金是否有保障等因素。

派派说：您最想对青年创业者说的都有哪些呢?

傅建省： 创业要选好行业，选好之后就不要轻言放弃。

派派说：您本人对创业的内涵以及人生意义的理解又是什么呢?

傅建省： 工作服务于生活，创业也是服务于生活的，个人和家庭的物质需求是第一要务。物质需求得到基本满足之后，创业的意义就自然提升为服务于社会。我认为不管企业大小，只要是有利于社会的企业，是能够带动身边人发家致富的企业，是能给人以梦想并带动他们实现梦想的企业，那么这个企业就是好企业。能把企业做成这样的老板，也在很大程度上提升了其人生意义。

我认为，不能把赚钱作为创业的唯一目的，那会很容易迷失。如果有能力有机会创造一个经典品牌，让其存续下去服务于社会和人民，那将是人生最大的意义所在。

史定生："蓬盛"橄榄菜 真心的味道

史定生，广东蓬盛实业有限公司董事长。

派派说：请您介绍下企业的基本情况。

史定生： 澄海市外砂蓬盛果蔬副食品厂创办于 1993 年 9 月 17 日，2003 年 11 月 18 日变更为广东蓬盛实业有限公司。是一家集"基地＋布产、收购、加工、科研、销售与服务"一体的广东省民营高科技企业，是汕头市的农业龙头企业。企业占地面积 200 亩、建筑面积 10 万平方米，以一流的产品质量、一流的营销网络、一流的技术设备、一流的服务质量与一流的管理团队而闻名中外！

派派说：您创业的原因和历程都是什么呢？

史定生：回想企业的创业初期，由最初几个人的家庭作坊，从收购、加工与销售，一步一个脚印地走来，遇到的困难不计其数，尤其是1996年遇到的全球金融风暴，东南亚货款未能及时回笼，在资金与客源不稳定的双重压力下，信心严重受到打击，甚至想到过放弃！想到过转行！面对重重的困难与重压，寻求新出路，最终确定唯有创新与改变，才能有发展空间。思路确定后，1997年注册了“蓬盛”牌注册商标，工厂很快就从原来单一的咸菜粗加工，开始了咸菜皇小包装产品的生产，并结合传统工艺，推出了橄榄菜等系列深加工的潮汕小菜，也由此开始了品牌建设之路。这一转变，为企业的业务增长及规模扩张奠下了重要基础。

派派说：您在产品和市场方面，做了哪几件重要的事情？

史定生：要生产出好的产品，就必须从源头抓起，凭着多年来的田间考察经验从原料的生产着手，深入基层，确保原料安全供应关。在生产过程中，从产品生产工艺上不断摸索创新，从原有的传统生产工艺的基础上，不断尝试技术革新，结合现代先进技术，整合出了一大批新的潮汕小菜制作工艺，使产品从选料、漂洗、煎制、调味、颜色、保鲜、包装等环节上实现了质的提高，产品生产从原有的传统手工操作发展到机械化、现代化生产线，利用传统方式结合现代技术开发研制出适合现代人口味的一系列高质量特色小菜，受到广大消费者喜爱。公司主打产品蓬盛牌橄榄菜秉承潮汕美食传统，结合现代科学技术，根据健康食用原理而进行精心制作。产品原料以上等芥菜、橄榄为主，通过精心制作，加之包装精美而畅销美国、法国、加拿大、澳大利亚、新加坡、马来西亚等国家，以及我国大中型城市，近年来，产品在同行中市场占有率极高，销售量更是名列前茅。这也得益于1997年的一个决策，还记得1996年沃尔玛在中国内地开设了第一家门店——深圳罗湖区洪湖店，蓬盛橄榄菜也正是在这个时候通过深圳的经销商进入超市销售。目前，公司的营销模式是通过经销商分城市分片区销售，无论走到中国的哪个角落，总能在各大连锁超市看到蓬盛系列产品。

派派说：企业获得的社会荣誉都有哪些呢？

史定生：经过多年的努力，企业在品牌建设的路上先后获得国家 30 多项专利。此外，在各级领导的关怀指导下，公司不断成长并获得诸多荣誉：先后荣获澄海市名牌产品、汕头市工业名牌产品、中国国际农业博览会名牌产品和汕头市农业龙头企业称号；注册商标“蓬盛”连续五届被评为广东省著名商标；生产的橄榄菜连续四届荣获广东省名牌产品称号。在各级政府的重视与支持下，公司以创一流企业为目标，加强生产经营管理，提高自身管理素质，提升服务能力和水平；坚持以人为本，积极实施人才强企战略，实现企业效益最大化，以争创“中国驰名商标”为目标，促进公司创新和发展。

派派说：您认为企业最重要的是什么？

史定生：质量是企业的生命，严把质量关，强化员工的质量意识是我们一直提倡的指导思想。企业要在日趋激烈的市场竞争中增强竞争力，产品质量是关键。早在 2000 年，公司便成立了技术部门，负责产品质量的巩固与新产品的研制，增强公司的整体市场竞争力。

派派说：对未来发展的愿景是什么呢？

史定生：橄榄菜是省级非物质文化遗产制作技艺，一定要让橄榄菜制作技艺继续得到好的传承，让这种被华侨称之为思乡菜的潮汕小菜香飘四海，名扬天下。

派派说：您目前在做的项目有哪些？前景如何？

史定生：2008 年，在企业逐步走上正轨的时候，我看准机遇迅速进军房地产市场，与朋友合伙开发的锦骏地产——虹景湾、丰达雅居、馥景园、黄金海岸以及目前在建的中冠明珠，每一个楼盘在居住、办公、商业、教育、文化等方面都结合了地理位置特性，布局合理，适应了国内房地产行业的发展形势，涉及国家宏观调控需要的经济型小户型、高端商务楼以及综合型产业群体，楼盘价格合理，薄利多销。锦骏地产也正是以这种稳健的态度，实现企业的可持续发展。

派派说：您认为作为优秀的企业家应具备的素质是什么？

史定生：一个好的企业家，在企业内部就是一个优秀的精神领袖。一个企业能否长期、持续发展取决于最高领导位置上的人，涉及企业的经营战略、技术开发、企业文化、营销管理、人事管理等诸多因素。企业的可持续发展，离不开企业文化建设，而企业的创始人就该将其挖掘出来。作为企业家应当具有先进的理念，从企业的创业初期开始，就该给企业文化下定义了，要在企业中形成有其自身的相对文化，使之成为企业员工凝结在一起为企业发展奋斗的共同目标。一直以来，我始终坚持“科技创新，以人为本”的原则，重视企业文化打造，多年来遵照“适应新形势，理清新思路，提升新能力，实现跨越发展”的总体思路，打造了一支一流的服务与管理团队。

派派说：最想对青年创业者说的是什么？

史定生：最想对创业者说的是必须找到一个适合自己的导师，在你一团糟的时候能帮你厘清思路，做你情绪低落时的精神支柱。另外，做事要专注、不轻浮，能沉下心才能将事做好。最重要的一点是，从你决定创业的那一刻开始，你就注定走上了一条与大多数人不一样的路，这条路上充满了孤独与寂寞、数不尽的艰辛与困难，但是你要坚信自己当初的选择，坚定信心走下去。

创业路上，并没有任何捷径可走，唯靠诚信。要先学会做人，才能做好事。做人需牢记“义、信、利”，经商的德范唯有一个“信”字，利益追求是其次，信义才是根本。唯有坚持正确的发展方向，守信经营，重视食品卫生安全、质量安全，确保提供给客户质量可靠的产品，才是企业生存的根本。

三分天注定，七分靠打拼。最初开始创业的过程是痛苦的，面对一个又一个的困阻，你要想办法去克服去跨越，才能取得最后的成功。多年以后当你成为企业家，方能体会到奋斗过的人生才是无憾的。

派派说：您接下来有什么打算？

史定生：在企业发展壮大的同时，我体会到了自身文化程度不高所带来的不足，也深深体会到身上的社会责任。留意到当前国家的教育现状，我决定投身教育事业，目前专注于早教与幼教，已成立了教育机构——广东国澳教育投资股份有限公司。国澳教育引进澳大利亚的国际IB课程，结合中国的实际教学情况，致力于打造真正适合中国未来的教育方式，以汕头自营的早教园、幼教园为立足点，面向全国发展幼儿教育事业，推广较为先进的国际教育理念。以专注、专业、优质为教育宗旨，以培养幼儿智能全面发展作为使命。国澳教育未来将与国内外先进的培育机构互动、积极办学，在家庭教育、素质教育、中小学教育领域上争取更大的突破，让教育改变人生、改变世界。

杨灿伟：从小果贩到大果王 诚“橙”相通

杨灿伟，江西杨氏果业股份有限公司董事长。

派派说：请您介绍一下本人的基本情况。

杨灿伟：我的籍贯在广东省中山市，是北京大学EMBA硕士，经营水果行业已超过30年，是国内水果行业的领军人之一。1986年创办了中山市杨氏南北贸易有限公司，任公司董事；2001年、2004年、2007年、2009年分别创办了广东杨氏南北鲜果有限公司、江西杨氏果业股份有限公司、河源杨氏农业发展有限公司、广西杨氏鲜果有限公司，为公司法定代表人。2003年杨氏果业独立承办“2003中国柑橘年会暨柑橘商品化国际论坛”并取得圆满成功。2011年，随着下属公司资产整合、整体改制，创立了江西杨氏果业股份有限公司，任公司董事长至今。2013年、2014年创办江华杨氏生态科技种植有限公司、四川杨氏生态农业有限公司，为实际控股人。为扩大公司进出口贸易，在2013年创立了全农有限公司、2014年12月创立了中山杨氏果业进出口有限公司。

派派说：请您介绍一下企业的基本情况。

杨灿伟：江西杨氏果业股份有限公司是一家集水果种植、收购、加工、仓储、分选、预冷处理、自有品牌销售以及精品水果贸易于一体的现代化新型农业企业。目前主要产品有鲜橙、鲜柑橘等，是我国该类果品的价值链优质管理商，公司坚持品牌化、专业化、标准化、规模化、差异化、工业化、物联网化的经营理念，以让消费者吃到新鲜、放心、好吃的水果为己任。

派派说：请您说说企业取得的成就有哪些？

杨灿伟：公司通过了 ISO 22000（HACCP）、ISO 9001 及全球良好农业操作认证等国际质量体系认证，并严格按照标准进行监督管理，注重产品的品质与安全。公司获得江西省级龙头企业、江西省著名商标、广东省农业龙头企业、2015 中国十大柑橘品牌、2015 中国果业百强品牌企业、中国十大最具投资价值品牌、广东省名牌产品、广东省著名商标等称号。

多年来，公司始终保持全球视野，从国际、国内不同的市场角度，关注着行业及自身的发展。公司引进国际先进设备，不断从“产、供、销”产业链层面上完善公司业务，努力打造果业航母，建设现代化农业企业。

派派说：企业的战略理念是什么呢？

杨灿伟：一直以来，公司的整体战略理念是“占有原产地、拓展终端、缩小中间环节”，为了实践此指导思想，近年来，公司不断完善自身产业布局，分别在江西、广西、湖南等水果丰产的纬度带建立了大型加工厂，从地理位置上控制了果产区；另外，公司下属五大批发市场，实现了对华南、华东、华北区域的销售网络编织。

派派说：请您谈谈公司上市的基本情况。

杨灿伟：公司在国家宏观政策的导向下，结合自身做强做大的发展战略，逐步探索利用资本市场实现跨越式发展的道路。公司自 2011 年 12 月便进行了股份制改造，同时吸引了具有央企背景的著名投资机构中国东方资产管理公司；广东温氏食品集团股份有限公司作为公司的战略投资者。2015 年 6 月，公司与中信证券股份有限公司签署战略合作协议为公司进行新三板申报，公司于 2016 年

4 月 29 日取得新三板挂牌函；2016 年 6 月 24 日，杨氏果业在新三板挂牌（股票代码 837480）。2015 年公司净利润约 8 000 万元，成为国内为数不多的新三板农业板块绩优股。

派派说：说说您创业的原因。

杨灿伟：在小时候，家中经济条件不是很好，物质短缺，在放学后我就喜欢倒腾小买卖，11 岁就开始“摊贩生涯”。打鱼、打猎、割芭蕉，再骑自行车到中山集市去卖。有什么就卖什么，什么赚钱就卖什么。有时候一天可以赚 20 元。后来在走南闯北间，我就想着要实现自己的经营梦想。初中毕业后，我就“弃文从商”了。在 1986 年的时候，我注册成立了中山市杨氏南北贸易有限公司，就开始了公司化的运作。

派派说：说说您创业的历程。

杨灿伟：1996 年和 2002 年，公司从澳大利亚、西班牙引进两条当时国内最先进的柑橘生产线，建立智能化的保鲜加工系统，同时，公司的产品开始进入加拿大、俄罗斯、东南亚等市场，并屡创中国出口脐橙历史新高，成为柑橘贸易龙头企业。

2004 年，公司在江西赣南最大的脐橙种植县寻乌建设“模范工厂”。2012 年，又在寻乌新建了 120 吨/小时柑橘保鲜加工生产线和 2 万吨冷库项目，成为规模亚洲最大、设备技术世界领先的果业加工龙头企业。我见证了 30 多年来中国柑橘产业的发展，更梦想未来中国柑橘产业真正诞生像新奇士那样的大企业、大品牌。

派派说：在企业发展中，您都做了哪些重要的事情呢？

杨灿伟：长期以来，公司坚持“信誉为本、质量第一”的宗旨，凭借其行业领先的机械化程度、科技含量及经营理念，依托较大的柑橘包装加工规模以及长期秉承的精益求精的产品品质，使得所创立的“YANGS—NS”（杨氏）品牌产品在行业内以及消费者中享受有一定的声誉。迄今，公司已走上了一条可持续发展和产业升级的快车道，并步入了资本效益、规模效益及品牌效益的发展阶段。随着公司规模不断扩大，公司将愈加注重品牌影响力。

公司始终致力于保障每一颗水果的安全和标准，不断创新、满足并超越顾客对健康水果的需求，滋养生命活力，秉承产品品质就是核心，以先进的水果检测体系和光电、紫外线系统，按水果颜色、重量、形状、直径、大小、瑕疵、密度进行自动分级和贴标，以标准化的水果，满足不同地区客户对水果个性化的需求。并设立品质技术中心，定期与华中农业大学、西南大学农业专家探讨果品情况。

派派说：在人才储备方面，您是怎么看的？

杨灿伟：我认为，热爱行业、脚踏实地、认真负责的员工是公司最大的财富。我们鼓励人才的内部流动，为每位员工提供施展才华、实现梦想的舞台。公司会根据每年战略和业务重点确认培训方向，开设有针对性的培训课程，以此让员工与杨氏果业共同成长。

派派说：关于模式转型，您给大家简单介绍一下。

杨灿伟：公司在 2016 年 4 月 29 日获得全国中小企业股份转让系统的挂牌函，为步入资本市场打开了一扇大门。2016 年 6 月 24 日，杨氏果业在新三板挂牌（股票代码 837480），进一步加快了在新三板融资的进程，股票将以协议转让的方式进行转让。公司上市主办券商为中信证券，会计师事务所为大华会计师事务所，律师事务所为北京德恒律师事务所。

派派说：在创业实践中，企业形成的商业模式有哪些呢？

杨灿伟：公司以鲜橙、鲜柑橘的初加工业务为核心与依托，坚持品牌化、专业化、标准化、规模化、差异化、工业化、物联网化的经营理念，以让消费者吃到新鲜、放心、好吃的水果为己任。多年来，为了实现产供销一体化，公司扎根柑橘原产地、积极拓展销售终端，同时减少中间流通环节。公司盈利主要来源于鲜橙、鲜柑橘等自有品牌产品的销售。其间，公司为了丰富水果产品品类结构，自主加工或委托加工其他类水果（荔枝、杧果、香蕉、葡萄、猕猴桃等），并以自有品牌的形式销售给客户。近两年来，公司选择国际优质品牌，利用公司自身销售渠道的优势，发展进口贸易。未来，公司将努力发展水果行业上下游产业，打造种植、品种优化研发、初加工、销售、水果贸易以及电子商务的优质产业链商业模式。

派派说：您在创业过程中遇到过哪些困难？如何解决的？

杨灿伟：近年来市场经济不景气，果农出现了不按合同交易，抬高价格的现象，加上因天气原因，果农种出来的果品质量参差不齐，但我们仍坚持随行就市，价格高也买一定的量，保证农民收入，作为产地龙头企业，尽量保持市场稳定。对于不达标的次果就地处理，坚决不装箱，坚持把品质最好的水果送到消费者手中。

派派说：您当前在做哪些项目？市场行业前景如何？

杨灿伟：为了进一步巩固源头控制、丰富水果品种、实现产业化目标，公司拓展上游，积极发展种植业，2014 年在四川广元市收购猕猴桃果园（自 2015 年起进入产果期），同年在四川阆中租赁了 2.3 万亩优质土地作为水果种植基地，开展特早熟、早熟、晚熟品种的研发，拉开成熟期；让水果在树上保鲜，延长采摘时间；掌握时间差、品种差、质量差，做出品质统一的优质果品，进一步打造核心竞争力，实现水果市场的差异化经营，并通过现代化农业科技直接控制水果源头，保证质量及安全标准，顺应未来发展。

目前公司借助第三方平台，开拓了电商渠道，以经销的模式进行电商销售；未来公司将搭建自己的网络平台，进行直营销售，扩宽销售渠道，同时打造杨氏品牌。

派派说：企业未来发展的目标愿景是什么？

杨灿伟：打造果业航母，勇做产业栋梁。在当今这个竞争不断全球化的世界，以全球竞争的视角，担当产业发展的责任，是时代对杨氏果业的要求，更是杨氏果业的自主选择。未来的杨氏果业，应从中国水果产业的龙头上升为世界果业的航母，把握机遇，整合资源，发挥竞争优势，保持国内市场生产销售的同时，大力发展进出口业务，目前已经与北美洲、西欧、澳洲、非洲、东南亚等多家进口商达成进口合作，产品已远销至加拿大、阿联酋、俄罗斯、新加坡、马来西亚、泰国、菲律宾、斯里兰卡和越南市场。

派派说：结合您本人创业经历和体会，谈谈您认为一个优秀的企业家应具备哪些素质呢？

杨灿伟：我认为要具备四种品质，这也是杨氏果业的核心价值观：承载使命，勇于担当；专注果业，潜心致力；至诚至善，砥节砺行；成人达己，成己为人。

派派说：您对国家推进大众创业、万众创新政策有哪些建议？

杨灿伟： 单靠老百姓和企业是改变不了中国传统农业结构模式的，必须要靠政府牵头，加上企业大量资金的中长期投入，还有专业化的示范性战略战术思维领导，才能把农户、小型农场、合作社、企业与科研的力量集中起来，改变、带动、引导行业立体发展。

发展农业投资大、时间长、风险相对较高，需要大量的人力物力支持。因此，如果政府相关部门能制定相关战略战术，建立健全的行业规范标准，完善基础配套设施，与企业、科研、农户紧紧结合起来，必定更有利于企业的发展。

政府还需加强落实培养人才、宣传本土企业、规范行业秩序、整顿不良企业等工作，真正让企业有一个良好而长远的发展空间。

企业对自身要有高要求，对产品质量严格把关，力求做到专业化、规范化、标准化、差异化、设施化、精准化、工业化的产、供、销全产业链，这样才能实现食品安全，达到丰产丰收。

派派说：您想对咱们青年创业者说点什么呢？

杨灿伟： 经验积累和原始积累对创业来说至关重要，首先在创业前要仔细考虑自己是否有足够的准备，最忌一拍脑门的决定。创业易，守业难，贵在坚持。一旦选择创业，就一定要持之以恒，经得住挫折、经得住失败，在挫折乃至失败中锻炼自己，无论成功与失败，同样都是人生履历中一笔宝贵的财富，同样能够证明自己。

派派说：您对创业和人生意义的理解又是什么呢？

杨灿伟： 不管是创业还是人生都有着相同点，都同样需要有创新、伙伴、团结、勤奋、诚信和务实。

（1）创新。创新是永葆生机的重要保障，是快速发展的动力源泉，是卓越绩效的本质体现。逆水行舟，不进则退，企业经营，不新则废。

（2）伙伴。伙伴是共同发展、同创价值的统一体，内部伙伴以求协同，外部伙伴以求共赢。先卖信誉，后卖产品，先交朋友，再做生意。

（3）团结。团结才有力量，合作创造共赢。

（4）勤奋。业精于勤荒于嬉，行成于思毁于随。只要思想不懒惰，办法总比问题多。

（5）诚信。承诺重于泰山，信誉高于生命。

（6）务实。空谈误企，实干兴企！

范伟博：消防事关生命安全 定要万无一失

范伟博，北京琪舰消防工程有限公司总经理。

派派说：请介绍一下企业基本情况。

范伟博：公司于2002年注册，我们是做消防设计和施工，提供消防行业的“一条龙”服务。公司发展到今天成为了双甲单位：施工一级、设计一级。公司主要是以消防工程设计施工为主，经营范围主要在北京、河北和四川。我们一共有3个分公司，分别是张家口分公司、沧州分公司和海南三亚分公司，主要围绕区域地方发展，在需要发展消防的区域开展工作。北京市顺义区是我们开始创业的地方，顺义区政府的一些办公楼都是我们去做的消防。

派派说：作为地方企业，贡献都有哪些？

范伟博：因为是地方企业，一方面我们解决了一些施工市场就业的问题，另一方面也把税收留在了顺义。所以我们在顺义做的工程也非常多，而且也得到了地方和消防行业有关部门的认可。

派派说：除了消防公司，您还成立了哪些公司？

范伟博：还有琪舰文化公司、琪舰智能公司、国风消防器械有限公司和一个维保公司。在本行业不丢的情况下，还要去创新发展，所以我们这两年成立了一个琪舰智能有限公司。

派派说：请您给大家介绍下琪舰智能有限公司。

范伟博：我们积极响应国家提出的智能化发展方针。公司展厅是智能化汇总的地方，在那个地方展示了一些现代的智能家具系统、智能消防系统、智能校园系统、智能安全系统。传统的消防系统已经落伍了，现在是智能消防，我们也吸取了像海康、华为的企业经验，把传统行业更加智能化发展，实现更加智能化、合理化的智能消防。这两年公司虽然刚做起来，但是未来的发展空间不比传统的消防公司小，这也是我们今后着力发展的地方。

派派说：党建工作发展得如何?

范伟博：公司有 20 多名党员，2011 年我们向马坡镇党委申请成立琪舰党支部，同时也把团支部、妇代会的牌子全部挂起来。2018 年，我们又申请成立了琪舰消防党组织，从 20 多名党员发展到现在 58 名党员。成立党支部之后，我们发展入党积极分子，这两年也发展了五六名党员，而且政府给我们支持也非常多。成立党支部后，好多甲方企业来考察我们公司后，以为不是民企，而是一个党政机关，通过了解才知道我们这么多年一直做党建工作。所以通过建立党组织，公司在竞争市场上也产生了一些优势。

派派说：有没有什么困难点、痛点?

范伟博：人才很稀缺，政策调控导致企业提供的待遇降低，不利于民营企业留住人才。我个人认为，现在企业的压力特别大。作为企业来说人才真的是非常缺少的，但是要留住人才，不给他很好的待遇，他就不会在你这里工作，也不会安心发展。

第十章 回报社会

2017年，党中央、国务院印发《关于营造企业家健康成长环境弘扬优秀企业家精神更好发挥企业家作用的意见》，提出要弘扬企业家爱国敬业、遵纪守法、创业创新、服务社会的精神。习近平总书记在民营企业座谈会上强调“民营企业家要珍视自身的社会形象，热爱祖国、热爱人民、热爱中国共产党，践行社会主义核心价值观，弘扬企业家精神，做爱国敬业、守法经营、创业创新、回报社会的典范。”改革开放以来，企业家精神在推进新时代建设现代化经济体系的进程中，以及迈向中华民族伟大复兴的征程中释放出巨大的正能量。企业蓬勃发展，在稳定增长、促进创新、增加就业、改善民生等方面发挥了重要作用，推动了经济社会的迅猛发展。回报社会是企业家精神的基本底色，这需要企业家履行责任、敢于担当、服务社会的精神。回报社会不仅包括对国家和社会的责任担当，还包括对企业和员工的责任担当。任何企业都存在于社会之中，都是社会的企业。社会是企业家施展才华的舞台，只有真诚回报社会、切实履行社会责任的企业家，才能真正得到社会认可，才是符合时代要求的企业家。近年来，越来越多企业家投身各类公益事业，积极为“中国梦”奉献自己的智慧和力量。在防控新冠肺炎疫情的斗争中，广大企业家积极捐款捐物，提供志愿服务，作出了重要贡献。当前，就业压力加大，部分劳动者面临失业风险。企业家履行社会责任敢于担当，努力稳定就业岗位，关心员工健康，同员工携手渡过难关。

激发企业家不断“回报社会”，需要在以下方面着力：一是建立企业家回报社会的名誉保护机制。建立企业家回报社会的名誉保护机制，让每一个真心回报社会的企业家都能得到全社会的尊重，让越来越多的优秀企业家勇立潮头、甘当先锋；引导企业家积极参与光彩事业、公益慈善事业，投身“万企帮万村”精准扶贫行动。二是激发企业家致富思源的情怀。引导企业通过联合资助、慈善捐赠等方式，资助在基础研究和公益性研究方面的科学研究活动；引导企业家认识改革开放为企业和个人施展才华提供的广阔空间、良好机遇、美好前景，先富带动后富，创造更多经济效益和社会效益；引导企业家认识把握引领经济发展新常态，积极投身供给侧结构性改革，在振兴和发展实体经济等方面做更大贡献。三是引导企业家积极投身国家重大战略。完善企业家参与国家重大战略实施机制，鼓励企业家积极投身“一带一路”倡议建设、京津冀协同发展、长江经济带发展等国家重大战略实施，参与“引进来”和“走出去”战略，参与军民融合发展，参与中西部和东北地区投资兴业，为经济发展拓展新空间。

陈晓鸿：惠及市民一日三餐 惠利农民增产增收

陈晓鸿，广东穗方源实业有限公司董事长。

在陈晓鸿的带领下，经过10多年的打拼，广东穗方源实业有限公司已建成日产400吨且处于国内先进水平的瑞士布勒公司精制米生产线，拥有粮食仓储容量35 700吨，公司年产售量稳定在15万吨以上，销售额超过6亿元，在广州市民营粮食加工仓储企业中名列前茅。目前，公司正筹划建设有一定规模的、功能更齐全的现代化粮食商流物流园区。

派派说：您取得的成绩和社会荣誉有哪些？

陈晓鸿：多年来，由于本人秉承“发展生产、保质保量、稳定市场、保证供应”的粮食经营理念，致力于改革创新，开拓市场，企业的规模和实力逐年提高。2005年和2006年被纳入广州市政府重点扶持企业；2008年被评为国家粮油产业化重点龙头企业和广州市农业龙头企业；2009年被评为广东省农业龙头企业，并被认定为广州市本级储备粮承储企业、军供粮加工定点企业、粮食应急加工定点企业，承担着粮食应急义务，负责应急状态下我市老城区居民口粮的加工、供应保障任务。本人先后被评为 2011—2013 年度广州市优秀企业家、2014 年度广东省优秀企业家。

派派说：说说您创业的原因和历程。

陈晓鸿：本人于 20 多年前涉足粮食经营贸易，在摸爬滚打多年后，于 2003 年自购荔湾区花地大道办公用房，创立广东穗方源实业有限公司。创业初期，主要从事大米贸易，2006 年，随着公司业务的拓展，为了打造一家产、购、储、加、销全产业链的规模粮食企业，参与政府保障粮食安全事业，先后投资 2 000 万元，在荔湾区交通便利的东沙白家围工业区建设粮食储存仓库和加工厂，从事粮食储备加工业务。

派派说：在企业发展的过程中做了哪几件重要的事情?

陈晓鸿：一是在 2009 年，从广州市民营粮食企业中脱颖而出，获得广州市发展和改革委员会（粮食局）批准的广州市政府粮食储备承储资格、军供粮定点加工资格和应急保障供应定点加工资格，承担广州市粮食储备任务和居民、部队、大专院校粮食应急保障供应的社会责任。二是相继创立了穗穗平安、泰拳、圣白象等 10 多个优质大米品牌，有些品牌已获广东省放心粮油、广东省名牌产品的称号。三是成为为广州市内 10 多家大中型超市和专业粮油经销点的配送企业，为解放军部队、大专院校、机关团体饭堂、餐饮业等数十个点供应优质大米的供货企业。四是陆续投资扩大仓容和生产，分别与省内粤西地区，省外江西、广西、黑龙江和东南亚泰国、越南等粮产区，通过订单农业、合作共赢的方式建立稳定的粮源生产基地；通过自建、改造、租赁等形式扩大粮仓库容，引进和改造大米加工生产线。五是努力学习先进经验，着力提高企业的现代化管理水平，通过“走出去”和“引进来”，建立和健全管理制度，引进和招聘管理人才，交流和培训一线员工，提高企业和员工的整体业务素质，确保企业诚信、依法、高效运行。

派派说：企业的经营模式是什么?

陈晓鸿：通过创业实践，目前建立了以产品为中心，以品牌为依托，以渠道建立为抓手，以基地和供应合作伙伴为价值前端，以公司生产运营为价值中端，以客户服务与客户培育为价值后端的价值网络运作体系；形成了以品牌经营为根，粮食购销贸易为枝，兼政府储备、物流配送、渠道开发与建设为一体的综合性专业粮食经营模式。

派派说：您创业时遇到过哪些困难，又是如何解决的呢?

陈晓鸿：我觉得市场、资金、人才是企业发展过程中面临的最大困难。市场的困难用优良的产品解决，资金的困难用诚信解决，人才的困难用共赢解决。简言之，在适当的时候做适当的事。

派派说：当前正在做的项目是什么？市场前景如何?

陈晓鸿：公司正在筹划建设集粮食购销贸易、储备、深加工、物流配送、检验和研发一条龙的粮食产业科技园区。项目的建成，将为广州市特别是核心都会区的粮食安全和政府的宏观调控提供有力保障，并极大提升粮食科技产业水平；随着项目建设运营，将有利于指导农民无公害食品种植，有利于带动周边粮食生产和加工，可以有效服务广州，辐射华南地区，甚至影响东南亚。

派派说：企业未来发展的目标愿景是什么？这些目标该怎样实现呢?

陈晓鸿：穗方源实业有限公司以创立“粮油百年字号”为愿景，公司将继续以顾客为尊，为民生丰盈创造价值的企业使命，立足当前，不断创新，为消费者提供更加优质健康的产品，传扬健康饮食文化，让更多人享受健康美味的快乐，让更多家庭感受生活的美满。

派派说：请您结合自身创业经历和体会，谈谈您认为作为优秀的企业家应具备哪些素质呢?

陈晓鸿：（1）事业心和进取精神；

（2）善于观察和思考；

（3）创新精神；

（4）讲求工作效率；

（5）务实的态度：既有长远计划，又善于从近处着眼，从小事着手，出实招，重实效，工作认真细致，脚踏实地；

（6）良好的心理素质和顽强的毅力；

（7）民主作风；

（8）良好的人际关系和社交能力；

（9）自律和良好的习惯。

派派说：请您讲一下对国家推进大众创业、万众创新政策的看法。

陈晓鸿：国家推进大众创业、万众创新重大战略举措，在发展经济，提升科技水平和稳定就业方面将会发挥重大促进作用。

派派说：结合您在创业过程中的经历及在企业经营过程中的所见所闻，谈谈自己对于该政策的建议？

陈晓鸿：继续取消和下放行政审批事项，降低市场准入门槛，简化行政审批手续，采取一站式窗口办理等措施为创业企业工商注册提供便利，为市场主体松绑、减负，充分发挥市场主体能动作用；实施创新项目计划，可以设立专门项目，或者实施以创业企业为对象的政府采购政策，以解决创业企业的市场准入问题。推进公共数据的开放，将政府公共信息与数据率先向全社会开放，加强信息资源的供给与传播，以提升可用性和利用率，创立开放性的大数据创业模式。

派派说：在资金支持和人才培育方面有什么建议吗？

陈晓鸿：资金支持方面，发挥信贷政策的导向作用，引导金融资源向公共产品和公共服务倾斜，推动金融产品和服务方式创新，努力扩大直接融资规模，构建公共产品和公共服务多元化融资渠道。发挥金融在大众创业、万众创新中的引导和促进作用，在确保资金安全的前提下，全方位、多角度、多维度地提供金融支持。设立国家中小企业发展基金，充分发挥国家财政资金的政策引导和杠杆作用，带动更多的社会资金支持中小企业发展。设立国家新兴产业创业投资引导基金，完善引导基金的资金来源和激励约束机制，确保国家引导基金资金来源的稳定性，理顺引导基金的激励约束机制。

人才培育方面，建立国家产业项目与风投管理人才数据平台，建立产业项目数据库和风险投资管理人才数据库，纳入在引导基金、创投企业及关联企业任职的高级风险投资管理人才，定期向社会公布考核业绩，接受公众监督，使引导基金投资业绩更为公开透明。

派派说：您想对青年创业者说的几句话是什么？

陈晓鸿：创业者最需要抓团队建设，所谓一个篱笆三个桩，一个好汉三个帮；调整心态，要沉得住气，切忌急功近利；要以市场为导向，一切从需求出发，解决用户痛点；要注重商业模式设计，靠好运气是走不了多远的；要注重知识产权的创造、运营和保护，形成差异点和竞争优势，增强可持续盈利能力。

派派说：您对创业内涵及人生意义的理解是什么？

陈晓鸿：创业内涵：创业者用创新的商业手段提供产品或服务，在满足消费者需求的同时，解决部分社会问题，给受惠者带来实际效益，为社会带来积极影响，通过多方合作实现共赢。

人生的意义：在实现“小我”的同时，积极奉献，以帮忙“大我”。

黄亮舞：高良姜良心为百姓

黄亮舞，广东省徐闻县人，1975 年 10 月生，本科学历。1994 年大学毕业后曾在国内各大城市间从事农产品流通和加工业务，2013 年 4 月回乡创业，创立广东丰硒良姜有限公司，是广东丰硒良姜有限公司创始人、湛江市农业产业化杰出贡献企业家、南粤经济建设风云人物、广东省百佳诚信企业家。

派派说：请您介绍下企业的基本情况。

黄亮舞：广东丰硒良姜有限公司是广东省集农、科、工、贸于一体的农业高科技现代民营企业，坐落于祖国大陆最南端生态长寿之乡——徐闻县，注册资金 1 008 万元，现有生产厂区占地面积 25 亩，示范基地面积 3 200 亩，从业管理人员 32 人，其中高级职称 3 人、中级职称 4 人。公司与国家热带重要作物工程技术研究中心、中国热带农业科学院农产品加工研究所及热带作物产品加工重点实验室合作，以徐闻当地传统的良姜为原材料，开发“丰硒良姜”牌良姜富硒系列产品，建立了“企业＋科研＋基地＋农户”的经营模式，是当地首家从事良姜深加工的企业，是带动当地农民立足地方资源特色优势种姜脱贫致富的生力军。企业自成立以来盈利能力逐年增长，2015 年实现产值 1.21 亿元，创造利润 2 100 万元。

派派说：企业所得荣誉有哪些呢？

黄亮舞：2013 年 3 月，被评为湛江市品牌价值 50 强企业、广东农业会员单位、中国营销市场诚信品牌单位；

2013 年 5 月被评为湛江市农业产业化标兵企业、消费者信赖产品；

2013 年 6 月，被评为广东省健康产业示范基地、广东省健康产业示范单位；

2013 年 10 月，获评“广东十件宝”美誉；

2014 年 1 月，被评为 2013—2014 年度广东省百佳诚信企业、最具有公信力企业；

2014 年 5 月，被评为 2013 年度湛江十佳品牌企业；

2014 年 6 月，荣获第三届中国健康保健富硒产品金奖、被评为第三届中国富硒产业领军品牌；

2014 年 12 月，荣获海南省科学技术奖二等奖、被评为使用地理标志保护产品专用企业；

2015 年 3 月，被评为湛江市龙头企业。

派派说：说说您的创业历程。

黄亮舞：家乡徐闻县属热带季风气候区，光温条件优越，红壤土深厚，富含各种养分和微量元素，但水资源相对缺乏，夏季台风多发，非常适宜种植良姜。良姜被当地农民喻为“台风吹吹不死，干旱旱不死，土地瘦瘦不死”的“三不死”作物。据调查统计，徐闻县高良姜植物资源蓄积藏量约占全国的四分之三，年种植面积 6 万多亩。徐闻县盛产的良姜品质优良，药用价值高。

通过大量的社会调查得知，家乡的特产高良姜系列产品深受人们的青睐。但是，目前我国高良姜产地加工技术落后，市场上销售的主要是中成药、汤料姜片等初加工产品，产品附加值低。

因此，我毅然决定回乡创业，以家乡优质丰富的良姜作为原料，深加工开发系列“丰硒良姜”高端产品，增加产品附加值，促进优势特色良姜产业的发展，带动农民脱贫致富。

派派说：在企业发展壮大过程中，您做了哪几件重要的事情?

黄亮舞：带领创业团队，通过大量的市场调查，进行消费市场细分，决定不做“大路货”，走品牌经营之路。产品定位为高端产品。技术依托国家热带重要作物工程技术研究中心、中国热带农业科学院农产品加工研究所及热带作物产品加工重点实验室，合作深加工开发“丰硒良姜”品牌系列产品。市场定位以国内为主，兼顾出口。资本以企业自筹为主，适度进行社会融资，争取地方政府和各级部门的支持。

派派说：企业的经营模式是什么?

黄亮舞：公司坚持求实诚信、以人为本、科学管理、质量第一、绿色高效的经营理念，创立了“企业＋科研＋基地＋农户”的经营模式。

派派说：创业遇到过哪些困难，又是如何解决的?

黄亮舞：创业过程中遇到过的困难主要在建厂场地、技术和资金方面。

建厂场地。通过地方人民政府，利用高新技术开发区的优惠政策支持解决。

技术。依托国家热带重要作物工程技术研究中心、中国热带农业科学院农产品加工研究所及热带作物产品加工重点实验室，合作深加工开发“丰硒良姜”品牌系列产品解决技术问题。

资金。除了企业自筹，适度进行社会融资，争取各级部门项目的支持以解决资金问题。

派派说：当前正在做的项目是什么？市场前景如何?

黄亮舞：当前公司在建的重大项目有三项。一是2014年热带亚热带农业项目：徐闻县良姜集近地干燥提炼生产精油建设；二是2014年热带亚热带农业项目：徐闻县南药良姜优质高产示范基地的建设；三是2015年热带南亚热带农业产业生产基地建设省级财政补助项目：徐闻县热带南亚热带特色农产品高良姜深加工生产姜茶颗粒剂。

湛江市委、市政府正以土壤、气候、地域差异和作物的生态适应性为基础，综合社会、经济、技术水平和传统种植经验，因地制宜，合理布局，规划出以徐闻县一带作为南亚热带优势区加以扶持发展。项目的实施可以深加工开发“丰硒良姜”系列产品，延伸产业链条，增加产品附加值，促进地方特色良姜产业的持续发展。同时可带动当地种植业以及运输、商贸、医疗、信息甚至旅游观光等二、三产业发展，进而促进当地社会繁荣稳定发展。

派派说：企业未来发展愿景是什么？如何实现？

黄亮舞：公司与中国热科院科研团队努力研发“丰硒良姜”品牌产品，为成就“中华第一姜”品牌而奋斗！为实现这一目标，接下来我们必须大力引进人才，加大资金投入，争取各级项目的支持，继续开发适销对路的产品，做大做强“丰硒良姜”品牌，发展企业文化，不断夯实各项基础。

派派说：结合创业经历，您认为一个优秀的企业家应具备哪些素质？

黄亮舞：首先，创业要立足资源优势，开发适销对路的产品，因势利导，做到“人无我有，人有我优，人优我转（产）”。其次，始终要坚持质量为本、诚信经营。最后，要懂得回馈社会，造福乡梓。

派派说：您对国家推进大众创业、万众创新政策有什么看法？

黄亮舞：非常赞同大众创业、万众创新政策导向。建议加大力度，设立相应项目，扶持企业特别是中小微企业的创新发展，鼓励首次创业。

派派说：最想对青年创业者说的几句话？

黄亮舞：选择了创业就无怨无悔，成功者其实都是孤独的思考者，敢于实践的创新者，勇于承担风险的勇敢者，自己决定自己命运的人，自己决定自己活法的人，世界因你更精彩。那些流言蜚语变成你前进中的风雨，不经风雨，没有成长，感谢那些一直在用口水阻止你的人，他们的存在证明了一个创业者真正的价值：创造你想要的生活，提升你的智慧和应变力。

派派说：您对人生意义的理解是什么？

黄亮舞：自强不息，厚德载物。

曹亚会：爱出者爱返 先富帮后富

曹亚会，男，汉族，34 岁，本科学历，中共党员，陕西省宝鸡市人，宝鸡高新区磻溪镇张上塬村党支部书记、陕西国鼎照明（集团）公司董事长兼总经理，被评为宝鸡市返乡创业先进个人、宝鸡市创业之星、宝鸡市青年创业之星、宝鸡市青年突击手标兵、宝鸡市农村青年星火致富带头人、第二届宝鸡市十大青年创业先锋、宝鸡市十大杰出青年、陕西省优秀共产党员、陕西省优秀青年企业家、全国青年农民致富带头人。

派派说：请说说企业的基本情况。

曹亚会：我 16 岁被迫弃学外出，北上天津，南下温州，一边自学进修，一边打工创业。22 岁回乡创业，历经十多年的打拼，组建了陕西国鼎照明（集团）公司，任董事长兼总经理，现有固定资产 8 000 万元，累计上缴利税 1 000 余万元，为 480 多名大学生、下岗职工和农民工提供了就业务工岗位。主要经营有宝鸡市国鼎纸制容器有限公司、宝鸡市现代农林资源科技开发有限公司、陕西省国鼎照明科技有限公司等工商贸易实体，涉及工业生产、商业贸易、农林产品综合开发、节能减排新能源产品研发等多个领域。在企业集团发展壮大的过程中，我积极发挥基层党支部书记的先锋模范作用，带领农民建桥修路、发展特色农业、脱贫致富奔小康，成为市场经济的弄潮儿和新农村建设的领路人。我们传承了华夏文明自强不息、务实进取的奋斗精神，彰显了当代优秀青年企业家思进不止、开辟创新的时代风采。

派派说：说说您创业的经历。

曹亚会：我的创业经历了三个阶段。1998—2004 年年初为创业起步阶段，在温州创建劳务公司，参与跨国货运，积累了创业资金和管理经验，得到了市场历练；2004 年下半年至 2009 年为创业发展阶段，返乡创办了宝鸡国鼎纸制容器有限公司，步入了创办企业、新迁厂址、扩大经营规模、与国内大企业合作经营、固定资产和经济收益迅速增长、社会影响不断扩大的历史新阶段；2009 年年底至今为提升发展阶段，先后注册创建宝鸡市现代农林资源科技开发有限公司、宝鸡市凤县青崖沟原生态农业发展有限公司、陕西国鼎照明科技有限公司，其中宝鸡市现代农林资源科技开发有限公司为宝鸡创建最早的现代化、科技型和综合性森林资源开发企业之一，主要从事森林种植养殖、资源开发、特色农业生态项目建设，公司基地位于凤县凤州镇马安山村，占地面积 1.11 万亩，开创了宝鸡现代农林资源综合开发的新时代，走上了抢抓历史机遇、争取国家政策扶持、依靠科技创新、实现多种经营、跨界生产和集团发展的快车道，成为发展特色农业产业、带领农民脱贫致富的开拓者和领路人。

派派说：企业的发展理念是什么呢?

曹亚会：宝鸡市现代农林资源科技开发有限公司地处秦岭腹地的中国最美小城——凤县。公司坚持“以质量求生存、以品牌谋发展”的产品开发生产理念，主要原料均采用生态环境保持良好、被誉为“中国花椒之乡”的陕西凤县大秦岭林区的特产，主要从事花椒、木耳、蘑菇类食用菌，蜂蜜、中药材、杂粮等“秦岭四宝”及相关农特产品的种植、加工、销售、出口等业务，现已形成市场影响力逐年递增的“古凤州”牌系列农产品，以天然原生态、绿色无污染的特质享誉西北市场。

派派说：在企业发展壮大过程中，您觉得最重要的是什么呢?

曹亚会：公司积极开拓市场，坚持产学研销“四位一体”发展之路，以新产品的研发培育市场，以高质量的产品扩大市场，以科学的宣传引导市场，以现代的思维开拓市场，以精细的管理提升效益。公司已全部实现种植过程可视化、物联网络自动化、质量检测公开化，便利消费者参与食品安全监督，创办了陕西首家集一产种植、二产加工、三产销售为一体的无缝连接农产品安全生产体系，全面实现了基地产品直达餐桌、线上线下立体体验，产品深受消费者青睐，年产值逾千万元，产品现已畅销陕西、甘肃、河南等地，正在积极推进“北上南下、覆盖中原、扩大出口、走向国际”的战略思路。

派派说：在人才储备方面，采取了哪些措施?

曹亚会：人才促发展。多年来，公司坚持人才兴企、科技强企的发展理念，在重视乡土专家培育的基础上，与西北农林科技大学等高等院校倾心联手，组建了一支由农技师、畜牧养殖技术员、礼品包装设计师、营销策划工程师、西农大教授顾问团等组成的120余人的技术团队，秉承“用原生态礼品彰显品质、用绿色无公害呵护健康”的经营宗旨，潜心于追求生态与现代、人文与自然、健康与饮食、礼品与尚美、农业观光体验与科研教学创新的完美结合，主要从事最具自然本真、健康内涵和华贵品质的原生态产品的研制、开发、生产和运营，致力于创建原始森林野生动物放养基地、天然珍稀菌类培育基地、无公害蔬菜生产基地和“凤凰之乡”原生态农特产品运营中心，现已形成以花椒、杏鲍菇、麂子、石鸡等秦岭南麓九大名优特产和野生物种为主体的古凤州绿色无公害礼品特色品牌。

派派说：请您说说公司运营模式。

曹亚会：在资本积累和运行方面，公司坚持以股份制为主体、以投资者受益为原则、以新增资产主要用于发展、以争取国家惠农政策扶持为补充支撑的多元化运营模式，实现了企业的不断扩张和经济效益的稳步提升。今后，公司将一如既往地争取政府支持，扩大经营规模，更新设施设备，提高技术含量，扩大品牌影响；一如既往地引进和依托高科技人才，以现代的理念和思想引领企业科学发展；一如既往地保持艰苦奋斗、拼搏进取、追求卓越、勇于担当的创业精神，保持企业蓬勃发展的良好势头。

派派说：公司是如何做好品牌建设的?

曹亚会：公司坚持“一切都将成为过去，只有品牌永存”的经营思想，坚持“品牌，意味着卓越”的消费者理念，坚持将品牌打造作为企业持续发展的核心竞争力。七年来，公司坚持质量为本、诚信为本、服务为本的理念，投入大量资金，注册“古凤州”商标，举办产品推介会，召开产品质量反馈会，邀请专家教授指导生产加工，邀请消费者全程参与质量监督活动，组织客户参与体验活动，发布网络广告等，树立“古凤州”系列农特产品品牌形象。

派派说：企业形成的商业模式是什么？

曹亚会：在多年经营发展中，宝鸡市现代农林资源科技开发有限公司坚持客户价值最大化、持续盈利、资源整合、融资有效性、组织管理高效率、创新、风险控制的基本原则，始终把股东价值、顾客价值、员工价值、伙伴价值和社会价值的最大化作为追求的目标方向，形成了以股权为主的融资模式，以股份制为主、伙伴制为辅的经营模式，以“公司＋基地＋农户”为主的管理模式，以价值附加值模式为主的盈利模式，以订单驱动式为主的生产模式，以服务直销、体验营销、网络营销等相结合的现代化营销模式，以及以联盟为主的扩张模式，实现了公司的可持续发展和规模的科学化扩张。

派派说：创业过程中遇到过哪些困难，如何解决的？

曹亚会：在宝鸡市现代农林资源科技开发有限公司发展壮大的过程中，遇到的困难主要有三方面。一是思想理念方面的障碍。因为“小进则满、见好就收、急功近利”的小农思想曾一度蔓延整个管理层，差点淹没企业发展的前程和梦想，为此，公司组织管理人员积极参加各类学习再教育活动，到南方甚至国外企业观摩学习，使管理层明白了“一流企业卖思想、二流企业卖标准、三流企业卖品牌、四流企业卖产品（服务）”的发展提升理念。二是资金困难。资金不足是所有中小型企业共同面临的困难，也是宝鸡市现代农林资源科技开发有限公司发展中遇到的问题。我凭借农家孩子不畏艰险、艰苦创业的精神，从不贪图安逸享受，把新增财力主要用于公司发展上，保证了企业良性发展。同时，认真钻研国家政策导向，积极争取国家林改和农改项目资金，乘势接力，抢抓机遇，促进企业壮大发展。三是人才困难。我深知：在公司品牌、资金都不占优势的情况下，只能依靠人才才能发展壮大。为此，公司积极与西北农林科技大学、西安交通大学等知名院校合作，聘请相关专业的教授专家担任技术和管理顾问，指导公司的生产和研发，保持产品的特质，提高产品的质量，扩大产品的影响，实现了可持续发展。

派派说：当前正在做的项目是什么？市场前景如何？

曹亚会： 目前，公司主要做的项目是花椒、木耳、蘑菇类食用菌、蜂蜜、中药材、杂粮等农特产品的种植、加工、销售、出口等业务，打造天然原生态、绿色无污染的“古凤州”牌系列农特产品。由于产品顺应了人们对健康、绿色、无污染农特产品的需求，加之公司不断扩大线上线下的销售渠道，“古凤州”牌系列农特产品在西北农林产品市场站稳了脚跟，所占份额不断增大，具有较为广阔的市场前景。

派派说：企业未来发展的目标是什么？如何实现？

曹亚会： 宝鸡市现代农林资源科技开发有限公司的目标愿景是在陕西乃至西北地区创建集基地建设、绿色种植、技术研发、生产加工、仓储物流、大宗贸易、科普教育、生态旅游、观光体验为一体的现代化、科技型和综合性的农林资源开发旗舰企业，让“古凤州”系列农特产品畅销西北和华北地区，出口贸易份额不断增大，年产值达到 5 000 万元。为了实现上述目标，今后，公司将在“创新、协调、绿色、开放、共享”五大发展理念的指导下，抢抓国家大力加强生态文明建设的历史机遇，秉持“质量为先、诚信为本、合作共赢”的经营理念，坚持“质量、信誉、服务、效益”并重的原则，弘扬“创新、进取、奉献、超越”的企业精神，立足区域实际，高扬理想旗帜，用高科技将“古凤州”打造成区域品牌、知名品牌和民族品牌，将凤县建成全国最大的系列农特产品及其深加工产品集散地，为呵护国人健康，加快扶贫开发，促进农民增收，服务地方经济建设作出积极贡献。

派派说：您认为一个优秀的企业家应具备哪些素质？

曹亚会： 首先是要有良好的个人修养。有个大家公认的观点：企业家的心胸决定企业的规模。企业的成败与企业家的修养有很大关系，在企业管理中，有了心胸才能容纳思想，有了思想才有智慧，有了智慧才有思路，有了思路才有出路，企业的思路决定出路，目标决定胜负，态度决定高度，这是企业发展的必然，也是现代很多企业家所说的“胸怀决定成败”。这个胸怀包括：具有远大的梦想志向，坚定的政治信仰，执着的信念，超人的胆识，果断的作风，强烈的事业心和责任感，以及诚实、自信、热情、公正、宽容、忍让等品格。志气、毅力与事业心也很重要。一个企业家有梦想才会有思路，站得高才能看得远，能坚持才会攀得高，敢担当才有人格魅力，心中有责任才能获得不竭的动力。这就是人们常说的“一个好企业家就是一个好企业”的缘故。

派派说：除了个人修养外还有其他什么吗?

曹亚会：还要具备以下四点。第一，要有战略预见力，具有战略头脑、广阔视野和远见卓识，对内外部环境中与企业的长期发展相关的战略性因素要比别人看得清、看清远、看得早。要有战略决策能力，企业家的决策有两个特点，一是“大”，二是“新”。第二，要有创造性思维能力，不受传统观念的束缚，不受逻辑推理的先入之见影响，能够打破常规取得出奇制胜的效果。要培养从传统的收敛型思维向发散型思维、从常规型思维向非常规型思维、从绝对型思维向相对型思维、从静态型思维向动态型思维转变。市场经济是一个机遇与挑战并存，风险与收益同存的运动经济，它要求现代企业家必须注重实践、注重信息、把握市场，注重经营决策的快速敏捷，崇尚工作的高速高效。第三，要有较宽的知识面。一般说来，企业家的能力和素养同他的知识水平成正比关系，知识面越宽，思路越宽，眼光越长远，思维能力就越强。第四，要有全面的能力。企业家要掌握管理企业的多方面能力和技能。如决策能力、思维能力、分析能力、组织指挥能力、协调能力、用人能力及自制能力等。技能方面主要有：文字技能、语言技能、外语技能和计算机操作技能等方面。

派派说：您觉得企业家应掌握哪方面知识呢?

曹亚会：应掌握企业管理、经济学、文学、心理学、社会学、行为科学知识。此外，企业家还应对法律、美学、教育学、伦理学、预测学、史学以及系统论、信息论、控制论等诸多学科知识有所涉猎。

派派说：您认为应如何做好企业的社会性活动?

曹亚会：要有积极的社会活动素质。企业是一个开放的系统，企业内部的各种资源会同外部发生各种交流关系，企业家需要处理好与各级政府机构、行业协会、新闻单位、传媒机构、竞争者、供应商、经销商、消费者、银行等的关系，这就要求企业家具有高超的社会活动与人际交往的能力，特别是精通灵活运用公关、人际交往、礼仪等方面的技巧和方法。

派派说：对国家推进大众创业、万众创新政策有什么看法?

曹亚会：国家推进大众创业、万众创新是一项惠及亿万群众的创业创新行动，是实现第一个百年奋斗目标、加快推进小康社会建设的重大推手，我十分赞同。对于推进大众创业、万众创新，自己有三点建议：一是广泛宣传，全面动员，营造全民参与的浓厚氛围；二是出台政策，大力扶持，积极开创万众创业的全新局面；三是总结表彰，树立典型，形成比拼赶超的生动局面。

派派说：最想对青年创业者说的几句话是什么?

曹亚会：一是要站在实现伟大中国梦、践行社会主义核心价值观、实现两个百年奋斗目标的高度，增强富国强民奔小康的使命感和责任感，怀着一颗感恩的心，提升境界、开阔视野、树立梦想、志存高远，坚定创业的信心和决心。二是要不断提升能力和水平，不断增强事业心和进取心，勤奋学习、大胆实践、挑战自我、追求卓越、不怕困难、不畏艰险、不怕失败、不甘平庸。三是珍惜机遇、珍惜青春、与时俱进、大胆创新、开拓进取，让青春焕发光彩，书写辉煌。

派派说：您对创业内涵及人生意义的理解是什么?

曹亚会：创业是实现人生梦想和生命价值的必由途径和重要历程。人生是以事业和奉献来回报父母、报效祖国、促进人类社会繁荣发展的过程和经历。

陈建生：永不会忘记来时的路

陈建生（藏名：卡卓·七林汪堆），香格里拉市卡卓有限责任公司董事长，被评为云岭先锋全州学习楷模、全国农村优秀青年致富带头人、云南省道德模范、迪庆州优秀共产党员、香格里拉岗位能手、云南省拔尖乡土人才、青年创业导师，是首届云南青年创业省长奖获得者。

派派说：您是怎么走上创业道路的？

陈建生：创业，因为贫穷。1993 年 9 月，由于家境贫困，母亲长年卧病在床，年仅 14 岁的我不得不含泪辍学，踏上了艰辛漫长的打工创业路。1997 年，我到碧塔酒店当上了一名普通的员工，并开办一个 3 平方米的雨具和氧气袋出租店，迈出了创业的第一步。1998 年我用积攒下来的 4 000 元钱，把藏族衣帽服饰等日常生活用品和农副产品通过我的铺子变成了游客喜欢的工艺品，以家族的姓氏为名，开办了我的第一家藏族工艺特产店——卡卓藏家特产行，经营藏族工艺品。

派派说：您的创业历程是什么？

陈建生：1999 年，我把家族祖辈及藏族打刀秘方挖掘整理出来，研制出錾钢 11 次打磨 22 天才出炉的制刀工艺，生产出了“卡卓刀”，并很快在藏族刀具市场成为新品牌，深受藏族农牧民和全国各地爱刀人士的喜爱。

2004 年，我以卡卓藏家特产行和卡卓刀生产厂为依托，成立了云南省香格里拉市卡卓有限责任公司，经过苦心经营，卡卓有限责任公司已发展成为拥有 2 个卡卓民族刀具加工厂、6 个民族刀具工艺品购物商场、1 个纯种藏獒养殖基地的总资产上亿元的现代民族企业。

派派说：请介绍一下您的个人情况。

陈建生：我从小读书不多，但对璀璨而丰蕴的藏族民间刀文化有着深入研究，立足于深厚的藏文化，注重对藏族民间传统手工艺的挖掘整理和保护开发，重用民间专业铸刀师，全手工制作的卡卓民族刀具产品始终保持了浓郁的藏式传统风格，以其卓越的品质入选云南省著名商标、中国名优品牌，荣获 17 项国家生产专利，树立了藏家名刀品牌。

为了进一步挖掘藏族民间刀具制作工艺，我于 2003 年成立了藏区第一个民族手工艺及刀文化交流中心，2007 年成立迪庆藏族自治州刀文化博物馆，通过开展藏族刀具制作技术研究、交流和培训，有力推动了香格里拉民间藏族工艺刀具生产制作，带动了香格里拉藏民族工艺品的生产加工，许多藏民自发投入到民族工艺品生产中，全县从事藏族工艺刀具生产的工作人员达到 2 000 多人，为藏刀文化和民族经济发展注入了新的活力，民族刀具、木制品、银器、土陶等具有香格里拉地方民族特色的工艺品产业的年产值达到 8 000 多万元，有力推动了香格里拉民族手工业和旅游业的发展。

公司的发展为香格里拉市农村富余劳动力转移提供了 300 多个固定的就业岗位，通过招收大中专毕业生到公司工作，吸纳原国企下岗职工再就业，每年可创农村劳动力转移收入 800 多万元，成为香格里拉市内农村劳动力转移大户。

派派说：请说说您与藏獒的故事。

陈建生：在藏区，藏族人再穷也要养藏獒，我自幼对养藏獒更是情有独钟，在艰难的创业时期也没少养过藏獒，在全国藏獒养殖热潮兴起之初，我就开始在藏区寻找优良的藏獒种源，在边做生意的同时把养藏獒当成休憩的乐趣。

2001 年，我建立了卡卓纯种藏獒养殖基地，同年成立了迪庆藏族自治州纯种藏獒民间自发保护协会，开展纯种藏獒的品种选育。为保证基地繁育出的藏獒品系纯正，为社会提供优质纯种藏獒，积极开展香格里拉纯种藏獒的繁育工作，目前卡卓藏獒养殖基地已拥有纯种藏獒 70 余只，年繁殖纯种幼獒 200 多只。我经常深入到藏区牧场寻找优质纯种藏獒，在短短几年时间内走遍了滇、川、藏、青牧区，为基地繁种提供了优质藏獒种源，每年都在藏獒品种保护和选育方面投入大量资金，成功选育出了一批以西绕康巴、森给、翁姆等优秀种獒为代表的全国知名藏獒，它们多次被全国藏獒博览会评为中国百强藏獒、最佳中国藏獒。

派派说：具体的过程是怎样的?

陈建生：迪庆州是云南省唯一的藏族地区，藏民们长期以来都有养藏獒的习俗，拥有的藏獒品种较多，种系纯正。2005 年起，迪庆州境内先后出现了几十家藏獒养殖基地，一些藏民也自发地养起藏獒来，2006 年 10 月，我组建了迪庆州纯种藏獒保护协会，通过藏獒协会这样一个行业组织来对藏獒产业进行规范化管理和保护藏獒资源，为周围饲养藏獒的藏民提供免费的养殖技术、防疫技术等交流培训服务，为香格里拉藏獒养殖产业起到了积极的带动作用。截至 2010 年年底，全州共有规范的藏獒养殖户几百户，养殖纯种藏獒 3 000 多只，藏民养一只母獒能抵四五头牦牛，藏獒养殖正成为香格里拉藏民增收致富的一个新产业。

派派说：企业做了哪些慈善事业?

陈建生：我身为卡卓有限责任公司的总经理，有过自小因贫辍学的不幸经历，我把从事社会公益事业作为自己回报社会的重要事业，致力于贫困学生资助事业，在销售每一把卡卓刀的收入中提出 5 元钱，拿出一只藏獒销售收入的 5%，我个人收入的 20%作为爱心基金捐献给希望工程，并于 2001 年成立卡卓爱心基金会，发起“爱心成就未来特别助学行动”，组织爱心助学公益活动。基金会成立以来，先后资助了香格里拉民族小学、一中、七中、州民中卡卓希望小学等学校的贫困学生上千人，直接捐助资金 58 万元；投资 35 万元在虎跳峡镇金星村修建一所“卡卓爱心希望小学”。多年来，卡卓爱心基金会共向滇、川、藏、青等省份藏族贫困学生和困难农牧民捐款助学资金达 360 万元，受助学生及农牧民达到 2 000 人次。

黄文广：沃农就是爱农强农富农

黄文广，沃农股份集团董事长、全国工商联农业产业商会副会长，被评为 CCTV 全国“三农”人物、全国“三农”致富榜样和山东省创业之星。

派派说：请介绍您的基本情况。

黄文广：我出生在山东淄博的一个小山村，儿时对农村、对农业最深刻的记忆不是满眼的丰收景象，而是干不完的农活，那时我就发誓这辈子都不会在农村，不会做农业。我卖过服装、贩过水果、卖过盒饭，经历堪称丰富多彩。后来才摸索到了路子，2004年我创建了一所培训中心做职业教育，做得有声有色，收入也很可观，似乎迈入了成功人士的行列。

人生之路本可以从此以后波澜不惊，想不到我却杀了一个回马枪重归农业了，这是我自己也想不到的。为什么这么做？因为这是骨子里的、根子上的东西在引领着我。

派派说：取得的成绩和社会荣誉有哪些？

黄文广：在所有人的质疑声中我走上了农资之路，创业之路非常艰辛坎坷，但是通过艰苦努力得到了农民的认可、社会的认可，我感到无比欣慰。我个人先后荣获2009年度CCTV全国“三农”人物、全国“三农”致富榜样和山东省创业之星称号，有幸被全国工商联农业产业商会增选为副会长，被河南大学、山西大学、重庆师范大学、沈阳理工大学、潍坊科技学院等十几所院校聘为客座教授、特聘教授。

我目前经营的沃农股份集团，走的是全方位立体化经营的路线，范围几乎涵盖整个农业产业链，下设山东沃润德农业科技有限公司、山东沃农资电子商务有限公司、淄博梦之泉农业开发有限公司、淄博卧虎山农业发展有限公司等，是集农资电商平台、特色乡村旅游开发、特色农产品种植养殖与加工销售、种苗研发推广、标准化农业基地规划建设、加工出口、农业新技术新产品研发推广、农业科技培训、农村电商、农村物流与农村金融服务为一体的综合性涉农企业集团。其中，山东沃润德农业科技有限公司、淄博梦之泉农业开发有限公司、淄博卧虎山农业发展有限公司均被认定为淄博市农业产业化龙头企业，在全国及省、市农业创业大赛中多次获奖；淄博梦之泉农业开发有限公司旗下的梦泉生态旅游度假区被认定为全国休闲农业乡村旅游示范点、国家AAA级旅游景区；淄博卧虎山农业发展有限公司的椿芽咸菜被评为山东名吃；椿芽基地获得中国绿色安全生产示范基地称号，椿芽花椒产品获得中国著名品牌称号。

派派说：您是怎么走上农资行业这条道路的？

黄文广：投身农资行业，始于经营培训学校时的一次经历：我看到农民辛辛苦苦忙了半年，番茄马上就要成熟了，结果因为用了假农资，导致整个大棚的番茄都死了。后来得知类似这种事在农村非常普遍。作为农民的儿子我感到非常痛心，身上背负的责任感让我下定决心尽自己的能力去改善甚至改变这种状况。我将原来的培训学校交给合伙人打理，遍访数千座村庄后，拿着所有身家外加战略投资成立了山东沃润德农业科技有限公司，几乎所有的朋友都劝我改变投资方向，所有从事农业的人都说我傻。我却不这么认为，如果我可以创新一种模式，让农民得到更多的利益，同时推动这个产业的发展，那么我倾尽一生做这一件事情都是有意义的。

2009年7月，沃润德公司正式运营后仅半年时间，我看到了回报。我的创新理念得到众多菜农的认可，300多位农民主动要求加盟我们公司，形成了以农民为主营队伍的特色连锁企业。“村村有超市，村村有技术，村村有服务”的农资连锁专营模式正在以空前的速度发展辐射，后来发展到了近千家连锁超市，培养了一大批忠实的顾客，树立了良好的企业形象，这是我在寿光搞农资连锁积累的最宝贵的财富，为之后向电商转型打下了良好的基础。

派派说：随后是怎样发展的呢？

黄文广：在农资领域干得风生水起之后，我又将目光投向了休闲农业乡村旅游和农业种植养殖领域。2011年经过多方考察和论证，我决定回到自己的家乡淄川，将自己的规划设想落地，一举收购了梦泉生态旅游度假区和淄博梦之泉农业开发有限公司。以梦泉村3万余亩林地荒山为依托，进行了生态旅游、农业种植养殖、特色农产品加工等一系列开发。通过几年建设，现已成为淄博市农业产业化龙头企业，先后建设了梦泉休闲度假功能区域8处，林果杂粮种植基地 2 000 余亩，农产品深加工厂 1 处，打出了自己“梦泉”品牌。共带动周边农户 600 户 2 000 余人，实现人均年增收 3 000 余元，为深山里致富无门的百姓开辟了一条蹊径，造福家乡父老，能反哺这片生我养我的土地，这是我尤为自豪的。

派派说：还做了其他的产业链条吗？

黄文广：梦泉公司的成功经验增强了我的信心，于是我一鼓作气，于 2013 年将位于淄川区磁村镇马棚村的淄博卧虎山农业发展有限公司及 2.8 万亩椿芽花椒生产基地并入自己旗下，组建了淄川卧虎山椿芽专业合作社和淄博卧虎山春芽研究所，并与省农科所、山东农业大学、省食品发酵工业设计院等科研单位进行产学研合作，推广应用矮化密植园和立体高产园丰产栽培新模式，进行良种良法配套，实现了卧虎山优质椿芽丰产增收。迄今已申请注册了“新农村”商标；并被认定为椿芽花椒有机食品基地；形成了产、供、销一条龙的农业产业化模式。受益农民达了 1 000 多户 4 000 多人，人均年增收入在 4 000 元以上，为农民致富又开辟了一条阳光大道。

派派说：企业是怎么转型做电商的？

黄文广：2015 年，中央 1 号文件指出，“大力支持涉农电子商务平台建设，开展电子商务进农村综合示范”。以此为契机，山东沃农资电子商务有限公司注册成立，将农资连锁店面经营转向互联网经营，同时组建了一支由来自德国、法国、意大利等海归精英和深圳互联网精英组成的实操团队。团队运用全球最先进的互联网发展理念，结合中国实际国情，借助十几年农资连锁诚信经营积攒的客户资源和良好口碑，在短短几个月的时间就完成了从线下到线上的成功转型。

2015 年 9 月有幸参加了俄罗斯东方经济论坛，与俄方达成了农业领域的多个共识，拓展了合作空间，加深了合作意向。2015 年 10 月 10 日至 15 日，我带团队以沃农资电商平台项目参加了阿里巴巴集团举办的阿里云创客大赛，并获得深圳赛区第一名、全国总决赛第二名的成绩，刷新了“互联网＋农业”的新理念，这也许算是我农业人生路上的一个转折点和里程碑。

派派说：在企业发展壮大过程中，您在产品、市场方面，做了哪几件重要的事情？

黄文广：从做沃润德农资连锁店开始我们就始终把产品质量放在第一位，实现农资生产厂家与农户直接对接，省去中间环节，从源头杜绝假、冒、伪、劣农资的泛滥，真正实现绿色，无公害生产。

市场方面一直遵循顺势而为。前几年通过一些大型电商的成功，我看到了农民与农资商之间紧密的互相依存的关系，也开始了沃农资电商平台的前期准备工作。果不其然，近年来，农资电商风起云涌，各路创业公司纷纷试水。但是，在这条路上行走，多数探路者深一脚浅一脚前进，少数探路者倒在了去往农资电商的路上。而我们由于前期做了大量的准备工作，加上搞农资连锁积累的经验，深谙其中之道，抓住机会并一举博得了开门红。

派派说：在人才建设方面，您又是如何去做的呢？

黄文广：对于人才队伍的建设，我们主要是想吸引和鼓励农村大学生回乡创业。我2009年有幸获得CCTV全国“三农”人物称号以后，应邀为30多万在校大学生传授关于自主创业的经验，我发自内心地想将自己的创业经历和经验分享给他们，让更多的大学生走上回乡创业之路，我想利用沃农资给他们提供一个平台，创造一个机会。

派派说：资金和品牌建设方面，您的想法是什么？

黄文广：针对农村缺少金融服务的现状，我们成立了一个沃农宝金融服务公司，是为沃农资服务的，负责与金融机构合作，为村级零售商发放定向贷款。为什么呢？因为农民购买农资有赊销的习惯，不能一下子让他们改过来，我就把贷款发放给村级零售商，帮他们缓解农资赊销带来的资金压力，农民也获得了实惠。

“沃农资”目前来说是公司转型后打造的一个全新品牌，它的前身“沃润德”凭借出色的商品、优质的服务在全国开设了2 200多家连锁店，使“沃润德”深入人心，不仅赢得了市场及广大农户的认可，也树立了良好的企业形象，成为消费者信得过品牌。为如今向“沃农资”成功转型打下了牢固的基础。

派派说：目前的商业模式是什么样的?

黄文广：沃农资做出的探索与创新，已经得到业界的充分肯定，被称为“B2B下C2B的农资电商新模式”，在由阿里云发起的顶尖互联网精英团队创业大赛中荣获全国亚军。创办沃润德农资连锁超市、创办沃农资电子商务公司，“创新”是最鲜明的模式。但不管是沃润德、还是沃农资，在公司的发展历程中都仅仅是开篇，公司已经有了下一个新的、更大的目标，开始了新的创客行动。

派派说：当前正在做的项目是什么？前景如何?

黄文广：我们当前正在做沃农资电商平台，初战告捷，后劲十足。仅在山东境内，我们就吸纳了1万多家村级加盟零售商，预计年底可达到3万家。

沃农资电商平台市场前景非常广阔。仅以寿光市为例，其总共覆盖的农资零售店面为4 000～5 000家。寿光市周边50平方公里范围内覆盖2.3万家（单店年销售额：小型零售店为30万～50万元，大型零售店为300万～500万元），按照市场调研中80%加盟率，单店在沃农资平台采购额为10万元计算，沃农资平台年营业额预计达18亿～20亿元。

派派说：企业未来的愿景是什么？如何实现?

黄文广：实现沃农资电商平台的上市。搭建农资市场一流品牌，让农民用上物美价廉、货真价实的农资，实现农资行业的全面改革。

实现农产品从农田到餐桌的全程溯源。近几年来我国食品安全问题多发，打开网页时不时就会看到关于食品安全的负面新闻，为此我时常感到忧虑。民以食为天，作为一个农业人让百姓吃上安全放心的蔬菜是我义不容辞的责任和使命。目前一个集约化、现代化、标准化的全方位农产品全程溯源体系试点工程已经启动。项目完成以后将真正实现从农田到餐桌的全程农产品溯源。

建立农业大数据库，促进现代农业可持续发展。以农资产品的销售与使用为入口，通过沃农资电商平台 App 精确统计农民在耕地、播种、施肥、杀虫、收割、存储、育种等各环节的信息，融合农业地域性、季节性、多样性、周期性等自身特征的处理和分析，以解决农业生产、消费信息不对称的问题。

构建沃通物流，打通农村物流“最后一公里”。依托于沃农资加盟店的布局和农资产品的流通，建立沃通物流体系，完成农村最后一公里的物流短板。

服务农民、发展农业、致富农民的是我毕生为农业奋斗的动力和信念，相信我带领农民生产安全农产品的同时，也会帮助农民创造更多财富，我的美好愿景就是成为我国新农村建设保驾护航的舵手！

派派说：您认为优秀的企业家应具备的素质有哪些？

黄文广：（1）敬业精神是管理者应具备的非常重要的一种品质；

（2）吃苦耐劳，不怕困难；

（3）重实效，凭业绩说话；

（4）终身学习，提高学习力；

（5）重视团队精神；

（6）牢固树立市场竞争意识和忧患意识。

派派说：对国家推进大众创业、万众创新的政策怎么看？

黄文广：党中央、国务院高度重视大众创新创业，李克强总理也多次作出重要指示，强调要将此作为新常态下经济发展的新引擎。这些信号给我们这些创业者增强了信心。我对大众创业、万众创新的建议：首先要为创业者打造良好的创业创新环境，地方政府应该按照党中央、国务院的要求，进一步简政放权，提供更多的扶持政策，为大众创业松绑。为大众创业、万众创新提供服务也是至关重要的，创业者最担心的是审批、立项太过繁琐。2015 年，国务院又设立了总额 400 亿元的“国家新兴产业创业投资引导基金”来助力创业创新，这对我们来说是莫大的鼓舞，让我们看到了由中央到地方的决心。

派派说：最想对青年创业者说的话是什么？

黄文广：创业之前一定要问问自己，创业你准备好了吗？要创业必须做好能力储备。当你想创业的时候，你要知道有成千上万的人都有和你同样的想法，你把目标定低点，在你的能力范围内，就算成功，但对你来说也许不太甘心；你的目标定高点，成功了，你会得陇望蜀、得意忘形，失败了你会伤心、痛心。但在创业的路上，每一个人都要面对各种选择，不管是大业还是小业。我只想告诉创业者一句话，那就是胜不骄，败不馁。胜利了，多总结经验，把胜利的果实分享给大家；失败了，相信只要永不放弃，我们还是有机会的。我们要明确一点，那就是今天很残酷，明天更残酷，人只要不断努力，只要不断学习，后天就会很美好，但绝对大部分人是死在明天晚上，所以每个人不要放弃今天。

派派说：您对人生意义的理解是什么？

黄文广：倾尽一生扎根在农村，奉献给农业，服务于农民，让我的创新思维和模式推动山东乃至全国农业传统产业结构改变，是我毕生的理想和追求！

另外利用自己的平台，借助自己的人脉、经验和影响力，全力帮助农村大学生创业，带领更多人实现梦想，也是我的人生意义所在。未来我还有很多的功课要做，战略布局大方向对了，大家跟着你就有希望，就能凝聚一批真正能干的人，大家一起形成合力，推动于“三农”事业的发展。

鲍颖慧：智能水表好用不漏水

鲍颖慧，北京慧怡科技有限责任公司总经理。

鲍颖慧于 2018 年 7 月组织参加了《建筑及居住区数字化技术应用基础数据源》国家标准制定，助力智慧城市的数据融合全面推进，于 2019 年 4 月组织了《建筑及居住区数字化户用计量仪表安全技术》标准制定，为行业发展作出了突出贡献，得到各级政府及行业的高度评价。

派派说：请介绍一下您公司的基本情况。

鲍颖慧：北京慧怡科技有限责任公司成立于1997年，总部位于北京首都国际航空中心核心顺义区，是一家专注智能水表，物联网远传水表和智慧水务平台研发、生产、销售、售后服务的国家级高新技术企业。公司占地160亩，建筑面积6.8万余平方米，注册资金1.2亿元，各类软硬件工程师及技术人员300余人，其中本科以上高级技术人员及职业经理人80余人。公司拥有国内先进的智能水表生产技术及严格的质量管理体系、研发管理体系、售后服务体系和环境管理体系，并于2017年成立物联网事业部，在微电子、大数据、智慧水务平台、系统集成方面引领行业核心技术，创造出了多项行业高精尖产品。

派派说：这些年企业有没有得到什么荣誉?

鲍颖慧：20余载风雨兼程，慧怡科技先后被评为全国智能水表行业质量领先品牌、全国产品和服务质量诚信示范企业、全国质量诚信标杆典型企业、AAA级信用企业、中国智能水表最具价值品牌、全国安全饮用水工程推广品牌、最具创新力企业、中国智能水表技术领先企业、全国水利系统重点推荐优秀产品、北京市专利试点单位等。国家知识产权局颁发发明专利、软件著作权专利等60余项，与清华大学、北京大学、中国水协、中国计量科学院、中国水利水电研究院等多家科研单位建立了良好的协作关系，将最新的科研成果以最快速度转化为生产力，将高层次科技创新力量与传统产业有效对接，充分释放顶级院校平台资源整合效能，充分发挥校企联合的聚力效应，培养科技创新团队，集聚创新资源，提高核心竞争力，为慧怡科技实现跨越式发展培育了新动能，增添了新动力。“以人为本，科技领先”是慧怡人永恒不变的管理理念。“追求卓越，诚信百年”是慧怡人永恒不变的经营宗旨。

慧怡人秉承工匠精神，传承创新文化，给传统产业插上科技创新的翅膀，满载着百年工艺的匠心精神，打造中国智能水表行业民族品牌，争做中国智慧水务领导者，被越来越多用户寄予厚望，至今已服务全国5 000余家供水单位，成为300余家供水单位的长期供货商，在线运行水表超 1 200 万台。

派派说：推动企业发展壮大的理念或方式是怎样的?

鲍颖慧：“以人为本，科技创新”是我坚定不移的经营管理理念。

慧怡科技 20 余载的风雨兼程，实现从无到有，从地方化人才选聘到全国化人才精选，从行业追随到行业引领，从参与行业标准到主导行业标准，正是秉承了以人为本的管理理念，慧怡科技才迎来了今天的高速发展。企业的腾飞源于新鲜血液的不断注入，行业精英铸就行业引领。

派派说：企业的人才招聘顺利吗?

鲍颖慧：企业信息闭塞，招聘专业人才难。

顺义有很多优秀人才，他们敢到市里去竞争，说明他们有足够的能力，能胜任市里的工作。他们宁可选择每天通勤 5 个小时去市里也不在顺义工作。2018 年顺义所有的招聘会，我逢场必去，美其名曰去招聘，去六场才招到一个人，还是市里淘汰下来的，那个人每天通勤三个小时，终于跑不动了才离职，所以招人基本靠碰。我通过这一年的招聘，天天各种刷，终于把我们公司管理层全更新了一遍，直接上了一个档次。但是你知道要刷这一年要投入多少成本吗？还要不断地优化、培养，如果招聘者底子薄的话就更困难了。

派派说：您觉得怎么处理这个人才招聘问题更为妥当?

鲍颖慧：改变招聘方式，加大区内优秀企业的宣传。

刚才说招这些优秀的人才很难，为什么？我们没有出口、没有途径。你到人才招聘会就能发现，招聘人才市场都是焊工、普工、搬运工，绝对是农村级的招聘。好在通过一年的招聘，我发现了新大陆，现在我们公司的主要员工都住在马坡，我终于找到了他们，他们也终于找到了我，用他们的话说：“真感觉相见恨晚，怎么没早点找到你”，我说：“我怎么没早点找到你呢”，他们说：“我后半辈子就在这儿，不走了。”为什么之前不能把人才留住？就是因为我们缺少优秀企业的宣传栏，告诉他们这些优秀企业在招聘，这样企业找到人才了、人才也找到企业了。我觉得这也是营商环境的一种提升，是实实在在的帮助。

派派说：您觉得如何改善营商环境呢?

鲍颖慧：改善营商环境，要着力支持企业发展，要形成政策规定，落实到企业上来。

派派说：企业经营还有其他困难吗?

鲍颖慧：企业经营成本增加导致民营企业待遇被迫下降，企业压力大。

派派说：在人才教育上有什么看法?

鲍颖慧：软件工程师人才稀缺，建议本地大学院校大力培养软件工程人才。

物联网智能水表的载体是智慧水务系统集成，做系统集成一定有很多的软件工程师和硬件工程师，软件工程师需要写代码，硬件工程师也需要写程序，我发现邯郸有很多工程师，好几个公司员工全是邯郸老乡。所以，我就想咱们顺义区内的大学为什么不能成为软件工程师的发源地呢？以后国家要想发展互联网一切都离不开软件，投入、产出、各方面都是极高的，所以我觉得软件这个专业太好了，也是未来的发展趋势。我们经常会看到一句话，未来印度的发展不得了。为什么？因为印度的顶尖人才非常多，包括微软、谷歌很多的高层都是印度人。我刚看了一篇文章，中兴在印度的项目CEO基本上都是工商管理硕士，全印度都在学管理，就像咱们学中文、英语一样。全民都有管理意识，这很惊人。同时，印度开发的软件也很出色，这方面值得我们借鉴。

下篇
创新路径

绪　论　企业创新

一、企业创新基本理论

（一）企业创新的概念及定义

1912 年，熊彼特在《经济发展理论》一书中首次系统性地提出了“创新理论”，该理论将竞争视为“创造性破坏的过程”，在这一过程中，企业通过对“生产要素的重新组合，建立一种新的生产函数”实现创新，包括产品创新、技术创新、市场创新、资源配置创新和组织及制度创新。创新反映在结果的新颖性上，包括新产品、新性能、新工艺、新能力、新供应源、新组织结构。在熊彼特所处的工业经济时代，创新主要是指技术创新，厂商通过技术研发和突破，增加产品的使用价值从而获取垄断性的“创新租金”。Freeman（1982）进一步将技术创新细化为产品创新、过程创新和创新扩散。虽然熊彼特明确将创新放在企业层面上，但仍存在企业创新能力内涵的争论：发明的必要性和充分性、发明的意义以及发明的扩散。Mary 和 Marina（2010）综合前人研究，认为企业创新是企业在特定经济社会环境下，生产或接受、消化吸收和应用有价值的新颖性知识，从而更新和扩展产品线、服务、工艺、制度的过程。该定义有五点值得强调：一是创新的技术源包括内生性的技术和外部获取的技术两种；二是创新不只是创造知识的过程，还包括应用知识的过程；三是创新的结果强调增值的收益；四是创新中蕴含的“新颖性”是对组织个体而言，不是对整个经济体；五是创新具有两种角色，即过程和结果。Ayyagari 等（2011）认为创新范畴较为广泛，不仅包括核心创新活动，例如引入新产品和新技术，还包括促进知识转移的其他类型的活动，例如与外国合作伙伴合资办企业或签订新的许可协议，以及其他影响公司业务活动的行为，例如开设新工厂或外包生产活动。我国部分学者认为企业创新是根据市场需求的发展趋势，为生产经营跟市场需求相适应的产品，而充分利用并不断优化自身资源与社会资源配置，从企业经营管理各个层面上进行的创造和革新。他们普遍认同企业管理创新的内涵是指涉及改变管理工作性质的管理实践、过程和技术，其目的是为了改善企业功能，以便有效利用企业内外部资源，实现企业战略目标，这是一个复杂、动态的企业组织系统变革过程。

（二）企业创新的内涵及外延

1. 企业创新的内涵

任何创新的源头都来自个人心目中萌发的创意。创新的功能就是能给创新者和社会带来福利收益。对于企业而言，创新可以带来利润的增加，带来市场占有率的增加，带来消费者的认可等。创新离不开创新主体，也就是创新者。广义上说，人人都是创新的主体。吴甘霖在他所著的《我们都是创新天才》一书中认为，每一个人都可以创新，每个人都可以成为创新者。现代市场经济中，创新主体往往是企业或一些科研机构等，创新可分为制度创新、技术创新和管理创新。

（1）制度创新。制度创新是指引入新的企业制度代替原来的企业制度，以适应企业面临的新情况或新特点，制度创新的核心是产权制度创新，它涉及为调动经营者和员工的积极性而设计的一整套利益机制。只有先进的企业制度，才能调动各类人员的积极性，推动技术创新和管理创新的发展，使企业能规范有序地运转下去。

（2）技术创新。技术创新是指一种新的生产方式的引入，这种新方法可以建立在一种新的科学发现的基础上，也可以是以获利为目的经营某种商品的新方法，还可以是工艺上的创新。新的生产方式是指企业从投入品到产出品的整个物质生产过程中发生的“革命性”变化，或称“突变”。这种突变与在循环流转中年复一年的同质流动或小步骤调整不同，既包括原材料、能源、设备、产品等硬件创新，也包括工艺程序设计、操作方法改进等软件创新。其中产品创新按新产品的创新和改进程度，可以分为全新新产品、换代新产品、改进新产品和仿造新产品；工艺创新则可以分为独立的工艺创新和伴随性的工艺创新。

（3）管理创新。管理创新是指企业把新的管理要素（如新的管理方法、新的管理手段、新的管理模式等）或要素组合引入企业管理系统的创新活动。它通过对企业的各种生产要素（人力、物力、技术）和各项职能（包括生产、市场等）在质和量上进行新的变化或组合安排，以创造出一种新的、更有效的资源整合范式。这种范式既可以是有效整合资源以达到企业目标和责任的全过程式管理，也可以是新的具体资源整合及新的目标制定等方面的细节管理。

2. 企业创新的外延

（1）自主创新。自主创新是驱动我国转变经济发展方式的关键，如何实现自主创新不仅是产业界也是学术界关注的热点问题。关于“自主创新”，有学者认为是主要依靠自身禀赋完成创新过程的“独立创新”，相对于模仿创新、外部引进和派生产品等技术创新模式，具有系统自发性、内生性特征。宋河发等人指出：自主创新是创新主体通过主动努力获得主导性创新产权，并获得主要创新收益而进行的能形成长期竞争优势的创新活动。上述观点尝试通过界定自主创新内涵或特征来探寻创新“自主性”来源，强调通过对创新过程的掌控获得主导性创新产权。

（2）逆向创新。逆向创新是指大公司针对新兴市场的中低端市场，整合现有先进技术、工艺，进行现有技术的应用创新，随着技术的改进，当技术、产品成熟后，再进入高端主流市场的价值创新的创新模式。逆向创新的实质是新兴市场中的大型公司（包括跨国公司和本土大型公司）在新兴市场需求导向下，对现有技术进行的技术优化、性能优化、工艺简化、尺寸小型化、产销规模化和价格低廉化的革新过程，其本质是价值创新，表现为新老技术的应用创新，而不是新技术的原始创新，目的是通过创造价值从而开发新兴市场。因此，逆向创新的方向与原始创新恰恰相反，它不是从无到有的创新，而是从有到优的改进，就创新结果而言，重大的逆向创新就是一个产业的破坏性创新。

（3）价值创新。1997年，有学者基于对环境变化的深入分析以及大量企业调研数据提出价值创新概念。价值创新是指以顾客需求为基础，通过为现有市场提供完全新型且优越的顾客价值或使顾客价值得到重大飞跃创造新市场从而跳出传统的竞争陷阱获取优势。它要求突破思维，重新定义问题，以满足不断变化的顾客需求，从而使自身获得优势位置。基于顾客价值的创新需要落实到创造价值的实际活动中，只有通过价值产生过程的各个价值活动的开展和相互协调运作，价值创新所蕴含的巨大价值飞跃才能实现。基于顾客价值的创新思想的提出和推行，必然建立在企业对顾客价值产生过程的深刻理解和整体把握基础之上。

（4）非研发创新。非研发创新是指企业中除研发之外的各种其他创新类型的统称。其核心要点是，创新主要来源于企业的现有知识储备或者企业外部，并不通过企业内部系统化的研发活动来实现；在以非研发创新为主的企业中，几乎没有投入研发费用或只有投入比较低的研发费用，通过非研发创新活动却同样能够实现较好的创新绩效。非研发创新不基于研发，但并不是不需要创造性和新颖性。限于自身研发能力和资源的薄弱，中小企业在刚起步阶段，采取非研发创新为主的创新方式无疑是一种现实选择。在进行非研发创新活动的过程中，企业需要通过不断地学习和消化吸收来完善提升整个创新过程与创新体系，从而不断增强企业的创新能力。在市场竞争中能生存下来、立住脚跟并积累一定的研发与创新能力基础后，逐渐增加基于技术与研发的创新活动比重，以保持企业发展壮大、赢得持续竞争优势的需要。

（三）企业创新的理论基础

1. 资源基础理论

美国学者杰伊·巴尼把资源定义为企业的资产、知识、信息、能力、特点和组织程序，把它们划分为财务、实物、人事和组织资源几个种类。他认为企业的资源和能力如果具有价值性、稀缺性和难以模仿性，那么它们对于竞争优势的创造与保持就显得十分重要。资源的价值是由可以得到的开发资源的机会决定的，这些机会有时会变化，使资源从有价值到无价值。关系到竞争优势的重要资源具有稀缺性，如果竞争者也具备了相同或相似的资源与能力，该企业就失去了竞争优势。竞争优势重要资源的另一个标准是难以模仿，许多实物资源容易模仿，而基于团队工作、文化和组织程序的资源和能力则难以模仿，这些资源通常是由一段时间内企业自身复杂的历史和难以计数的小决策造成的，它们对特有能力的发展作出了贡献。

2. 核心能力理论

普拉哈拉德和哈默尔提出了“公司核心能力”的概念，认为核心能力有 3 个主要的特征：具有充分的用户价值，可以创造价值降低成本；具备独特性，难以被竞争对手所模仿；具备一定的延展性，能为企业通向多个市场提供支持。在取得竞争优势的过程中，企业内部能力的培养和各种能力的综合运用是最为关键的因素。该理论认为客观存在的物质资源能够发挥多大的效用完全取决于使用它的人，资源异质性的背后是人的异质性。企业竞争优势的根源由具体的、客观存在的资源变成了资源配置、开发与保护资源的能力。积累、保持和运用核心能力是企业开拓产品市场的决定性因素，其核心能力的不同造成了企业间的效率差异，这种差异又使不同的企业产生不同的收益；企业获取竞争优势的关键是核心能力，它来源于企业在长期的发展过程中积累形成的各种技能的有机融合。

3. 动态能力理论

动态是指不断更新将自身的能力、公司内外部的组织技能、资源和职能能力进行适应性调整、整合、重置，使之能跟上环境不断变化的需要。动态能力理论指在企业培育其能力的同时，更加强调关注企业经营环境的变化，以便为企业创造竞争优势的资源与能力可以随着企业经营环境的变化而不断提升、更新，是一种竞争优势“动态内生论”。该理论认为企业获取持续的竞争优势的根本在于开发企业现有能力和开发新的能力。企业的独特能力是内隐的，存在于企业的技术和知识优势、日常事务的处理流程和企业惯例中。这种内隐的能力是难以复制和模仿的。开发新的能力要求企业在面对变化的市场环境时，能够迅速整合其内外部资源，形成新的竞争优势。

二、企业创新的内生机制、价值功能与管理学分析

（一）创新的内生机制

企业创新决策受到企业自身因素的影响，主要包括规模效应、资本效应以及产业集聚效应等。

规模效应。在企业创新过程中，尤其是在高新技术企业创新过程中，面临着较大的投资风险，加之配套的创新资金来源机制不健全，导致中小企业创新活动在很大程度上受到制约，多数采取模仿、跟随战略来降低创新风险。而大企业资金雄厚，具有一定的创新风险承受能力，因而在创新行为中具有明显的优势。

资本效应。资本对于创新的影响十分重要，技术创新和模仿是以资本投入为前提的，大多数技术总是以资本品为载体，这表明资本深化与技术进步具有很强的正相关性。资本密集型企业通常具备更强的能力去购买、引进新技术和新设备，雇用高级人才，形成更多的创新投入，进而取得较高的生产效率。

产业集聚效应。产业集聚对创新的激励也是双向的，一方面，集群有利于创新信息在集群内的溢出和扩散及创新网络的形成；另一方面，知识共享、产品集中强化了知识在企业网络之间的流动。因集聚而形成的多样化环境有利于创新所需要的搜寻与试验，集聚通过提供这样的一种环境促进知识产生，从而能够激励更多的集群内企业实施创新活动。

（二）创新的价值功能

1. 融合技术创新——使企业成为促进区域经济发展的因子

针对我国传统经济发展的特点，发展因子包含的主要内容有自

主型发展要素、再生型发展要素、牵连型发展要素以及制动型发展要素。

（1）自主型发展要素。该要素主要体现在自然资源与科技相结合而实现的发展方式。利用自然资源所具有的优势，积极发挥科技推动生产的效益，利用科技水平弥补自然资源存在的劣势而平衡自然资源的先天不足。利用企业在技术方面的不断革新与科技水平的不断提高，加强自然资源在社会生产方面的使用效率。诸如西气东输、光伏电缆、沼气技术等，改善因自然资源分配不均带来的经济发展迟滞缺陷，从而让生产生活对于自然资源的依赖性逐步降低。国家西部大开发的宗旨也是将西部资源引入东部而助推东部经济腾飞，再以东部的崛起来带动西部发展，为其提供政策、财政、人才等多方面、多渠道的帮扶。

（2）再生型发展要素。该要素主要表现为通过对既有产品的性质、质量等特点，经过科技创新因素的注入而形成品质的再飞跃，通过为产品注入新性能，产生更高性价比，增强产品附加值，从而提升产品市场占有率和生产企业市场竞争力，为突破传统的市场竞争格局，实现社会主义市场经济对生产资料的合理配置起到助推效应。

（3）牵连型发展要素。该要素可以通过技术创新来促进传统劳动资源在企业现实生产过程中形态的改变。诸如生产传统加工制造产品的企业，原有依靠的生产技术、使用的劳动生产力与科技产能发展迅速的今天所要求的匹配度已经不能相适应，需要结合科技发展要素提升生产技术，将传统制造业融入技术创新要求，从传统制造加工业改变为以生产技能为主导的技术密集型产业，从而实现企业的突破，也能更好地提高企业的资本使用效率与产品的价值。

（4）制动型发展要素。一个企业的技术创新发展是核心领导力的体现，而核心领导力的表现就是企业领导者效应的体现。这不仅是领导能力的表现，更是企业文化与创新意识的体现。社会成就企业的兴衰成败，同时也是企业转型的风向标。作为具有向心力和凝聚力的企业文化与创新意识，更是管理模式转变的基础。因此，要以制动型发展要素为核心，形成领导管理理念的科学化与企业组织形式的规范化，适应市场与企业融合发展。

2. 集聚技术创新——使企业吸引高科技创新人才成为推动区域经济发展的资源保障

集聚技术创新——使企业吸引高科技创新人才成为推动区域经济发展的资源保障。

企业通过加强集聚技术创新，即系统地、选择性地组合现有技术专利和自主研发、自创技术等，将其集成为一个新的具有创造性的技术方案或科技产品。在技术集聚创新过程中，企业主体有效地集成人才要素、技术要素、资本要素、信息要素等，强化系统集成创新，大力提高技术水平，帮助企业迅速建立起比较优势并尽快转化为竞争优势。技术集聚创新解决的问题，往往是复杂的技术难题，或者是面向产业化需求所涉及的多种因素的系统性技术方案，需要不同社会主体、组织机构、资源要素的配合和协作，才能完成最后的集群式创新。这种集群式创新合作和联合攻关，促进企业之间的产业联结和技术交流更加紧密，形成稳固的利益共同体，为区域经济发展提供了技术人才支持和资源要素保障。“种下梧桐树，引来金凤凰”，“人往高处走，水往低处流”。随着技术创新的加速和企业规模的扩大，一方面，企业对专业化、高层次的人才需求越来越迫切；另一方面，人才对知名企业、宜居宜业城市的向往、需求始终是刚性的，他们都希望能在更高的平台、更合适的岗位发挥才能，希望能够在更适宜的城市工作生活。集聚技术创新的作用，就是通过发挥“技术集聚企业、企业带动周边、周边带动远边”的辐射效应，引导人才向企业流动，进一步加快专业化分工，推动主导产业转型升级，促进区域政府部门制定实施人才引进、技术创新、成果转化、平台建设、政策扶持等措施，助力区域经济高质量发展。

3. 实用技术创新——使企业利用创新技术求得生产力不断突破固有产业结构而不断升级

对于企业来讲，占有市场份额的标志即为产品销售。而作为产品则是生产技术的展现。企业技术创新意味着生产工艺与生产水平会有不断的突破，意味着产品的更新换代会不断加速。新产品的出现必然会迎合新的消费群体，也必将带动生产行业与消费理念碰撞出火花，从而“以新取旧”。实现产品的更新换代，需要企业创新技术的不断提高与推广，不但要有主生产线，更要有辅助生产流程，实现技术创新在生产程序当中的全部运用，从而取代原有的生产制造水平与技术能力。此外，强化利用技术创新，在新产品研发上不断突破，也将推动消费理念与消费模式的改变，增进以消费市场刺激生产技术创新的辩证关系，从而突破原有产业结构不断升级。

（三）创新的管理学分析

1. 专业人才管理，提高管理人员综合素质

（1）企业要注重对新时代所需人才的培养，因为只有培养出与当前时代发展需求相契合的新时代管理人才，才能在一定程度上提升企业自身的能力以及创新意识。无论是过往的发展历程还是当前的发展趋势，企业的发展与进步都需要一个推动力，因此，企业管理者需要挖掘专业的管理人才。当前，能够推动企业发展最大的内在动力就是具有创新意识、创新能力、管理能力和专业素养较高的复合型管理人才，只有引进和培养复合型管理人才，为企业注入新鲜血液，带来新的思想观念，才能够有效改革与创新企业的经营管理模式。企业要根据当前人力资源管理情况与人才培养情况设立一套全新的人才培养机制，通过培训、考核以及有效的激励手段，让参与创新改革培训的工作人员能够快速提升自己的工作效率和管理技能。

（2）在管理人员的选择方面，企业可以聘请行业当中的专家，邀请专家来培训管理人员，从而使所有的管理人员都能够充分了解企业的发展现状以及行业需求等方面内容。在提高所有管理人员的专业素质和综合素养之后，企业的改革创新之路才能够真正得以开启。

（3）要对企业员工日常工作的数量、质量以及完成的效率进行严格的评定，加大对企业员工的监管力度，通过对员工的工作情况进行综合评定，促进员工综合素质与创新意识的有效提高，这不仅有利于企业快速实现改革创新，还能够提升所有员工的工作热情，增强员工的工作动能。这样一来，企业就会保持不断向上发展的势头，弥补自身存在的不足，挖掘当前阶段发展的需求，最终为企业的稳定发展提供人力保障。

2. 信息化管理，采取现代化管理模式

在当前互联网高速发展的时代中，互联网技术对各个行业都产生了一定的影响，在一定程度上提高了各个行业的工作效率与核心竞争力。因此，企业要注重将互联网技术运用到企业经营管理的改革创新中，充分利用互联网的高效性推动企业管理的改革与创新，打造线上与线下共同管理的模式，合理利用信息化技术，将其应用在企业人员的管理当中，提升企业的经营管理效率，实现现代化管理。例如，在企业的仓储管理中，互联网信息技术能够通过其独特的大数据模块对所有的仓储货物进行核对，让企业的仓储数据实现精确化，为企业发展提供更加精准的数据。互联网信息技术还可以应用到企业的进度管理当中，智能化的信息技术能够帮助企业监督全体员工的工作状态和各个工作环节的开展情况，确保企业掌握每一个员工工作的情况，促使每一个员工都能够高效完成自己的工作。

3. 优化组织结构，合理分配内部权力

（1）在今后的发展当中，企业要注重不断地更新与优化内部组织结构，搭建企业内部组织的控制体系。企业内部结构的更新需要减少管理层次，因为传统的企业管理方式在某种程度上来说对管理者的管理幅度有一定的限制，而要想扩大管理幅度与范围，管理者就要注重对公司运营中重要的工作环节进行直接的管理与领导，只有这样才能够有效提高决策发布与落实的效率与速度，同时，有利于促进管理层次的减少，因此，确保企业的管理流程得到简化，有利于进一步提升企业的经营管理效率。

（2）企业要对内部权力进行合理分配，在企业管理当中权力的分配是影响企业今后发展当中内部结构稳定性的一个关键点。一个好的权力执掌者能够合理利用自己的权力，有利于让企业的内部运行更加稳定有秩序。建立专门的部门管控企业内部组织，只有这样才能将管理制度落实在各个部门的各项工作中，有利于提高企业所有部门之间的协调配合程度，从而促进彼此协调发展。在创新企业内部组织结构时，管理者应注重将信息技术应用在组织与管理中，加强建设企业内部信息管理系统，实现现代化、信息化管理，促进企业内部结构与组织优化。同时，利用信息技术为控制与管理工作提供数据支持，从而增强控制与管理的科学性与合理性。

4. 完善企业管理制度，提高经营水平

企业管理体系的创新必然离不开管理制度的创新，在未来的发展中，企业需要积极地构建适合企业的经营管理制度，剔除传统制度当中不利于企业发展的部分，最大限度地保留传统管理制度中适应当前时代发展的部分。此外，企业管理人员需要根据企业当前的发展情况制定符合企业发展目标的管理制度，促进企业经营管理水平的提高。在建立与完善企业管理制度时，管理人员需要对当前社会发展趋势、市场环境等方面进行分析，为管理制度的改革与完善提供一定的事实基础。在调整人员管理制度的同时，企业在经济管理制度方面也必须做出改变，企业经济管理的有效性事关企业的发展根本，企业需要根据企业内部财务人员的配置情况、当前企业发展需求以及经济需求适度调整企业的经济管理制度，让企业的管理制度与理念能够紧跟时代的脚步，从而提高员工对企业的认同感与企业自身的经营水平。

5. 创新管理观念，改革经营理念

在经济快速发展的背景下，企业要想实现可持续发展，要注重创新企业的管理观念。通过创新管理观念，提升企业管理者的管理水准，促使企业各项工作能够顺利开展。许多企业在经历数十年的发展后，企业的规模与市场所占份额较大，在这种情况下，管理人员容易出现安于现状、不求上进的情况。他们认为企业根基非常稳定、不会动摇，仍旧沿用传统的管理观念，缺乏创新意识与危机意识，这对企业的发展十分不利。企业在改革经营管理理念与管理制度的过程中，如果增加内部消耗，高层管理人员和新进工作人员之间缺乏交流和沟通，不能实现精细化管理，就会出现企业经济效益和工作人员利益之间存在矛盾等问题。除此之外，如果企业领导人员仅重视企业当下的发展与经济利益，而忽略内部管理，久而久之，就会导致其内部经营不稳定。同时，对外业务同样会失去足够的内部支撑，从而导致企业管理风险发生率升高，因此，在行业竞争压力较大的情况下，要确保企业健康稳定且获得长足发展，就要注重创新管理理念，吸收更多的新思想与新知识，加大内部管理的力度，充分利用新思想，有效引导企业整体的运营走向正轨，最终推动企业健康稳定发展。

三、新时代中国企业创新的意义与发展趋势

（一）重大意义

1. 企业创新发展是坚持就业优先战略和积极就业政策，实现更高质量和更充分就业的重要体现

国务院在 2015 年 6 月 11 日出台的《国务院关于大力推进大众创业万众创新若干政策措施的意见》（国发〔2015〕32 号）中指出了充分认识创新发展的重要意义。《意见》中强调各级政府和部门要充分认识到推进企业创新发展是培育和催生经济社会发展新动力的必然选择，是扩大就业、实现富民之道的根本举措，是激发社会创新潜能和创业活力的有效途径。中华民族在中国共产党的坚强领导和带领下，尤其是经过四十多年的改革开放，人民生活不断得到改善，道路自信、理论自信、制度自信、文化自信在不断增强。因此，新时代的就业目标也会有所提高，不仅要实现更充分的就业，还进一步强调和要求把更高的质量作为目标，这是根据新时代人民对美好生活向往的实际作出的正确决定。因此，党的十九大报告明确提出要坚持就业优先战略和积极就业政策，实现更高质量和更充

分就业的目标要求。

一方面，从充分就业的目标来看，鼓励企业创新发展能够带来就业岗位的增加，对于就业的带动作用是显而易见的；另一方面，从高质量就业的目标来看，企业创新发展是遵从人自主意愿的就业方式，能够极大满足人对创业创新的渴望和追求，是最令人满意和自主选择性最强的就业方式。由此可见，推进企业创新发展是实现更高质量和更充分就业目标要求的重要举措，也是国家坚持就业优先战略和积极就业政策的题中之意。

2. 企业创新发展是贯彻新发展理念、加快建设创新型国家的必然要求

习近平总书记明确提出将中国经济“从要素驱动、投资驱动转向创新驱动”作为中国经济新常态的主要特点之一。这就需要国家从过去拉动经济增长的需求侧转向供给侧，为经济增长寻找新的增长动能和增长方式。因此，党的十八届五中全会坚持以人民为中心的发展思想，提出了五大新发展理念，即创新、协调、绿色、开放、共享。此后，党的十九大报告明确提出加快建设创新型国家的战略部署。“创新是引领发展的第一动力，是建设现代化经济体系的战略支撑。”创新发展解决的是发展动力问题，提出创新发展主要是基于新时代我国经济转向高质量发展阶段的具体国情所决定的。

贯彻新发展理念首要的就是要坚持创新发展。从战略角度来看，通过创新发展可以确保我国增强发展的新动力、有效形成国际竞争新优势；从现实角度来看，创新发展可以加快转变经济发展方式，从而有效提高我国经济增长的质量和效益；从长远角度来看，是为了有效降低资源能源消耗，从而改善生态环境，建设美丽中国。因此，从加快建设创新型国家的战略部署出发，鼓励企业创新发展不仅是我国实现经济高质量发展的必然要求，也是推动经济发展质量、效率和动力变革的必然路径选择。新时代推进企业创新发展，一方面，能够最大限度地激发大众的创新热情和创新潜能，为加快建设创新型国家奠定坚实基础；另一方面，也能最大限度发挥创新引领发展第一动力的作用，为建设现代化经济体系提供有效保障。

3. 企业创新发展是我国经济新常态背景下促进经济增长、扩大就业容量的有效手段

习近平主席在 APEC 工商领导人峰会开幕式主旨演讲中，对中国经济新常态进行了全面阐述和解读。新常态开始和我国经济连在了一起。以习近平同志为核心的党中央紧紧抓住当下中国经济新常态的特征，并在战略上做出了宏观的政策部署，这是对改革开放四十多年中国经济发展变化新情况的准确把握和定位。习近平主席在 APEC 工商领导人峰会开幕式主旨演讲中指出“从高速增长转变为中高速增长”是新常态的一大特点。而就业同经济增长密不可分，因此，在经济增长速度放缓的当下，我国要确保就业目标的顺利实现，这就需要作出新的政策调整。应对新常态，我国提出了全面深化改革的战略部署，“经济体制改革是全面深化改革的重点，核心问题是处理好政府和市场的关系，使市场在资源配置中起决定性作用和更好发挥政府作用。”而市场活力的关键在于人，要发挥千千万万中国人的智慧，最大限度地激发人的创造活力，吸引和激励更多人投身创业创新，让人们在创业创新中不仅创造物质财富，而且也实现精神追求和人生价值。因此，在我国经济新常态的时代背景下，推动企业创新发展成为我国促进经济增长、扩大就业容量的有效手段。一方面，符合新常态背景下的我国经济发展客观需要，能够保证我国经济健康、持续发展，而只要经济保持在一定的速度增长，就能带来相应比例的就业岗位的增加。另一方面，必然会带来中小企业的繁荣和发展，中小企业作为就业“蓄水池”的重要作用也将为扩大就业作出更大贡献。所以，推进大众创业、万众创新不是一句简单的口号，也不是要在社会上刮一阵风，而是要通过一系列政策制度安排，实实在在地释放出新一轮的改革红利，在更广范围内激发和调动亿万群众的创新创业积极性，让创新创业从“小众”走向“大众”，让创新创业的理念深入民心，在全社会形成大众创新创业的新浪潮，打造经济发展和社会进步的新引擎。

4. 企业创新发展是实现人的自由全面发展的集中体现

坚持以人民为中心的思想是贯彻习近平新时代中国特色社会主义思想的内在要求。让每一个人都有梦想成真的机会、实现人的自由全面发展无疑是坚持以人民为中心思想的集中体现。推动企业创新发展，为更多的人提供了机会，使更多人可以发挥自己的特长和创新能力，“众筹”“众包”“众创”的融资模式和生产方式，将优化封闭的产业资源配置方式，让智力资源、产业资源、社会资本更加自由地流动，使人可以得到更加全面的发展。在创业过程中，人获得了更多的自由，但是人作为市场经济中独立的个体，也要有自负盈亏的危机感，这样就可以激发人的潜能，大大提高人的独立性、创造性，增强人的主体意识。与此同时，鼓励人们按照自己的理想、梦想和追求来规划自己的人生、奋斗自己的事业，真正让每个人不仅有做梦的能力，还有追梦的能力，真正实现人的自由全面发展。

党的十九大报告明确指出新时代我国的社会主要矛盾已经从过去人民日益增长的物质文化需要同落后的社会生产之间的矛盾转化为人民日益增长的美好生活需要和不平衡不充分的发展之间的矛盾，这也就意味着国人的需求已经从“量”的需求转变为“质”的提升。这一变化在就业方面就表现为人们不仅满足于有一份工作，还追求自我满足感、实现感、幸福感的实现。因此，越来越多的人需要通过创造来满足自我实现的需求。企业创新发展的根本目标就是要给人民群众创造出满足人生需求、实现人生价值的发展渠道，让自主发展的精神在人民当中蔚然成风，让社会的每一个细胞都保持着不断追求卓越的积极心态和精神风貌。

（二）发展趋势

2020 年由康奈尔大学、欧洲工商管理学院和世界知识产权组织共同发布的《2020 年全球创新指数：谁为创新出资?》显示，中国在 2020 年全球创新指数居第 14 位，而且在 2019 年就已经跻身全球创新指数（GII）前 15 名，确立了作为创新领先者的地位。中国在两个支柱中的排名有所上升：人力资本和研究（第 21 位，上升 4 位）、市场成熟度（第 19 位，上升 2 位）。中国在数项关键产出指标中保持世界第一的地位，包括本国人专利申请量、实用新型、商标、外观设计和创意产品出口。中国在创意产出支柱中排第 12 位，并在无形资产分支柱的排名中保持世界第一的地位。在排名前 5 000 名的品牌中有 408 个品牌来自中国，其中位居前列的是中国工商银行和中国建设银行，以及科技巨头华为，在新的 GII 指标全球品牌价值中排第 17 位。中国在创意产品和服务分支柱（第 12 位，上升 2 位）中的排名也有所提升，在文化和创意服务出口（第 6 位）、娱乐和媒体市场（第 37 位）以及印刷和其他媒体（第 72 位）这三项指标中的排名显著提升。中国在创意产品出口中的排名也保持世界第一，连续第八年在中等收入经济体中位居创新质量排名的榜首。

新时代中国企业创新必须找准新的经济增长点，大力发展具备可观的未来市场需求、有发展潜力、资本和技术密集性高、可以推动产业结构优化与升级、拥有高技术附加值的新产品或新服务。企业创新将带来新兴产业的发展、传统衰退产业的振兴，进而推动产业结构优化调整，使经济结构出现相应变化，经济实力逐渐提高，最终实现经济的持续增长。企业创新既要着眼于国家宏观发展战略，又要以市场为基础，即能运用到生产经营中，内生于市场。同时，还要着眼于未来经济发展趋势，符合中国社会现实。因此，技术水平高、产业关联强、生产率及其增长率高是企业创新的内在要求。

1. 新时代企业创新以高新技术为支撑

从产业革命的历史可以发现，产业的发展和产业结构的演变随着经济发展水平的变化而不断向高级化演进，而每一次产业革命都是以技术变革为内生动力的。改革开放后，我国经济持续高速增长，产业结构也发生了明显变化：劳动密集型产业比重逐渐降低，资本密集型和技术密集型产业取得较快发展。这就要求企业创新能够有效满足产业结构变化催生的潜在市场需求。高新技术为企业创新的发展壮大、充分发挥牵动效应和扩散效应提供了基础保障。基于高新技术的企业创新，能够在提高产业附加值的过程中较快形成支柱产业，为国家和地区经济发展注入动力。

2. 新时代企业创新具有较强的产业关联效应

企业创新在推动自身产业发展的同时，具有带动相关产业和行业发展，从而促进国民经济整体繁荣的能力。同时，企业创新充分吸收其他产业发展成果，反哺自身发展。因此，企业创新具有较强的产业关联效应，能与其他产业充分融合、将相关产业集合形成完整的产业链，带动相关产业，进而带动整体产业链条在竞争与合作中实现相互吸收发展成果、共同发展壮大的良性循环。

3. 新时代企业创新可显著促进生产率的增长

创业以创新驱动推进技术变革，辐射带动相关产业的转型升级，对上下游产业链进行重组，进一步优化产业结构。同时，企业创新的生产率增长率和产业回报率足够高且能形成良性循环。生产率及生产率增长率高的企业创新能充分发挥扩散效应和带动效应，可以在社会经济中具有突出地位并起到带领作用。

第一章　企业产品（服务）创新

一、消费者驱动路径

市场需求是产品创新之母。企业在开发新产品之前，应该以市场需求为基础，确定创新的课题、发掘新产品，这是体现企业经营观念是否以市场为导向的一个根本问题。产品创新的消费者驱动模式是指新产品设想来源于市场的需求，所形成的概念、样品等，再经消费者鉴别和筛选，最终开发出市场欢迎的新产品模式。这是一种最普遍的产品创新模式。在这种模式中，市场既是起点又是终点，技术开发和工艺开发都围绕着满足消费者需求而展开。由于这种创新的目标明确，创新的过程清晰，因此，消费者驱动模式风险较小，应用面极广。当然，来自市场的创意一般只是改进型、完善型创意，创新的新度多为适应，首创较为少见。消费者驱动模式所创造出来的新产品是需求拉动型新产品。

二、技术驱动路径

技术创新是产品创新的基础，即使新产品设想来源于市场需求，要把设想变为现实，把概念转化为新产品都必须以技术的某种形式的创新为支撑。可以说，没有技术创新就不可能出现产品创新。如果产品创新过程起源于某种技术变革，那么，这种创新就属于技术驱动的创新模式。产品创新的技术驱动模式是指创新设想来源于新技术、实验室，通过筛选评价，尤其是商业前景的分析后，进而开发出具有先驱性新产品的创新模式。由这种模式创造出来的新产品的新度一般是首创，投放市场的时机总是选择率先进入。技术进步是人类社会发展的基本动力，技术驱动模式也是产品创新的基础模式。由该模式创造出来的新产品属于技术推动型新产品，其所冒的风险较大，开发中可能碰到的困难最多，一旦成功，能够获取的收益也最大。这里所说的技术主要指科学技术，同时也包括生产技术、营销技术等。不同技术的开发难度不同，如果是科学技术驱动，必然涉及产品原理、结构的改变，开发困难不仅在企业内部，不仅仅是技术和生产方面的问题，而且要扩展到市场上，涉及创造市场需求的问题。因此，运用技术驱动模式的关键是要在技术进步与市场需求之间建立起沟通的桥梁，要为新产品挖掘潜在的市场需求，去创造新的市场需求。

三、竞争驱动路径

产品创新是企业进行市场竞争的主要手段之一。运用产品创新参与竞争有两种思路，一是主动出击，即通过主动创造新产品来夺取市场份额，取得期望的发展水平。动用产品开发的消费者驱动模式和技术驱动模式都属于主动出击模式。二是被动适应，即为了不致被竞争对手挤出现有的市场而开发新产品。本文所指的产品创新竞争驱动模式就是一种被动适应的开发模式，有时也是极为奏效的创新模式。产品创新的竞争驱动模式是指创新设想来源于竞争对手，通过对竞争对手的新产品进行模仿或改进而开发出有竞争力的新产品的模式。这也是常见的一种新产品开发模式，从内容上看，竞争驱动模式并无特殊之处，无非是创意来源不同。它要求把竞争对手作为学习的楷模，强调“知己知彼，百战不殆”。

案例1：鹏程食品面向市场全产业链质量安全控制

北京顺鑫农业股份有限公司是一家集生物酿造、营养肉食为主要产业的综合性大型上市集团公司。现拥有院士专家工作站、博士后工作站、CNAS质量检测中心以及多个省部级企业技术中心，设有微生物检测实验室、理化检测实验室、药残检测实验室和非洲猪瘟病毒检测实验室等，拥有一支技术力量雄厚的科研团队，为产品风险防控工作提供扎实条件。鹏程食品分公司是顺鑫集团旗下企业，是集种猪繁育、生猪养殖、屠宰加工、肉制品深加工、仓储物流为一体的农业产业化龙头企业，拥有 15 家自有生猪养殖基地。公司凭借完整的产业链和科学的食品安全控制管理体系，成为北京奥运会、南京青运会、纪念中国人民抗日战争暨世界反法西斯战争胜利 70 周年阅兵，以及历届全国两会和北京市两会等重要活动、重大会议的猪肉产品供应企业，同时也是 2022 年冬奥会、冬残奥会官方农副产品赞助商。公司通过了 HACCP、ISO 9000、ISO 14001、ISO 22000 质量体系认证，以消费者为中心，全产业链进行产品质量安全控制。

公司以农业农村部生猪产品质量安全风险评估实验室为科技创新平台，积极构建全产业链体系，从产业链的不同环节入手进行风险识别和风险监测，对识别出的风险可以进行精准溯源，从而制定出一套详尽的风险防控体系，用于企业的风险防控，经过企业的验证，从而推广到全行业。

生产养殖环节是生猪供应链的源头。公司主要对内外源兴奋剂、饲料中的农药残留、兽药使用中的残留、疫病等方面进行风险防控。

屠宰加工环节主要从生物、化学和物理方面进行风险防控。严格按照《生猪屠宰管理条例》开展工作，对生产的肉制品进行兽药残留等检测，确保猪肉质量安全。

肉制品精深加工环节主要从产品的理化指标、微生物指标等方面检测来进行风险防控。针对储运配送环节的风险防控，公司制定了《会务供应服务保障方案》《鹏程食品分公司应急处置预案》，确保防控有规可依。

案例 2：曲美家居利用消费者创新

企业可以通过满足消费者的特有需求来帮助消费者更好地使用企业的产品和服务。由于消费者具有高度异质的需求，并且愿意购买自己开发的产品，因此企业也可以将创新任务从生产者转移给消费者。互联网和社交技术的发展更方便企业接触消费者，并通过网络实现消费者创新。

曲美家居创立于 1993 年 4 月，是国内领先的集设计、生产、销售于一体的大型家居集团，致力于为用户提供整体家居解决方案。2015 年 4 月，在上海证券交易所主板上市，并于 2018 年全资收购挪威国宝级躺椅公司 Ekornes ASA，开始加速品牌全球化扩张的步伐。目前，曲美家居拥有 4 大国内生产基地以及 9 家国外工厂。以“你＋生活馆”模式，以设计为主导，致力于帮助顾客解决空间布局、色彩软装、家具尺寸和风格等诸多空间设计问题，来提高顾客的家居环境配套率。以顾客需求为导向，从空间设计、家具设计到家居饰品设计，B8 专属设计团队全方位满足顾客对家居的个性化、多样化需求。OAO（Online and Offline）是曲美的新操作系统，包含 5 个模块：官方网站、云设计、CEM、ERP 和概念店，它提供产品展示、样品室展示、灵感库和在线 DIY。所有这些方法将指导消费者去线下商店，并获得免费服务，包括产品体验、家居测量、家具解决方案、销售和交付。这是一种将在线设计与线下销售相结合的商业模式。

在消费者创新情境下，一种新的企业创新范式正在形成，即“消费者为自己开发或者修改产品和服务，其他消费者评价、拒绝复制和改进创新，当创新的市场潜力明晰时，企业进入该领域”。在此过程中企业有两个重要作用，分别是帮助消费者创新和吸收消费者创新。企业采用新的创新范式就意味着放弃理解消费者需求的努力，把相关产品和服务的开发过程转移给消费者。在网络环境中，其他用户的评价和反馈对于高质量创新观点的形成非常重要。因此，企业应该提供更多的成本信号来使高质量观点被更快过滤出来，并通过增加其他人反馈的数量和速度来促进更多高质量创新观点的形成。在实践中，大部分企业对消费者和网络用户所贡献内容的控制性较差，缺乏相应的技能来引导高质量创新知识的生成；消费者或网络用户对企业产品和服务了解有限，导致大部分创新观点为“利基”观点；消费者或网络用户对企业成本结构认识有限，导致大部分创新观点不切实际；企业不能对消费者创新观点及时做出反馈，致使消费者感到不满。这些都使得大部分消费者和网络用户生成的创新知识质量较差，很多用户评价很高的创新观点也无法在企业实践中得到有效执行。新的创新范式中存在大量由用户生成的创新知识，但是这些知识大部分是文本、图片等非结构数据，对这些数据的分析和处理是企业利用消费者创新的一大挑战，未来的研究有必要就此进行探讨。

案例 3：苹果公司面向消费者创新产品

在经济转型和创新发展的推动下，创新作为企业成长的源动力，更将受到企业的重视。企业的发展与转型也离不开创新，创新是企业发展与转型的源动力。创新产品是企业打开新市场的金钥匙。创新产品的市场扩散是企业创造价值的关键，尤其是创新产品的及时扩散，更能提高企业的潜在经济效益。在企业创新产品的扩散过程中，消费者扮演着不可或缺的角色，消费者对企业产品的购买能够给企业带来不菲的收入，因此企业的创新产品如何被不同类型消费者接受是企业获得成功的关键。

在新产品不断被消费者接受的过程中，由于消费者接受创新产品的过程、时间等存在差异，基于消费者同质性的研究已经不能满足现状，因此消费者异质性受到了学者的重视。消费者对创新产品的接受程度是创新产品能否得到有效扩散的关键，消费者和商家之间的信息不对称以及产品信息的延迟接收等因素都会影响消费者对创新产品的接受。不同类型消费者对创新产品的接受程度不同，贸然采用新产品也会威胁其自身的利益。因此，消费者的异质性对创新产品的扩散具有重要影响。然而消费者异质性是多方面的，不同的社会地位、生活方式、风险意识、品牌偏好、价格敏感性等，都可以构成消费者异质性的不同维度。消费者的异质性成为研究企业创新产品扩散的有效途径。

作为世界上最具创新力的公司之一，苹果公司面临的挑战一直都是如何制定一套适当的战略，以适应日新月异的商业环境。竞争优势会随着时间流逝而消失，成功之后要获得更大的成功，创新是关键。“产品＋内容”的模式让 iPod 然后是 iPhone 成功，很多企业也效仿起来。来自不同行业的厂商纷纷建立起伙伴关系，融合已经不再仅仅是产品功能叠加这么简单，不同领域厂商的合作将为融合赋予新的含义，比如，消费电子行业必须与内容行业紧密合作，才能创造出引人注意的数字内容销售模式，实现消费电子行业的发展和消费者权益的共赢。

在这个日新月异的时代，传统的营销模式已经无法适应人们复杂多变的需求，无论是中小型企业还是大型企业都不能故步自封，应采用灵活多变的营销策略在激烈的市场竞争中获得优势。

案例 4：首安公司用技术驱动创新产品

创新研究将外部技术进步作为企业创新的重要驱动。Bstieler（贝斯特拉）等指出外部技术的动荡随着新的、具有突破性的技术或者知识的产生而出现。因此传统的产业竞争视角将技术动荡性定义为特定行业中技术前进的速率，并明确指出技术动荡会促使企业快速地消化和应用新知识、新技术，缩短了产品创新周期，并促进行业间的技术交叉融合。此时，建立在既有知识融合基础上的产品创新会失去其竞争效用，企业必须利用新技术进行探索性创新以产生领先产品。同时，技术环境的动荡也会加速产业结构的变化和产业价值链运作方式的改变，这一产业格局的变动也为探索性创新的应用提供了相应的市场机会和空间。

首安公司技术中心实行主任负责制，技术中心下设标准规范研究室、知识产权部、电子产品部、灭火产品部，围绕公司产品的研发、标准化、知识产权等方面开展工作，并继续试行了双轨制运行机制，将公司其他部门业务流程中具有研发性质的业务纳入技术中心统一管理（如行业解决方案编制等），负责建立有效的科技创新体系，制定公司技术与产品发展战略；组织工业消防解决方案的研究、制定及应用推广；负责新产品开发，包括产品的试制、鉴定、送检等工作；负责产品工艺改进创新工作；参与国家、行业、地方及企业标准和规范的制定、修订；负责公司知识产权的开发、维护、保护等相关工作。

但值得注意的是，要避免走上“技术驱动”的老路，将企业创新看成一种脱离现实需求的纯技术化的东西。面对激烈的竞争环境，为了超过竞争对手、领先对手一步，企业之间围绕产品更新换代展开比实力比速度的争斗。在这场以产品更新换代为核心的竞争中，一些企业偏离了顾客的现实需求，走上了“技术驱动”的老路。比如，近几年来，日本一些实力雄厚，并在国际市场上颇有影响力的公司，不断研制、开发具有新型功能的产品使产品结构更加复杂，功能愈来愈多，而产品的实用性却越来越低。据日本消费者反映，在产品新增功能中有的功能在日常生活中用不上。毫无疑问，日本厂商们在产品创新道路上走过了头。由于技术水平、资金等方面的原因，我国绝大多数的企业存在的问题不是把产品开发搞过了头，而是开发不出新型产品。

案例 5：丹鸟物流用数字化技术赋能服务创新

在开放式创新研究中，企业创新的开放程度被认为是影响企业绩效的关键因素。开放式创新的外部来源包括企业所在的外部环境中与之互动的各类主体，包括顾客、供应商、媒体、竞争者等，数字化情境下，创新开放广度对新创企业绩效具有正向影响。动态能力理论指出，企业需要持续地搜索外部环境，不断获取新的知识以感知环境变革带来的新机会类主体，包括顾客、供应商、媒体、竞争者等。

数字化情境下，创新开放广度对新创企业绩效具有正向影响。动态能力理论指出，企业需要持续地搜索外部环境，不断获取新的知识以感知环境变革带来的新机会。首先，数字化情境下，企业可以突破传统的时间、空间限制，与环境中的主体进行广泛互动。企业的创新开放广度越大，表明企业获取创新知识的外部来源数量越多，所获得的创新知识越全面，促使企业在创新活动中创造更多新思路，从而为顾客提供更好的解决方案并创造价值产出。其次，数字化情境中，与企业相互连接的外部环境中的主体也变得更加丰富多样。此时，企业的创新来源越广泛，意味着与企业相互连接、互动的外部环境的主体范围越广，促使企业更加全面地掌握外部环境变化。例如，行业中技术变革的发展趋势、顾客与供应商等对技术变革的反应等。因此，创新开放越广的企业，在面对环境中浮现的新机会与威胁时越能及时调整企业战略，从而比竞争对手更快速地做出响应。最后，企业感知外部新机会的动态能力在变革环境中发挥更重要的作用。

在新零售概念的多种描述中，“以消费者体验为中心”“以数字化为核心驱动力”是其最重要的两个特征。提升新零售消费体验，不仅仅是行业、新零售企业的思考，配送企业更应该主动谋划、勇于实践。北京丹鸟物流科技有限公司通过网络规划、营运执行、销售服务等，利用技术手段和智能算法，对全国落地配送网络进行升级，为商家提供运输、配送、客服、售后的综合物流解决方案，进一步提升商家的物流效率和消费者的物流体验。丹鸟聚焦于生鲜、鲜花、母婴等领域，通过服务触点，积累应用场景和用户。北京丹鸟物流科技有限公司将依靠大数据沉淀和模式迭代升级，建立数据化的配送模型，指导供应链组织，实现智能调配人、车、货、场的资源，为新零售生态赋能是丹鸟未来奋斗的方向。

在数字化情境下，一方面新创企业可以轻松接近外部环境中的各种创新知识，但对广泛的创新知识来源需要更多的时间与成本进行识别与转化；另一方面，新创企业的资源禀赋与能力有限，在开放式创新战略的实施过程中，对外部来源的广泛关注可能导致企业知识关注成本的增加，耗费了新创企业有限的精力。因此数字化技术驱动企业创新的情境并不适用于所有企业。

案例 6：空港北光用技术合作驱动创新

随着技术的复杂程度越来越高，参与技术创新的主体越来越多，企业的技术创新活动越来越开放，开放式创新成为企业的战略选择。在此大背景下，中小企业开始改变自身的技术创新管理模式，借助开放式创新扭转其与大企业竞争时所存在的创新资源劣势。然而，单靠中小企业自身力量无法实施开放式创新，必须借助中小企业创新服务体系的建立和完善，为其提供和增强开放式创新所需的创新资源和吸收能力。技术创新活动本身离不开技术的运用。中小企业由于研究开发能力较弱，技术缺乏对企业技术创新形成制约。开放式创新模式打破了中小企业创新活动面临的技术瓶颈。中小企业中转化为创新成果的技术既可以是自身的研究成果，也可以通过合作研发、外部技术许可、技术并购等方式，经济有效地获得适合本企业经营业务的技术；企业的技术成果既可以依靠自身力量实现商业化，也可以对外许可甚至出售知识产权并从中获利，从而实现了技术成果的有序流动和合理配置。

北京空港北光仪表有限公司（简称空港北光）成立于 1992 年，是一家专门从事自动化仪表制造的企业，主要从事流量仪表、液位仪表的设计、制造、销售。公司所处位置与首都机场、101 国道相邻，距北京市区 18 公里，交通便利，地理位置优越，信息发达。金属管浮子流量计产品最具特点，设计人员、生产人员历经多年专业的工作，积累了很多的经验和诀窍，同时公司经过与国际合作伙伴的多年合作，不断更新换代，充分利用国际最新的技术、最优良的材料、最先进的设备、最完善的加工工艺，让产品规格齐全、技术性能优异，完全满足各种场合的需求。

中小企业技术创新服务体系在中小企业开放式创新中发挥着提供创新资源和提升吸收能力的功能，建立和完善中小企业技术创新服务体系是推进中小企业开放式创新的保证。中小企业技术创新服务体系不仅应服务于中小企业外部技术获取，更要服务于外部技术开发。因此应尽快通过建立新型服务机构，或调整现有服务机构的服务内容来不断完善中小企业技术创新服务体系。中小企业在技术创新服务体系的支持下，要加大研究开发活动的投入力度，加快人才培养以提高自身吸收能力。同时，还要改变领导风格、激励方式、组织结构、团队管理和创新过程，以适应开放式创新对企业管理实践的要求。

案例7：碎得机械远程服务客户

据相关研究认为，产品市场竞争与企业创新存在非线性的区间效应，即适度的产品市场竞争有利于促进企业创新水平的提高，即当市场竞争程度逐步加大时，企业盈利空间随之受到压缩，企业出于逃离当前竞争状况的目的，会加大创新力度，此时市场竞争与企业创新的关系表现为“逃离效应”，此时的市场竞争程度有利于企业创新，但竞争强度超过某一阈值时，企业在承担创新风险的同时，其获取的创新收益边际价值降低，此时企业会减少创新活动，表现出“熊彼特效应”。

碎得机械（北京）有限公司（简称碎得机械）地处北京市顺义区北务中关村科技园区，公司成立于2006年，占地面积14 000平方米。公司是由瑞士SID集团在中国设立的以研发、设计、生产、综合服务为一体的专业环保机械设备供应商，主要产品包括SMP（破碎-混合-泵送）系统、CSS封闭式破碎系统、生活垃圾破碎分选系统、多系列废物破碎装备以及泵送系统等，并可根据用户需要提供安装调试、维修保养、备品备件等服务，是北京市高新技术企业。随着互联网的飞速发展，企业借助互联网优势以及对新媒体的开发，在2020年创新推出了线上销售（技术交流会议、投标等）以及在线指导设备安装维修等新的工作模式。这一系列措施解决了无法到现场与客户交流和服务客户的难题。

2020年年初，正值某危废处置中心项目的SMP系统的调试关键时期，新冠肺炎疫情在全球爆发了，打乱了技术人员的计划，此后，技术人员通过互联网技术，紧密配合，客服重重困难，顺利完成了设备的各项调试工作，使得项目如期投产，赢得了客户的高度赞誉，同时也开创了碎得公司远程技术支持的先河。致力于成为废弃物预处理领域的行业标杆是公司的愿景，并提出下一步依托公司的技术和管理能力，保持现有的发展势头，进一步稳固行业地位，借助中国在亚太地区以及世界范围的影响力，依靠良好的政策支持和导向，进一步开拓亚洲市场，助力可持续发展。

中国情景下竞争和创新的正向关系深刻表明，提高竞争是促进中国企业创新研发活动和自主创新能力提升的重要途径。进一步的经验研究表明，处于相对垄断地位和技术前沿的国有企业以及受到地方政府支持和保护的集体企业中，竞争并未对企业创新研发活动形成有效的激励机制。而处于超国民优惠待遇的外资企业中，竞争也并未对企业创新研发活动形成有效的激励机制。只有在民营企业中，竞争对企业创新研发活动形成了有效的激励机制。从机制角度看，国有性质的企业虽然多数处于产业内技术效率的领先者，但是，由于其受到的特殊保护和各项政策优惠，竞争已经不能对国有性质企业的创新研发活动产生激励效应，相反竞争可以通过企业逃离竞争的创新效应促进中国民营企业的创新研发活动。而且竞争对外资性质企业的创新研发活动并未产生促进效应，由此表明外资企业可能由于担心自身创新和技术的溢出效应，而限制其在中国本土市场的创新研发活动。

第二章　企业技术创新

一、模仿创新路径

模仿创新即通过模仿进行的创新活动，具体包括两种方式：第一种是完全模仿创新，即对市场上现有产品的仿制。一项新技术从诞生到完全使市场饱和需要一定时间，所以创新产品投放市场后还存在一定的市场空间，使技术模仿成为可能。但完全模仿本质上也带动了企业的技术创新活动，很多企业发展都从模仿其他企业技术开始。第二种是模仿后再创新。这是对率先进入市场的产品进行再创造，也即在引入他人技术后，经过消化吸收，不仅达到被模仿产品技术的水平，而且通过创新，超过原来的技术水平。这要求企业首先掌握被模仿产品的技术诀窍，在进行产品功能、外观和性能等方面的改进，使产品更具市场竞争力。模仿创新优势在于可节约大量研发及市场培育方面的费用，降低投资风险，也回避了市场成长初期的不稳定性，降低了市场开发的风险。但是同时难免在技术上受制于人，而且新技术也并不总是能够轻易被模仿的。随着知识产权保护意识的不断增强、专利制度的不断完善，要获得效益显著的技术显然更不容易了。

二、自主创新路径

自主创新是指通过拥有自主知识产权的独特核心技术以及在此基础上实现新产品价值的过程。自主创新包括原始创新、集成创新和引进消化吸收再创新，这是自主创新的内容而非内涵。自主创新的成果，一般体现为新的科学发现以及拥有自主知识产权的技术、产品、品牌等。当今世界科技迅猛发展，国家竞争力越来越体现在以自主创新为核心的科技实力上，经济竞争力、文化影响力最终取决于自主创新能力。它是综合国力竞争的决定性因素，是支撑一个国家崛起和发展的筋骨，是一个国家具有持久的核心竞争力的基础，也是企业培育核心竞争力的关键环节。

对于企业来说，自主创新能力就是自主集成和应用各种技术知识并由此获得竞争优势的能力，包括技术搜索能力、学习能力、研究开发能力等；对于国家来说，自主创新能力就是根据社会经济发展的客观要求，有意识地促进科学技术知识的生产、流动和应用并在此过程中创造财富从而实现价值增值的能力。自主创新能力主要是一种制度能力，而不完全是一种技术能力，是国家竞争力的重要组成部分但不等同于国家竞争力。

三、协同创新路径

协同创新是以知识增值为核心，企业、政府、知识生产机构（大学、研究机构）、中介机构和用户等为了实现重大科技创新而开展的大跨度整合的创新组织模式。协同创新是通过国家意志的引导和机制安排，促进企业、大学、研究机构发挥各自的能力优势、整合互补性资源，实现各方的优势互补，加速技术推广应用和产业化，协作开展产业技术创新和科技成果产业化活动，是当今科技创新的新范式。在科技经济全球化的环境下，实现以开放、合作、共享的创新模式被实践证明是有效提高创新效率的重要途径。协同创新是各个创新要素的整合以及创新资源在系统内的无障碍流动。基于协同创新的产学研合作方式是国家创新体系中重要的创新模式，是国家创新体系理论的新进展。合作的绩效高低很大程度上取决于知识增值的效率和运行模式。知识经济时代，传统资源如土地、劳动力和资本的回报率日益减少，信息和知识已经成为财富的主要创造者。在知识增值过程中，相关的活动包括知识的探索和寻找；知识的检索和提取；知识的开发、利用以及两者之间的平衡；知识的获取、分享和扩散；协同创新过程中知识活动过程不断循环，通过互动，越来越多的知识从知识库中被挖掘出来，转化为资本，并且形成很强的规模效应和范围效应，创造巨大的经济效益和社会效益。

案例 1：首润国际模仿创新节本增效

企业技术创新主要有两种模式：一是自主创新模式，二是模仿创新模式。自主创新模式是指创新主体依靠自身的努力和探索，研究开发出全新的产品或工艺，并推向市场的创新行为；模仿创新模式是指创新主体吸收和消化自主创新的产品或工艺，并在此基础上进行再创新，进而开发出更优、更富于竞争力的产品或工艺的创新行为。

北京首润国际人力资源开发有限公司（简称首润国际），是一家专注于为企业提供人力资源开发和人力资源共享的专业公司。公司位于北京市顺义区仁和地区，成立于 2018 年 1 月，注册资金为 200 万元。公司致力于搭建人力资源共享的网络服务平台，为企业客户提供管家式服务的整套解决方案。实现企业人力共享的目标，优化企业用工方式，保障任务指标的完成。公司秉承“创新、敬业、合作、共赢”的经营理念，线上打通面向全国的网络招工渠道，线下提供智能化工厂和酒店的全套设计和外包服务。公司立足于首都，专注于人、专业于事，管理和服务也以人为核心，讲求人性化，在细节中体现公司的服务标准化、个性化、体系化，通过创造性地运用现代管理服务理念、管理工具和科技手段，面向全国为企业客户提供专业的人力资源升级及转型服务。公司现拥有一支高学历、高素质的管理团队，多年的实践经验造就了一批实战经验丰富的员工队伍。为确保服务质量，公司内部建立一套科学完善的内部运营、日常管理、质量监督体系。所有员工均经过良好的职业道德与职业技能的岗前培训，每一个工作的手法和标准流程都无不体现专业细致的工作精神。首润国际以“忠诚立信义、品质求市场、创新谋发展”为宗旨，积极为客户提供专业、快捷、细致的人力资源服务，为成为全国知名的人力资源服务品牌而不懈努力。

首润国际通过向品牌公司学习管理模式、管理方式和管理内容，提高自身的运行效率与水准，提高自身竞争力。

模仿创新降低了投入。中小企业之所以对模仿创新情有独钟，首要原因就是模仿创新较自主创新成本更低。美国学者曾就20世纪60～70年代美国东北部化工、医药、电子和机械4个行业的48项自主创新产品的成本和它们被模仿创新的成本状况进行了调查。结果表明，模仿创新的平均成本是自主创新成本的65%。在创新成本既定的情况下，市场规模越大，企业越倾向于通过模仿创新的方式获取最大利润。

案例2：宁波欣达自主创新促进产业升级

宁波欣达（集团）有限公司位于鄞州区东吴镇，公司于1995年转制成立，现是一家以高性能电扶梯等节能环保型机电一体化装备产品为主导的民营企业。欣达于2001年被认定为国家级重点高新技术企业，目前是国家创新型试点企业，2005—2007年宁波市纳税50强企业、2008年宁波市工业纳税50强企业、宁波市先进装备制造业重点企业和宁波市创业创新示范企业。公司建立了由我国电力电子技术专家、中国工程院院士汪槱生教授任顾问的省级企业技术中心，电梯及主机节能和创新技术拥有国内领先优势及一大批知识产权，参加了《电梯技术条件》等12项国家标准的制修订，欣达XINDA和宏大电梯HOSTING两大自主品牌的成套电扶梯产品已大量进入国际市场，自主品牌产品出口量在国内同行业中领先。

重视自主创新，促进产业转型升级。欣达过去一直以发展电梯配件生产为主，在行业中具有举足轻重的地位。但由于配件产品处于产业链的末端，难以保持长期竞争优势。最后从企业长远发展出发，选择放弃短期的利益，促使电梯配件生产实现了从“小而全”到“大而专”的转变。与此同时，通过积极发挥企业技术、设备优势，实施相关技术多元化发展，从电梯配件生产逐步延伸发展到电梯整机、螺杆空压机、凹版印刷机等大型终端、高端装备产品的研制生产，并培育形成了宏大电梯、欣达印刷机、阿格斯特螺杆空压机等自主品牌。根据国家产业政策，围绕建设节能环保社会、发展低碳经济要求，公司逐步转向发展战略性新兴产业，研发节能环保、新能源等领域所需要的高端装备。欣达通过集团与各子公司总经理签订研发投入、专利等项目责任考核，将研发投入列入企业利润考核，着力于促进各单位研发投入积极性，通过与浙江大学等高等院校和国内外科研机构的紧密合作，依托企业省级技术中心、院士工作站，发挥节能技术领域优势，先后研发成功了永磁同步无齿曳引机、无机房电梯、变频螺杆式空压机、高速无轴传动凹版印刷机等战略性新型装备产品，也为各单位的高新技术企业认定奠定了良好的基础。

案例3：世桥生物协同创新

科技创新能力已经越来越成为综合国力强弱的决定性因素，在激烈的国际竞争面前，如果我们在自主创新方面上不去，一味靠技术引进，就永远难以摆脱技术落后的局面。科学技术是第一生产力，科学技术日益渗透到经济建设、社会进步和人类进步的各个领域。

北京世桥生物制药有限公司成立于2002年4月，是一家从事药品研发、生产和销售的国家级高新技术企业。公司以环保和可持续发展的理念，设计并建设了绿色现代化厂区。企业将“做健康产业创新的领航者”作为愿景，秉承“团结、创新、卓越、共赢”的核心价值观，多年来，与中科院药物所、北京化工大学等多所大学院校和多家科研机构开展了广泛且深入的产学研合作。研发具有自主知识产权的国家一类新药品5种，其他新药品及高端仿制药品70余种，已经形成以营养、抗肿瘤和缓控释药物为主导的产品体系。目前企业共申请国内外发明专利21项，获得专利授权15个。世桥生物以“新工艺、新制剂、新药物”为企业的主要发展方向和核心竞争力，现拥有具备中国GMP、美国FDA和欧盟GMP标准的多条生产线。其中，小容量注射剂车间和冻干粉针剂车间已通过

CFDA 新版 GMP 认证，口服固体制剂车间和小容量注射剂车间通过英国 MRHA GMP 认证。企业先后获得科技部“十二五”重大新药创制专项、北京市科委重大科技攻关项目及北京市经信委中小企业发展专项等多项政府资助，并获得了 G20 工程企业、国家高新技术企业、企业博士后工作站、北京市专利示范单位、北京市企业技术中心、北京市科技研发机构等多项资质及荣誉。企业近五年销售额平均增长速度达 14%，近三年研发投入占销售总额的比例平均为 33%，目前，企业拥有教授级研究员 5 人，特聘教授 2 名，博士 12 人，硕士 19 人，高级职称 11 人，中级职称 20 人，外籍专家 17 人。先后攻克口服固体制剂的缓释技术、难溶性药物增溶技术、载药微乳技术、氧敏感型输液制剂关键生产技术等多项科技难题，获得国家药品生产批件 12 件，临床批件 3 件，新版 GMP 证书 2 个，申报美国 ANDA 6 项。建立省市级研发机构和技术中心 2 个。在美国及欧洲建立研发中心，实现产品研发、销售完全本土化，对于适合国内销售的产品，同时在国内注册、销售。国外及国内公司名称一致，能形成品牌效应，带动国内同品种产品的销售。

北京世桥生物制药有限公司加大研发投入，大力引进海内外人才，积极培养自身的研发梯队，攻克关键技术，提高新产品产出的数量和质量，对接海外创新资源，实现技术引进和集成的协同创新，同时积极推进智能制造。企业若想升级，必须在传统技术路径上实现跨越，或者创造性开拓新的技术发展路径。

案例 4：物华天宝技术创新的启示

在开放式创新背景下，随着技术创新的不确定性和创新模式的融合性加剧，很多企业因规模小、资金短缺、研发能力弱、资源获取难等因素，难以独立进行技术创新。由此，协同创新成为企业弥补自身约束以及获取外部创新资源的重要方式。协同创新是指企业与政府、知识生产机构、中介等不同的合作伙伴，为实现重大科技创新而开展的协同整合的创新模式。而中小企业固有的约束导致难以享受很多优惠政策，由此已有政策对企业协同创新的推动力不足，协同机制因素与方式协同、企业与企业协同、企业与高校协同、企业与中介协同和空间协同等维度存在显著的正相关关系，即协同双方的文化相容性、技术相关性和知识互补性、协同双方的高层互信程度、协同成本的分担机制和利益分配机制等因素的匹配和合理性，能够显著提高企业的协同创新程度。

北京物华天宝镀膜科技有限公司投建于2010年，并于2012年7月被评为北京高新技术企业。公司注册资本10 000万元，占地70余亩，厂房面积5万平方米，于2010年年底成立了研发中心。公司具有大专以上学历的科技人员有36人，占企业当年职工总数的35.64%，其中研发人员20人，占全体职工总数的19.8%。伴随着发展，公司将从全国各地陆续招收优秀人才。公司于2010年通过了镀膜玻璃的ISO 9001—2000质量管理体系认证。公司严格执行标准化作业流程，使产品从质量、工艺上最大限度地满足市场对节能玻璃安全、环保、节能的最新需求。

该公司在开展自主创新过程中提出的一些问题应引起注意：比如，政府对专利工作的推进非常重视，并已列入高新技术企业考核要求。但专利（特别是发明专利）自申请至授权周期过长，其间企业需要耗费大量人力物力，因此能否考虑在此期间给予企业分阶段的激励政策。又如，企业加强标准化组织机构和队伍建设，经费投入也随之增多，特别是参与行业及国家标准制定，企业要花费大量的人力、物力和财力，政府能否考虑对实施标准化良好的企业和企业在参与行业、国家标准制定期间给予激励政策。

由此案例带来的企业创新启示有两方面，一方面，政府需要转变职能，构建有效的制度环境，例如建立一个无障碍和无壁垒的共同市场以及相应的法制规则，并在涉及市场主体地位、权益保护、市场运行秩序等方面充分发挥地方制度的传导作用；另一方面，建立和完善相关政策，根据协同发展的需要出台引导性的产业政策和技术政策，引导和激励企业的协同创新活动。

案例 5：轩宇空间多维协同技术创新

北京轩宇空间科技有限公司（简称轩宇空间），是中国航天科技集团第五研究院第 502 研究所全资子公司，2011 年 3 月在北京成立。公司现有员工 170 人，2015 年产值为 2 亿元，2016 年产值目标为 2.6 亿元；公司以“源于航天、军民融合、面向世界”为宗旨，以成为国内一流的电子测试产品与系统解决方案的供应商为目标，以替代进口、参与国际竞争为己任，全面促进宇航产业和航天技术应用产业融合发展。公司在创新过程中遇到的困难和需求主要有以下三点：第一，科技成果转化。对于科技成果转化的体制机制建立方面还不完善，没有建立一个符合经济规律的院所、公司科技成果转化管理体制，尤其是成果转化的奖励机制没有建立起来，不能兼顾成果创造者的收益，以及后续的研究保障。另外在资金投入方面，投资风险控制需要进一步完善，风险投资是发达国家科技含量高以及实现产业化的重要手段，而目前在国内没有发展起来，所以如果想实现公司、院所的成果转化，完善风险投资机制也是需要解决的一个问题。第二，与校企、院所合作。与校企、院所合作可能在技术上带来很多的创新，使公司的业务方向和业务深度有所提高，但与校企、院所合作也有相应的问题，首先是产品化及技术延续性的问题，校企合作一般采用在读硕士、博士课题研究的方式进行技术研发，技术深度可以达到，但产品化的考虑会有所欠缺，样机与产品还是存在一定的差距，所以需要这方面制定相应的策略方法来解决，另外由于学生具有流动性，技术研发合作的延续性需要有良好的控制手段；其次与校企、院所合作的知识产权划分一直是比较棘手的问题，在国内由于合作前期没有利益纠纷，在知识产权归属协议上一般比较容易被忽略，所以当市场与业务方向做大以后很容易在这些方面出现不必要的麻烦，所以需要在合作之初就建立完善的合作协议机制，分清知识产权的归属。第三，中介机构服务。科技成果转化是一个复杂而专业的过程，国内现有的中介服务机构专业文化水平较低，科技成果转化涉及知识积累、技术提升、商务运作及资本投入等一系列问题。一方面，由于技术在描述时，说出来容易落实到纸面上就比较困难了，需要既懂市场又懂技术的专门人员与科研机构和企业面对面沟通，并长期跟踪。另一方面，由于事关行业竞争、商业机密，企业不愿意在各类技术转移中心网站上登记技术需求，技术发明人也不愿意将技术细节透露，双方都需要专业对接平台，所以需要建立完善的中介机构服务机制。

案例6：长城华冠网络化协同创新迎接挑战

知识经济时代，创新日益成为社会发展的重要驱动力，创新对企业组织的可持续发展具有重要的作用，创新不仅仅限于新产品、新服务等技术的研发设计，还包括业务流程的改造和商业模式等管理的创新，现今企业更重视管理理念和组织架构的优化，从而保持高程度的创造力和创新精神。而仅仅依赖于企业自身的创新则不足以支撑企业在信息高速发展的时代生存及发展，所以产生了协同创新网络组织，网络组织协同创新的方式有产学研协同创新、产业链协同创新、集群产业协同创新、网络组织协同创新等多种形式，企业协同创新的动力有企业内部动力及外部动力。

创新是一个互动的过程，企业很少只依靠自身的知识和资源孤立地进行创新。各主体通过合作，从事价值链上某一环节的创新性工作，实现专业化分工，协同展开产业投资、设立研发中心、开拓外部市场、共享技术合作成果等活动，弥补各自在资金、技术、资源、人才、品牌等方面的不足，有效地解决创新上面临的制约。大学积极向企业提供最新的信息、专利和管理方法；企业充分利用大学和研究机构中的科研成果和人才帮助企业搞技术革新、产品研发，实现创新成果的市场检验和产品化。为了解决中小企业集群中各个企业在信贷市场中的信息不对称以及担保品相对缺乏的问题，部分企业通过建立社会合作网络，借助网络中不同主体所拥有的信用资源建立信用合作网络，成功地解决企业集群融资难的问题。

北京长城华冠汽车科技股份有限公司（简称长城华冠）成立于2003年8月，是国内顶级的独立汽车设计公司及整车开发解决方案供应商，主营业务为传统汽车、新能源汽车、军用车辆的设计及电动汽车的研发、生产、销售。长城华冠现有员工近600人，其中技术人员占80%以上，拥有心怀共同理想的高管团队和开放融合的核心技术团队。

公司在飞速发展的同时，面临的难题也不断增加。比如，成果转化的同时面临资金周转的问题，随着研发生产投入的不断增加，公司在资金需求上不断增加；政策咨询途径有限，不能够及时解读并了解政策；随着公司不断发展壮大，对专业化人才需求增加，而汽车行业的技术人才却有限；再加上公司所处位置较远，交通不便利，也是导致人才缺失的原因。

因此，在网络化协同创新过程中，还需要政府部门大力支持：首先，设立绿色通道。对于经政府认证的具有创新能力的企业，各级政府部门设立绿色通道，帮助企业简化审批流程。其次，对于政策咨询，政府部门可以采取“一对一”的政策指导，同时也可将区域内相关的政府部门的政策、业务等信息进行整合，可采取App、微信公众号等形式，让企业及时全面了解区内的政策信息。最后，政府主动进行新能源汽车的消费引导。一是加强对消费观念的宣传引导；二是在消费政策上进行政策倾斜。

协同创新网络构建的最终目标是建立企业与科研院所、金融机构、中介机构、上下游企业等的合作共赢机制，通过对企业协同创新网络的内外部动力研究，我们认为协同创新网络的形成不仅需要产研的深度合作，还需要其他要素的加入，如中介机构的信息链接、政府机构的政策支持，协同创新网络构建的动力不仅包括企业对利润的追求，还包括企业对可持续发展的认识以及各行各业的资源互补、信息流通、政策支持等。我们有理由相信企业在构建协同创新网络的同时，自身也会得到长足的发展。

案例 7：雅昌文化创新供求传播方式

中小企业创新资源不足主要表现在创新资金、信息、技术和人才方面。在资金方面，很多中小企业受自身规模限制根本没有开发经费，有开发经费的也往往不足其销售额的 1%，自我积累能力很弱。此外，考虑到信贷风险、贷款成本等因素，银行不愿向中小企业提供过多贷款，从而形成了中小企业融资困难的局面，导致了技术创新资金严重不足。在信息方面，一些比较先进的技术信息往往都掌握在该行业核心大企业手中，技术壁垒以及信息封锁是难以避免的，这也导致了大型企业和中小企业之间的信息不对称，信息资源共享程度不高，流通渠道不畅，信息交易的风险性大并且成本高。在技术方面，中小企业自身缺乏高水平的技术储备，技术来源以引进国内外现成技术为主，抄袭仿制同行的现象也普遍存在，导致中小企业难以在本行业的技术创新活动中把握先机。在人才方面，由于知识参与分配难以落实以及缺乏必要的社会保障机制，中小企业无法为那些素质较高、能力较强的高端人才提供相应的高薪待遇，现有人才流失严重，企业发展持久力受到影响。

创新必然伴随着风险，中小企业通过技术创新获得高收益的同时，也面临着巨大风险，这些风险源自中小企业本身信息获取不完善和创新盲目性。中小企业受限于自身规模和资金劣势，在面对创新风险时显得束手无策。相对于大型企业而言，中小企业既没有足够的资源，也没有相对成熟的经验来抵抗风险。成功的创新可能给中小企业带来巨额的利润和产品品质的提升，但一次失败的技术创新则有可能给中小企业带来毁灭性的打击。

雅昌文化集团创建于 1993 年，是一家立足于艺术领域的综合性文化产业集团，现已拥有北京、上海、深圳三大运营基地。雅昌以通过“为人民艺术服务”达成“艺术为人民服务”，以传承、提升、传播和实现艺术价值为使命。在艺术专业领域，传承优秀艺术文化，提升艺术价值；在艺术大众市场，传播艺术价值，让艺术之美融入生活。面对日新月异的技术发展和商业模式的变化，雅昌不断创新，以工匠精神推动传统加工业务向智能制造和定制服务进化；以艺术数据为核心，IT 技术为手段，互联网为平台，为艺术行业提供智慧化的艺术数据及 IT 服务综合解决方案，为艺术追随者构建数字化艺术体验；以艺术空间为体验，充分释放艺术行业内的资源潜力，开发艺术消费品，探索博雅教育新方式，满足艺术专业人士和艺术爱好者的艺术生活需要。

中小企业通过与政府、大学、研究机构、金融机构、中介机构、行业协会、供应商、客户、竞争企业以及其他相关企业构建协同创新关系，形成协同创新网络，可以最大限度地实现创新资源的优化配置与高速流通，有效地解决了中小企业技术创新所面临的困难，使中小企业的技术创新活动得以顺利进行，企业发展得以维系。因此，应该加强中小企业协同创新网络的培育，不断完善网络结构和体系建设，在充分发挥协同创新网络的聚合效应、共担效应和反馈效应的基础上，推动中小企业快速、健康成长，从而使中小企业在我国的技术创新以及国民经济发展中更好地发挥其应有的作用。

第三章　企业市场营销创新

一、整合营销路径

整合就是企业对不同来源、不同层次、不同结构、不同拥有者的资源或能力联结成共同体，按照合作竞争机制和协同规则进行识别与选择、汲取与配置、激活和有机融合，使其具有较强的柔性、系统性和价值性，并最终实现、获取、分配价值的一个复杂的动态过程。整合是系统的思维方式，就是要通过组织和协调把企业内部彼此相关但却彼此分离的职能，通过互利和契约把企业外部既参与共同的使命又拥有独立经济利益的合作伙伴，整合成一个具有特定目标的价值创造系统。整合以客户价值为导向，紧紧抓住客户需求反向匹配资源，将各参与方的资源和能力快速联结起来，在协同、互利的规则下实现价值的创造和传递。与一体化不同，整合不求所有，但为所用。价值网络的中枢企业，是网络联结的组织者、规则制定者，通过开放信息和数据，吸引大量合作伙伴形成信息透明、利益共享的价值共同体。

二、众包营销路径

众包是以开放的平台，聚合用户、供应商、合作伙伴以及员工的智慧，发挥企业内部和外部群体创造的力量，共同创造价值的一种模式。众包的经济逻辑是间接外部经济性，其优势不仅仅在于经济效率，包括用户、合作伙伴在内的群体创造的作品往往更加出色。互联网不仅是计算机的互联、人的互联、物的互联，更是思想和智慧的互联。来自不同头脑的思想和智慧相互碰撞、借鉴、补充和启发，从无序到有序，从散乱到集中，从微小到宏大，迸发出工业经济时代无法想象的力量。网络经济下，消费者已经不再是一个被动的接受者，而是在事实上主动融入企业，参与到产品创新、营销传播等价值活动中。况且，企业内部的知识和经验往往不足以解决全部问题。社交网络、视频分享、照片分享、知识分享、社区、论坛、微博、微信、博客和播客等都是UGC（User generated content）的主要应用形式。例如，Facebook、开心网、人人网、YouTube、优酷网、土豆网、维基百科、百度百科、百度知道、大众点评、天涯社区等，他们利用用户产生内容，都属于众包。

三、聚合营销路径

聚合是用户、产品、内容或数据等在空间上集中所产生的外部性经济或成本降低的模式。聚合模式有两种优势。一是网络效应或网络外部性。不管是有形的还是虚拟的，网络都有一个基本的经济特征：联结到一个网络的价值取决于已经联结到这个网络的其他人的数量，这就是网络效应，其背后正是反馈的力量在起作用。当年随着Wintel联盟在PC市场份额的增长，用户发现Wintel系统越来越具有吸引力，从而Wintel的份额越来越大。正反馈的力量使强者恒强，赢家通吃。二是交易成本的降低。产品、内容或数据等在空间上的聚合，使交易费用大大降低，如搜寻产品和交易对象的费用。电信网络、微信、QQ等是典型的用户聚合。网络的价值由于联结到网络或服务的用户增加而非线性增加，同时网络用户越多，带给每个用户的价值也越大。农贸市场、专业市场、超市、Shoppingmall等都是产品聚合模式。由于产品集中在同一地点，节省了客户搜寻和选择产品的时间和精力。门户网站、去哪儿网等属于内容的聚合。搜索工具则通过对内容的加工提供附加值，节省了用户的交易成本。

案例1：国富纵横直播营销拓宽渠道

新时期背景下，市场营销渠道，相比于原有的市场营销方式，具有较大的运作优势，能够顺应市场营销需求，保障营销工作的有效性，切实提升企业市场经营运作的综合实力。在电商运作环境中，加强营销渠道整合，逐渐成为营销发展的关键方向。营销渠道整合，顺应市场经济发展的基础需求，保障企业营销运作的基础能力。在企业经营发展期间，生产商、经销商之间，形成了较为紧密的经济利益关系，在营销渠道环节中的各位成员，均有着自身的运营规则。如若某个成员在运营期间超出了界限，将会对渠道中其他成员收益形成不利影响。同时生产商对各路营销成员，具有运作的依赖性。在产品存在生产品质时，归责于营销渠道成员，将会引起生产方与营销方面的矛盾问题。在电商运营环境中，对整合营销渠道提出了较高需求。通过整合营销渠道，回避市场权责问题，保障营销渠道各成员企业处于健康运作状态。

北京国富纵横文化科技咨询股份有限公司成立于 2006 年 3 月，是为大型家居企业提供文化创意、教育培训、互联网科技服务的文化科技企业。十多年来，国富纵横服务了超过 500 家大型家居行业主导企业，超过 1 万家行业成长企业，出版 19 部行业著作，培养了超过 28 万名学员。2020 年暴发的新冠肺炎疫情给家居行业带来了巨大的冲击和挑战，作为专注于家居行业的专业服务机构，国富纵横从 2020 年 2 月开始，加大视频栏目的制作播出，并且在 2 月新开了直播视频栏目，并坚持开展公益直播，每天 1 万人在线观看、学习，吸引 30 万用户注册，在行业中引起巨大的反响，红星美凯龙、居然之家等多家行业头部企业纷纷组织员工进行观看直播。受疫情影响，很多企业无法有效开展招商、新品发布等线下活动，国富纵横搭建了自己的智能演播厅，并与抖音等专业平台合作，为行业多家企业提供在线招商、新品发布、品牌宣传等活动。

在电商环境中，营销渠道的整合工作含有多种优势，能够提升企业销售氛围的营建效果。由于国内地域较为广阔，各地区经济发展能力失衡，产品类型表现出差异性。因此，在原有营销体系中，企业极易受到多方因素的干扰，降低了企业的经济收益。电商运作期间，对企业营销形成了一定冲击，由此引起市场营销形式转变现象，凸显出营销渠道整合工作的重要性。结合企业竞争力发展情况，企业在整合营销渠道时，能够提升营销市场整体的营销品质，在整合渠道的同时，有效拓宽营销范围，便于企业获取较高的经济收益。与此同时，整合营销渠道，能够提升营销方案的分享效果，便于新电商成员学习使用，为市场营销有序发展奠定坚实基础。

案例 2：君德益文化创新顺义好礼

随着互联网经济的迅猛发展，网络购物规模呈现爆发式增长，并成为重要的零售渠道，为我国消费经济的发展注入了新鲜血液。前瞻产业研究院发布的数据显示，2018 年 1—2 月的网购交易规模已经突破 1.2 万亿元，同比增长 37.3%，达到 2017 年以来的最大值。网购顾客价值对消费者重复购买意愿影响的研究相对较多，但较少有人关注网购习惯在顾客价值对重购意愿影响的调节效应。

北京君德益文化发展有限公司成立于 2013 年，注册资金 500 万元，是一家以中华传统木作文化为核心的综合性文化传播与教育型企业，致力于文创、文教、文旅事业的发展。拥有占地 3 万平方米的君德益木作文化传承园，园区内设君德益木作文化传承馆和君德益艺术馆两座场馆，建筑总占地面积 1.5 万平方米。公司于 2019 年先后被北京市顺义区旅游发展委员会授予“顺意好礼运营商”称号，致力于发展、创新、创作有特色的顺义礼物，同时更是成为了 2018 中非合作论坛的国礼，代表国家形象赠送给外国元首。在 2018 中国国际进口博览会上，公司设计的文创商品再一次代表中国形象，成为了指定外事礼物。公司被评为北京市顺义区社会大课堂资源单位和北京市社会大课堂资源单位，2019 年半年内有北京市中小学生 1 万余人在君德益木工坊学习到中国传统木作文化并实际动手制作样品，学习到了很多书本以外的知识，得到了老师、家长及学生的一致好评。

2020 年 1 月以来，新冠肺炎疫情一直困扰着所有企业，特别是线下实体产业。君德益有三个版块的业务都需要客户线下来到园区进行，但由于疫情都无法实现，对公司业务产生了巨大的影响。

公司积极在困境中求变，将主体三个版块的业务搬到线上进行销售与服务，包括淘宝、京东、抖音直播代货等。

着眼未来，企业应做到：一是加强人们消费习惯的信息分析与收集。在互联网环境中，人们消费体系有所变化，电商消费环境中，含有至少90%的网民。同时，国内网民消费的主要群体，以“80后”“90后”为主，此类群体基数超过4亿人。他们在网络体系中有所变化，对网络营销环境具有较高的产品依赖。因此，在设计营销策略前期，应合理分析目标消费群体的行为特征，高效使用数据挖掘相关技术，精准确定目标消费群体，综合设定营销方向，以更为灵活的营销方式，为企业营销运作注入新鲜血液。二是整合各层消费群体的行为特点。在对各类群体消费特征分析完成时，进行特征整合，使用数据挖掘技术，获取各类群体的消费共同特点，比如优质的产品品质、高效的产品运输能力、友好的配送服务等。以消费共同点信息，作为企业整体营销发展的方向，便于综合提升企业竞争实力，顺应各类群体对企业营销工作的需求，以期获取较高的经济收益。

案例3：正元地理“陆海空”一体化营销

在互联网技术蓬勃发展的经济背景下，“互联网+”理念由此衍生，标志着企业在经营观念、经营模式、营销渠道方面已然步入了大规模更新变革的时期，在此形势下，大众的消费渠道发生了转变，为有效适应消费者需求，企业唯有积极拓展、整合营销渠道，增进与客户线上、线下的有效沟通效率，促进营销市场的良性发展，方可增强自身科技水平和创新力，在激烈的市场中占据竞争先机。互联网技术的发展不仅为企业市场营销发展带来了更多机遇和挑战，还在一定程度上削弱了中间商优势，有助于企业利用互联网技术不断拓展营销渠道，创新营销战略。但这并不代表着传统营销渠道的优势会被互联网营销完全取代，尤其是传统营销在时空、区域方面有着更容易获取客户信赖的优势，因此，就目前来讲，互联网营销渠道无法完全取代此类优势，这就导致大部分企业在维护传统营销渠道的同时，也在努力拓展互联网营销渠道，继而逐步形成了网络营销与传统营销共存的局面，并且这种状态将会维持很长一段时间。

正元地理信息集团股份有限公司（简称正元地信）是由中国冶金地质总局控股管理的二级国有大型地理信息企业，是国内较早开展测绘地理信息技术研究、开发与应用的高新技术企业。正元地信创立于1999年3月，长期致力于空间地理信息开发利用和数字城市、智慧城市的投资、建设、运营和服务，培育形成了基础地理信息应用、地下空间信息化、市政设施安全和智慧城市等核心业务，具有基础地理信息系统集成与应用服务、地上地下全空间智慧城市建设运营服务的核心竞争力。

正元地信是国家首批甲级测绘资质单位，拥有覆盖地上地下全空间数据获取、软件开发、信息系统集成的多项高等级资质，现有从业人员近3 000人和数千台套高端科技装备。公司业务足迹遍布全国，服务领域覆盖城建、规划、国土、铁路、交通、水利、环保、农林、海洋等各行业，曾为G20杭州峰会、天津达沃斯论坛等提供数据保障，先后荣膺全国测绘质量优秀单位、中国地理信息产业十佳单位和中国地理信息产业百强企业称号，正元已成为国内行业知名品牌。

多年来，正元地信不断创新，依托“陆海空地”四位一体地理空间时空数据建设技术优势，锻造以数据驱动为基础的“地理信息+理念”的联合解决方案，助推地理信息产业和新型智慧城市发展。公司将继续坚持开放、包容、合作、发展的理念，全力打造中国地理信息产业龙头企业和新型智慧城市建设综合运营服务商。

在互联网时代，电子商务及信息管理皆是时代发展的衍生物，是新型的营销渠道和管理手段，在此形势下，若想实现营销渠道的有机整合，提升营销效率，企业就需积极构建完善的信息共享体系和渠道合作机制。电子商务在发展过程中，可为信息共享奠定良好基础，而信息管理则可为电商发展提供原始数据，基于此，企业可利用网络技术、电商平台索取并积极传播营销信息，以此来构建信息共享体系，促进营销渠道逐步实现整合。与此同时，在实际营销中，企业还需依据动态化管理需求，实时改进并创新营销渠道整合策略，将服务和产品作为切入点，构建个性化的营销渠道成员知识共享体系，培养各渠道成员的人员素养、服务技能、营销经验、产品知识及销售技巧的同时，实现营销策略方面的有机整合，为企业市场营销渠道的优化整合提供充足的人力支撑。有实力的企业还可以自建渠道信息化系统，开发手机终端 App，实现资源信息共享。

案例 4：新媒体的整合营销

新媒体的快速发展不仅使消费者的生活产生了巨大的变化，也颠覆了传统的媒体格局，对于中小企业来说，过去投放的资金屏障已经不复存在，利用网络平台开展整合营销传播成为企业快速发展的良好机遇，企业必须进行自身改革，适应时代的发展潮流，摒弃传统的营销手段，进一步整合营销传播方式，利用新的发展契机来获取受众。随着电子商务的逐步发展，更多的企业重视网络营销，利用网络营销扩大公司知名度，维护受众关系。新媒体给中小企业整合营销带来机遇和可能，打破了传统媒体环境的垄断。对于企业来说，新媒体能够帮助企业顺利开展网络营销与电子商务，进而维护企业与受众间的良好关系，解决受众提出的问题，增加用户黏性。但中小企业跟风的情况居多，容易盲目投资于热点，缺乏整合营销传播的全局观。

成立于 2003 年的北京维灵君尚广告有限公司，以全程推广顾问、产品营销策划、公关活动、媒体代理发布为核心业务，凭借优秀专业团队和整合策划能力，于 2004 年被评为北京十大新锐广告公司，次年跻身北京十大金牌广告公司前列。2008 年，正式更名趋势（北京）文化传媒广告有限公司；独家策划中国地产新趋势峰会，会议为身处寒冬的中国房地市场带来新思维、新思想，成为最具前瞻性的房地产行业盛会。

凭借深厚的行业资源、优秀的整合营销传播能力，趋势传媒相继为上百个房地产项目和各大城市提供专业的智力服务及地产销售管理顾问服务，以坚持创新的理念和精神成为中国房地产全产业链专业整合服务商。服务覆盖城市综合体、旅游度假地产、特色小镇和高端商业医养结合地产等项目。

中小企业整合营销传播存在不少问题。第一，大部分中小企业重营销而轻传播。中小企业多年来发展以营销为重，重视产品研发、渠道建设、促销推广、人员推销等，而因传统媒体的投放费用高而形成了根深蒂固的以地面战术为主，空中战术为辅的观念。随着新媒体时代的到来，很多中小企业在电子商务、售后服务中采用了新媒体的手段，但是没有意识到整合营销与传播可以融为一体，并能够在移动互联网上完成品牌的建设推广以及与受众的有效沟通。第二，中小企业对于新媒体的传播观念认识不足。新媒体的特性是其“内容为王”的传播特性，有价值的内容决定了互联网传播的广度与深度。自媒体的特性是受众对于有效内容的自动转发转播。中小企业也可以通过内容的吸引完成传播所需，并非一定要在知名的网站上搭便车。而营销手段的花样翻新也并非只是为了促销，而是在新媒体环境下与受众进行深入交流，促进信任，达到销售的目标。盲目地推公众号、微博、微信只是在形式上改变了传播，并没有真正发挥新媒体的价值。第三，中小企业的营销与传播脱节。整合营销传播过去只是知名的大企业或大品牌的专利，但是新媒体环境是中小企业可以以较小的成本，将营销与传播紧密结合，实现企业营销传播的效果最大化。中小企业可以采用多种网络渠道结合的方式，加强产品宣传与推广，大大提高整合营销的效果。

新媒体中可以被中小企业所利用的平台有公众号、微信、网页、电子商务平台、微博、搜索引擎等。这些平台不仅是免费或者低投入的，还是日常生活中人们获取信息的有效渠道。中小企业可以将这些平台同步传播、互为相连，围绕着目标受众进行一系列整合信息的传播。无论是公关还是促销，新闻还是广告，都可以在平台上进行连锁式、整体式推进，各自分工协作，及时反馈和调整，与受众形成有效互动和沟通。

最重要的是要意识到新媒体只是形式，对其媒体本身的意义认知才是传播的核心所在。新媒体信息的海量性和无界限彻底打破了传统媒体的垄断。有效内容是传播行为发生的最有价值的核心。把传统的广告、企业的信息生硬地堆积在新媒体上，利用新媒体的整合平台发布企业一厢情愿的广告信息，结果只是无人问津的信息垃圾。为什么杜蕾斯的微博有千万的粉丝并时刻期待着微博的更新，正是其传播的内容对于受众是一种娱乐的消费。中小企业可以结合自身的特点，借势也好，造势也罢，为受众提供其所需的内容并将自身信息融入其中，达到润物细无声的效果，是中小企业出奇制胜的又一策略。

案例 5：匏艺轩的众包模式

众包式营销的任务通常是由个人来承担，众包指的是一个公司或机构把过去由内部员工执行的工作任务分发到其他外部工作群体或者个人。但如果涉及需要多人协作完成的任务，也有可能以依靠开源的个体生产形式呈现。在经济全球化进程加速和互联网技术日新月异的背景下，来自行业内外的竞争压力让企业不得不谋求更开阔的视野、更独特的创意，以及更高效的生产。企业创新能力的激发，需要尽可能打破企业创意来源的局限。通过互联网，企业内部的创新机制能够快捷地扩展到外部，在全球范围内寻求创意支持。众包模式正在挑战甚至颠覆企业的传统运作。

有关用户参与产品信息共享对企业营销策略影响的研究已屡见不鲜，主要包括供应链和社交网络两方面。企业研发、生产到销售过程中用户的参与、互动对用户价值创造、品牌标识、广告最优策略设定、企业财务绩效等都有很大影响，且流行的信息通常会影响企业的销售趋势，对老用户涌向主流产品具有广泛吸引力。

北京市匏艺轩文化艺术产业有限公司成立于 2016 年，设有非遗展厅、体验馆教室、葫芦深加工工作室、垂钓园以及艾蒿、葫芦种植园等，是一家集参观、体验、种植、垂钓、展览于一体的文化艺术园区。多年来，公司致力于带动周边妇女就业、创业。目前公司有员工 15 名，为各街道、社区、学校、单位等培训各种民间手工技艺 50 多项，为各阶层人士培训的手工技艺培训项目有：烙画葫芦、彩绘葫芦、砑花葫芦、雕刻葫芦、掐丝葫芦、老北京毛猴制作、掐丝粉彩艺术、蛋雕、麦秆画、补花团扇、彩绘团扇、彩绘雨伞、香包的缝制、彩绘书包、缝制钱包、抱枕制作、泥塑、软陶等。

新冠肺炎疫情防控时期，人口流动和经济急剧萎缩，严重依赖于人员集聚的部分文化产业营业收入遭遇断崖式下滑，甚至可能会出现一定时期的零业绩。特别是小微企业、文化产业，尤其是线下消费型文化产业是此次新冠肺炎疫情冲击的“重灾区”之一，需要各方努力，共渡难关。对文化产业而言，既要立足当前，应对当前经营困境；也要着眼长远，向高质量发展转变。

新兴技术在创造新的文化产业业态与模式的同时，也不可避免对传统文化产业的经营方式产生重大影响，促使传统文化产业的经营方式趋于多样化。此次疫情防控期间所造成的长时期物理隔离，使得传统文化产业相关企业加速了与互联网技术的结合，如春节档电影《囧妈》实现的在线首播，部分博物馆与旅游景点推出的在线游览，教育培训类机构加快布局的网络授课等。相信文化产业“互联网+”时代会很快到来。

那么疫情时代中，基于众包平台资源池，建立识别关键用户资源体系对企业市场营销创新是至关重要的。众包平台上聚集着拥有不同知识体系及背景的接包方，群体智慧、知识、能力、创意等形成众包平台上丰富的资源池。如何识别海量资源中关键信息及最优任务方案并与企业需求贴合是企业应用众包商业模式的一大挑战。因此，企业应通过有效奖励机制引导用户群体积极参与到企业创新及任务活动中；同时，建立关键用户知识源识别体系，以方便企业在网络平台中识别关键用户。平台资源越丰富，企业决策质量越高；用户越专业，创新点及任务完成度越高。同样，识别优质用户群体，增强其参与意愿，激励用户投入更多的精力参与创新及众包任务，将提高企业任务完成的质量及专业化程度，更符合市场需求。

案例 6：北斗丽天的众包路径

随“互联网+”时代的发展，商业模式的创新已经成为企业变革的新助力，Quirky. com 和亿觅网的“众包+联合制造+众筹”模式和 Uber、Airbnb、Zipca 的共享经济模式已在全球备受瞩目。众包作为共享经济的子模式，在协同用户创新、产品设计和研发、产品配送等方面都有所涉及。近年来，众包模式在企业营销创新中的应用也备受青睐，凭借其创新能力强、资源成本低、传播速度快、影响范围广等独特的创新优势，使企业实现了巩固核心竞争力、提升创新能力、降低资源成本等目的。

共享经济背景下企业应用众包模式实施营销创新过程中，将从两方面改变企业原有的营销策略：其一，与传统企业信息流反应迟缓不同，众包模式在营销创新过程中的应用使得新产品信息能够得到更充分有效的分享和传播。其二，与传统企业很难有效获得消费者对产品信息的反馈不同，共享经济背景下众包模式在营销创新过程中的应用使得产品信息流能够更快速有效地获得反馈。总之，企业应用众包模式实施营销创新具有很大优势，但也存在一系列问题。因此，企业在应用众包模式实施营销创新过程中如何制定一系列营销策略（产品设计、营销模式、产品定价等）值得深入研究。

北京北斗丽天广告有限公司成立于 2001 年，是一家专业的传播策划公司。主营业务范围：户外广告投放、户外数字媒体运营、线上商城运营、活动策划与执行、视频策划与拍摄等。公司相较于同行业公司的优势在于专注消费群体线下出行轨迹，为客户筛选精准的用户群体，通过爆品策划、择优线上引流、线下媒介组合、投放效果监测，达到品牌传播与销售导流，即品效合一的宣传目的。

公司在北京市工商行政管理局顺义分局主办的“广告人心系奥运”公益广告大赛中荣获顺义区三等奖，在2018年10月获得“北京民营企业社会责任百强”2017年度第78位，“北京民营企业文化产业百强”2017年度第93位。目前北斗丽天服务过的客户类型包括地产（鲁能、保利、首开、华润、新城、城建等房地产开发公司）、车企（奥迪、宝马、荣威等知名车企）和服务业等。公司未来的发展目标是为中国成长型企业提供专业的传播解决方案。

公司未来众包式营销思路分为两部分：

一是提高企业吸收能力，融合内外资源。协同共享企业应用众包商业模式获取外部知识资源后，如何吸收和利用外部知识，如何将获取的外部资源消化、转化并将外部新知识引入到新产品开发过程中，是企业应用众包模式的一个难点。企业的吸收能力是指在搜索、发现并得到外部有价值知识的基础上，对获取的外部知识深入理解并将其在企业内进行转化、融合，使其成为自身的知识，同时将协同整合后的知识进行商业化应用，进而实现企业竞争优势。因此，提高企业吸收能力、实现资源协同共享，对促进企业与用户群体共同创造价值，提升企业知识创造力具有重要作用。

二是让渡企业内部资源，构建创新生态化网络系统。企业应用众包商业模式将建立一个复杂的网络关系平台去识别、发现和把握市场需求，而这种动态价值网络的形成需要企业开放某些资源，甚至是一些核心资源的控制权，这意味着企业需要将有些价值让渡出去。释放和让渡企业内部资源是企业吸引外部更多资源的前提，企业让渡核心资源并不会消减自身的核心竞争力；反之，可以让企业在价值网络中寻找更多的外部资源与自身核心能力进行融合、配置。当然，在这个动态的价值网络中，会不断有企业进入或被淘汰，所以企业需要利用大众的力量不断创新，构建创新生态化网络系统，抓住用户新资源。只有这样，企业才能处于价值网络中的竞争地位。

案例7："江小白"的聚合营销

随着生活水准不断提高，年轻人对产品的选择进入了感性消费阶段，购买产品不仅是购买功能，更多的是购买了产品蕴含的情感因素。综合各方学者观念，本研究认为整合营销传播是指企业以消费者为核心，通过对多种传播手段的整合，对消费者传递一致性的信息，使其产生购买欲望或行为，并与之建立长期关系。其内涵大致可以从以消费者为主的营销研究、品牌管理和传播手段三大层面切入，基本思考流程是基于对"消费者"的洞察后探索"品牌"所要传递给消费者的一致性信息，最后思考如何综合利用各类传播手段，将所要传递的信息传递给消费者。

"江小白"是于2012年推出的高粱酒品牌，以"我是江小白，生活很简单"为品牌理念，产品理念坚守简单包装、精制佳酿的反奢极简主义，凭借青春、文艺的感性品牌形象，在我国传统白酒行业面临转型困境时，迅速抢占年轻人市场，成为代表性的年轻白酒品牌。"江小白"首席营销官叶明曾在2018年的一次采访中表示，"江小白"坚持少即是多的原则——聚焦小定位和小场景，建构出年轻人常需用酒的四类场景——小聚、小饮、小时刻、小心情。"江小白"营销团队发现，如今年轻人在意的是喝酒时的情感交流，而非饮酒本身这件事，于是提出"喝的是青春，是情感"的感性诉求点。基于目标消费者的情感需求，"江小白"想让白酒像朋友一样给予目标消费者情感陪伴，将"江小白"打造成一种情绪性饮料，将感性广告诉求点锁定在传递给消费者文艺、青春的饮酒感受上。

品牌应与消费者产生互动，建立长效的关系。感性品牌形象的建立可以采用通过类似"江小白"在营销中的表达模式，让消费者体验产品并加入品牌形象的建设中，不断丰满品牌形象。想在年轻市场力求转型的品牌，还应当充分利用技术手段，建立消费者数据库，从而进行精准营销，不仅可以减少成本，还能了解消费者不同时期的需求，持续对其推送有关的信息，与消费者建立长期关系，减少年轻族群随着年龄增长而逐渐流失的风险。“江小白”建立感性品牌形象中利用的四大传播手段几乎都与网络渠道有所交互，可见网络在触及年轻族群的品牌中扮演着重要角色。力求转型并打开年轻族群市场的品牌应当积极利用网络渠道，在网络上进行营销传播。

互联网信息技术的出现与发展引起了社会结构、文化模式以及人际关系等方面的根本性改变，作为一种全新的营销理论，整合营销正是在这样的背景之下兴起的，它是信息时代下的企业维持自身竞争优势的战略武器，通过创造与传递顾客价值，以整合营销的方式，有力地帮助了企业实现自身的品牌价值以及股东价值。

第四章　企业管理创新

一、信息管理路径

人类社会已经进入了信息时代，全球信息网络化等高新技术正改变着人们的生产方式、生活方式和思维方式。信息管理已渗透到企业的方方面面。在激烈的市场竞争中，企业要不断与外界环境交流科技发展信息、市场行情信息、竞争对手信息和科学管理信息等；在企业内部还有人、财、物、产、供、销等各个管理环节的信息。企业对内外部信息的收集、加工、存储、传输和使用是企业管理创新的前提。企业必须树立信息至上的观念，以开放的头脑及时把握各种不断变化的企业内外部信息，才能有针对性地进行企业管理创新。

二、人本管理路径

信息时代的到来，迫使企业具备“以快应变”的能力，以最快速的反应适应外部环境的变化。在这种情况下，集中体现员工的创造性和主动精神的智力资本成为企业竞争力的核心资源。同时企业的管理方式也在发生历史性的演变，从物本管理过度到人本管理，进而深化为以人的能力为核心的管理，即人本管理。在信息时代，知识、信息、智力成为企业竞争力的核心因素，人作为知识的载体，作为知识的创造者和技术的运用者，其智力资本的贡献率是人力资本贡献率的主导成分，并远远高于非人力资本的贡献率，企业间竞争的实质就是高素质、高创新能力的人才竞争。英国壳牌石油公司的企划主任伍德格告诉我们：企业唯一持久的竞争优势或许是具备比你的竞争对手学习得更快的能力。因而企业的管理核心也应该演化为培养人的学习能力、发挥人才的创造性，侧重开发人的智力和创新能力的管理，走向人本管理的高级阶段。

三、柔性管理路径

柔性管理是在研究人们的心理和行为规律的基础上采用非强制方式，在人们心目中产生一种潜在的说服力，从而把组织意志变成人们自觉的行动。它的本质是在以知识工作者为本的管理过程中体现出来的和谐、融洽、合作、灵活敏捷等特征。自我改善的柔性管理以严格管理规范为基础，以高素质的员工队伍为条件，以员工自我管理为主体，通过一种顺势而人性化的管理来强化管理的应变能力。它是以理性的管理思维，超越了传统的硬性规范管理模式，把刚性管理制度的强制实施发展成为员工自觉的行为要求和弹性的约束准则；把被动的事后惩罚转变为事前预防性的相互监督；把围绕生产的管理结构调整为以市场为中心的灵活应变的弹性管理机构；把员工在企业中的自我价值的实现与企业的发展目标相融合。

案例 1：勤智数码的信息化管理

在全球经济一体化进程和资本市场竞争的加剧以及互联网的冲击的背景下，中国企业期待着业务模式、市场拓展、管理营运、技术创新、人力资源开发等突破，通过创新和变革带来新的竞争优势。大数据时代背景下，现代企业管理工作也逐渐向信息化方向发展，这对于现代企业而言，是进步也是挑战，人力资源管理模式创新成了发展的重点。

勤智数码积极参与到智慧城市建设、创新驱动的大数据产业的合作发展中，实现了与联盟内企业的合作共赢，与中国国信信息总公司合作，积极探索并承担城市和国家部委的大数据治理工作；积极参与成都市武侯区大数据产业发展，以“医养结合”为切入点，与相关单位一起推进产学研合作模式下的大数据应用开发和实践；同时勤智数码还确定了智慧城市、大数据、创新创业三位一体的立体发展模式，提出以“数据驱动创新、服务驱动创业”的核心理念，为中国县域经济的转型升级提供了可落地的新模式。以大数据支撑平台为基础，持续汇聚智慧产业的数据资源，以创新创业模式驱动数据价值发现、应用落地、数据沉淀和服务配套的良性循环发展格局。通过融合智慧产业数据、互联网数据和政务数据，借助大数据分析挖掘等技术，形成以数据驱动智慧城市发展的中枢“大脑”，实现智慧城市的全面智能化。通过联盟汇聚各类资源，吸引优秀的高校院所、培训机构或企业等在区域内形成稳定的人才培育机制；通过政策引导与社会力量共筹区域的智慧城市和大数据产业发展基金，建立大数据产业“基地＋基金”模式，为县域经济的升级转型提供资金保障。通过创新创业的生态孵化，吸引人才入驻，解决县域经济发展中人才短缺问题。通过智慧城市数据支撑平台的建设，打破信息孤岛；通过大数据共享与服务平台的建设实现政务数据的大数据化管理模式；通过数据的融合分析提升政府决策的合理性与高效性，促进政府职能转变，树立廉洁、高效、服务型政府形象。智慧城市建设需要众多优势资源协同发展和建设，中国智慧城市大数据创新联盟的成立提供了一个全国性的承载平台，联合国内主流的智慧城市建设单位、科研院所、协会组织等一起推进以大数据为核心的智慧城市创新发展模式，在智慧产业发展的同时实现城市的全面智能化，进而形成可落地、可复制的县域乃至城市级经济转型发展的新模式。

对于企业来说，如果要形成或者强化自身的创新型企业特性，应当通过提高网络愿景能力积极谋求构建或融入创新网络，使自己有更多的机会获取产、学、研合作以及企业间战略合作带来的创新资源和机会。企业信息战略管理有助于企业领导和决策层正确评价外部环境的危机与机遇。外部环境分析对企业非常重要，其重点是识别和评价超出某一企业控制能力的外部发展趋势和事件，从而揭示了企业所面临的主要机会和威胁，企业能够对这些因素做出进攻性或防御性的反应。

案例 2：圣福来根据市场需求优化管理流程

北京圣福来科技有限公司（北京市高新技术企业）注册于

2005年，其前身是保定圣福来科技有限公司。北京圣福来科技有限公司秉承绿色、节能、环保、低碳产品理念，一直致力于节能、环保、低碳产品的研究与开发，其中变频式固体蓄热电散热器开创了我国在节能电取暖方面的先河，填补了我国在此方面的空白，此专利在香港亚洲国际新技术产品博览会获金奖，得到中国节能协会的肯定与大力推广。观念创新是市场创新的首要组成部分。市场营销理论引进我国以来，许多企业由不知市场营销是什么到广泛运用市场营销原理和策略指导企业实践，市场营销有了长足发展。但十多年的营销实践说明，我国企业的营销活动主要还是跟随营销，就是企业跟在市场后面开展营销活动，市场需求变了，营销活动跟着变，即“跟着需求走”。跟随营销使企业被动适应市场，这显然是极不利于企业发展的。企业只有走在市场前面，才能在竞争中求生存，即要做到“牵着市场走”，因此企业必须转变营销观念，由跟随营销转向创造营销。创造营销是在潜在市场未到来之前就摸准市场动态，按着市场需求和发展走势开展营销活动，使企业的生产销售与市场需求之间保持快半拍的状态，从而牢牢掌握市场的主动权。服务创新也是市场创新的重要组成部分。随着消费水平的提高，消费者的需求将日益多样化、高档化，从而促使消费者对服务的需求越来越高。这就要求企业在对消费者的服务方面应该不断创新，向消费者提供更多更好的附加利益，以创造企业经营特色、引起消费者偏好。企业必须适应这种要求，为消费者提供优质服务。这不但能增强其市场竞争力，还会赢得较高的服务效益。消费者的购买决策过程早在消费者购买产品前就已经开始，在购买产品后并没有结束，购买产品仅仅是整个购买决策过程中的一个阶段。所以企业服务创新应是全过程、多方位的。开展服务创新、满足消费者的需要是要投入一定服务成本的，但从长远利益角度考虑，这种成本的付出是必要而有益的。

企业创造需求是一个动态的过程，而且是面向未来的，也就是要不断进行市场创新。所谓市场创新，就是企业从微观角度促进市场构成的变动和机制的创造以及伴随新产品的开发开拓、占领新产品市场，从而满足新需求的行为。而要进行市场创新，就要有充分的市场信息作为保障。北京圣福来科技有限公司以大数据数字信息为依托，分析市场和消费者需求，从而促进了企业的创新与发展。近年来，顾客的需求变化速度越来越快，同时企业内部员工流动频率加快，科技市场的动荡速度也明显提升。这些内外部形势的变化也促使企业的创新战略研究由企业内部转向企业外部，外部创新战略导向为企业创新提供了重要的动力。企业可以加强在信息管理技术上的资金投入和人力投入，研发适合企业自身生产特点和管理特点的管理信息软件，提高企业的管理效率，方便企业进行管理。

案例 3：茨威格数据化经营运作

信息化管理可以使企业的经营运作透明化，解决生产经营活动不透明、难以监控等问题，从而避免出现资产流失、生产能力低下、组织机构冗余等问题。同时，它还可以指导促进企业内各部门、各环节的沟通和协调，帮助企业收集外部、内部信息，经过研究和分析，做出正确的决策，从而使企业全面发展。

茨威格电气（北京）有限公司成立于 2012 年 10 月 17 日，注册资金 157.4 万美元，公司性质为有限责任公司（中外合资）。主营范围包括：制造输配电及控制设备、电力电子元器件、配电开关控制设备（不含表面作业处理）；销售自产产品。公司位于首都北京，毗邻首都机场及空港开发区。公司拥有一流的中外研发团队，吸收引进欧洲最新配电产品设计理念及生产工艺，开发生产新一代密集型配电母线系统及智能配电产品。茨威格电气（北京）有限公司致力于亚太市场的开发与服务，为客户提供高可靠性的节能环保的配电设备，公司秉承欧洲总部一贯的严谨风格，凭借领先的技术优势、先进的制造工艺、严格的质量控制、全面的项目管理为客户提供全方位的服务。公司产品由原来的单一铜母线产品发展为现在的铜母线、合金母线、铝母线、智能母线等系列产品并通过了国家强制性产品认证，产品的多元化更适应现在市场需求。公司成立至今已为国家电网、中国移动、绿地、北汽、世纪互联、内蒙古电视台、天津广播电台等客户提供了优质的母线产品及服务，产品和服务受到了客户的一致好评。茨威格电气多年来在行业内积累了大量的客户需求经验和生产实践经验，结合母线市场的使用情况和物业管理方的需求，经过5年的研发，终于在2016年成功推出智能母线系统，形成了母线行业在运行中集监视、计量、控制为一体的智能管理系统，为新老客户提供母线的升级和维护；同时也为那些已经投入使用多年的母线用户（尤其是其他品牌的母线用户）提供升级、维护和改造的关怀服务。

茨威格电气（北京）有限公司通过市场调研发现很多终端客户非常期待此类产品的尽快推出和应用，真正解决母线故障所造成的巨大损失和事故的不确定性，使母线产品使用更放心，数据更清晰，更加便于管理。此举既可以在母线行业内，为母线用户提供优质服务，更为那些原厂家已经关闭的用户，提供维护和保养的服务，正所谓急人之所急；同时也为提高茨威格电气在行业内的知名度，提供更坚实的基础。随着消费者需求变化速度越来越快，且同时表现出差异性的特征，企业从依靠内部研发力量的创新模式向依靠外部创新资源的创新模式转轨是企业重要的战略选择。在市场经济条件下，商品生产方向和生产数量是由消费者需求所决定的。消费者需要什么，需要多少，可以通过市场信息传递给生产者，为商品生产者指引生产方向。商品生产出来之后，也可以通过市场信息传递给消费者，为他们指引消费方向。

案例4：打造千人千面、千时千面的场景化服务

在知识经济时代，企业必须充分利用信息技术进行管理创新，才能在竞争对手如林的市场站稳一席之地。国内很多企业在信息系统建设上虽然投资很大，但是并没有取得预期的效果，其中的一个重要原因就在于这些企业在应用信息技术时，直接将手工业务处理方式计算机化，并没有对许多在新技术条件下不符合或无效的工作

和流程进行改革。大量事实证明，企业管理信息化的建设要求企业对业务流程进行优化创新，只有这样，才能使企业在信息化建设上的巨大投资获得真正的回报。

中航信移动科技有限公司注册成立于 2014 年 5 月，是中国民航信息网络股份有限公司（简称中航信）全资子公司，前身是中航信集团的航旅纵横项目组，航旅纵横是中航信官方推出的唯一一款民航出行服务软件，可为用户提供全方位民航出行信息服务。目前拥有注册用户超过千万人。中航信移动科技有限公司的主营业务以航旅纵横 App 为重点，为航空公司、机场及互联网等公司提供移动互联民航信息服务。随着中航信移动科技有限公司的成立，中航信的移动板块业务和更多面向旅客及市场的业务将进一步扩展。航旅纵横针对旅客在出行过程的痛点，基于“智能化”和“场景化”的产品理念，以旅客为中心，打造“千人千面、千时千面”的场景化服务，针对不同用户的不同场景，智能化推送民航出行信息与服务，在市场中创新推出行程智能管理、前序航班、航班预警、手机值机、电子登机牌、行李查询、机票验真、出票提醒、机场登机口导航、登机口变更提示、Passbook 消息更新、行程添加日历等功能，其中 20 多项均为行业首创，申请超过了 20 多项国家专利，同时“延误猜一猜”功能运用反常态化思维，重新定义了延误，获得了极佳的用户反馈，将民航出行信息服务水平提高到了一个新的层次。航旅纵横在推出三年的时间内用户数突破千万人，目前用户量已突破 2 000 万人。在行业服务网络化中，顺应“互联网＋民航”的时代发展趋势，利用移动互联网技术再造服务流程，通过手机值机、电子登机牌等基础服务和航延服务打造综合服务平台，目前已初步实现了常客功能、机场合作、账户体系等，接下来将进行商业化初步尝试，将产品进一步外延，适时引入保险、酒店、机场商业、租车等服务项目，实现民航与各旅游产业环节间电子商务模式广泛运用，不断延伸数字增值业务。

中航信移动科技有限公司充分利用信息网络，了解客户信息，在行业信息社会化中，为解决用户出行痛点、打破信息不对称，航旅纵横利用移动互联网为载体，立足中航信 30 多年的运营经验，通过对航空公司、机场、分销渠道等信息的深度采集与最大化整合，主动向旅客提供及时、全面、权威的民航信息服务。尤其是航班预警更是提前 6～8 小时为旅客提供延误信息并分析延误原因，有效缓解了旅客与机场、航空公司的矛盾。企业可以通过加强网络关系来提高创新绩效。企业要满足客户的需求、期待和偏好，就必须掌握客户的需求特征、交易习惯、行为偏好和经营状况等信息，从而制订和调整营销策略。只有企业掌握详尽的客户信息，才能对客户的各项信息进行分析整理，并加以应用，以此来提升客户服务的满意度。

案例 5：西方之星将人才作为科技创新的根本

人才是兴业之本、创新之源。在科技飞速发展的新形势下，人才竞争空前激烈，如何最大化激发人才的创新创造活力，已成为科技自主创新的先决条件和重要前提。

西方之星（北京）科技有限公司最早成立于 1986 年，是北京市顺义区的水处理设备厂，属于区级国有企业，当时是国内第二家国有的水处理设备企业、第一家引进膜分离技术的企业，经过 30 年的发展，经历了几次重大变革。第一次变革发生在 2005 年，随国有企业的转型浪潮成立了九大洋水处理技术有限责任公司，由单纯的水处理设备厂家转型为集设计、供货、安装、调试等为一体的综合型工程公司。第二次是在 2014 年，随着公司业务领域的不断增加，公司正式更名为西方之星（北京）科技有限公司，业务领域扩展为水处理及烟气治理。公司发展到现在，员工总人员达 400 多人，其中高级技术管理人员达 40 多人，厂区占地面积 5 万多平方米，其中建筑面积达 2 万多平方米，作为行业的领跑者，在引进国外先进技术的同时注重企业自身的发展，目前已经申请各项专利几十项。公司成立 30 多年来，项目遍布全国各地，并且承接了多项国际项目，主要客户群体是中粮、中盐、同煤、本钢、鞍钢等大型工业企业。在转制后的10年中，公司先后取得了ISO国际质量认证、环保工程及机电安装工程总承包资质及安全生产许可证等，在2006年被推荐为锅炉补给水设备优秀供应商；在2007年承接了奥运配套项目“北京太阳宫燃气热电冷联供工程”的锅炉补给水项目，从设计、供货、安装、调试到初期运营，项目的顺利竣工使得公司的品牌形象有了一个新的提升；在2009年承接的“滦县污水处理厂续建工程及运营”项目标志着公司具有了承接运营及管理项目的能力；在2012年，西方之星引进了美国卡尔冈公司的连续离子交换技术，对国内连续离子交换技术的发展起到了推动作用。

企业之争实际是科技之争，而科技之争的根本是人才之争。在过去一段较长的时间里，该公司虽然注重人员培训和人才使用，但由于靠统配充实技术队伍，造成技术人员青黄不接，不适应企业发展的需求。为解决这一问题，近两年该公司通过统一思想认识，果断决策，采取了积极的措施，坚持以人为本，大胆地实施人才工程，着力培养造就一支有知识、有创新能力的人才队伍。该公司实施科教兴企战略，解放思想，转变观念，深刻认识加强技术创新的重要性和紧迫性，加大宣传力度，使每位干部职工认识到技术创新是明天的饭碗，形成人人关心科技进步的大科技氛围。技术自立是中国企业发展的根本。随着我国经济的飞速发展，在迎来机制创新和企业发展的同时，也处于更趋激烈的竞争环境中。目前企业间的竞争已由产业技术含量和管理水平的竞争演变成了企业人才的竞争，企业人才成为了应对国际、国内市场激烈竞争，实现企业战略目标和持续发展的首要资源。

案例6：阿奇厦米尔注重培养研发人才

人才是创新的核心要素，人才是创新的根基。要创新实际就是培养人才，人才支撑着科技创新，而大国之间的竞争，实际上就是人才的竞争。人既尽其才，则百事俱举。治国经邦，人才为急。纵观历史，历朝历代都以人才为贤。

北京阿奇夏米尔工业电子有限公司是瑞士乔治费歇尔集团控股的中外合资经营企业，是瑞士乔治费歇尔加工方案在欧洲以外唯一的电加工产品研发和生产基地，注册地在北京顺义区，是中国机床制造业中第一家中外合资的高新技术企业。主要生产 CNC 电加工成型机床、CNC 慢速走丝电火花线切割机床、CNC 快速走丝电火花线切割机床、CNC 金属切削机床及其他电子产品并对其销售的产品进行售后服务。公司技术先进、经验丰富、制造及检测设备精良、质量保证体系完整、管理严格有效，从而生产的产品性能好、可靠性高，公司已通过了 ISO 9001 质量管理体系认证、ISO 14001 环境管理体系认证和 OHSAS18001 职业健康安全管理体系，在 2015 年被评为中国机床工具行业 30 强。为进一步加强和规范公司产品设计开发管理，提高项目管理的质量，保证按时保质完成各项研究任务，结合公司实际情况，该公司制定了促进企业研究开发的相关制度。充分从研发组织管理制度方面吸引优秀技术人才，打造高素质研发队伍。公司建立健全了科技成果转化和产业化机制，积极推进了科技成果转化和产业化工作，将公司取得的专利技术进行了进一步的后续试验、开发、应用、推广并最终形成产品推向市场，取得的高新技术产品收入占据公司总收入的 88.35%，将科技成果转化为现实生产力。公司自 1999 年起，通过瑞士阿奇夏米尔在全球的营销网络将其产品推向世界各地，并赢得了欧洲、美洲和亚洲各国用户的广泛赞誉。取得了较好的市场前景和社会经济效益。在 2013—2015 年自主研发取得知识产权共 11 项，在 2013 年以前取得对企业经济效益发挥重大价值的知识产权共 3 项，累计 14 项。自主知识产权的形成，对于防范和化解知识产权风险，提高公司的综合竞争力发挥了至关重要的作用，巩固和保持了公司在切割机和电火花成型机方面的优势地位。

北京阿奇夏米尔工业电子有限公司实行现代化的公司治理结构和多元化激励的人才管理制度，推行“发现人、善待人、尊重人、凝聚人”的人才理念，以“汗水汇聚数据、数据支持荣誉”为考核准则，吸引了一流的国际化高管团队，不懈的追求与探索使公司管理模式日渐成熟和先进。当代企业的竞争正在由“资本主义”向“人本主义”和“知本主义”演变。得人才者得天下，一个企业只有在人才上占尽优势，才能在激烈的市场搏杀中无往而不胜。创业者要的是物质和精神生活水平的提高，要的是企业基业长青；员工也同样要物质和精神生活水平的提高，也想有一个不断满足自己物质和精神要求的平台；在企业这个组织中，所有人的自利性都是可以得到完美统一的。创业者支持、员工支持，这才是一个好的管理哲学。

案例 7：三立年灯柔性管理助推企业成长

柔性管理的本质是一种以人为中心的人性化管理，它在研究人的心理和行为规律的基础上，采用非强制性方式，在员工心目中产生一种潜在说服力，从而把组织意志变为个人的自觉行动。柔性管理从本质上说是一种对“稳定和变化”进行管理的新方略。

北京三立车灯有限公司（BSL）是生产汽车灯的中外合资企业，公司成立于 2003 年 1 月，由韩国三立产业株式会社（SL corporation）、海拉亚太控股公司（Hella）和海纳川（滨州）汽车部件科技有限公司共同出资设立，设有生产部、研发部、销售部、财务部、人事总务部、品质部、资材部等。公司主要为北京现代旗下的索纳塔、伊兰特、御翔、途胜、雅绅特、悦动、领翔、I30、IX35 等车型独家提供各类车灯。公司成长迅速，从 2003 年最初的进口散件组装，发展到现在的自主国产。自 2008 年以来，为推动科技创新与技术研发管理工作的深入开展，适应战略发展，公司对组织管理架构进行了调整，强化了以技术研发部门为核心的企业科技创新组织体系，突显了科技研发管理的重要性，进一步激发员工自主创新的潜力，树立员工技术创新意识，加大技术创新与科技管理的力度，调动员工创造能力，提高了管理水平和经济效益。为了加强对技术创新工作的领导工作，公司成立科技创新工作小组，全面领导与推进公司的科技创新工作。同时，健全和完善以科技创新工作领导小组为核心，以各项目负责人和其他各部门配合为主体的管理体系。技术创新工作主要负责部门为设计部、研发部及技术部。设计部主要承担对产品的结构设计，密切跟踪国内外车媒最新科研技术动态。研发部主要承担产品的研发、试制以及发现试制当中的问题并提出改善方案，而且确认改善后的有效性，同时将产品中的新方法、新技术移植到其他产品上，并保证产品的正确性、稳定性以及可扩充性。技术部主要承担新方法、新技术、新软件在车灯生产过程中能够满足各项技术指标的技术服务项目。公司现有员工 288 人，科技人员 99 人，其中博士生 1 人，硕士生 2 人，本科生 45 人。科技人员主要职能有设计、技术支持、研发、试验测试等。每个研发项目均成立研发小组，小组由项目负责人及研发成员组成，每个小组基本保证 5 人。每个研发小组对自身承担的研发项目负责。

北京三立车灯有限公司各部门分工不同，但又密切合作，确保了研发项目的顺利完成。公司同时制定了科技人才培养机制及绩效奖励制度，以激励广大科技人才积极投身于技术创新管理工作中，形成了良好的技术创新工作氛围。最优业务组合战略是公司最重要的，也是最具有挑战性的战略决策之一。企业管理者需要深刻理解管理团队的权力分布与企业创新进程之间的关系是否稳定并具有代表性。在现代企业的发展中，管理制度的创新对于企业的发展具有重要的意义，这不仅有助于企业的进一步发展，同时也有助于企业在激烈的市场竞争中继续生存下去，以实现现代化的企业发展目标。

第五章　企业组织创新

一、裂变创新路径

组织创新的裂变模式是创新知识产权从高科技源头流转到企业和市场。高科技公司、大学、科研机构等在风险资本的支持下开展技术创新和知识产权转化。例如硅谷的 Google、Cisco、Intel 等公司都是源自斯坦福大学和贝尔实验室的技术和专利。苹果、华为、亚马逊公司也布局互联网创新投资，积极构建开放式创新平台。价值裂变模式是支持内部人才和外部中小企业依托平台独特技术、商业模式或者品牌等资源开放新产品和服务，从而快速将创新价值扩散。裂变模式要求核心的产品和业务分裂为新的产品和服务进而占领更细分的市场。通过对新产品和服务的差异化定价、对新团队的奖金股权激励和对开发者的销售分成激励形成爆炸性热销品。这就如同核裂变需要重金属铀被中子激发原子核产生链式反应。价值裂变模式需要投入多方面的关键资源，包括大量的潜在市场订单、优惠的价格策略、技术专利出让、人才供给、资本投入等。由于资本激发形成技术增值，又吸引更多资本加入，价值裂变的效率远快于企业普通业务发展速度。

二、聚变创新路径

组织创新的聚变模式是微小的创新个体聚集并发生本质变化。聚变模式能够发挥人才资本、技术资本、金融资本的协同效应以实现更高效能的价值创造。价值聚变模式发现和激发人的创新能量，让平凡的人做不平凡的事。价值聚变如同太阳的核聚变反应，较轻的氘原子核融合而形成较重氦的原子核同时释放出中子。创新人才如同水分子中的重水分子，在思维和创意的自由碰撞中融合聚变，产生认知维度的迁移，新思想碰撞产生的主动信息如链式反应般激发更多人的认知阶跃，迸发出巨大的能量和价值。在价值互联网的赋能下，人才能展现出不同凡响的聚变效应——摆脱常规的管控、中层的束缚，解决关键问题。价值互联网平台打开组织边界与知识边界，通过自激励方式实现高效的创新协同，创造高价值的创新成果。创新聚变模式的基础是广大的社会创新者和科技人才。聚变模式的成功需要四个要素：数字产权认证机制、市场真实问题需求、人才社会网络组织、价值共享机制。实践中的创新个体能够以自发的创造力发现市场真实问题需求，以兴趣和利益建立人才社会网络组织。

三、封闭创新路径

20 世纪 80 年代以前，企业通用的创新模式是“封闭式创新”。该观念指出，成功的创新需要企业强有力的控制，企业必须自己研发技术并生产、销售产品，企业还必须提供售后服务、财务支持。封闭式创新的实质是封闭的资金供给与有限研发力量的结合，以保证技术保密、独享和垄断，其直接结果是大企业的中央研究机构（如杜邦公司的杜邦实验室、朗讯科技公司的贝尔实验室、IBM 公司的沃森实验室、HP 公司的中央实验室和施乐公司的帕洛阿尔托研究中心 PARC 等）垄断了行业的大部分创新活动。封闭式创新模式过分强化和控制自我研究功能，结果意味着：①那些无力承担高额研发投入的企业将处于竞争劣势；②大量的技术因过度开发或者与市场需求相脱离而被束之高阁、不能获利；③企业内部不断有怀揣重要创新成果的骨干力量离职出走、另立门户；④企业无视外部众多优秀且廉价的同类创新成果而导致“闭门造车”；⑤因局限于既有的组织资源、知识和能力，企业不能应付快速变化与新兴的市场。封闭式创新极其容易导致“硅谷悖论”：最善于进行技术创新的企业往往也是最不善于从中赢利的企业。

案例 1：东方雨虹健全研发体系实现可持续发展

保护知识产权是对创造者的尊重，一旦这种尊重受到挑战、被践踏，那么企业就会失去创新创造的动力，这种动力的消失，其实也是民族竞争力的消失。换句话说，如果社会失去了发明创造，那么我们也就失去了生活。加大力度保护知识产权，能够维护每一个创造者的合法权益。

东方雨虹防水技术股份有限公司（简称东方雨虹）1995 年进入建筑防水行业，20 余年来，为重大基础设施建设、工业建筑和民用、商用建筑提供高品质、完备的防水系统解决方案，成为亚洲最大防水系统服务商。在“产业报国、服务利民”的指导思想下，公司投资还涉及非织造布、建筑节能、砂浆以及能源化工等多个领域。公司旗下品牌包括东方雨虹（工程业务）、雨虹（民建业务）、卧牛山（节能保温）、天鼎丰（非织造布）、风行（防水）、华砂（砂浆）、洛迪（硅藻泥）、五洲图圆（能源贸易）等。东方雨虹不懈地追求可持续发展，以科技进步、产品优异、服务满意和安全环保推动规模化发展。公司获批建设特种功能防水材料国家重点实验室，拥有国家认定企业技术中心、院士专家工作站、博士后科研工作站等；研发体系日益完备，形成了产品、应用、施工装备和生产工艺四大研发中心。为使科技研发与国际并轨，公司与美国里海大学合作组建水性涂料海外研发中心（美国宾夕法尼亚州），与美国沥青科技公司、美国阿拉巴马大学合作组建改性沥青海外研究中心（美国南卡罗来纳州），践行了东方雨虹全力为构筑和谐人居贡献力量，全面践行“为人类为社会创造持久安全的环境”的企业使命。随着东方雨虹国际化战略的全面实施，公司生产的优质产品远销德国、巴西、委内瑞拉、波兰、土耳其、安哥拉、南非、印度等 100 多个国家和地区。东方雨虹围绕系统防水理念，针对防水材料、防水系统、生产工艺、施工工艺、施工工具、配套的建筑构件进行整合性的专利布局，2013 年，东方雨虹成为北京知识产权局首批认定的知识产权管理标准化单位，2015 年 12 月 25 日，获得知识产权管理体系认证证书。截至 2016 年 7 月底，公司共申请专利 527 件，其中发明 376 件，实用新型 135 件，外观设计 16 件。东方雨虹专利实施率达到 80%以上。

该公司注重技术的创新和知识产权的转化，先后被认定为北京市专利试点和示范企业、北京市知识产权运用示范企业、北京市知识产权运用标杆企业、国家知识产权优势企业。我国的技术创新能力的提高长期而言应以鼓励自主创新为重点，优化创新环境。

案例 2：燕京啤酒产业升级之路

提升企业自主创新能力是构建新发展格局的内在要求。构建以国内大循环为主体、国内国际双循环相互促进的新发展格局，是党中央审时度势作出的重大战略部署。要大力提升自主创新能力，尽快突破关键核心技术。这是关系我国发展全局的重大问题，也是形成以国内大循环为主体的关键。

燕京于 1980 年建厂，1993 年组建集团。燕京在发展中本着“以情做人、以诚做事、以信经商”的企业经营理念，始终坚持走内涵式扩大生产道路，在滚动中发展，年年进行技术改造，使企业不断发展壮大；坚持依靠科技进步，促进企业发展，建立国家级科研中心，引入尖端人才，依靠科技抢占先机；积极进入市场，率先建立完善的市场网络体系，适应市场经济要求。燕京目前的全国市场占有率达到 11%以上，华北市场占比达 45%，北京市场占比在 85%以上。燕京总部是亚洲最大的啤酒生产厂，连年被评为全国 500 家最佳经济效益工业企业、中国行业百强企业。高品质的燕京啤酒先后荣获第 31 届布鲁塞尔国际金奖、首届全国轻工业博览会金奖、全国行业质量评比优质产品奖，并获全国啤酒质量检测 A 级产品、全国用户满意产品、中国名牌产品等多项荣誉称号。燕京啤酒被指定为人民大会堂国宴特供酒、中国国际航空公司等四家航空公司配餐用酒，1997 年“燕京”商标被认定为中国驰名商标，

2004 年通过中国绿色食品发展中心审核，符合绿色食品 A 级标准。2005 年 8 月 10 日燕京成为国内首家北京 2008 年奥运会啤酒赞助商。

企业的发展离不开创新，燕京集团公司坚持“观念创新、机制创新、管理创新、科技创新、产品创新、市场创新”的战略方针，在北京率先建立社会主义市场经济的营销体系，多年来牢牢占据着北京 85%的市场份额；在全国率先与中国食品发酵研究所等科研机构合作，积极进行国家级科研中心建设，使燕京的科技装备水平一直保持着中国啤酒行业的领先地位，保证了产品安全、健康、绿色；先后两次推动啤酒行业的产业升级，在全国率先研发出清爽型啤酒，率先推出无菌化酿造的瓶装鲜啤酒，引领了中国啤酒消费新潮流。燕京在中国啤酒行业创造出诸多奇迹：全国第一家打破烟酒公司统购包销模式，进入市场竞争的啤酒企业；中国啤酒行业唯一一家没有外资控股或参股的特大型企业集团；第一个全部采用露天发酵罐工艺的啤酒企业；第一个采用电子计算机控制生产工艺系统的啤酒企业等。燕京的“安全、绿色、健康、优质、节能”酿造技术，始终保持了行业中的龙头地位，为中国啤酒行业的健康发展，起到了良好的模范带头作用。

燕京啤酒创造出的诸多奇迹，无不来自该公司的技术创新和知识产权的利用。所以我们要引入新机制，促进引进项目的消化、吸收、再创新，同时政府也要加强鼓励与引导，针对我国大多数企业的现状而言，没有适当的政府干预和支持，企业对引进项目的消化、吸收、再创新往往是不到位的。关键核心技术是要不来、买不来、讨不来的，只有把关键核心技术掌握在自己手中，掌控产业发展主导权，增强国内大循环、国内国际双循环相互促进，才能在波谲云诡的国际形势中立于不败之地。

案例 3：嘉寓门窗专注专业创造价值

对竞争中的企业而言，裂变之路并非坦途。裂变之道和单纯顺应市场的自然选择有着本质的区别，它体现出的是企业进化的明确目的，有策略选择也有对结果的追踪和固化。

北京嘉寓门窗幕墙股份有限公司（简称嘉寓门窗）主营铝合金节能门窗、幕墙产品，产品广泛用于大型城市公共建筑和高档住宅楼，业务包括对节能建筑、智能建筑、光热光伏、门窗、建筑幕墙的技术研发、是一家集工程设计、高精生产、安装施工于一体的专业化股份有限公司。企业具备建筑幕墙工程专业承包一级、建筑幕墙专项工程设计甲级资质。企业在国内有涵盖华北、西南、华南、东北、华东、华中地区的市场布局，形成了华南区域兼顾海外、东北区域辐射远东的市场格局，各大区域投资建设了区域生产基地以及设计研究院。在同行业中，“嘉寓股份”在品牌知名度、公信力、资金实力等方面具有较强的综合竞争实力。2014 年成功与欧洲最大的建筑系统门窗供应商萨帕建筑系统公司签署了战略合作协议，共同进行高端系统门窗产品的研发与生产，经过 1 年多的技术合作，技术研发团队已经全面吸收和掌握了欧洲萨帕系统的先进技术和生产工艺，为萨帕系统在国内的销售推广奠定了坚实的基础，并进一步拓展和完善了自主研发的系统门窗产品线，完成了 A、B、E、M、H、S 6 大品类 27 个子系列的系统门窗产品研发与产业化工作，使公司节能门窗产品基本实现了目标市场需求的全覆盖。公司推行人才战略专项规划，董事会成员结构和管理团队的不断优化更新，促使公司的管理效能不断提高。公司长期坚定不移地走专业化道路，不断提炼和更新与主营业务相关的门窗、幕墙核心技术，同时持续针对行业特质引进专业人才，使公司拥有了经验丰富、专业专注、忠诚于企业的技术团队，形成了独特的企业价值文化和工艺技能传承机制。见习基地的建立、校企合作的达成、学术研讨会的举办，满足了公司在竞争激烈的市场经济环境中，对高新技术和专业人才的强烈需求，为企业谋求创新和发展的道路奠定了坚实的基础。同时，公司通过实施“员工持股计划”吸引人才、留住人才，激发人才积极性和创造力，从制度上确保队伍稳定，积淀专业，创造价值。

公司专注门窗行业 30 年，吸纳了众多行业内的技术精英，打造出了一支国内尖端的专业研发团队，对不同地区、不同气候类型的节能门窗技术要求、地方标准有深刻的领悟和长期的技术积淀。技术能力也影响着企业技术战略与创新方式的选择。公司通过系统门窗的研发创新，保持和增强公司在全国门窗行业的技术领先地位。公司以研发中心为依托，长期与中国建筑科学研究院、中国建筑装饰协会、中国建筑金属结构协会、清华大学、北京工业大学、中国建筑材料科学研究院等高等院校和科研单位保持良好的合作关系。

案例 4：富民生态聚变创新赢得主动

聚变管理理论不是简单的全面管理理论，而是利用现代信息化手段，有效达成经营能量的高度同步、连锁、并发、转移、控制，以及裂变与聚变的几何级数增长的循环式能量提升。

北京富民生态农业研究所有限公司是由原北京富民生态农业研究所按照现代企业制度改制而来，经北京市工商行政管理局顺义分局批准，于 2009 年 3 月 23 日成立。北京京鹏环球科技股份有限公司、北京京鹏环宇畜牧科技有限公司和北京市顺义区北石槽农工商联合总公司为改制后的股东。改制后，公司名称、公司法人、注册资本、经营范围都有发生变动。北京富民生态农业研究所有限公司注册资本为 4 300 万元，其中北京京鹏环球科技股份有限公司出资占比为 84.65％、北京京鹏环宇畜牧科技有限公司出资占比为 11.51％、北京市顺义区北石槽农工商联合总公司出资占比为 3.84％。

该公司通过扩大市场份额、新增客户和订单、挖掘设备和人员潜能、新产品研发等主动措施实现赢利。在经济形势处于低潮的背景下，企业在赢利模式方面主要采取有效降低成本的方法。首先是降低生产成本。最有效的方法就是降低原材料的消耗，例如通过各环节的控制减少浪费，通过职工素质教育减少浪费，通过技术改造等手段减少原材料的消耗。在生产的各个环节进行控制是减少浪费的必要手段和切入点。通过实践总结，建立和细化各环节、岗位的目标和责任制，逐渐实现量化管理。通过职工素质教育，配合合理的奖惩制度，使节约光荣、浪费可耻的观念深入人心，充分发挥人的主观能动性。勇于创新，在不降低性能的前提下，积极推进技术改造和技术创新，从材料、结构、工艺等多方面入手，减少原材料的消耗，降低成本。其次是挖掘设备潜能。从经济学角度看，如果设备达产达效进行生产，则单位商品分摊的设备成本会最小。由于工作性质的限制，车间机加工机床多数时间处于闲置状态，设备利用率不足 1%。在自制与外协间找到合理平衡点，按照机加工行业材料费与加工费之比大约为 1∶1 粗略估算，如果每月能够实现对外加工 3～5 吨，则这部分增收的产能可达到 3 万～5 万元。最后是激发员工潜能。增加每周例会，对本周计划和上周执行情况及时通报。及时发现问题、解决问题；鼓励员工提出意见和建议；把收入适当拉开距离，让员工逐渐做到主动找活儿干，要活儿干；让表现好的、有能力的员工得到奖励和提拔，并起到示范作用；引入竞争机制，实行末位警示或淘汰制度，让员工有一定的压力和危机感。

该公司集聚各方微小的力量，实现了最大限度的成本优势，降低成本，促进企业的良性发展。在那些以产品创新竞争为主的高技术行业中，企业更倾向于实施自主创新；而那些发展已成熟的传统行业中，企业倾向于技术引进或低成本的模仿竞争模式。企业要通过提升成本转化率和附加值，有效对冲高成本挑战。降成本除了政府发力外，从长远看，更需要企业自身增强创新能力，通过模式创新、研发创新、管理创新，来提高成本转化率和附加值。

案例 5：佳泰公司用小创新实现大变化

聚变管理理论体系不但可以作为企业经营管理的战略管理方法，也可以作为如生产管理、营销管理、技术管理、财务管理、人力资源管理、品质管理等日常管理工作的方法，用之于管理实践之中。

北京佳泰新材料有限公司（简称佳泰公司）是一家专业从事研发、生产和销售低缩高强涤纶丝经编双轴向 PVC 涂层材料、各种规格材料制成品、涂塑帆布制成品、帐篷制成品、充气玩具制成品的厂家。

在产品服务创新方面，佳泰公司结合 PVC 涂层布、帐篷、柔性可移动保温膜结构篷房三大主题产品，不断推陈出新，如 PVC 涂层布中的自洁表面处理、抑烟阻燃性能、耐寒性能等。帐篷产品按照行业标准，研发了民政救灾、军用、充气等系列产品，柔性可移动温室膜结构更是结合地区特点，为每个客户量身定做产品，从产品设计、产品构造上更符合市场需求。2016 年公司所承接的新疆和田 800 栋温室大棚项目地，为了有效解决保温篷房散热和透气的功能，在产品设计创新中采取了篷房后墙开启的通风帘，对加工工艺进行了调整，从而使通风达到客户所需。

在赢利模式创新方面，佳泰公司在产品价值功效上下功夫，如 PVC 涂层布生产过程中，两边裁剪后产生的边条是一种无形的浪费，根据这一情况对收卷工序进行调整改造，引入边条卷曲设备，将边条打制成绳，不仅可重复使用，而且绳子还能作为捆绳销售，提高了产品的价值。

在组织管理创新方面，2009 年，佳泰公司以其自身改制为背景撰写的《以市场为核心经营模式创新》管理课题研究项目，荣获第二十四届北京市企业管理现代化创新成果二等奖，市场核心是企业发展的关键，围绕市场、产品以及客户导向，调整经营模式和策略，才能使公司维稳发展。

在市场营销创新方面，根据业务团队以及业务项目的特点，在谈判过程、招投标过程中采取创新模式，如投标文件的包装、投标样品的准备等。文化品牌建设是企业内部管理的核心，佳泰公司多年来塑造了敢打硬仗的集体精神，能够承接各种紧急救灾帐篷制作生产任务。

佳泰公司通过各方面的小创新实现了聚变效应，实现了公司总体上的科技创新。中国经济能否实现可持续发展，不能仅凭借于规模不断扩张的制造业生产能力，更为关键的是要依靠不断增强的自主创新能力。创新无论大小，都是企业的灵魂。只有创新才能赶上时代的变化，促进企业的发展。

案例6：比亚迪加大自主研发投入

自主开发是一种独创的新产品开发方法。它要求企业根据市场情况和用户需求，或针对原有产品存在的问题，从根本上探讨产品的层次与结构，进行有关新技术、新材料和新工艺等方面的研究，并在此基础上开发出具有本企业特色的新产品，特别是开发出更新换代型新产品或全新产品。

目前，新兴技术的发展和全球大环境的动荡使得企业面临着前所未有的不确定性。竞争优势只是暂时的，破坏性创新成为后发企业实现经济赶超的重要手段。近年来，在我国经济的持续高速发展背景下，我国汽车行业也得到了迅速发展。比亚迪从1993年进入电池市场，1997年进入锂离子电池行业，跻身诺基亚、摩托罗拉等企业的重要供应商行列，2003年动用2.54亿元港币收购西安秦川汽车77%的股份。同时，率先研发混合动力电动汽车，并取得了一定的成绩。在蓝海战略指导下，比亚迪根据自身所处行业竞争特征和实际状况，给自己确定了较为清晰的战略路径。目前，比亚迪60%的生产设备实现了自主研发。相对国内其他汽车企业，这是相当惊人的比例。在以双核混合电力汽车为代表的高端产品上具有国内领先的研发能力、生产技术和使用技术。比亚迪正加速技术集成及产业化，建设汽车行业的新工艺、新技术及新模具研发基地，工业自动化及信息技术的创新基地，进一步强化以先进设备和技术为核心的竞争力。在创立初期，比亚迪的很多产品都是模仿其他公司的产品，该做法的优势是能够显著降低成本，然而不利的方面主要是这种做法会遭到竞争对手的知识产权诉讼，同时也不利于实施逆向工程的企业培育创新能力。比亚迪早在电池生产领域学会了如何进行合法的模仿，专门寻找那些没有专利保护的产品或技术进行模仿，并在模仿中不断学习、消化，最终将这些技术变成自己的技术。比亚迪每年在专利维护方面的投入多达 5 000 万元，对于专利发明人的奖励高达平均 10 000 元/人次。比亚迪不惜重金进行知识产权保护，是因为比亚迪早已经认识到，在全球知识经济浪潮下，企业的知识产权就是企业的核心竞争力。自 1999 年以来，比亚迪在国内外申请的专利数以平均每年 195%的速度增长。面对如此多的专利数量，比亚迪在 2001 年成立了知识产权与法律部，专门负责公司的专利申请、知识产权保护、知识产权纠纷处理等事务。

自主开发需要企业承担较高的风险，但是不搞自主开发，企业将面临丧失市场竞争能力的更大危险。比亚迪通过自主研发、并购、协商、联合开发等方式把“别人的变为自己的”，使得能够把零部件对成本的影响控制在有限的范围内，而且充分利用我国劳动力成本低的优势，使得成本的优势也成为比亚迪进入汽车这个市场之初的最大突破口，从而促进了企业的发展。但是同时值得注意的是，新产品要与消费者的消费习惯、社会文化、价值观念相适应，使消费者易于接受；新产品应该尽量满足消费者的多方面需求；开发新产品还必须讲求社会效益，即节约能源，防止污染，保持生态平衡。

案例 7：德威特电力探索新的组织模式

自主开发体现了企业的设计开发能力和品牌构建能力。设计开发能力是自主开发的重要环节，它运用相关的专业技术理论把拟开发的产品概念具体表现为能被生产过程所实现的技术文件和图样，设计出成本较低、功能完善、结构新颖和造型美观、适合市场需求的产品，体现出设计的经济性以及技术与市场的适宜性。

北京德威特电气科技股份有限公司前身为北京德威特电力系统

自动化有限公司（简称德威特电力公司），是一家专注于电力自动化设备及系统软件研发的综合型企业。德威特电力公司是北京市海淀区高新技术产业试验区批准注册的高新技术企业，也是2000年国家高新技术企业认定新标准颁布后的第一批国家高新技术企业之一，2010年4月德威特电力公司被北京市科学技术委员会评为北京科技研究开发机构。公司多次承担国家和北京市的科研项目，2009年5月德威特电力公司DEVOT商标被评为北京市著名商标。公司第一代产品在2002年7月被科学技术部评为国家级火炬计划项目，同时被列入北京市重大科技成果推广计划，其中DVP-600系列微机保护监控装置被评为北京市科学技术奖三等奖。2006年升级后的DVPS-600产品被认定为北京市高新技术成果转化项目，2007年德威特电力公司开发的“基于SCADA支撑平台的变电站综合自动化系统”被列为北京市火炬计划项目，公司新产品DVP-9000系统被评为北京市产业技术成果转化项目。德威特电力公司产品成功运用于国内首个全分散式户外变电站（辽宁省丹东市东港开发区白云66KV变电站），产品在极限高低温、海滨高盐雾、潮湿、强电磁场干扰、有害气体、灰尘等恶劣环境下的稳定性能得到用户的多次肯定，成为诸多相关论文的重要例证。公司产品不仅在全国各地投运，还出口国际市场。公司一直开展相关无功补偿节能技术研究。2010年基于变电站侧的集中无功补偿技术在云南铜业现场应用中取得成功，2011年基于需求侧的能效管理系统在该企业投运，据该企业估算，当年企业节能降耗为3%～5%。基于就地随机或随器补偿的核心控制器于2010年在北汽车辆焊接厂激光焊接车间成功投运。

为了增加企业人才队伍的凝聚力和战斗力，同时根据企业上市的发展规划，2012年1月，通过员工持股激励计划，新设3个员工持股公司作为法人股东，共同发起设立德威特股份公司，在原有的技术积累的基础上开始了新的征程。德威特股份公司在成立后不久就被认定为高新技术企业，同时还被认定为双软企业（软件产品认定和软件企业认定）、北京科技研究开发机构和北京市工程实验室。公司目前已取得各种研发成果 33 项，其中发明专利 6 项，实用新型专利 4 项，外观设计专利 9 项，取得计算机软件著作权 14 项。

在赢利模式不清晰、充电桩运营不赚钱的情况下，该公司另辟蹊径，构建新型的基于智能移动充电的电动汽车充电管理运营平台，最终实现为政府节省大规模补贴等财政投资，专注监管，为除电网企业外的车场、商场、楼宇、商铺甚至家庭等提供电源，电动汽车车主使用方便，交易灵活，运营安全可靠，最终为汽车行业的节能提供新的解决方案和基于互联网的新的营业模式。该公司始终注重科技创新，突破瓶颈，为企业的发展带来巨大动力。自主创新体系是国家创新体系的重要组成部分，在自主创新体系中企业是自主创新的主体，政府部门、高等院校、科研院所、金融机构和技术中介机构通过各种形式对其进行辅助。只有大力推动企业技术创新，加快关键核心技术攻关，提升产业链供应链现代化水平，才能下好先手棋、打好主动仗，把竞争和发展的主动权牢牢掌握在自己手中。

第六章　企业制度创新

一、产权制度创新路径

产权制度创新是指产权的各项权能在不同的产权主体之间进行重新组合，以期更好地发挥产权的各项功能，最大限度地提高资源的使用效率。产权制度创新的目标包括以下三方面：一是产权关系明晰化。出资者按投入企业的资本额享有资产所有者的权利，企业拥有包括国家在内的出资者形成的全部财产权。企业以其全部法人财产自主经营，自负盈亏，自我发展，自我约束，对出资者投入的资产承担保值增值的责任。二是产权结构多元化。现代企业股权结构的特点是股权分散化和投资主体多元化，唯有通过产权制度创新才能达到产权结构多元化和投资主体多元化的目标，对传统的国有企业来说，更是如此。三是出资者承担有限责任。当企业破产时，出资者只以其出资额为限对企业的债务承担有限责任，而不涉及出资者的其他财产。

二、管理制度创新路径

管理制度是受企业制度亦即企业财产制度决定的一整套管理行为规范，包括企业领导制度、经济责任制度及内部管理制度。在信息社会中，市场信息复杂多变，人类知识日益膨胀。企业要根据管理的基本原则，结合企业自身的特点，对企业原有的一些内部制度进行创新，以适应企业在信息多变的环境中生存发展的需求。一是信息管理制度的创新，对原有的建立在精细分工基础上的已不适应市场竞争需要的一些管理制度、企业业务流程设计方面的制度、系统化管理方面的制度和议事决策方面的制度进行信息化创新。二是建立学习型组织，通过员工学习和组织学习的相互促进，不断提高企业职工接受教育的能力，提高企业的整体科学文化素质，最大限度地发挥员工的潜能。三是开辟企业与信息群或信息系统的新的有效的联系方式和途径，建立一种紧密的、渗透式的合作关系。尤其是要提高企业对信息的依赖和开发利用的意识及能力，提高企业对信息作出反映的灵敏程度。

三、运营制度创新路径

分包是企业运营制度创新的一种形式，是根据自身的需要，将运营工作中的某一项或是几项外包出去，由专业的组织或机构进行运作，以减少人力投入、减少企业投资、降低成本，实现效率最大化。被外包的是企业的非核心业务，包括信息技术、人力资源、物业设施管理、房地产管理和会计。很多公司也外包客户支持、呼叫中心，以及工程和制造等业务。把那些非核心的部门或业务外包给相应的专业公司，利用企业外部的资源为企业内部的生产和经营服务，其好处有三：一是企业将非核心业务转移出去，可以借助外部资源的优势来弥补和改善自己的弱势；二是企业将资源集中到核心业务上，提高资源利用率，降低运营成本；三是业务外包最大限度地发挥了企业有限资源的作用，加速了企业对外部环境的反应能力，强化了组织的柔性和敏捷性，节省运营成本，降低风险。业务分包是虚拟企业经营采取的主要模式。

案例1：山东四方大力开发自主知识产权核心技术

山东四方技术开发集团有限公司（简称山东四方）通过不断加强产学研合作和提升自主创新水平，形成了很强的研发能力和品牌实力，促进许多科研成果实现产业化。山东四方现有专利及专利申请16项，其中发明专利11项，实用新型专利3项，PCT德国专利1项，PCT美国专利申请1项。同时，山东四方作为行业领军企业，不仅承担了多项省部级以上的科技开发项目，更是主持起草了《焊接钢管轧辊》（GB/T 31936—2015）国家标准和《冷弯型钢轧辊》（YB/T 4556—2016）行业标准，创新技术填补了国内空白，成为业界标杆。这些专利已全部成功实施成果转化，累计产生效益数十亿元。通过“联盟＋院士＋企业”强强联合模式，打造一支高水平的创新队伍，取得一批具有自主知识产权的核心技术，在科技创新上实现大踏步式发展，切实提高山东四方乃至整个行业的技术创新能力和市场竞争力。2010 年，山东四方与北京科技大学高效轧制国家工程研究中心签订产学研合作协议，旨在搭建更加密切的产学研结合型信息交流平台和科技合作平台，推进企业与学校的全面技术合作，加速科技成果向生产力转化，提升企业核心竞争力。合作中，企方为校方在技术研制和学生实践方面提供了帮助，校方为企方发展定位、科技体系建设和技术攻关给予了支持。同时，山东四方还十分注重与企业合作。合作双方在服役条件、测绘分析、理论研究、材料配比、方法论证、模拟实验、上机测试等各环节分工协作，发挥公司在钢管工模具制造领域善于创新自成体系和在技术创新方面敢于突破大胆支持首台模具应用的两个优势，制定了自主研发的制造创新方案。山东四方还成立了院士工作站。邀请殷国茂院士、王国栋院士、陈蕴博院士等本领域国内 40 余位一流专家、教授组成联盟专家委员会，攻克“以铸代锻”高性能节能型钢管及冷弯型钢轧辊等工模具的材料研究和高端制造方法重大关键技术难题，推进山东四方工程技术研究中心、企业技术中心等高水平研发机构建设，逐步形成以中国钢管和冷弯型钢工模具产业技术创新战略联盟为龙头，以院士工作站、工程技术研发中心等为支撑的科技创新体系。

发展中国家知识产权保护制度的完善尤其是从执法上的完善，将提升对本国企业的创新激励。要坚持法治保障、严格保护，改革驱动、质量引领，聚焦重点、统筹协调，科学治理、合作共赢的工作原则，全面推进落实重点任务，建设面向社会主义现代化的知识产权制度，建设支撑国际一流营商环境的知识产权保护体系，建设激励创新发展的知识产权市场运行机制，建设便民利民的知识产权公共服务体系，建设促进知识产权高质量发展的人文社会环境，深度参与全球知识产权治理。要加强组织领导、条件保障、考核评估，为知识产权强国建设提供坚强的组织保障。

案例 2：佰美基因尖端团队突破前沿技术

改革开放 40 多年的实践表明，产权制度的不断自我发展与完善，对我国经济社会的快速发展起到了强有力的支撑作用。改革开放以来，我国产权保护制度改革取得较大进展，产权保护范围不断扩大，产权保护制度的内涵不断明晰，归属清晰、权责明确、保护严格、流转顺畅的现代产权制度正在形成，产权保护法律框架不断完善，全社会产权保护意识不断增强，保护力度不断增大。

陕西佰美基因股份有限公司（简称佰美基因）是全国三大基因检测工程技术中心之一。佰美基因依靠和西北大学共同建设的国微中心的平台优势，广泛吸纳各种综合资源，积极推进技术创新、成果转化和应用推广，建立了涵盖基础研究、技术创新、成果转化全过程的产学研协同创新模式。多年来，佰美基因成功联合西北大学等高校承担了国家“863”计划课题，“重大新药创制”科技重大专项课题等国家项目 30 余项。核心技术获得授权专利 46 项，其中国内发明专利 40 项，国防专利 5 项，美国专利 1 项；登记软件著作权 4 项；佰美基因和西北大学合作完成的“药物个性化筛选和精准医疗研究关键技术研究”项目获得 2017 年陕西省科学技术一等奖。佰美基因在人才培养和引进方面，重点引进能够解决关键技术、发展高新技术产业、带动新兴学科的战略型人才和创新的领军人才。通过内部培养和人才引进两种模式扩充人才团队；通过“走出去”和“引进来”的对外交流方式，提升现有人才团队的专业知识和学术能力；通过产学研互交式合作，建立起结构合理的研究开发队伍。借助西北大学招收博士、硕士研究生的有利条件，以参与具体研发项目、工程化项目等方式，为公司员工提供更多学习和提升专业水平的机会。此外，佰美基因通过引进外国智力项目，为公司引进了包括英国皇家科学院迈克达特院士等多名外国专家。公司对引进人才实施“来得了、待得住、用得好”的人才管理模式。目前，佰美基因已经形成一支以海外留学人员为核心，具有高水平、高素质、人员结构及知识层次合理的科研队伍。公司研发团队成员拥有知识互补性强、学科交叉合理、技术集成性强等特点，为公司在主要研究方向上实现前沿技术突破奠定了坚实的基础。在产学研合作开展方面，围绕国家科研和战略需求，从药物基因组学的研究到检测技术的创新和个体化用药的应用集成，聚焦生物技术领域，围绕一个产业方向形成了集研究、开发、工程化转化为一体的链条式产学研创新模式。佰美基因依靠国微中心以精准医学项目的转化技术研究为主要任务，以功能基因组学分析技术、蛋白组免疫组学技术、生物信息学技术、规范化医学检验技术的具体方向为主要内容，与众大学一起协作，分课题、有组织、有重点地开展精准医疗应用技术及产品的研究开发工作。各单位协同创新，推动产学研深度融合、提升佰美基因持续创新能力，打通科技成果向现实生产力转化的通道，推动高校与企业无缝对接，共享高校人才资源、科研设施及成果资源，保障企业技术创新和产品开发的源头供给，降低企业研发成本、提高研发效率，实现“出成果”和“用成果”的有机统一。

案例3：沪东中华开展产学研合作

沪东中华造船（集团）有限公司（简称沪东中华）是中国船舶工业集团有限公司领导下的国有特大型企业，是建造军用船舶、民用船舶、大型钢结构的综合性企业集团，拥有国家能源LNG储运装备重点实验室、上海市高新技术企业等研发资质和平台。公司荣获国家级科技奖励9项、省部级科技奖励105项，2016年度荣获中国工业大奖、2017年度荣获中国产学研合作军民融合奖。2018年度公司共有13个科技成果项目荣获科技进步奖。公司的年均专利申请增长率均达到30%。目前拥有授权专利700余件，累计有效发明专利150余件。沪东中华的科技研发工作体系以公司的国家级企业技术中心为主要研发平台，现已形成了以公司技术中心为核心、以其他部门专业技术人员为协同、以国内外研发合作单位的技术力量为支撑的科技创新模式。国家能源局以沪东中华为依托单位设立了“国家能源 LNG 海上储运装备重点实验室”，该重点实验室是为公司量身打造，紧密围绕建设创新型国家能源结构优化升级的战略需要和能源科技进步的需求，开展了 LNG 海上储运装备关键研发技术攻关。沪东中华还拥有国家认可实验室、企业博士后科研工作站、博士工作室等创新科研平台。沪东中华高度重视产学研合作，积极鼓励研发部门充分利用国内外创新资源开展高层次、多形式、宽领域的产学研合作。目前，沪东中华在国内的研发合作伙伴主要有上海交通大学、华中科技大学、江苏科技大学、七〇一研究所、七〇八研究所、上海船舶工艺研究所、中船九院等，国外的研发合作伙伴主要包括法国 GTT 公司、法国大西洋船厂、日本三井造船、各大船级社等。沪东中华与 GE 公司、七〇八研究所、六〇四研究院、瓦锡兰公司等单位签订了战略合作协议，建立了协同创新合作机制；积极搭建自己的对外科技合作平台，利用公司拥有的国家能源 LNG 海上储运装备重点实验室等研发资质和平台，邀请了国内 10 余家知名大学及研究所共同开展 LNG 海上储运装备研发工作。沪东中华关注企业内各类型科技人才队伍的建设，按照集团公司高级专家、公司首席专家、公司学科带头人、公司技术骨干四个层级，有针对性地培养、管理和使用科技人才队伍，形成了一支掌握船舶行业先进技术的多层次科技人才队伍；重视发挥高层次人才的作用，确保科研工作的持续开展，让更多的科技人员参与到科研项目研究工作中，以科研项目的研究促进科技人员成长，加速科技人才培养，提高科技人员水平。

案例 4：南方测绘建立自主研发的激励机制

21 世纪是知识经济的时代，创新是知识经济时代的灵魂。在知识经济时代，创新是企业增强核心竞争力的基石，加强创新成果的知识产权保护则是企业立于不败之地的保障。

广州南方测绘科技股份有限公司（简称南方测绘）是一家集研发、制造、销售和技术服务为一体的测绘地理信息产业集团。南方测绘专注测绘地理信息行业，以振兴民族产业为己任，坚持自主创新，陆续实现了测距仪、电子经纬仪、全站仪、GNSS 等一系列测绘仪器的国产化，取得了一系列拥有自主知识产权的技术成果，成为中国电子测绘仪器的开创者与领导者，经国家测绘地理信息局组织的专家鉴定，认定的产品和综合技术达到世界先进水平。2011 年，南方测绘业务销售金额突破 20 亿元，跻身行业内世界四强。2018 年，南方测绘集团依然以 10%的业绩增长率稳步发展，预计 2018 年集团业务销售金额可达 30 亿元，综合实力稳居中国地理信息百强企业榜首。南方测绘通过实训中心，促进产学研深度融合，以一体化（管理、教学、评价、教研）信息平台为支撑，以学科为主线，以课程中心、实验中心、活动中心为重点，形成虚实一体的学科特色及创新型、个性化的学习环境。先后成立了轨道交通实训中心、虚拟现实实训中心、无人机实训中心、三维激光实训中心、传统测量设备实训中心、室内导航定位实训中心。南方测绘以“优势互补、协同创新、共同发展、合作共赢”为基本原则开展产学研合作工作，形成了以南方测绘教育实训研究院和南方学院为支撑的体系性的工作模式，在产学研合作模式上不局限在成果交流、经贸合作、人才培养等单一合作方式，更注重全面的、深度的一体化合作方式。从共建专业（共建学院）、教材编写、师资培训、课程建设（包括实训室搭建），到设立奖学金、协助考取资格证书、举办行业技能竞赛、学生实习应聘等全方位深度合作，建立产学研深度合作标准方案，其余合作模式由该标准进行简化，如有新合作方式，根据资源情况，整合入标准方案内，形成一种可持续发展的产学研推动机制。已经与测绘地理信息行业内近 500 所中、高职院校，本科院校、重点大学等开展产教融合，与中科院遥感所、电子五所、导航时频中心、工信部软促中心、广东省计量院等单位在不同方面开展产研合作，成立南方测绘教育实训研究院、南方学院专门对接产学研合作的机构，各事业部匹配近百人的研发、技术支持人员进行相关方案的建立与实施，全国 110 家省、市级分公司全面配合各地的推广与合作落地。

要使知识产权体系能真正起到激励企业自主研发的功能，亟须一套适用于我国的、自主建立的法律体系及执法行政等配套机制。因此，我们要加快建设知识产权强国，必须落实新时代党的建设总要求，坚持以政治建设为统领，充分发挥基层党组织的战斗堡垒作用和共产党员的先锋模范作用，着力打造忠诚、干净、有担当的干部队伍和高素质、专业化的人才队伍，全面提升机关党建质量，以高质量党建引领和推动知识产权事业高质量发展。

案例 5：北京博驰用制度创新促进发展

北京博驰自动化机械有限公司坐落于风景秀丽的首都国际航空中心核心区——顺义区，毗邻首都国际机场。公司的主要产品有全自动中空玻璃生产线、全自动铝框折弯机、全自动分子筛灌装机、全自动立式 Low-E 玻璃除膜机、全自动双组份打胶机、密封胶旋转工作台、丁基胶涂布机、全自动玻璃上片机、铝框移送机等。随着企业不断发展，现有的组织管理、规章制度、流程可能已经不再适合发展需要，所以该企业进行了管理制度上的创新。首先是统一思想，适应企业的发展需求。对于企业来说，从一个台阶迈向一个新的台阶，首先需要从思想上形成高度统一，形成一股绳，这样才能做到行动的协调一致，更快更准确地达成目标。为了达到企业追求的目标，实现双赢与多赢，要求员工应在思想上与公司的理念标准和行为规范达成一致。其次是转变观念，加强反思，正视不足。该企业通过学习组织管理创新，建立起“物竞天择，适者生存”的竞争观念。忙于一般性工作多，对新形势、新任务和工作中遇到的新问题没有进行深层次的分析；仅看表面现象，思考学习不深刻；缺乏高度的洞察力，有时了解的情况不全面，处理的方法比较简单，没有创新精神；遇到有的问题还是习惯于用已有经验去理解，思想上出现放松，以上这样的工作方式已经不适合现在企业的发展。所以，在工作过程中，企业应勇于转变，通过学习，正视不足，认真反思，自我完善，不断总结提高。最后公司内部建立了一流的管理队伍，对品牌进行规范化、高品质管理；并积极参加各类展会，推广“博驰 BOZA”商标。得益于长期发展和顺利运营的科学品牌策略，北京博驰品牌的成功打造，为公司的发展提供了坚实的后盾和强有力的支撑。现如今，北京博驰正立志以“发展创新、求真务实”的精神为导向，以雄厚的经济实力、科技实力为后盾，以品牌发展为基础，向着多元化、集团化、国际化的一流公司阔步迈进。

一个企业的发展不是一个人、一个部门就可以做好的，而是需要全体员工、所有部门的共同努力奋斗。所以只有全体员工统一思想，转变观念，能正视自己的不足，公司才能不断提高，稳定发展，员工自然而然从中受益，实现企业发展和员工自身提高的双赢局面。有效率的企业制度应当是高度耦合的制度集合，耦合性是企业制度的重要效率源泉。所谓耦合是指多项制度相互匹配、相互影响、共同发挥作用的一种治理体系或机制。制度是企业的灵魂，是现场管理的组织保证，创新的制度好比起到了画龙点睛的作用，工欲善其事，必先利其器，把制度这一管理的利器打磨好、使用好是确保企业优质、高效、低耗、均衡、安全、文明生产的前提和基础。

案例 6：华邈中心树立新的管理理念

北京华邈中药工程技术开发中心（简称华邈中心）成立于 1995 年 5 月，隶属于中国医药集团，为中国中药公司的全资子公司。华邈中心是一家专业从事中药饮片和健康食品研发、生产和销售的国家高新技术企业。华邈中心设有顺义和大兴两个厂区，建设面积达到 40 000 平方米，具有炒、炙、煅、烫、蒸、煮、复制、发酵等生产工艺技术和相应生产线。华邈中心具有生产加工半夏、附子、川乌、草乌、马钱子等毒性中药饮片资格，具备合法生产羚羊角粉、山甲珠等国家濒危野生保护动物的炮制加工品资质，是北京市小包装中药饮片试点生产单位。华邈中心原料主要选自道地产区，公司已全面实施中药饮片GMP管理规范，实现饮片生产加工的产业化和现代化，质量控制的数字化和标准化，年处理中药材6 083.7吨，生产中药饮片6 000吨，健康食品83.7吨，为北京地区本土中药饮片厂生产和销量第一名。近年公司经营业绩不断增长，相较2014年，2015年华邈中心总资产37 067万元，同比增长8%，销售收入50 021万元，同比增长18%，利润1 886万元，缴税1 372万元，同比增长22%。2016年，华邈中心承担国家科研和产业化项目3项，为企业的科技创新和产业发展提供了更高的平台。2014年，华邈中心凭借精细化的管理水平和优秀的科研创新能力，被北京市经济和信息化委员会认定为“北京市企业技术中心”。近年来，随着互联网技术的发展，应用互联网技术提升煎药中心现代化、科学化的管理水平，对提升企业竞争能力，开拓北京市场具有重要意义。在同行业中，代煎业务的发展走在了行业前列，引领饮片市场深度服务发展趋势，起到了信息新技术应用、新业务示范作用。

华邈中心科技创新的来源包括三方面：一是通过企业自主立项开展本企业迫切需要解决的难题、行业中的难题；二是根据政府的要求和国家发展的需要开展与企业相适应的攻关项目；三是通过技术转让获得其他科研机构、大专院校、企事业单位现有的技术方法。华邈中心质量技术部门负责科研需求的调研、科研项目的立项、组织、实施、验收以及政府项目的申请和技术的受让，完善相关管理制度；负责引进技术的验证、实施和产业化应用；负责制定年度计划、目标，并设立考核机制。

华邈中心科技创新的主要做法是强化技术来源和落实责任部门，通过管理制度上的创新实现了企业的巨大飞跃。新常态下企业经营管理要树立“变化才是常态”的新理念。在企业经营管理中要通过体制和机制的创新，将拥抱变化的理念融合到企业日常经营管理活动中。要清醒地认识到，信息化技术是企业拥抱变化最有力的武器，经营管理者要带领全体员工主动运用信息化技术跟踪、掌握乃至管控市场和技术领域的新变化新趋势，从传统的适应变化的理念向预测、利用变化的新理念转型，有效整合企业内外部资源，高效实现企业经营管理目标。

案例 7：新源国能科技创新生态未来

经营创新是实现企业战略的保证与手段，是统帅企业一切经营活动与营销工作的灵魂。北京新源国能科技集团股份有限公司（简称新源国能）成立于 2007 年 9 月，拥有环境工程设计甲级、环境工程专业承包二级、建筑机电安装工程专业承包三级资质，被评为中关村瞪羚企业、国家火炬计划承担单位等。集团下辖枫科（北京）膜技术有限公司、北京绿华环保设备有限公司、北京新源海纳技术有限公司、枫科（唐山）装备有限公司等多家子公司，现已发展成为集研发、设计、设备开发与制造、施工建设、运营服务和投资于一体的环保产业综合服务商。新源国能坚持自主研发、科技创新，拥有众多专利技术和自有知识产权技术，以科技创新为企业持续发展的动力。集团下设研究院和设计院，聚集了众多业内高端技术精英和留学归国人才，在膜材料、膜制备和膜应用领域进行世界前沿的研究，拥有 30 余项完全自主的知识产权。研究院与国内各大知名院校均有密切合作，并与加拿大膜工业研究所合作建立了渥太华膜研究中心，承担了多项自有攻关项目、朝阳区科委和北京市科委创新基金项目、国家“863”计划项目等课题，为新源国能不断输送新技术。新源国能自成立以来，完成了数十项大型水处理工程，项目总规模达到 100 万吨/天，每年减少废水排放量 3.6 亿吨。工程遍布污水深度处理、中水回用、工业给水处理、工业废水回用、海水淡化和自来水等领域，在市政、钢铁、石化、电力和冶金等行业内具有了良好的业绩，并获得了用户的一致好评。

公司根据不同客户的要求和不同水质特点，针对每个工程项目进行个性化工艺路线的优化设计，尤其对多种恶劣水质建立了一系列创新型工艺解决方案，解决了高浓度污水回用技术难题，实现了废水零排放。新源国能对高效絮凝沉淀、加强生化技术、高效反渗透技术、膜生物反应器、连续膜过滤等专项水处理技术进行了深层次开发和创新，形成了一系列自有知识产权的核心水处理工艺技术，在多个项目中成功应用。

经营创新的本质是要为客户与企业解决问题，要能够有助于提升客户与企业的竞争力和利润。新源国能在执行水处理工程项目的过程中成功采用了 DBO 模式，为用户从建设起始提供可靠保证。新源国能凭借产业一体化的优势，在设计、工程建设、设备制造、运营服务每一个环节都具有其他公司无法匹敌的优势和系统集成能力。企业采用顾客导向创新战略会正向影响企业产品知识的形成，进而提升新产品开发的多样性。

第七章　企业文化创新

一、以人为本的企业文化创新路径

企业需要构建以人为本的企业文化模式，凸显企业文化对员工的情感关怀，打造一个良好的文化氛围，满足员工的情感需求。以人为本的企业文化创新模式要求企业文化建设中要以员工作为立足点和出发点，企业文化内容要尊重人、关心人，企业文化创新要多考虑员工的诉求，并基于员工的意见和建议来进行改进。以人为本的企业文化强调企业和谐的人际关系、对员工个性的尊重、对失败的容忍等，努力塑造一个让员工感到舒适的良好氛围。举例来说，企业文化彰显家的温暖、追求团队合作等，让员工感受到企业文化浓浓的人情味，更好地满足其心理层面的需求，愿意在企业努力工作，增强企业员工队伍的稳定性。

二、持续改进的企业文化创新路径

适用于任何企业、任何情况的企业文化创新模式并不存在，因此这就需要企业引入持续改进的企业文化创新模式，保持企业文化创新的弹性以及可塑性，定期进行企业文化的诊断分析，了解企业文化创新中存在的具体问题，并根据企业文化创新影响因素的变化来进行有针对性的调整，以实现企业文化建设的持续改善。企业文化建设诊断方面，需要邀请一些外部专家，利用专家的旁观视角以及丰富经验，更加精准的对于企业文化创新问题进行把握。在持续改进的企业文化创新模式构建方面，关键是要做到问题导向，引入PDCA闭合循环，依据企业文化诊断结果进行有针对性的改进，以实现企业文化的不断改进。对于企业文化创新中比较突出的问题，企业管理者与员工应进行充分的讨论，制定解决方案，而不是一味的去忽视和逃避。

三、员工参与的企业文化创新路径

员工的积极参与是做好企业文化建设工作的前提，因此探索员工参与的企业文化建设模式，是确保企业文化建设水平提升的关键之举。企业文化创新不是仅涉及企业文化建设专员或者企业管理者，同时也与每一个员工息息相关，只有员工广泛参与，才能够塑造出被员工广泛认可的文化。因此，在企业文化创新中，需要积极调动员工的参与积极性，采用一些互动性强的做法来让员工更好地了解企业文化，认可企业文化，并成为一个企业文化忠实的践行者。举例而言，考虑到企业新生代员工数量的不断增加，占比的不断提升，就可以增加一些符合这部分员工身心特点的企业文化建设活动，团建活动、观看电影、旅游活动等都可以引入到企业文化建设中去。员工参与的企业文化创新模式要求企业在文化建设中，尊重员工主导地位，让员工能够表达意见以及建议，从而推动这一工作的持续向好。

案例1：佳顺印务以诚信赢得客户

自21世纪以来，中国经济迅速成长为世界第二大经济体，但在规模驱动总量效应的背后，是创新驱动的结构失衡。企业作为国家自主创新的主力军，担负着自主创新的重要使命，同时，在激烈的市场竞争环境下，自主创新逐渐成为企业增强竞争力，获取竞争优势的首要战略选择。中国经济的未来不能再依靠向全世界出口廉价产品，也不能依靠结构性的刺激因素，而必须依靠科学和创新思想所构建的新一代产品和服务体系。

不同的文化内涵对创新有着不同的影响，文化影响创新方式并塑造有差异的创新能力。不同知名企业也有不同的文化基因，德国西门子积极营造企业创新文化，并把企业的创新文化诠释为四个方面：必须具有客户导向、管理层要关注创新、要创造一个敢于冒险的氛围、要追求卓越。苹果公司鼓励个人主义，强调个人成就，苹果公司倾向于雇佣那些有思想、懂得自我激励的人；在公司的组织结构上，苹果也追求简约，组织结构扁平，工作氛围宽松，苹果员工不要求穿正装工作。在这样的文化氛围下，苹果公司的突破式创新举世瞩目。

企业文化具有凝聚、导向、约束、整合、激励、创新的功能，不少学者认为，企业文化功能的发挥能有效提升企业自主创新能力，企业文化可以作为企业自主创新的前置变量。吕玉芳认为，创新力的形成必须由企业与个人共同努力，但是企业也可以营造适当的环境来激励企业内的创新活动。邓乐元认为，自主创新能力强弱的问题，从表面上看，是科学技术发展水平高低的问题，是“物”的问题，从深层看则是“人”的问题，是制度和文化的问题，因为一定的“物”是处在一定制度条件和文化环境下的。

北京佳顺印务有限公司是北京市级出版物印刷定点企业，成立于1983年，其前身为北京佳顺印刷厂。公司占地面积8.5亩，建筑面积6 000平方米，年生产能力达30万令纸，公司现有员工160人，其中专业技术人员占20%以上，高级职称2人，中级职称5人，平均年龄35岁；拥有五色机、轮转机等先进的照排、印刷、装订设备近百台（套），可印制出版物、彩色包装、商业印刷品等各种印刷品，基本实现了印刷设备自动化、工艺数据化、管理规范化，是顺义区设备齐全、技术先进的印刷企业，在北京市印刷行业中具有一定影响力。公司通过了ISO 9001—2000版、2008版、2015版等国际质量体系认证。

公司创办人王中燕于1996年从国企下海从事印刷业务，从开始5名工作人员发展至今已有1 600名员工，公司分布在香港、湖南、深圳及北京地区，王中燕从下海经商至今一直致力于文化行业领域研发、创新、开拓工作。整个公司实现专利37项，其中湖南奔腾文化创意股份公司是国家文化产品出口重点企业和国家入选外贸出口先导指数样本企业，其本人也获得了湖南“四个一批”人才称号，被选入国家体制外优秀宣传人才库。创办人一直把文化产品创新和中国文化输出作为奋斗的目标。立志为全球儿童提供寓教于乐的立体儿童类图书，成立国家文教示范基地。

北京佳顺印务有限公司坚持“以诚信赢得客户，以品质创造未来”的经营理念，真诚为客户服务，赢得了社会各界的信赖，也实现了企业的跨越式发展。目前，公司坚持创新发展，围绕文化创意产业，努力创新、潜心创意，研发文化创意产品，以文化创意产品拓展市场，抢占份额。

企业需要认识到企业文化是影响企业自主创新能力、战略变革的关键因素，需从企业文化这一顶层设计着手来推动企业自主创新管理水平的提高。要让企业自主创新发生，必须通过文化塑造鼓励员工打破现状，尝试更好的解决方法，这种现状可能是产品、服务、管理方式等。一个富于创新的企业，它的产品、服务、管理模式、内部结构等一定不是长期静态的，这些因素需要不断被打破和重构，以适应新的客户需求和内外部环境。

案例 2：六合宁远利用外包文化缩短研发周期

北京六合宁远科技有限公司成立于 2010 年，注册资金 2 000 万元，员工 200 多人，主营新药开发合成服务（CRO、CMO），是一家大学生创业公司，于 2016 年成为高新技术企业。公司打造小分子药物研发的一体化服务平台，为国内外各大制药公司提供新药研发、工艺、生产及商业化的合成服务，帮助全球制药巨头们加速创新药物的开发上市进程。公司尤其擅长杂环类分子的合成，克服了众多技术难点，首创了一系列适用于最新医药研发方向的杂环类分子，数量多达千计，成为世界医药公司在进行小分子尤其是抗肿瘤药物研发的首选合作伙伴。公司不断参与并开发世界医药研发最前端合成技术的研究应用，依靠过硬的合成技术及优秀的服务跻身于国内外优秀公司之列。公司拥有突出的研发能力，拥有 20 多间专业实验室，核磁、液质、液相等大批世界先进水平的精密研发设备。研发人员实力雄厚，拥有技术开发、质量控制、工艺研究、产品性能研究等各类技术人员。目前公司拥有科研人员 150 多人，其中有留学背景人员 15 人。经过多年努力，公司研发能力持续增长。独立首创新分子 8 000 多种，畅销于各大医药公司，并每年保持 10%的新分子开发增长率；同时承揽大量医药外研发项目，完善修正工艺路线，帮助客户加快研发，节省成本，获得了客户的认可。

在新药研发领域，因为研发阶段费用高昂，周期长，越来越多的国际药企将研发环节细分成一个一个的片段，将片段外包出去，以节约研发成本，缩短研发周期，从而催生了医药研发外包这一新兴行业。但目前国内研发外包公司良莠不齐，有的只能提供实验室级别的小试研发，有的只能提供工艺流程固定的产品放大生产，缺少具备从小试到中试、放大完整研发能力的公司。公司抓住这一市场机遇，努力打造小分子药物研发的一体化服务平台，为国内外各大制药公司提供新药研发、工艺、生产及商业化的全程合成服务，创新了医药研发外包生产的新模式。凭借这一模式，公司提升了综合实力，获得了国内外市场的认可，实现了企业的快速发展。公司实现了业务模式的创新，搭建了新药研发平台，紧盯新药研发世界技术前沿，提供小分子药物研发从小试到中试、放大的研发全程服务。

公司采用外包的形式进行创新，催生了医药研发外包这一新兴行业，中国存在着大量有机合成的高素质人才，同时人力、原料等资源成本相对较低，成为医药研发外包行业的主力市场。

案例 3：路明科技的驱动力是企业家精神

企业是产业升级的微观基础，企业自主创新能力对转型升级具有重要影响。一方面，企业自主创新推动转型升级的动力源于企业内部，比如企业家精神、自主学习能力等，其中企业家精神通过主动搜寻新技术并将其应用于市场竞争之中，从企业家个人价值以及商业价值创造上体现出来，是推动转型升级的核心要素。另一方面，企业创新推动转型升级的动力来自外部，这种外部持续创新动力包括创新的外部环境及其对企业适应能力的要求。成功的创新型企业经常会使用外部技术资源获得动力保障。

路明科技集团有限公司成立于1993年，2001年进入发光二极管（LED）领域，2003年对美国晶体技术有限公司（AXT）开展收购，成为我国LED行业的佼佼者。三一重装国际控股有限公司成立于2001年，主要从事煤炭采掘成套设备研发、制造及销售，2009年在香港上市，产品出口乌克兰、澳大利亚和俄罗斯，在煤炭采掘成套装备产业领域研究能力较强，是我国煤炭采掘行业的头部企业。海信集团有限公司成立于1969年，1979年转变成青岛电视机厂，2010年生产出我国第一台智能电视，是我国传统家电业代表企业。华为技术有限公司成立于1987年，1989年自主开发用户交换机（PBX），1990年自主研发PBX技术，1992年制定了数字交换攻克计划，1996年综合营业接入网和光网络的同步数字体系（SDH）配置出炉，2018年2月沃达丰集团（Vodafone）和华为完成首次5G通话测试，是我国信息技术产业规模较大的企业，自主创新能力较强。上述案例充分体现了企业家精神在推动企业自主创新中的重要作用。

企业自主创新的内在驱动力是企业家精神。市场机会感知和应用作为企业家精神的表现形式，能推动企业把市场需求变成高市场价值产品。通过对市场机会识别和评价确保不被市场淘汰，利用这种机制可以判断最先进技术的走势，对更新产品和服务有很大的帮助。案例资料证据显示，这4家企业的企业家具备紧抓市场机遇的本领。华为产品开发体系中的“小三角”允许和鼓励犯错、冒险、失败，“大三角”要求在成熟的流程和制度体系上获得最大的成功率和最小的失败率；路明科技的总裁肖志国为技术专家出身，在发光粉的宣传上具有“以身试法”精神；海信集团鼓励科研人员敢于冒险、敢于冲锋；三一重装对产品性能研发鼓励敢于试错的精神。这些都体现了企业坚持不懈追求成功，面对错误从未逃避，都是企业所具备的勇敢创新精神，这种精神能帮助企业继续创新发展。

上述案例给予我们思考如下：优化企业创新文化，培育企业家创新精神。政策制定要从市场需求向宏观引导转换，发挥企业家精神在推动企业转型升级中的关键作用。要不断完善各市场要素，以市场为主导推进发展企业，避免对具体技术开发活动及生产经营过程直接干预。要重视企业员工组织化学习，并加强与外部学习型组织的互动联系，推动企业单一网络转变成网络集群。建立政策保障机制，发挥创新型企业的引领作用，加强对内生驱动要素的培养，进而突破瓶颈实现升级。

案例 4：山景科创的人性化管理

思想意识在现代管理中起着决定性的作用。意识的先进性是社会进步、企业蓬勃发展的动力之源，因此，抓教育、抓培训、抓文化已成为现代管理成功的必由之路。企业家必须牢牢掌握企业文化对企业成长的作用方法，根据不同的企业特点，塑造自己的企业文化。

山景科创网络技术（北京）有限公司（简称山景科创）成立于 2011 年 11 月，企业依托赶集网，为互联网用户提供房屋租售、招聘求职、商家黄页、二手物品买卖、二手车交易、宠物票务、旅游交友、餐饮娱乐等多种生活信息及在线交易服务。山景科创总部位于北京，在上海、广州、深圳设有分公司，分站遍布全国近 400 个城市。公司运营的赶集网每月为超过 4 亿人次提供生活服务信息，月度新增信息量超 4 000 万条，活跃商户数达到 579 万家。山景科创拥有一批优秀的研发人员，对分布式计算、分布式存储、实时索引、分布式通信、移动终端等都有丰富的经验，其开发的搜索引擎可以处理实时数据，并建立了分布计算平台，能处理大量的数据分析，从而保证赶集网海量信息的更新与真实性。公司为研发人员提供了一个适宜、安全、和谐、愉快的工作环境。公司的研发体制很完善，在建立健全的研发投入核算体系及项目开发流程同时，还有完善的 IDC 日常运营操作手册、NGINX 安全配置规范流程、TOMCAT 安全配置规范手册。为了满足互联网用户的信息需求，研发团队不断开发和完善大数据信息置顶系统、实时竞价系统、蓝领工作平台系统、房产交易系统等高新技术产品，通过不断提高用户体验，为公司带来较大的流量和效益。

如何有效地培育与企业需求相匹配的关键技术人才和以证券市场、风险基金等协调发展的多层次资本市场，是促进和支持我国企业自主创新活动的关键要素之一。该公司不断吸引优秀的研发人才，保证产品在行业的领先地位，同时该公司不断优化研发环境，建立研发质量体系。为了提高员工的工作环境质量，专门为员工提供经过净化的清新空气、休息茶间、绿色种植区，并且每天还为全体员工供应咖啡；为了提升员工安全意识，建立了一大批提供高度安全保证的硬件和软件设施，并由专门部门负责；公司按期检查各种安全设施、关注水质、噪声等问题，每年为员工提供身体健康检查等福利，充分体现了柔性化与人性化的管理。

案例 5：顺丰优选优化管理文化

企业发展人才最重要。破解“企”字，有一个精当的说法：“有人则企，无人则止”。人才是企业发展的第一要务，而管理人才的培养更是为企业的长远发展提供强有力的支撑。如果一个企业没有丰富的复合型人才做铺垫，将很难适应经济一体化、全球化的发展。所以企业要抓紧培养优秀的青年人才，加快企业优秀管理人才的后备储备，形成有利于复合型人才发展的工作机制，更好地促进企业的蓬勃发展。

顺丰优选是由顺丰速运有限公司（简称顺丰集团）倾力打造、提供全球优质安全美食为主的网购商城，网站于 2012 年 5 月 31 日正式上线，网站商品数量超过 1 万余种，其中 60%均为进口食品，采自全球 60 多个国家和地区。生鲜电商作为现代商业最后一块蓝海，发展空间大，竞争压力大，但实际经验模式全靠各企业自己摸索把握。2012 年 5 月 31 日顺丰优选正式上线，2014 年 5 月 18 日全国 518 家嘿客门店开业，经过一年多摸索与尝试，2015 年，顺丰集团开始整合业务，成立了五大事业群，其中商业事业群（顺丰商业）成立，将顺丰优选与嘿客门店合二为一，共同管理。2016年，顺丰商业分析15年网站和门店经营情况，吸取经验教训，又一次对组织进行了变革创新，提出线上线下协同发展的组织管理战略，到2016年年底，顺丰商业施行业务直管的整体组织管理方式。2016年9月，顺丰商业推出了“零加盟费与零进货费”的店铺委托管理经营模式，即创业者承担房租和人员管理成本，顺丰承担门店的装修和商品，创业者需要交纳20万元的履约保证金，无违约情况下合同期满可全额返还，双方按约定比例进行商品盈利分成。除了新开的店直接采用委托管理模式外，原来顺丰旗下2 000多家店也将逐步转型新模式，向全部创业者开放，并且用减免履约保证金的方式鼓励内部员工承包门店。这种新的门店委托管理模式不同于其他零售企业的加盟模式，顺丰商业凭借顺丰集团强有力的支持，提供从品牌资产、商品、仓储、物流、推广到售后的全供应链支撑，帮合作者提升运营效率，迅速打开市场，同时也为顺丰优选线上网站提供强有力的引流渠道。顺丰集团成立以来，一直致力于为员工打造引以为傲的职业平台和创业舞台，不管是顺丰速运快递业务和外呼客服业务的外包模式，还是顺丰商业线下门店的委托模式，都是公司创新经营管理模式的举措，同时也为每一位员工提供成为创业者和老板的机会。只有组织管理方式不断创新、全员创新，才能为企业发展提供最持久的发展动力。

管理是企业永恒的主题，是企业发展的基石；创新是现代企业进步的原动力，是增强企业核心竞争能力，获得跨越式发展，实现持续成长的决定性因素。企业管理者要注意任务型子群体配置的不均衡性，从而最大限度地激发高管成员的创造潜能和促进企业的创新投入。企业要想取得长远发展，就不能墨守成规，需要引进先进的管理理念，积极开展技术创新，加大对科研的投资力度，从而使企业发展能不断适应市场的需求。现代化的管理技术是企业发展的支撑，是创造经济效益的源泉，所以企业应重视现代化管理技术的应用，积极学习国外企业先进的管理制度，并结合本国的国情进行适当的创新，从而使技术的发展更能适应企业的现状，促使企业平稳发展。

案例 6：中煤电气创新文化推动企业大变革

“聚变”是核物理学中的专业名词，指的是两个原子核聚合而发生的反应，核聚变会释放出巨大的能量，而在我们的企业中，也普遍存在着这样两个能释放出巨大能量的“原子核”，那就是文化和品牌。

中煤电气有限公司成立于 2002 年 10 月，隶属于中煤能源集团，是中国煤炭综合利用集团公司的全资子公司。中煤电气是集科研开发、工程设计、产品制造、机电安装、系统开发与集成、信息化服务为一体的综合性专业化高新技术企业。作为中煤能源集团电气、自动化、信息化业务的主要实施单位，立足中煤、面向全国，为客户提供设计选型、产品制造、工程实施、专业化运维等全过程服务。中煤电气有限公司已形成产品生产、系统集成、专业化服务三大业务板块，产品涵盖自动化与信息化、成套电气、防爆电气、节能传动四大类。中煤电气注重科技创新，被认定为“高新技术企业”，中煤电气技术中心被认定为“北京市企业技术中心”。中煤电气是集团内部唯一一个同时拥有“高新技术企业”和北京市级“企业技术中心”的中小型企业。目前拥有 64 项国家专利，其中，发明专利 10 项；拥有软件著作权 18 项；获省部级科技进步奖 12 项；1 项产品列入国家重点新产品计划；参与编制的 12 项国家标准已正式发布实施。

在构建科技创新组织结构方面，公司建立衔接流畅的高效快捷组织体系，优化内部流程管理，强化企业科技创新。不仅使科技创新体系建设思路更加清晰化、具体化，还降低了科技发展运营成本，提高了科技创新效率，有助于培养专业技术强的人才队伍，提高了企业技术水平。

在完善科技创新制度方面，按照集团公司和综合利用公司的要求，结合企业的实际，制定了《科技项目管理办法》《“五小”科技活动实施及奖励办法》等一系列科技工作的管理办法，使科技创新活动有章可依，有据可循。进一步加强和规范了科技管理体系，完善了项目立项、组织实施、总结验收、自主知识产权保护等一整套科技管理制度，不仅有助于规范科技创新工作，还能激发员工创新的积极性和主动性，有助于形成促进公司多出成果、快出成果的良性发展机制，为公司构建技术体系打下了良好的基础。

在整合技术资源实现协同发展方面，在企业内部，与企业实施的质量管理体系、环境管理体系和职业健康安全管理体系相结合，初步建立了技术标准化工作平台，对开发新产品、改善经营管理、调整产品结构、开拓集团内外市场等方面起到重要作用。中煤电气对外与中国矿业大学合作建立了数字化矿山软件实验室和数字化矿山转化基地；先后与北京大学、中国矿业大学、中国科学院电工研究所、煤炭科学研究总院、天津电气传动设计研究所、西安高压电器研究所、中国煤炭工业协会、中国电器工业协会、中国自动化学会等单位开展技术合作；注重企业与企业的协同发展，与罗克韦尔、大唐移动等企业建立战略合作关系，利用其在技术上的优势互补，及自身技术的积累和市场，形成借力发展、共同发展优势。

在创新文化品牌方面，大力实施“中煤电气”品牌战略，利用各种形式加强企业和产品宣传。积极参加行业交流活动，提高企业影响力。通过提升产品技术水平和竞争力，创建产品品牌，并注重产品商标注册和保护。打造具有特色的企业文化，树立正确的价值观，并把企业价值观渗透到企业的日常经营管理过程的每一个环节中。培养企业员工的责任感和主动性，鼓励进步和不断创新，认真对待客户需求，承担起应尽的社会责任。积极创造企业文化形成的条件，秉承中煤集团企业精神、核心理念、企业作风和行为规范，完善中煤电气公司企业文化体系，大力宣传艰苦奋斗的精神，全面树立创新的理念，积极推进严谨的作风和务实的态度，大力开展多种文化活动，丰富职工业余文化生活，创建和谐的氛围，引导职工树立积极的人生观，保持创业的激情。

中煤电气有限公司在多个方面进行创新，最终实现了企业从内到外的大变革与大发展。以创新战略为导向有效地集聚企业内外的人员、资金、设备、知识和信息资源，构建与创新战略相适应的内部管理体系，促进创新资源向创新能力和创新绩效转变。科技创新体现企业自主创新的能力，企业实施科技创新才能增强企业核心竞争力，才能在激烈的市场竞争中把握先机、赢得主动，为企业发展打下坚实有力的技术基础。

案例 7：灵智精锐注重大众参与创新

众包商业模式是以企业组织、网络技术平台、群体智慧为一体的运作方案，强调以客户价值为向导、大众智慧为资源，通过企业和消费者共创价值并将其转化为企业利润的一种模式。学者们认为群体智慧对众包有着重要意义。Saxton 等提出“在适当的情况下，群体智慧往往比最聪明的个人更具有智慧”；Malone 等指出，群体智慧不仅体现在个人能力上，更注重个体间的协调。因此，基于群体智慧的众包模式更强调能够在个人能力和协调沟通中找到解决方案。众包商业模式的中介是以网络为中心的平台。Brabham 指出，互联网用户更热衷于在这些平台上贡献自己的想法、知识、技能等。从企业的角度，众包为大众群体中各种鲜明个体提供了智慧参与的平台，网络为组织提供了媒介，让大规模有兴趣主张的用户积极参与到不同的工作中并提供服务。众包平台为用户参与企业问题及创意活动等扫清了时间和空间的障碍。

众包模式是指企业或机构将原本由员工执行的工作任务，在自由自愿的基础上外包给非特定、大型的大众网络的一种做法。事实上，众包模式概念的提出源于社会对企业创新模式的反思。众包模式借助互联网技术与群体智慧，高效结合企业内部资源与外部信息，提高企业的工作效率与质量，节约各项资源及成本，对企业管理具有重要意义。

众包模式在企业经营管理中的优势。

一是众包模式能够打破企业传统管理边界。在众包模式的影响下，社会群众贡献了集体智慧，打破了各行各业的专家长期占据垄断产品设计以及发行的统治地位和诸多领域的生产组织方式。

二是众包模式下企业预算大大减低。企业在管理方面常需要花费较高的费用，容易导致项目产品研发方面资金的短缺，不利于产品的创新生产。在众包模式下，企业可以散布任务，既能得到来自社会大众提供的优秀方案，且不需要支付高昂的报酬。此外，参与产品设计以及生产的群众是建立在对产品感兴趣且能够控制的基础上，因此该群体也是产品忠实的消费者，企业无须过多担心产品市场销售情况，能够节约部分市场推广费用。

三是众包模式转变了传统管理模式。众包模式符合现代企业与用户共同建立、经营、拥有新的商业生态的发展需求，是传统企业经营管理理念的革新。最大程度地贴合消费者的真实需求是企业生产的关键目标，需要全面、准确地掌握消费者行为习惯以及消费偏好，而众包模式恰好是公众意志的集中体现。企业能够通过该途径及时有效地获取所需信息，避免出现信息不对称情况，为消费者提供个性化产品和服务。同时，众包模式有利于企业垂直管理的组织结构呈现扁平化特点，提高企业整体生产经营效率，降低创新所需成本。

北京灵智精锐整合营销顾问有限公司成立于 2002 年 9 月，是国内营销策略服务的领先品牌企业，也是最先引入整合营销运作概念的本土公司之一。公司拥有深厚的行业背景、良好的媒体关系和广泛的社会资源，并与国内外众多知名企业建立起了长期的客户战略合作伙伴关系。公司总部设在北京，在广州、上海设立有分公司，业务辐射全国 300 多个城市，拥有全职员工 118 人。公司长期专注于为各行业客户提供专业的市场整合营销服务，帮助企业通过产品营销实战构建更强大的核心竞争力。经过长期的成功运作和行业积累，公司客户覆盖 IT、汽车、快速消费品、医疗保健等多个行业，其中包括了各行业的精英代表，如宝洁、蒙牛、雀巢、三星、青岛啤酒、中粮、康师傅、百事可乐、奥迪、李宁等。

2020年，对于每个企业、每个人来说，都注定是不平凡的。一场突如其来的新冠肺炎疫情，给我们的生产经营带来巨大的改变。广告会展行业受疫情影响颇为严重，原计划于上半年开展的项目，全部无限期延后或取消、新的业务开展受阻、应收账款无法如期回收，公司面临巨大的业务和资金压力，在如此严峻的事实面前，公司的经济损失已无法避免。在自然界春天来临之际，中小企业的严冬却显得异常寒冷。为减轻中小企业的压力，各级政府已陆续出台多项税收、社保减免和政府补贴政策，竭力帮助企业渡过难关。但是要想解决根本问题，还需要企业自身的调整和自救。基于对目前疫情发展情况的判断，公司主要在三方面采取有效措施，使员工稳岗、保企业生存：一是利用业务空置期，尽快完成项目结算，使资金尽早回笼，确保人员及日常开支；二是随着我国防疫工作取得的阶段性成效，线下行业整体恢复指日可待，客户需求及行业发展动态要及时掌握；三是员工的业务培训要重视。

众包模式在互联网飞速发展的大环境下，能够有效地激发企业发展潜能。在运用众包模式时，企业应积极促进自身信息化发展，建立互联网思维；重视消费者需求，深挖网络资源，使资源合理化配置；不断规范并完善企业互联网众包模式等，通过不断探索创新，最大程度地发挥众包模式的优势。

第八章　企业战略创新

一、进攻型战略创新路径

进攻型战略创新通过率先开发出新兴产业的产品，并领先于竞争对手占领市场的主动创新战略。由于科学技术产业化具有一定的时滞性，因此，技术的最早发现者或发明者并不一定就是产业创新的领先者。技术产业化的时滞为企业进行产业创新提供了外部知识和技术来源。基础研究是产业创新的重要支撑体系。公司要进行进攻型创新，迅速消化吸收外部的科技成果是至关重要的。如贝尔公司、通用公司、道化学公司等都有强大的基础研究能力，它们基本上是以实施进攻型产业创新为主。然而，除了基础研究外，进攻型产业创新战略中关键的因子是应用研究和工程开发方面的能力。一个公司要想在新产品开发或流程创新上走在世界前列，必须具有解决在设计、产品原型检测和制造以及工厂管理、市场开拓等方面问题的强大能力。著名企业史学家阿尔弗雷德·D. 钱德勒认为，在人类产业创新的历史中，现有企业比新建企业担当了更重要的角色，尤其是新兴产业的第一行动者是产业创新主要的推动者，而大多数新兴产业的第一行动者基本上是已建立企业。这是由产业创新的特征决定的。总之，为当前产业赋予新貌或开创全新产业是进攻型创新战略的目标追求。

二、防御型战略创新路径

面对产业竞争的威胁，只有极少数的企业能采取主动进攻的创新战略，而绝大多数企业只能采取被动防御性的战略。企业的决策在很大程度上是动物精神的产物，非到危急时刻，企业一般不会主动进行创新。防御型创新者希望紧跟在创业者的后面，并通过抓住创业者失误的有利时机迎头赶上，从创业者手里夺回市场。防御型创新者也是知识密集型企业，研究与开发投入强度较高，拥有高素质的人力资源，对新知识、新技术尤其是新兴产业发展方面的信息反应敏捷。在研究与开发投入上，更注重开发和设计阶段的速度与效率。在生产技术和市场开拓上具有特别能力和专长，一旦某一新兴产业轮廓清晰，它们凭借市场创新上的优势奋起直追，并有可能在短期内超过进攻型创新者。

大量实证研究得出的结论显示，大多数在研究与开发投入较多的实业性企业倾向实施防御型创新战略，创新的重点集中在对已有产品、流程、技术服务等方面的修正性创新上。在寡头垄断型产业中，寡头垄断企业更倾向于实施防御性创新战略。这些领导企业在已有的产业内具有垄断地位，能获取高额的垄断利润，企业不会轻易改变其经营方向或主要的产品。它们对创新的投入不是为了单纯的产业创新目标，如果没有竞争对手的威胁或市场变化的压力（如产业衰退时产品市场需求下降），不会主动进行产业创新活动；一旦产业或环境发生了急剧变化，它们会凭借其强大的创新能力迅速从事产业创新活动，这是典型的防御型创新战略。

三、依赖型战略创新路径

依赖型创新者通过购买专利、许可证和技术等途径或与领先者合资、合作、战略联盟等方式进行产业创新活动。在新技术、新产品的浪潮前头，一般企业缺乏跳跃式前进或迎头赶上的能力，它们只能是新游戏的落伍者，产业中的大多数企业即属于这种情形。而且发展中国家的企业一般也属于这种情形。因此，依赖型战略不失为一种基本的产业创新战略模式。依赖型企业应有显著的市场开拓能力，并采用成本领先战略占领市场，竞争优势一般建立在规模经济的基础上。强大的生产技能和产品设计能力是依赖型战略成功的关键。依赖型创新是指依靠有创新能力的企业来被动进行创新，依赖型企业一般没有技术开发能力，也没有专门的研究与开发机构，基本上依赖其大客户（发包商等）提供创新支持。如某一主导型大企业主导产业创新，在其周围有大量的企业为其提供配套服务，配套服务厂商必须与主导厂商在创新上保持一致的步伐。配套厂商的创新一般由主导厂商提供技术、资金或承担市场风险，产业聚集区往往存在较多的模仿和依赖型创新企业。在工业化国家中大企业周围的卫星型企业一般是依赖型创新者。这些小型企业一般专注于某一专业化缝隙市场的创新，其创新动力直接来源于主导厂商的产业进步压力。

案例1：潮白环保的科技战略

通常在校企合作中，学校往往以教学为目的，科研成果转化速度较慢。应组织校企对接平台，让有资源的学校和企业达成合作，并在合作中监督实施进度，利用宣传手段促进成果转化。北京潮白环保科技有限公司就在校企合作这一点上走在了其他企业的前列。

北京潮白环保科技有限公司位于北京市顺义区木林镇韩路286号，成立于2006年4月，占地面积33 000平方米，注册资本2 000万元，一直致力于环保行业，目前职工80余人，截至2015年年底，累计纳税额350万元，现属于新三板进调阶段。

公司拥有自主研发的玻璃钢储罐封头真空导入法生产工艺和八角加强筋结构技术与自主研发的玻璃钢储罐内衬充气脱模工艺生产技术；同时有国家发明专利2项，实用新型专利14项，外观设计专利2项。为解决市场压力大、专业型人才不足的问题，公司于2016年3月1日起成立环保专业技术人才孵化研发中心。研发中心人员16名，其中高级工程师3人，中级工程师4人，总体目标是培养专业骨干人才5名，开发一种适合新标准的污水处理工艺技术，最终形成污水处理工艺技术计算软件1套，开发一系列沉淀过滤一体化反应器成套设备、一系列一体化FRP-MBR反应器成套设备和一种深度脱氮滤料，申请专利等。

经过不断的技术改革与创新，目前公司自主研发能力大大提升，自主研发的玻璃钢储罐第四代产品及加工生产设备已经初试完成，即将大批量生产。在公司定位方面，要成为中国的村镇水处理工程全产业服务平台 ；在发展方向方面，要成为水处理工程全产业服务引领者、成为员工实现梦想的平台；在公司使命方面，致力环保、造福子孙；在核心价值观方面，诚信、高效、创新、合作；在服务理念方面，遵循客户需求、解决客户困惑、我为客户负全责。在核心竞争力中，企业资源方面，目前自有标准化厂房占地 6 000 平方米，办公用房占地 3 500 平方米；拥有水质化验室一座，产品展示厅及水处理试验室一座，水生植物培育基地 3 亩；与 300 家设计院有合作关系，与 200 余家客户建立了合作基础；拥有自主研发并且在同行业领先的生产玻璃钢储罐的智能程控机械设备 9 台(套)；拥有国内唯一一台直径 3.5 米的玻璃钢储罐万能试验机。

引进人才、留住人才，促进整个区域的科技企业发展。按照环保专业技术人才孵化研发中心建设项目实施方案，北京潮白环保科技有限公司投资 165 万元，用于研发培养人才、输出技术 1 项、开发产品 3 项，并转化到企业平台中，预计年产值 3 300 万元、利润 450 万元。

案例 2：奇良海德印刷的精准定位与竞争优势

随着印刷产业的发展，企业引进的现代高端设备越来越多，这就给公司人员提出了较高的要求，不但要具备较高的专业知识和技能，还需要更高的素质，来满足客户的高质量需求。高素质、高技能的人才在印刷行业还是比较匮乏的。因此，要找准定位与客户群体，再制定策略。在印刷这一领域，北京奇良海德印刷股份有限公司领会到了精髓，并付诸于实践，取得行业一致好评。

北京奇良海德印刷股份有限公司成立于 1998 年，公司注册资金 2 500 万元，股东会成员全部毕业于北京印刷学院。20 多年来，公司始终坚持“专业、高效、严谨、可靠”的价值理念，科学发展，沿着环保、创新、精益化的目标稳步向前迈进，发扬以“满足个性化需求、服务、速度、质量、技术”五大竞争优势，不断用业绩书写着企业发展的新篇章。如今，公司销售业绩持续增长，被誉为北京地区最具影响力的专业商务印刷服务商。公司已通过了森林管理体系 FSC 认证、绿色印刷认证和 ISO 9001、ISO 14001、GB/T 24001 三大管理体系认证、信息安全体系认证，被评为中央政府采购定点印刷供应商、十佳出版印刷企业，取得北京印刷行业诚信企业资质。一般的传统印刷行业主要依靠密集劳动力及技术经验的做法，而对传统印刷的创新主要是对局部的生产环节及流程实现信息化、自动化来代替。产品服务创新方面从产品服务于用户的角度出发，公司利用客户之声，来提高企业竞争力，把产品与服务创新和目标客户以及市场紧密地连接起来，真正从用户角度出发，满足差异化的需求。客户提出的设计想法，通过生产测试，对设计工艺的实现进行可行性具体细节分析，给客户提供专业的建议，在生产前将客户个性化产品的设计进行规范的工艺分解，以增强客户的服务感受。市场营销创新根据客户需求进行定制服务，按客户提出的具体需求进行细化分解，按行业划分小组，小组里的营业顾问进行一对一的服务，针对需求设计制定出一套专属的方案，生产中心工艺部针对定制产品的个性化制定工作流程、步骤、细节，将任务转化成固定可执行的具体方案。

在科技政策方面，国家已出台了许多支持中小企业的扶持政策，这些政策对中小企业的发展具有很大的利好影响。作为案例企业来说希望加大本行业高素质人才的培养和引进力度，为行业发展提供人才支撑。有计划、有针对性地举办各种专业培训班，适时组织行业内专家对公司员工进行技术培训、指导，真正建立一支高素质的技术队伍。应以企业做强、做稳、做精为指导思想，以提高自主创新能力为先导，实施制度创新和技术创新相结合，加快实施人才战略、信息化战略、品牌战略，不断优化产业结构、产品结构和市场结构，提升企业核心竞争能力，打造知名国际品牌。

案例 3：广东瑞生科技让猪香飞起来

广东瑞生科技集团有限公司（简称瑞生科技）是一家专门从事

研发、生产和销售饲料添加剂产品的企业。40 多年的行业深耕奠定了瑞生科技的专业性，打造了中国香料最著名的品牌。进入升级转型的新时代，瑞生科技紧盯世界先进科技和工艺，获得了高新技术企业称号和 20 多项专利，全面通过 ISO 9001—2008 质量管理体系、ISO 22000 食品安全管理体系等认证。

随着国家全面实施“禁抗令”，无抗已然成为行业发展的必然要求，替抗已然成为行业发展的大潮流和新风尚，引领着畜牧业健康发展。抗生素多用于不健康的养殖体系，长期如此不利于产业可持续发展，替抗势在必行。与此同时，处在替抗过渡期，行业人士也面临着不少挑战，如肠道疾病发生率增加、死亡率提高、生产效率降低、生产成本增加、断奶仔猪的抗应激等问题接踵而至。因此，养殖业迫切需要一款合适的替抗产品，守护每一头金猪健康成长。对此，瑞生科技通过研究发现，采用天然植物及提取物、精油、益生菌、有机酸、酶制剂等诸多饲料添加剂，同样能发挥抗生素的效果。另外，单一的添加剂不能完全替代饲用抗生素的功能，所以需要利用添加剂的协同作用的思路来设定替抗的方案。无抗之后，还是有一些方案来替代饲用抗生素的。瑞生科技正擅于此长，从数十种不同植物以病原性大肠杆菌（CICC10899）、金葡萄球菌（CICC21600）和沙门氏菌（CICC10420）为指示菌进行体外抑菌筛选。从猪消化道后端取不同食糜成分，作为稀释液成分（模拟体内试验）进行提取物抑菌试验，最后筛选出抑菌效果好的提取物后进行复配，形成产品，进行动物试验。瑞生科技还把植物提取物应用在保育料中，通过实验对比发现，与抗生素组相比，植物提取物对腹泻控制的效果与抗生素是相当的，而且采食量、料肉比、日增重等表现与抗生素组也不相上下。瑞生科技的产品丰富，特别是替抗类产品（益生宝）在市场销售及替抗应用上获得成功，深受养殖同仁欢迎，业内多家饲料企业和大规模养殖场均在使用，反馈良好，可以大大提高生产性能，带来效益。“香・味”类产品（纯奶香型0328）在全国销量名列前茅，并成功入选国家饲料博物馆陈列。

截至 2022 年 5 月，瑞生科技产品销售和服务网络覆盖国内各个省份以及东南亚国家，且凭借高效、稳定的品质赢得客户的信任和赞誉。瑞生科技本着“科技领先、共创效益”的宗旨，致力打造品牌价值和完善的服务，勇于担当引领中国饲料添加剂行业的使命和社会责任，努力打造中国畜牧食品安全产业链。瑞生科技提出，真正的大赢家是不断向前奔跑奋进的！虽然市场变幻莫测，瑞生科技为行业健康发展服务的心是永不改变的。着眼未来，集团将继续怀揣着绿色养殖的理念，以居高思远的态度，想养殖户所想，谋养殖户所需，一如既往地为农牧业提供健康绿色的产品，推动畜牧行业的快速发展和繁荣。

案例 4：中图能源集团的民族品牌之路

自新冠肺炎疫情发生以来，能源行业面临的核心问题是如何在严峻的大环境下维持企业的经营，把疫情对业务推进和企业发展造成的影响降到最低；相关性人才短缺，基层工作没人愿意干的现象较为明显；企业用工难，工人年龄结构出现老龄化的发展趋势。为了解决上述问题，中图能源集团用自己的方法走出了一条新路。

中图能源集团创立于 1989 年，主要从事成品油终端批发、零售业务。自创立伊始，公司以强烈的进取意识、机遇意识和责任意识，构建起了高效的市场体系，已先后在北京、河北、天津、山东、海南、贵州设立 6 个省级公司，业务遍及全国 20 多个省份。中图能源持续致力于构建和谐美好的加油环境，将保障油品供应、创造客户价值、推动行业良性发展作为己任，依托终端零售网络，先后创立了好宜购连锁便利店和好家伙汽车服务等品牌业务，提供加油、购物、汽车服务一站式综合服务，全面构建人、车、生活的加油新模式。面对能源行业的快速变革，中图能源坚持高质量、可持续的发展战略，深入探索能源补给站的经营新模式，与北京燃气集团携手，成立北京中图天然气供应有限公司；与北汽新能源合作，在加油站增设换电服务；在油品业务稳步发展的基础上，逐步实现战略转型，全面构建油、气、电齐头并进的多元化业务新格局。商业上的稳步前进，让中图能源集团勇于承担社会责任，中图能源集团建立了以“仁爱”为基础、“感恩”为宗旨、“责任”为中心、“忠诚”为目标的企业文化体系。在企业内部设有爱心基金会，资金由公司董事会、高管及员工捐赠，主要用于帮助遭遇困难的员工渡过难关。同时，中图能源多年来持续积极投身于社会公益事业，集团及关联企业捐赠金额已累计近亿元。自 2020 年初新冠肺炎疫情发生以来，中图能源更是彰显责任担当，不仅切实履行了“油品不断供、商品不涨价、服务不打烊”的承诺，而且多次进行捐款捐物，为打赢这场疫情防控阻击战不遗余力地奉献了力量。中图能源 30 年秉持“做强民族企业，成就员工梦想，履行社会责任”的企业宗旨，始终坚持党的领导，坚持国家利益高于一切的原则。在习近平总书记“中国梦”信念的引领下，中图能源必将脚踏实地，一往无前，为打造“中国能源民族品牌”而不懈奋斗。

案例 5：三维博艺的人才培养计划

在社会高速发展下，行业建设应由政府、企业、学校共同出力，产教融合，快速适应国家发展战略。要想真正实现产教融合，同样需要政府、企业、学校三方共同出力。企业提出“人才需求订单”，并和学校一起联合培养人才，北京三维博艺机械制造有限公司（简称北京三维博艺）在人才培养上走在了行业前列。

北京三维博艺已积累 27 年机械制造行业经验，是集精密机械、精密模具、工装夹具及非标自动化设备设计、制造、安装、调试提供一站式技术解决方案的专业服务商。公司占地面积 13 000 平方米，其中标准化厂房 7 000 平方米，稳定的技术员工团队 60 人，80%以上为技术人员。企业自己培养车间各类先进精密加工设备近百台，严格按照 6S 精益化管理，产品质量严格按照《质量管理体系要求（GJB 9001B—2009）》流程管控，生产管理为系统化、信息化、数字化的工厂管理模式。成功为航空航天、各大科研院校、机械、电子、汽车、工业自动化、检测、家用电器、石油、医疗器械等行业提供大中小型精密零部件配套加工组装服务。目前，制造业高技能型人才严重短缺，不能满足国家战略发展需求。高职、中专院校培养的专业型人才，到企业一时难以胜任岗位；制造业技能型人才待遇偏低，造成年轻人都不愿意学习技术。如今，重学历文凭轻职业技能的观念还未从根本上得到扭转，高级白领工资远远高于高级蓝领待遇，造成企业职工和青年学生学习技能的积极性不高，年轻人不愿意去工厂当工人，学技术，不愿意吃苦耐劳，更不具备一丝不苟、精益求精的工匠精神，难以适应社会需要。为应对更加激烈的市场竞争，北京三维博艺提出人才储备的战略，多方共建人才储备中心，注重人才培养。

政府、企业、学校需要共同出力，形成产教融合，才能快速适应国家发展战略。首先，企业可以提出“人才需求订单”，并和学校一起联合培养人才；政府要制定科学标准，建立评价机制，督促和规范合作行为，共同加速培养国家发展急需的各类技术技能人才。其次，全面推进企业新型学徒制，实现校企师资共建。最后，要建立企业与高校和研究院所之间的项目合作和学术交流机制，经常开展技能培训、技能竞赛，培养人才的工匠精神。同时，提高企业高技能型人才待遇，保障其子女教育，制定科学的人才落户方案。

案例 6：青松集团以战略创新实现产业升级

安徽青松食品有限公司（简称青松集团）始创于 1999 年，2012 年成立集团公司。企业现有职工 1 600 余人，50%以上员工持有中、西式面点高级工，中式烹调师，高级公共营养师，高级工程师等证书，是一家专业从事主食产品生产、研发、配送及销售为一体的综合型主食产业化龙头企业。主要业务涉及城市早餐工程、大型连锁超市主食专柜、高校主食专柜、学生营养餐、社区老年餐、商务快餐、高铁冷链餐和净菜加工等。主要销售地域以合肥为中心，辐射全省及华东区域。截至 2022 年 5 月，青松集团现已建成城市早餐工程网点 1 600 多个、大型连锁超市主食专柜 300 多个、主食连锁专卖店 80 多家及便利店系统供应 500 多家，形成日供应 50 万份的主食产品规模，是安徽省最大的综合型主食供应基地，在全国主食加工领域处于领先地位。

青松集团始终坚持以技术创新为动力，以前瞻性的战略眼光，对产业链的上下游技术、相关技术进行高投入的持续研究，在研发方向投入的专项资金占销售收入比重逐年上升，尤其是在新设备引进及旧设备更新方面的投入。同时，青松集团建立了完善的技术研发人员培养体系及人才合作交流体系，依托系统的研发项目全生命周期管理机制，保障技术研发体系的高效运行，形成了大量具有自主知识产权的科研成果，极大地提升了公司产品的核心竞争力。贴近民生、依托民生、服务民生。未来，青松集团将始终践行“为耕者谋利，为食者造福，用良心做美食”的使命，坚持一流的品质、优质的服务宗旨，全力为民众提供更安全、营养、健康、美味的主食产品，努力打造百姓美好生活的民生综合体。

通过十几年来的发展，在全员不懈努力下，青松集团先后通过“五合一”体系认证（ISO 9001 质量管理体系认证、ISO 14001 环境管理体系认证、ISO 45001 职业健康安全管理体系认证、ISO 22000 食品安全管理体系认证和 HACCP 认证）。青松集团将持续贯彻一流品质、优质服务的宗旨，求实创新，为客户提供更优质的产品和服务，让客户买得放心，让消费者用得舒心。多年来，在国家及省、市领导关心支持下，青松集团发展十分迅速，先后荣获国家级主食加工配送中心试点企业、全国主食加工示范企业、国家级高新技术企业、高校毕业生就业见习国家级示范单位、中国主食品加工业十强、中国餐饮业十大知名快餐品牌、中国快餐、团餐百强企业、安徽省面制品研发基地、安徽省第一批研学旅行基地等多项殊荣，企业经营的“福年来”品牌被评为安徽省著名商标，得到各级主管部门和消费者的高度认可。

案例7：探迹科技为未来企业数字化赋能

随着新时代浪潮的迭起，商业创新加快发展，数字经济逐渐成为新的经济引擎增长点。目前，中国在营企业有4 600多万家，95%以上是中小企业，然而，国内中小企业普遍面临获客成本较高、无法准确找到投放对象、数字化程度低、客户资源难以有效管理等问题。针对这些瓶颈，实现一切商业活动数字化、提高企业的数字化运营能力，自然成为未来商业竞争的核心要素。

广州探迹科技有限公司（简称探迹科技）成立于2016年，由一群毕业于中山大学自称“互联网技术控”的年轻人共同创立，随着今日头条、拼多多这样的现象级新商业平台诞生，年轻的探迹创业团队敏感地意识到大数据和人工智能技术在产业互联网即将爆发的巨大商业潜能。于是，探迹科技将核心技术研发方向聚焦到To B企业销售这一环节，怀着“让天下没有难做的销售”这个朴素而原始的初心使命，他们开始进入“大数据+人工智能”技术赋能企业销售的创业新赛道。借助互联网“大数据+人工智能”技术，研发出具有行业开创属性的智能销售云SaaS系统，其以低门槛、低成本投入、高效能产出的特点，让中小企业享受技术普惠赋能的进步红利，大大提升了中小企业的数字化运营能力，特别是在智能销售这一增量提效的核心业务领域。探迹销售云SaaS作为一款SaaS化的智能销售支撑服务产品，可以实现企业从销售线索获取，营销信息触达，客户资源管理全流程和全销售业务生命周期的数字化、智能化平台支撑。大数据、人工智能、云计算、SaaS化等，这些先进的互联网技术进步成果，通过SaaS化服务的方式，低成本地应用到销售体系的智能化升级之中，实现了更多企业To B销售的数字化能力。探迹科技从智能销售这个细分赛道，成功切入企业数字化运营能力提升这一领域，通过技术赋能商业，借助探迹销售云SaaS系统支撑中小企业销售数字化能力提升，在公司成立6年时间里，累计服务和赋能10 000多家企业，在企业财税企业、知识产权服务类企业、国际物流和内贸企业以及普惠金融领域获得了广泛的市场认可。同时，探迹科技还在智慧产业园区、美妆、泛家居等传统行业领域，拥有智能销售的定制化解决方案产品，全方位、全领域、全流程赋能和助力中国中小企业的数字化运营能力提升。

随着探迹销售云 SaaS 平台之上的各种功能模块的不断积累，从服务企业智能销售，到服务企业智能决策、智能管理、智能制造等领域延伸，企业的规模也逐步扩大，从一个仅有十几人的学生创业团队，发展到如今 1 000 多名员工的规模，在北京、上海、广州、深圳以及几十个地市级城市拥有自己的销售网络体系。探迹科技的迅猛发展，见证了中国中小企业数字化运营能力，特别是智能销售领域业务迅猛发展的历史进程。探迹科技正在成为一个全面服务企业数字化运营能力的综合云平台，成为中国版 Salesforce 的潜力争夺者，未来一定会在企业数字化领域有所作为。

参考文献

白淑媛，2018. 整合营销策略研究：以顾客价值为导向［J］. 现代营销（8）：63.

班娟娟，郭倩，2021. 新发展格局下中国企业创新谋变［N］. 经济参考报，09-23（1）.

本报评论员，2020. 为国担当 为国分忧 弘扬企业家精神［N］. 人民日报，07-25（4）.

蔡恩泽，2020. 理性创新周育先［J］. 董事会（9）：87-88.

蔡剑，朱岩，2021. 数字经济的开放式创新模式［J］. 清华管理评论（6）：14-20.

蔡文静，2010. 中国商业银行竞争力分析［D］. 杭州：浙江理工大学.

常师师，2020. 习近平今年两会上的新语新论［J］. 理论导报（5）：51-53.

陈国宏，2008. 我国 FDI、知识产权保护与自主创新能力关系实证研究［J］. 中国工业经济（4）：25-33.

陈劲，阳银娟，2012. 管理的本质以及管理研究的评论［J］. 管理学报，9（2）：172-178.

陈劲，2014. 打造创新力的黄金律［J］. 清华管理评论（3）：10-13.

陈劲，2012. 最佳创新企业［M］. 北京：科学出版社.

陈明杰，1999. 21 世纪中国企业创新展望［J］. 沿海企业与科技（6）：10-11.

陈蔚，2010. 高新技术企业绩效评估研究［D］. 广州：暨南大学.

陈心怡，杨佳蓉，2019. 利用整合营销传播观点建立感性品牌形象：以“江小白”为例［J］. 海峡科学（7）：55-57.

陈旭，2016. 新形势下企业经济管理的创新策略研究［J］. 企业导报（19）：35-46.

陈雪，2017. 浅析科技创新对企业发展的重要性［J］. 经营管理者（4）：1.

陈一君，林映光，孙岚，2006. 产业演化逻辑下的衰退产业创新战略探讨［J］. 工业技术经济（9）：51-54.

陈一君，毛亮，2006. 基于衰退产业的企业创新战略探讨［J］. 商业研究

(14)：22-25.

陈勇，唐朱昌，2006. 中国工业的技术选择与技术进步：1985—2003［J］. 经济研究（9）：50-61.

陈钰芬，2009. 开放式创新：提升中国企业自主创新能力［J］. 科学学与科学技术管理，30（4）：81-86.

池仁勇，郭元源，段姗，等，2005. 产业集群发展阶段理论研究［J］. 软科学（5）：5-7，15.

储成祥，姚国章，2001. 企业创新的理论与方法［J］. 科技与管理（1）：40-43.

邓乐元，2008. 论自主创新的文化建设［J］. 重庆工学院学报（社会科学版）（1）：76-78，124.

邓倩，2019. 电商环境下的企业市场营销渠道整合分析［J］. 企业科技与发展（10）：246-247.

丁玉欣，2008. 信息时代企业管理的演进与创新［J］. 产业与科技论坛（6）：199-200.

杜绍斌，2009. P2P 流媒体 S 公司发展策略分析［D］. 北京：北京交通大学.

范如国，2014. 基于复杂网络理论的中小企业集群协同创新研究［J］. 商业经济与管理（3）：61-69.

范晓芸，2020. 战略视角下曲美家居财务报表分析［J］. 营销界（20）：149-151.

冯泰文，孙林岩，2013. 新产品开发过程中的外部参与对企业绩效的影响［J］. 管理科学，26（2）：28-39.

冯翔慧，2018. 山东省四方技术开发有限公司：构筑产学研用产业链条 打造轧辊制造业“中国品牌”［J］. 中国科技产业（7）：64-67.

冯晓瑞，2010. 激励高新技术企业技术创新的财税政策研究［D］. 西安：西安电子科技大学.

傅赛琴，2013. 民营企业在转型升级中自主创新［J］. 科技创业家（10）：202-203.

高波，2007. 文化、文化资本与企业家精神的区域差异［J］. 南京大学学报（哲学·人文科学·社会科学版）（5）：39-47，143.

高传贵，辛杰，2018. 企业文化对企业自主创新绩效的影响：组织学习能力的中介作用［J］. 东岳论丛，39（4）：68-75.

高林，2012. 专利知识宽度，创新与激励［D］. 天津：南开大学.

高照军，武常岐，2014. 制度理论视角下的企业创新行为研究：基于国家高新区企业的实证分析 [J]. 科学学研究，32（10）：1580-1592.
郜振廷，史殿元，孙立威，等，2009. 创新能力培养线路图：一流三联三个零 [M]. 北京：中国经济出版社.
葛俊俊，韩庆，2020. 著名经济学家张维迎：创新不可预测，我们需要企业家精神 [EB/OL].（2020-07-13）[2020-10-01]. https://www.shangyexinzhi.com/article/ 2118773.html.
葛玉洁，2020. 企业价值管理变革：创值单元理论的讨论与展望 [J]. 学术交流（12）：111-119.
龚艳萍，2005. 动态环境下企业研发与市场营销界面管理柔性化研究 [D]. 长沙：中南大学.
顾晓峰，2007. 中国对外直接投资企业能力体系转移研究 [D]. 上海：复旦大学.
郭超，2020. 区块链在中国银行山东省分行的应用模式研究 [D]. 济南：山东大学.
郭海，韩佳平，2019. 数字化情境下开放式创新对新创企业成长的影响：商业模式创新的中介作用 [J]. 管理评论，31（6）：186-198.
郭平，胡君，2021. 结构性改革、企业家精神与经济增长 [J]. 当代财经（9）：16-28.
郭铁，2017. 从企业家精神角度对工会构建企业文化的新思考 [J]. 文化创新比较研究，1（9）：106-108.
韩涛，2017. 顺丰速运的商业模式研究 [J]. 中小企业管理与科技（下旬刊）（7）：45-47.
韩文娇，2016. 新时期人的现代化所面临的困境与对策研究 [D]. 太原：山西师范大学.
韩羽，2019. 陕西佰美基因股份有限公司：加强产学研协同创新 促进生物技术成果转化 [J]. 中国科技产业（11）：21-22.
郝琳娜，2018. 共享经济下基于众包模式信息共享的企业营销创新策略研究 [J]. 河北经贸大学学报（综合版），18（4）：54-60.
何建洪，贺昌政，2013. 创新型企业的形成：基于网络能力与创新战略作用的分析 [J]. 科学学研究，31（2）：298-309.
何克新，2002. 基因民用化产品的产品创新管理 [D]. 西安：西北工业大学.
何平，2021. 国家创新驱动发展战略下提升实体企业研发实力的路径选择 [J].

价格理论与实践（4）：12-15.

侯二秀，秦蓉，杨洋，等，2016. 协同创新视角下科研团队创新绩效影响因素实证研究［J］. 中国人力资源开发（15）：15-27.

侯二秀，石晶，2015. 企业协同创新的动力机制研究综述［J］. 中国管理科学，23（S1）：711-717.

胡锦涛，2012. 坚定不移沿着中国特色社会主义道路前进为全面建成小康社会而奋斗［N］. 人民日报，11-09（3）.

胡星，2020. 浅谈柳钢在“一体两翼”布局中信息化的重要性［J］. 中国信息化（5）：88-89.

黄科星，莎薇，罗军，等，2021. 企业自主创新与转型升级：基于多案例的对比分析［J］. 科技管理研究，41（16）：145-151.

黄宽勇，2006. 西方企业竞争优势理论述评［J］. 农场经济管理（2）：21-23.

贾春城，2007. 胜利油田固井公司市场竞争力分析及管理对策研究［D］. 北京：中国石油大学.

蒋天颖，王峥燕，张一青，2013. 网络强度、知识转移对集群企业创新绩效的影响［J］. 科研管理，34（8）：27-34.

金聪昊，韩军辉，2018. 中国与哈萨克斯坦油气合作的现状、问题及对策研究［J］. 现代营销（下旬刊）（7）：110-111.

金光磊，2017. 创新驱动与社会发展动力系统研究［D］. 广州：华南理工大学.

金兴伟，2019. 中国社会主义建设和改革的成就，经验与展望［J］. 知与行（3）：6.

靳泉，2013. 大建工业公司专一化战略研究［D］. 北京：北京邮电大学.

凯瑟琳·朱厄尔，2020. 2020 年全球创新指数：谁为创新出资？［EB/OL］.（2020-03-06）［2020-12-30］. https：//www. wipo. int/wipo _ ma gazine/zh/2020/03/a.

孔剑，2019. 大数据视域下中小型企业运营管理模式的创新［J］. 长沙大学学报，33（3）：42-44.

李代盛，2008. 我国航空工业经营发展模式研究［D］. 北京：北京航空航天大学.

李德玲，2005. 经济全球化趋势下高新技术企业创新发展战略探析［J］. 中国科技论坛（6）：28-32.

李景峰，梁明蕙，2016. 分享经济时代下基于互联网的人力资源众包模式初探［J］. 经济问题（4）：96-101.
李克勤，2008. 王宏斌的本色、角色与特色初论［J］. 中国集体经济（25）：6-9.
李思慧，赵曙东，2012. 财政激励、资源能力与企业创新［J］. 当代财经（10）：34-43.
李思慧，周天宇，2018. 企业技术选择：模仿创新还是自主创新？［J］. 世界经济与政治论坛（1）：142-158.
李伟，聂鸣，李顺才，2009. 企业自主创新体系框架及影响因素研究：以华为为例［J］. 科学管理研究，27（1）：9-12.
李文元，梅强，顾桂芳，2011. 基于技术创新服务体系的中小企业开放式创新研究［J］. 科技进步与对策，28（16）：5-8.
李校乔，2012. 高等院校创新人才接包需求及其偏好研究［D］. 上海：上海交通大学.
李雪娇，2020. 克难奋进 彰显企业家精神［J］. 经济（9）：34-38.
李燕凌，熊春林，胡扬名，2013. 高等农业院校公共管理类卓越农村人才培养课程体系改革研究［J］. 中国农业教育（1）：11-15.
李奕，张英华，2012. 基于价值创新逻辑的企业执行力研究［J］. 科技进步与对策，29（10）：80-84.
李勇，2015. 建设创新型国家的核心任务是发挥企业的创新主体作用［J］. 经济研究参考（26）：15-20.
梁志锋，2021. 切实提升企业自主创新能力［J］. 红旗文稿（6）：29-32.
林慧，2008. 转型企业的战略创新模式［J］. 中国集体经济（22）：20-21.
刘斌，辛伟涛，2020. 互联网是否会激活机会型创业？：基于创业动机视角的实证研究［J］. 经济评论（5）：98-108.
刘国栋，2011. 啤酒行业基于 BPM 的信息系统整合研究［D］. 青岛：中国海洋大学.
刘银平，2020. 新时代民营企业家的思想政治教育问题研究［D］. 郑州：华北水利水电大学.
楼利平，2020. 互联网时代下的企业市场营销渠道整合刍议［J］. 全国流通经济（21）：5-6.
卢锐，吴云，王军，2012. 基于破坏性创新的比亚迪创新战略研究［J］. 中国科技论坛（2）：42-47，63.
罗珉，李亮宇，2015. 互联网时代的商业模式创新：价值创造视角［J］. 中国工业经济，57（1）：95-107.

罗仲伟，2005．加快我国中小企业发展的政策思路［J］．中国社科院学报（4）：14-15.

吕彦昭，2007．基于价值链理论的我国商业银行竞争优势研究［D］．哈尔滨：哈尔滨工程大学.

吕玉芳，2008．企业文化构建与自主创新［J］．商场现代化（3）：303-304.

马永斌，王其冬，万文海，2013．消费者创新研究综述与展望［J］．外国经济与管理，35（8）：71-80.

迈克·博兰尼，2000．个人知识［M］．贵阳：贵州人民出版社.

毛一翔，2018．新一轮改革开放呼唤新时代企业家精神［J］．红旗文稿（10）：20-22.

孟繁露，2020．“众包模式”对现代企业管理模式创新的启示研究［J］．中国商论（17）：15-16.

娜仁格日勒，2019．激发和保护企业家精神 推进西部民族地区高质量发展［J］．中国商论（16）：212-214.

欧雪银，2014．经济学视角的企业家精神学术边界和研究方法探析［J］．湖南财政经济学院学报，30（2）：39-47.

庞建刚，刘志迎，2016．科研众包式科技创新研究：基于网络大众科技创新投入的视角［J］．中国软科学（5）：184-192.

彭玫，蒋祖励，刘永建，2009．试论人才建设对企业发展的重要性：以川庆钻探工程有限公司为例［J］．经济研究导刊（20）：276-278.

青年车评工作室，2018．国内四大汽车设计公司，第一款是国产之最！［EB/OL］．（2018-11-01）［2020-05-07］．https：//www.sohu.com/a/272689671_524232.

屈瑞，2017．五粮液集团文化营销策略改进研究［D］．长沙：湖南大学.

冉秦，徐枫，2021．论企业技术创新对区域经济发展的影响［J］．中国集体经济（29）：19-20.

单薇，2011．宝洁公司人才激励制度浅析［J］．工商管理（10）：52-53.

施国洪，房海霞，岳江君，2010．基于TQM的中小企业六西格玛管理研究［J］．科学学与科学技术管理，31（1）：128-132.

孙白杨，2006．无形资本与企业核心竞争力研究［D］．成都：西南财经大学.

孙会峰，2016．2016中国智能制造十大变革趋势［J］．中国工业评论（12）：66-72.

孙天锐，2021. 新形势下企业经营管理的改革和创新研究 [J]. 中小企业管理与科技（上旬刊）(11)：80-82.

孙潇，2008. 论自主创新对提高核心产业国际竞争力的作用 [D]. 长春：吉林大学.

谭鸿鑫，2012. 我国急需专业化的科技成果转化中介机构 [J]. 中国人才(17)：47.

汤雅清，2016. 论现代企业管理制度的创新 [J]. 黑龙江科技信息 (1)：291.

唐丽艳，陈文博，王国红，2012. 中小企业协同创新网络的构建 [J]. 科技进步与对策，29 (20)：89-93.

童峻，2009. 中小建筑企业创新发展研究 [D]. 成都：西南财经大学.

万钢，2015. 以改革思维打造大众创业万众创新的新引擎 [J]. 中国中小企业 (5)：20-22.

汪冰，2020. 习近平主持召开企业家座谈会强调 激发市场主体活力 弘扬企业家精神 推动企业发挥更大作用实现更大发展 [J]. 理论导报 (7)：29-30.

汪涛，牟宇鹏，王铵，2013. 企业创新战略模式的选择与效应 [J]. 中国软科学 (6)：101-110.

汪兆宇，2007. 我国中小企业技术创新的首选模式：模仿创新 [J]. 湖北广播电视大学学报 (12)：99.

王波，张念明，2018. 创新驱动导向下财政政策促进科技创新的路径探索 [J]. 云南社会科学 (1)：57-63.

王聪，杨德礼，程兴群，2017. 考虑零售商风险偏好的双渠道供应链信息共享研究 [J]. 工业工程与管理，22 (2)：83-88.

王敦海，2018. 网购模式下消费者重复购买意愿的影响因素研究：基于顾客价值理论和习惯的调节效应 [J]. 商业经济研究 (23)：84-86.

王海婷，2014. 企业管理创新浅析 [J]. 中国市场 (20)：26-28.

王京，2015. 儒家文化视阈下加强企业文化建设对策研究 [D]. 齐齐哈尔：齐齐哈尔大学.

王晶，2019. 供给侧改革背景下工匠精神培育研究 [D]. 南昌：江西科技师范大学.

王靖宇，付嘉宁，张宏亮，2019. 产品市场竞争与企业创新：一项准自然实验 [J]. 现代财经（天津财经大学学报），39 (12)：52-66.

王磊，2015. 影响手机健康类 App 消费者订购行为的产品因素研究 [D]. 上海：东华大学.

王琦，2017. 国家实验室建设的理论与实践初探［D］. 哈尔滨：哈尔滨工业大学.

王威，2009. 自主创新在荣威 550 内饰开发项目的实践应用［D］. 上海：复旦大学.

王文强，2020. DN 公司冷链配送网络布局改进研究［D］. 北京：北京工业大学.

王雅娟，2015. 基于资源观的中小企业非研发创新的影响因素实证研究［D］. 杭州：浙江大学.

王亚炜，2012. 生产消费者对品牌塑造的价值分析［J］. 商业时代（23）：27-28.

王叶军，2019. 创业活力促进城市服务业经济增长了吗？［J］. 当代财经（3）：94-105.

王羽菲，2010. 信息社会企业管理开发创新解析［J］. 湖南科技学院学报，31（6）：149-151.

王兆全，2002. 影响企业产品创新的因素及对策研究［D］. 南京：南京理工大学.

卫旭华，刘咏梅，岳柳青，2015. 高管团队权力不平等对企业创新强度的影响：有调节的中介效应［J］. 南开管理评论，18（3）：24-33.

魏立萍，陈东，2008. 知识外溢与创新的集聚：基于知识产品函数的一个理论综述［J］. 江西财经大学学报（6）：25-28.

魏世奇，2012. 工商银行济南分行提升网点竞争优势研究［D］. 济南：山东大学.

温馨，毛瑛倩，刘明，等，2017. 众包对企业的作用机理研究［J］. 北京邮电大学学报（社会科学版），19（6）：78-83.

吴甘霖，2007. 我们都是创新天才［M］. 北京：机械工业出版社.

吴海葵，2010. 苹果公司商业模式创新的研究［D］. 广州：中山大学.

吴彧，2016. “东方雨虹”投资分析与市场估值研究［D］. 兰州：兰州理工大学.

习近平，2020. 在企业家座谈会上的讲话［C］//中国企业改革与发展研究会. 中国企业改革发展 2020 蓝皮书. 北京：中国商务出版社：319-321.

夏新苗，曾力，2014. 企业运营模式创新的三种思维和五种模式［J］. 管理学家（3）：8.

肖振鑫，高山行，2015. 技术驱动、政府推动与企业探索性创新：基于产业竞争范式和制度理论的双重视角［J］. 科学学与科学技术管理，36（3）：46-55.

解学梅，2015. 企业协同创新影响因素与协同程度多维关系实证研究［J］. 科研管理，36（2）：69-78.

新华网，2020. 增强信心 迎难而上：习近平总书记在企业家座谈会上的重要讲话坚定企业发展信心［EB/OL］.（2020-07-22）［2020-09-11］. https：//baijiahao. baidu. com/s? id=1672914645420029394&wfr=spider&for=pc.

邢永明，2011. 试论新形势下石油企业的管理创新［J］. 东方企业文化（8）：249.

熊金武，刘胜，窦艳杰，2020. "状元实业家"张謇［J］. 金融博览（7）：66-67.

徐豪，2020. 弘扬企业家精神，发挥生力军作用［J］. 中国报道（8）：28-29.

徐涛，2004. 我国国有企业管理创新研究［D］. 武汉：华中师范大学.

杨凤，2015. 优化政务环境推动大众创业万众创新［J］. 黑河学刊（10）：13-14，19.

杨强，王一阳，2020. 消费者异质性对企业创新产品扩散的影响机理研究［J］. 价值工程，39（4）：234-236.

杨秋明，2015. 基于开放式创新提升小微企业创新能力机制研究［J］. 现代商贸工业，36（21）：6-8.

杨淑娅，2017. 企业管理人才培养的意义［J］. 经贸实践（4）：216.

姚琰丽，2009. 试论信息社会企业管理创新［J］. 中小企业管理与科技（下旬刊）（9）：19-20.

叶雪娟，张雨倩，郭贤蓉，等，2017. 大学生创业倾向影响因素研究综述［J］. 合作经济与科技（19）：74-78.

佚名，2020. 自主创新核心竞争力逐年增强［J］. 中外企业文化（Z1）：12-14.

易危香，2013. 南京地铁综合管理信息系统的设计与实现［D］. 南京：南京邮电大学.

尹志锋，叶静怡，2013. 知识产权保护与企业创新：传导机制及其检验［J］. 世界经济，12：111-129.

英爽，2005. 高新技术企业创新管理构成要素研究［D］. 哈尔滨：哈尔滨工程大学.

于冬，丁明磊，2006. 技术创新、产品创新与产品研发关系刍议［C］. 大连：

中国科学学与科技政策研究会.
于琳琳，2014. 胡锦涛科技自主创新思想研究［D］. 成都：成都理工大学.
余桂玲，2009. 国外企业发展理论探索［J］. 经济界（4）：47-50.
俞凯青，2012. 中小企业持续发展的瓶颈及解决措施：以温州中小企业为例［J］. 中国集体经济（9）：42-43.
袁声莉，1998. 关于企业创新的再认识［J］. 湖北商专学报（2）：13-16.
原创力文档，2021. 区域经济发展中企业技术创新的作用和促进措施［EB/OL］. （2021-10-06）［2021-12-30］. https：//max. book118. com/html/2021/1006/8052025140004014. shtm.
曾军，2009. 港湾网络案例分析［D］. 成都：西南财经大学.
张峰，2018. 吃下定心丸、安心谋发展：习近平总书记对民营企业家有何期待［J］. 人民论坛（35）：12-15.
张鸿梅，2017. 中小企业在新媒体环境下的整合营销传播所面临的问题分析［J］. 商场现代化（22）：60-61.
张杰，刘志彪，郑江淮，2007. 中国制造业企业创新活动的关键影响因素研究：基于江苏省制造业企业问卷的分析［J］. 管理世界（6）：64-74.
张杰，张少军，刘志彪，2007. 多维技术溢出效应、本土企业创新动力与产业升级的路径选择：基于中国地方产业集群形态的研究［J］. 南开经济研究（3）：47-67.
张景成，2008. 企业家、企业家精神及其社会责任：青年企业家吴晓东博士访谈录［J］. 新长征（5）：29-31.
张军，许庆瑞，张素平，2014. 企业创新能力内涵、结构与测量：基于管理认知与行为导向视角［J］. 管理工程学报，28（3）：1-10.
张琳，2004. 我国饲料企业竞争力研究［D］. 咸阳：西北农林科技大学.
张思思，2019. 新时期企业文化建设模式的创新探讨［J］. 中国商论（12）：215-216.
张维迎，2019. 声音［J］. 新理财（6）：11.
张维迎，2020. 创新的不确定性与企业家精神［J］. 上海质量（7）：9-12.
张维迎，2020. 我的企业家研究历程［EB/OL］. （2020-11-07）［2021-10-10］. http：//www. kmeda. cn/view/qyjPC/1/28/view/3981. html.
张维迎，2019. 研究企业家群体 35 年，近几年才真正明白什么是企业家精神［EB/OL］. （2019-08-01）［2019-09-25］. https：//www. sohu. com/a/330921494 _ 473474.

张维迎，2019. 真正的企业家精神超越大数据［J］. 企业观察家（6）：99.
张艳杰，2008. 基于资源异质性的企业持续竞争优势研究［D］. 湘潭：湖南科技大学.
张哲溟，2015. 建筑施工企业实施大项目部制管理模式研究［D］. 北京：北京交通大学.
张振鹏，2021. 企业管理创新影响因素与过程机制：研究综述及整合模型［J］. 科技进步与对策，38（20）：154-160.
张志，2020. 广州平云小匠公司发展战略研究［D］. 长春：吉林大学.
章程，2016. 东方雨虹集团-W 公司销售管理研究及改进方案设计［D］. 南京：南京大学.
章屏，书堂，1994. 关于建立现代企业制度的基本思路［J］. 学理论（9）：20-21.
赵翔翔，2019. 新常态下企业经营管理创新的途径［J］. 现代营销（经营版）（12）：138.
赵囿任，2014. 信息化与企业发展关系研究［J］. 土木建筑工程信息技术，6（1）：106-109.
甄伟丽，2012. 逆向创新模式研究：以比亚迪股份有限公司为例［J］. 科技进步与对策，29（5）：18-22.
正义，2009. 中国民族企业的创新形象：记北京燕京啤酒集团公司［J］. 东方企业文化（6）：36-38.
正元地理信息集团股份有限公司，2020. 正元 13N2 新型智慧城市解决方案［J］. 经济（Z1）：7.
郑刚，刘仿，徐峰，等，2014. 非研发创新：被忽视的中小企业创新另一面［J］. 科学学与科学技术管理，35（1）：140-146.
郑敏，2010. 我国家族企业代际传承之子承父业模式研究［D］. 湘潭：湘潭大学.
中国产学研合作好案例编写组，2019. 实施海洋强国战略科创引领产业新发展：沪东中华造船（集团）有限公司［J］. 中国科技产业（1）：4.
中国产学研合作好案例编写组，2019. 位居中国地理信息百强企业榜首做中国测绘地理信息行业领航者：广州南方测绘科技股份有限公司［J］. 中国科技产业（1）：3.
中国经济网，2017. 发挥企业家精神在经济发展中的关键作用［EB/OL］.（2017-11-27）［2019-09-20］. http：//views. ce. cn/view/ent/201711/27/

t20171127 _ 27004052. shtml.

中国政府网，2020. 科技部 全国工商联印发《关于推动民营企业创新发展的指导意见》的通知［EB/OL］.（2020-09-11）［2020-09-11］. http：//www. gov. cn/gongbao/content/2018/content _ 5338239. htm.

中国政府网，2020. 习近平：在科学家座谈会上的讲话［EB/OL］.（2020-09-11）［2020-09-11］. http：//www. gov. cn/xinwen/2020-09/11/content _ 5542862. htm.

中国政府网，2017. 中共中央 国务院关于营造企业家健康成长环境弘扬优秀企业家精神更好发挥企业家作用的意见［EB/OL］.（2017-09-25）［2017-10-20］. http：//www. gov. cn/zhengce/2017-09/25/content _ 5227473. htm.

仲鑫泉，2008. 试论信息社会企业管理创新［J］. 科技创新导报（29）：135.

周红生，罗双涵，孙权，等，2020. 油气田企业后疫情时代管理提升策略探讨［J］. 北京石油管理干部学院学报，27（5）：17-19.

周辉辉，2015. 多层次资本市场对技术创新的影响［D］. 重庆：重庆大学.

朱珊珊，2007. 广东民营企业自主创新的文化基础建设［D］. 广州：暨南大学.

朱文峰，2008. 关于竞争优势战略的理论综述［J］. 沿海企业与科技（11）：19-21.

朱晓琴，劳丽珊，2018. 互联网＋时代广西中小企业非研发创新现状调查［J］. 现代营销（下旬刊）（7）：109-110.

邹海燕，2010. 耶鲁大学何以能够改变张磊一生?：关于耶鲁大学 MBA 教学改革的思索［J］. 大学（3）：54-57.

《工会博览》编辑部，2013. 实现“感动世界，超越梦想”的承诺：记全国劳动模范、北京燕京啤酒集团公司董事长李福成［J］. 工会博览（16）：1.

JOSEPH A S，叶华，2007. 经济发展理论：对于利润、资本、信贷、利息和经济周期的考察［M］. 北京：九州出版社.

AXTON G，KISHORE R，2013. Rules of crowdsourcing：models，issues，and systems of control［J］. Journal of Information Systems Management，30（1）：2-20.

AYYAGARI M，DEMIRGÜ-KUNT，MAKSIMOVIC V，et al.，2011. Firm Innovation in emerging markets：the role of finance，governance，and competition［J］. Journal of Financial & Quantitative Analysis，46（6）：1545-1580.

BRUCE C Y，2013. Break through innovation：the role of dynamic innovation capabilities and open innovation activities [J]. Journal of Business & Industrial Marketing，28 (5)：444-454.

BRUQUE S，MOYANO J，2007. Organizational determinants of information technology adoption and implementation in SMEs：The case of family and cooperative firms [J]，Tec novation，27 (5)：241-253.

FREEMAN C，1982. The economics of industrial innovation [M]. Cambridge：MIT Press.

LAVIE D，STETTNER U，TUSHMAN M L，2010. Exploration and exploitation with in and across organizations [J]. The Academy of Management Annals，4 (1)：109-155.

MALONE T W，LAUBACHER R，DELLAROCAS C，2010. The collective intelligence genome [J]. IEEE Engineering Management Review，38 (3) ：38-52.

MARY M C. MARINA A，2010. A multi-dimensional framework of organizational innovation：a system review of the literature [J]. Journal of Management Studies，47 (6)：1154-1191.

MOLINA-MORALES F X ，MARTINEZ-FERNANDEZ M T，2010 . Social networks：effects of social capital on firm innovation [J]. Journal of Small Business Management，48 (2)：258-279.

NELSON R R，1993. National innovation systems：a comparative analysis [D]. Chicago：University of Illinois at Urbana- Champaign.

TEECE D J，2007. Explicating dynamic capabilities：the nature and micro foundations of (sustainable) enterprise performance [J]. Strategic Management Journal，28 (13)：1319-1350.

TEECE D J，2018. Business models and dynamic capabilities [J]. Long range Planning，51 (1)：40-49.

ZAHRA S A，SAPIENZA H J，DAVIDSSON P，2006. Entrepreneurship and dynamic capabilities：a review，model and research agenda [J]. Journal of Management Studies，43 (4)：917-955.

图书在版编目（CIP）数据

创业精神与创新路径 / 蔡派编著. —北京：中国农业出版社，2022.12

ISBN 978-7-109-30065-1

Ⅰ. ①创… Ⅱ. ①蔡… Ⅲ. ①创业-研究-中国 Ⅳ. ①F249.214

中国版本图书馆 CIP 数据核字（2022）第 176569 号

创业精神与创新路径

中国农业出版社出版

地址：北京市朝阳区麦子店街 18 号楼

邮编：100125

责任编辑：贾　彬　张雯婷

版式设计：杜　然　　责任校对：吴丽婷

印刷：中农印务有限公司

版次：2022 年 12 月第 1 版

印次：2022 年 12 月北京第 1 次印刷

发行：新华书店北京发行所

开本：880mm×1230mm　1/32

印张：13.25

字数：370 千字

定价：115.00 元
